Junior Cycle Spanish

Maria Fenton

The Educational Company of Ireland

First published 2018
The Educational Company of Ireland
Ballymount Road
Walkinstown
Dublin 12

www.edco.ie

A member of the Smurfit Kappa Group plc

ISBN 978-1-84536-774-9

Copy editors: Niamh O'Carroll, Antonia Maxwell
Development editor: Úna Murray
Proofreaders: Jaime Veiga-Pérez, Donna Garvin
Layout: Outburst Design
Cover design: Design Image
Illustrations: Beehive Illustration (Gustavo Berardo, Phil Garner, Andy Keylock, Andrew Pagram, Dusan Pavlic, Ángeles Peinador, Martin Sanders, Jorge Santillán, Eric Smith, Ricard Zaplana Ruiz)
Cartoon strips: Beehive Illustration (Ángeles Peinador)
Photographs: Shutterstock, Alamy, Getty Images, iStock, Michael Coleman, Rex Features, Tourista, Universidad Nacional Autónoma de México
Audio recordings: Ana Cuartero Marques, Marta Sanz Fernández, Belén Swords, Paul Swords, Antonio Torres Somalo, Raúl Vegas
Videos: Ana Cuartero Marques, Belén Swords, Paul Swords
Vlogs: Olivia Burns, Alison Kelly

Copyright acknowledgements
Don Quijote de la Mancha, Rosa Navarro Durán (adaptadora), Serie QUIÉN ES ... , ©Grupo Edebé 2015, www.edebe.com; 'Lentes', Tourista; 'Tourista', Vincente Jáuregui, @VicentJauregui; Marc Anthony tweet, ©Twitter/@MarcAnthony; 'Vivir mi vida', Marc Anthony. Words and Music by Alex Papaconstantinou, Bjoern Djupstrom, Marc Anthony, Samira Diabi, Bilal Hajji, Nadir Khayat and Achraf Jannusi Copryight © 2013 by Sony/ATV Music Publishing LLC, Jamz Music Group Inc., The Wheel Tunes Group Inc., Songs Of Redone, ole 2101 Songs and Sam Diabi Publishing Designee. All Rights on behalf of Sony/ATV Music Publishing LLC, Jamz Music Group Inc., The Wheel Tunes Group Inc. and Songs Of Redone Administered by Sony/ATV Music Publishing LLC, 424 Church Street, Suite 1200, Nashville, TN 37219. All Rights on behalf of ole 2101 Songs Administered by ole. All Rights Reserved. Used by Permission. Reprinted by Permission of Hal Leonard LLC; 'Canción tonta', Federico García Lorca; 'Estoy aquí', Shakira, Sony Music Latin; 'El clima de Costa Rica', adapted from www.govisitcostarica.co.cr; Shakira tweet, ©Twitter/@Shakira; adapted version of an online article about Mexican food, 'Platos típicos de México', www.viajejet.com/platos-tipicos-de-mexico; adapted version of an online article about Mexican food from a restaurant's website, Taqueria del Alamillo, www.taqueriadelalamillo.com; adapted version of an online article about a Justin Bieber concert in Mexico, Lucia Hernández; 'Los 22 días de vacaciones de España, por debajo de los de los franceses o los alemanes', Agencia EFE; two acrostic poems from www.ejemplosde.org/lengua-y-literatura/ejemplos-de-acrosticos/#ixzz4kfXH8ByR; 'Mi abuela es un hada', Gloria Fuertes; 'Cuando', Nicole; 'Así fue la fiesta de quinceaños más cara de todo el mundo', Maya Henry; 'Turrón de Jijona', divinacocina.hola.com; 'Astún', www.viajeseroski.es

04A20

Índice

UNIT	LANGUAGE TASKS	VOCABULARY	GRAMMAR	CULTURE
1 Mi camino lingüístico	This unit revises key skills acquired during the first year of learning Spanish			
2 La vuelta al cole Joaquín goes back to school and meets a new student – Andrea	▪ Write your timetable in Spanish ▪ Design a Spanish menu ▪ Make a short video in Spanish ▪ Carry out a class survey ▪ Write an account of your daily routine ▪ Make a presentation about a Hispanic writer	▪ Revision: school, subjects, times, days of the week, hobbies, food ▪ Classroom language ▪ Modes of transport ▪ School rules	▪ Revision: the present tense, question words, prepositions ▪ Reflexive verbs ▪ The present continuous tense	▪ The Spanish school day ▪ Spanish food and mealtimes ▪ The Madrid metro ▪ Hispanic writers and well-known novels ▪ *Don Quijote de la Mancha*
3 El tiempo libre: Excursiones y lugares de interés Joaquín spends a day off at the beach, while Andrea goes to the mountains	▪ Say what you are going to do this weekend ▪ Interview a classmate about things to do in their town ▪ Make a brochure about your town or city ▪ Describe outings and excursions ▪ Fill in a form for a school tour ▪ Make a slideshow about Mexico	▪ The buildings in the city ▪ Things you see at the beach ▪ Things you see in the mountains	▪ The future tense with IR ▪ TENER *que* + infinitive ▪ SABER and CONOCER ▪ *Más . . . que* and *menos . . . que*	▪ The tourist attractions of Granada ▪ Hispanic music: Marc Anthony ▪ Spanish poetry: Federico García Lorca
4 Planeando un viaje Joaquín's teachers organise two school tours; Joaquín and Andrea pack their suitcases	▪ Fill in a booking form for a flight ▪ Make a hotel reservation ▪ Write an email to the tourist office ▪ Make a brochure for a hotel ▪ Research the weather in different parts of the Spanish-speaking world ▪ Record a weather forecast ▪ Design a fashion poster ▪ Create a fashion advertisement	▪ Clothes ▪ Weather	▪ *Usted* ▪ The simple future tense	▪ The tourist attractions of Seville ▪ Spanish fashion brands and designers ▪ Shakira
5 ¡Buen viaje! Joaquín travels to Mexico while Andrea goes to Granada	▪ Follow signs and notices at the airport ▪ Make a brochure ▪ Create digital flashcards	▪ Items typically seen at the airport or on a plane ▪ Asking for directions ▪ Giving directions	▪ Short form adjectives *buen, algún, ningún,* etc. ▪ The imperative ▪ Ordinal numbers	▪ The differences between the Spanish spoken in Spain and the Spanish in Mexico
6 ¡Que aproveche! Andrea visits a tapas bar in Granada while Joaquín visits a Mexican restaurant	▪ Read menus ▪ Perform a role-play ordering food at a tapas bar ▪ Write a Facebook post ▪ Design a postcard for a Spanish-speaking country ▪ Send a package at the post office ▪ Perform a role-play set at the post office	▪ Fruit and vegetables ▪ At the restaurant ▪ At the post office	▪ The present perfect tense	▪ Tapas ▪ Mexican food ▪ *Día de Muertos* ▪ Mariachi music

UNIT	LANGUAGE TASKS	VOCABULARY	GRAMMAR	CULTURE
7 El verano pasado Joaquín and Andrea describe what they did last summer	▪ Describe what you did last summer ▪ Read travel reviews ▪ Follow travel blogs ▪ Say what you did last weekend	▪ Holiday accommodation ▪ Leisure activities ▪ Feelings and emotions ▪ Zoo animals	▪ The preterite tense	▪ The autonomous communities of Spain ▪ The regional co-official languages of Spain
8 El taller de expresión Joaquín and Andrea enter a creative writing competition at school	▪ Write fictional stories ▪ Write an acrostic poem ▪ Design word clouds ▪ Make a movie of a fairy tale ▪ Create a video advertisement	▪ Match words that rhyme	▪ Connecting words, such as *y, pero, entonces, por eso, así que*	▪ *El Gordo* ▪ Spanish poetry
9 ¡Vamos de fiesta! Andrea plans a birthday party	▪ Write messages inviting friends to social events ▪ Write greeting cards ▪ Describe celebrations	▪ Party food ▪ Identify false friends	▪ The conditional tense	▪ The 'Happy Birthday' song in Spanish ▪ The Mexican *quinceañera* ▪ The tradition of *el Santo* ▪ Christmas in Spain ▪ Spanish Christmas carols
10 Una cita con el médico Joaquín's ski trip doesn't go to plan!	▪ Make an appointment with the doctor ▪ Perform role-plays set at the doctor's surgery and at the pharmacy ▪ Fill in a form at a hospital	▪ Parts of the body ▪ Injuries and symptoms of illness ▪ Items at the pharmacy	▪ The verb DOLER ▪ The imperfect tense	▪ *El Ratoncito Pérez*
11 ¡Nos ponemos a trabajar! Joaquín describes the chores he does while Andrea applies for a job	▪ Write your CV ▪ Write an email applying for a part-time job ▪ Fill in a job application form ▪ Create a job advertisement for a website ▪ Write a blog about your working day ▪ Make a presentation about a Hispanic company	▪ Household chores ▪ Jobs and professions	▪ Negative expressions such as *nunca, nada, nadie, ninguno* ▪ Direct object pronouns	▪ The *siesta* ▪ Recognise large companies from the Spanish-speaking world ▪ Recognise the currencies used in different Spanish-speaking countries
12 La práctica hace al maestro	▪ This unit contains practice exercises and activities to prepare for CBA1, CBA2, the Assessment Task and the final exam.			

Introducción

Bienvenidos a *¿Qué pasa? 2*

Welcome to *¿Qué pasa? 2*, a second and third year course for Junior Cycle Spanish. *¿Qué pasa? 2* follows on from *¿Qué pasa? 1*, comprehensively covering all **Learning Outcomes** from the three Strands of the Junior Cycle Specification for Modern Foreign Languages. *¿Qué pasa?* takes a task-based approach to language learning with a variety of communicative activities to develop the five skills of language (listening, reading, writing, spoken production and spoken interaction), to A1/A2 level of the Common European Framework of Reference for Languages.

The twelve units of *¿Qué pasa? 2* include an **introductory unit**, which consolidates skills acquired during the first year of learning Spanish, and an **assessment unit**, which provides information and practice to prepare for the Classroom-Based Assessments, the Assessment Task and the final exam. Each unit has a strong **cultural focus** with up-to-date content from authentic texts, featuring topics such as sport, food, music, cuisine, tourism, literature and history.

Learning intentions at the beginning of each unit show you what you will be able to do by the end of the unit, and the *¡Practicamos!* section at the end of each unit provides activities to practise the language acquired. The textbook is accompanied by a **free e-book and two free student CDs**, with native Spanish speakers, so you can listen and repeat at home and complete the integrated listening comprehension exercises. A CD containing extra material for use in class is provided for your teacher.

¿Qué pasa? 2 is also accompanied by a *diario de aprendizaje* (**learning diary**), where you can compile a **portfolio** of your written work. The *diario* provides **keyword lists** for you to keep track of new vocabulary and space to note **essential grammar points** and cultural information. The exercises in the *diario* include success criteria and spaces for your teacher to give comments and feedback on your progress. The *diario* also contains reflection activities, allowing further opportunities for you to **monitor your progress** and set your own learning goals.

The digital resources with *¿Qué pasa? 2* include a **free student website** of interactive digital activities, including quizzes, puzzles and games to reinforce learning and practise language skills; **free PowerPoint** presentations demonstrating key grammar points and new vocabulary; **free videos**, featuring native speakers and accompanied by video worksheets to focus comprehension; and **free vlogs** showing students using their Spanish-language skills.

¿Qué pasa? 2 will equip you with the skills to communicate with confidence in Spanish and prepare you for the different types of assessment for Junior Cycle Modern Foreign Languages. *¡Que lo disfrutes!*

Maria Fenton

Digital resources

The *¿Qué pasa? 2* digital resources will enhance classroom learning by encouraging student participation and engagement. They support the New Junior Cycle Specification's emphasis on the use of modern technology in the classroom and are designed to cater for different learning styles. To provide guidance for the integration of digital resources in the classroom and to aid lesson planning, they are **referenced throughout the textbook** using the following icons:

Student website – **www.edco.ie/quepasa2** – with interactive grammar and language activities and quizzes

A series of unique interview **videos** for each unit to support oral communication

Unique **vlogs** showing students using their Spanish-language skills

Easy-to-use, ready-made editable **PowerPoint** presentations for the classroom

Teachers can access the *¿Qué pasa? 2* digital resources – which also include **worksheets** based on the interview videos, the **audio** CD tracks in digital format, **editable lesson plans** and **solutions** to activities – via the *¿Qué pasa? 2* interactive e-book, which is available online at **www.edcolearning.ie**.

Acknowledgements

I would like to thank all at Edco, in particular Emer Ryan, Declan Dempsey, Ruth Smyth and Gearóid Gillett, for their hard work and dedication to the completion of *¿Qué pasa? 2*. I would also like to thank Úna Murray, Jaime Veiga-Pérez and Niamh O'Carroll for their advice and many useful suggestions. *Muchas gracias* to all the speakers who took part in the audio and video recording sessions. Special thanks to Derek for his endless support and encouragement and to Ria and Freya for their patience throughout the process of creating *¿Qué pasa? 2*.

Lista de iconos

The following icons are used throughout the book to indicate the type of activity and the language skills being practised:

Comprensión auditiva	*Listening exercise (Student CD)*
Comprensión auditiva	*Listening exercise (Teacher CD)*
Expresión oral	*Spoken production*
Interacción oral	*Spoken interaction*
Escribir	*Write your answers*
Comprensión de lectura	*Reading comprehension*
Habilidades informáticas	*Use your ICT skills*
Diario de aprendizaje	*Exercises to be completed in your learning diary*
Información cultural	*Cultural information*
Aprender	*Vocabulary or grammar that you should learn*
Importante	*Important information – pay special attention!*
Ejercicio desafiante	*Challenging exercise – very tough exercises to really challenge you!*

Mi camino lingüístico

¡QUÉ CURIOSO! It is estimated that by 2050 Spanish will be the most widely spoken language in the United States. It will be the largest Spanish-speaking country in the world!

Dear student!
It's now time to find out and remember what you know about the Spanish language and culture. You already know a lot, so let's put it to use. Over the next few pages you will meet a variety of texts and tasks. Using your learning diary (pages 2–6), you will make notes on your learning, how you feel about learning the language, what you remember from previous classes and any other interesting facts about the Spanish-speaking world. At the end of your learning experience, you should use those pages to compare how far you have come! So let's start.

Revision
Go to **www.edco.ie/quepasa1** for interactive activities and quizzes to revise what you learned in first year.

By the end of this unit you will have:

- Revised the pronunciation of sounds in Spanish

- Considered what you can do and what you want to be able to do in Spanish
- Revised useful phrases to use in the classroom

- Made notes on what you would like to learn

- Reflected on what you already know about the Spanish language

- Analysed how you learn Spanish
- Considered what elements you find easy or more difficult about Spanish

- Listened to how different sounds are pronounced in Spanish

- Reflected on what you know about Spanish culture

¿Qué sabes de la lengua española y de las culturas del mundo hispanohablante? *What do you already know about the Spanish language and the cultures of the Spanish-speaking world?*

Página 2
Apunta tus ideas en tu diario de aprendizaje. *Note your ideas in your learning diary.*

1.1 ¿Cuál es el tema?

1.1 (A) Trabajad en parejas. Leed los textos y relacionad cada texto con un tema de la lista de abajo. ¡Cuidado, hay más temas en la lista que textos! *Work in pairs. Read the texts and match each text with a topic from the list below. Be careful! There are more topics listed than texts.*

LA COMIDA	___	EL BAILE	___	EL TRABAJO	___	EL TRANSPORTE	___
EL COLEGIO	___	LA FAMILIA	___	EL ARTE	___	LA MÚSICA	___
LOS DEPORTES	___	LA POLÍTICA	___	LAS FIESTAS	___		
EL CINE	___	LA CASA	___	LA MEDICINA	___		

a

II Concurso de Dibujos Infantiles

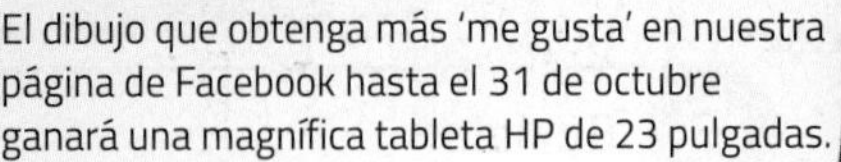

El dibujo que obtenga más 'me gusta' en nuestra página de Facebook hasta el 31 de octubre ganará una magnífica tableta HP de 23 pulgadas.

Y para los que no la consigáis, no os desaniméis, porque el día 31 de octubre a las 5 de la tarde, sortearemos otra tableta exactamente igual.

- Todos los dibujos deberán de ser presentados en A4.
- Los participantes tienen que tener entre 5 y 15 años.
- El tema del dibujo es libre.
- En la parte de atrás del papel deberán constar los datos personales del niño y del adulto a su cargo.

Entrega de dibujos del 3 al 24 de octubre

Bases del concurso: patrocinador.com

b

c

MUSEO DEL JAMÓN

BOCADILLOS	
jamón-queso-chorizo	2'00
tortilla española	2'50
lomo a la plancha	2'70
beicon o panceta	2'50
pepito de ternera	4'70
chorizo frito	3'20

SANDWICHES VARIADOS	
mixto	2'40
vegetal	1'00
beicon con huevo	3'00
mixto con huevo	3'00

RACIONES	
fritura de pescado	11'50
croquetas caseras	5'80
pulpo a la gallega	14'00
boquerones fritos	9'00
callos a la madrileña	6'50
gambas a la plancha	14'00

MENU DEL DIA Y PLATOS COMBINADOS PARA LLEVAR

d

MUEBLESROOM.COM

Tu tienda de muebles ONLINE, VENTA DIRECTA LOWCOST

Fabricantes de Ahorro Tiendas Room

Visita Virtual Fabricado Aquí | Ofertas de Empleo | Carro

BUSCADOR DE MUEBLES

Consultas TIENDA ONLINE 957 89 34 51

Consultas TIENDA FÍSICAS 957 23 44 92

OFERTAS DEL DÍA • SALONES • COCINAS • DORMITORIOS • COLCHONES Y DESCANSO • ESTANTERÍAS • MESAS Y SILLAS • SOFÁS • MUEBLES DE JARDÍN • MUEBLES DE OFICINA • SILLONES • ARMARIOS

RENFE

Billete + Reserva

ABCXY499 8920
N. billete: 12345678910 0111 3ABR08 12.37

Fecha:	14ABR19		Coche: 2
Salida:	PTA. ATOCHA	06.30	PREFERENTE
Llegada:	SEVILLA SJ	09.05	Plaza: 08C
Producto:	AVE	2260	
			DESAYUNO
Cierre de acceso a tren 2min. antes de la salida			
Fecha:			Coche:
Salida:			Plaza:
Llegada:			
Producto:			

416 IDA / VUELTA	Precio:	***94,80
TARJ. CREDITO	Gastos gestión	****3,30
42730602******64	Total:	***98,10
	IVA 7%:	****6,39

IV CAMPUS DE BALONCESTO

- SANTANDER DEL 29 DE JUNIO AL 10 DE JULIO
- BALONCESTO PARA CHICOS Y CHICAS DE 6 A 18 AÑOS
  - Coordina: Catalina Moreno Sánchez
  - Entrenador Superior de Baloncesto
- DE LUNES A VIERNES DE 09:00 A 14:00 HORAS
  - Baloncesto: 09:00 a 12:00 h., Polideportivo Municipal Colón
  - Baño: desde las 12:00 h., Piscina Municipal
- PLAZAS LIMITADAS
- PRECIO: €70
  €65 si te inscribes antes del 19 de junio
  €60 por hermano inscrito
  Incluye: clases teóricas y prácticas de baloncesto, juegos, seguro médico, competiciones, regalo de bienvenida y entrada durante todo el día a la Piscina Municipal
  Debes traer protector solar
- INFORMACIÓN: 629 392 993

Página 4

1.1 (B) Examina los textos de estas páginas y contesta a las preguntas en tu diario de aprendizaje. *Look at all the texts on these two pages and answer these questions in your learning diary.*

(a) For each text and topic, find the word or clues in the text that helped you link the text to that topic.

(b) Which text and topic was the easiest and why?

(c) Pick two texts. Underline all the words you know or recognise.

(d) For each topic, work with a partner. Write two or three additional words that you know which you might link to this topic.

1.2 ¿Qué significa . . . ?

When you land in a country where you know only a certain amount of the language, you have to try to figure out the meaning of words.

1.2 (A) Trabajad en parejas. Leed los textos y contestad a las preguntas en la página 6. *Work with a partner. Read the texts and answer the questions on page 6.*

1

Receta fácil de gazpacho andaluz

Ingredientes:

- ½ kilo de tomates maduros
- ½ pimiento verde
- 1 diente de ajo
- ½ pepino
- 1 cucharada de aceite de oliva
- 4 cucharadas de vinagre de vino
- 1 rebanada de pan blanco
- sal fina

Elaboración:
Escalda y pela los tomates e introdúcelos en el vaso de la batidora con el pepino, el pimiento, el ajo y el pan.

2

ALBA, A UN PASO DE SER BICENTENARIO CON EL BARÇA

El lateral llegó en la temporada 2012-13 procedente del Valencia y suma 14 goles y 11 títulos.

Si **Ernesto Valverde** le alinea esta noche (23.00 horas/Tele5 y TV3) contra el **Real Madrid** en la vuelta de la **Supercopa de España** en el **Santiago Bernabéu**, **Jordi Alba** disputará su partido oficial número 200 con la camiseta del FC Barcelona.

Desde la temporada 2012-13, cuando llegó al Camp Nou procedente del Valencia tras un traspaso cifrado en 14 millones de euros, el lateral izquierdo de **L'Hospitalet** suma 199 encuentros hasta la fecha siendo 128 de ellos de la Liga, 39 de la **Champions League**, 24 de la **Copa del Rey**, seis de la **Supercopa española** y dos del **Mundial de Clubs**. En la **Supercopa de Europa 2015** ganada ante el **Sevilla**, no llegó a jugar por lesión.

3

El Corte Inglés

El Corte Inglés S.A.

N.I.F. A-123456 / Dom. Soc. Hermosilla 111, 2329 - Madrid
Inscrita en el Registro Mercantil de Madrid
T. 688 Gral 71 S 4ª del L de S. M. 8085 P 182
CENTRO COMERCIAL ECI LAS PALMAS

DOCUMENTO DE VENTA

3546895018784

Vendedor	T.T	EmpCant	Operac.	Fecha	Hora	EdPIZn	T
66800798	3	0010012	01097492	08/feb/15	17:12	018800	00

CODIGO DE CONTROL: 9015D41E8A

Descripción	Cantidad	Importe	
AGUA	1	D	0,44
PRODUCTO REFR	1	D	1,99
GALLETAS MARI	1	D	1,54
BOLSAS REUTIL	1	D	0,05
NARANJA EXTRA VARIOS	0.405	D	0,79
Precio unitario	1,95	€/Kg.	
MANZANA GRAN.	0.275	D	0,52
Precio unitario	1,90	€/Kg.	
		TOTAL COMPRA	€5,32

4

TVE

jueves 17 de agosto

15:00	Noticias: Telediario 1
16:00	El tiempo
16:15	Juego: Saber y ganar
16:45	Serie: Centro médico
17:45	Planeta comida
18:30	España directa
20:00	Documental: Aquí la Tierra
21:00	Noticias: Telediario 2

5

TAURO

(20 de abril – 20 de mayo)

Esta semana entras en una muy buena etapa de tu vida. Tendrás suerte en tu vida amorosa. En tu trabajo trata de no opinar o tomar alguna decisión que te pueda perjudicar después.

GÉMINIS

(21 de mayo – 20 de junio)

Semana de problemas con tu familia – ten cuidado. Intenta solucionar los problemas antes de que sean más graves. Sigue con la dieta y el ejercicio.

CÁNCER

(21 de junio – 20 de julio)

Semana de cambios en tu trabajo. Tu signo atraviesa una etaba de mucha inestabilidad pero tendrás un golpe de suerte el día 8 de octubre.

1 Contesta en español. *Answer in Spanish.*

(a) ¿Si tu cumpleaños es el quince de junio cuál es tu signo del zodiaco? Gemini
(b) Menciona cuatro ingredientes del gazpacho andaluz.
(c) ¿Cuánto cuesta un paquete de galletas en El Corte Inglés?
(d) ¿Cuántos goles ha marcado Jordi Alba con el Barcelona? 14 goles

2 Contesta en inglés. *Answer in English.*

(a) What type of programme is being shown on TVE at 8 pm? documentary
(b) Name two fruits that were purchased in *El Corte Inglés*. oranges
(c) Which starsign will be lucky in love this week?
(d) Look at the flags around pages 4–5, all from Spanish-speaking countries. Identify four of them.

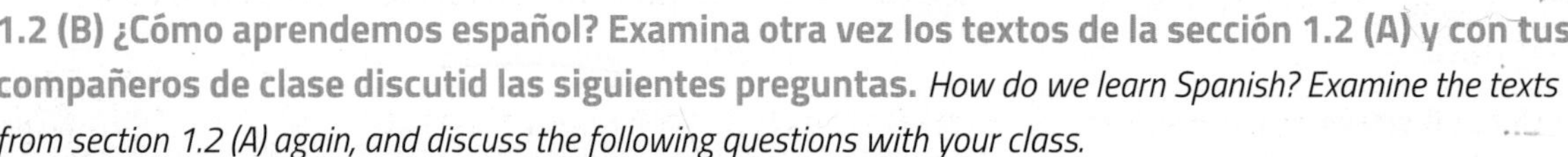

1.2 (B) ¿Cómo aprendemos español? Examina otra vez los textos de la sección 1.2 (A) y con tus compañeros de clase discutid las siguientes preguntas. *How do we learn Spanish? Examine the texts from section 1.2 (A) again, and discuss the following questions with your class.*

(a) For each question and answer, find the word or clues in the text that helped you find the answer.
(b) Which question and answer was the easiest to find and why?
(c) Individually, pick two texts. Underline all the words you know or recognise.
(d) If you had to give each text a hashtag, what would it be? Write two or three additional words that you know which you might link to each topic.
(e) When you were trying to get the answers, which of the following did you do?
- Check if there was a word that looks like a word in your own language Cancer
- See if you could get any clues from the images in the text
- See if you recognised some of the Spanish words

Página 5

1.2 (C) En tu diario de aprendizaje, escribe un resumen sobre como solucionaste las actividades de las páginas 2–6. *In your learning diary, write a short summary of how you went about figuring out the activities on pages 2–6.*

1.3 ¡Lo entiendo!

As you work through *¿Qué Pasa? 2* and your knowledge of the Spanish language increases, you will meet more and more words that you may not have come across before or which you have forgotten the meaning of. This is a very normal occurrence when learning a foreign language. It is important, though, to develop strategies to enhance understanding. Thinking ahead and trying to anticipate what could come up in a written text or audio clip will help you. On these pages you will learn more strategies to help.

1.3 (A) How to make a Spanish text accessible

1 **Clues from the topic:** Your teacher will often tell you what a clip or a text is about. On the next page you are going to read a text about a Spanish boy in Ireland. Before you read the text, you should THINK about what type of words you might meet. Brainstorm the types of vocabulary you would expect to see or hear. Write them in Spanish or in English in your copy.

2 **Clues from images:** Have a look at the images that accompany the text. They most likely will give you an idea of what the text is about. In your copy, write any words or associations that come to mind when you see these pictures. Answer in Spanish or in English.

3 **Clues from the title:** The title of a text is a further indicator. The title of the text on page 8 is *Intercambio escolar – el tercer día*. Does this give you any further clues? Make notes in your copy.

4 **Clues from the type of text:** There are different types of text: news articles, recipes, interviews, personal profiles, poems, to name just a few. The text you are going to read is a diary entry. What type of information do think you might find in this text? Tick which pieces of information might be relevant:

☑ **School**	☐ **Doctor's appointments**	☐ **Literature**	☐ **Jewellery brands**
☐ **Job opportunities**	☐ **Weekend activities**	☑ **Sports**	☐ **Car insurance**

5 **Make a prediction:** Based on the keywords below and what you think might be in the article, can you write a short summary of the events of the text without reading it?

6 **Clues from questions:** Now look at the questions being asked on page 9. Are there any clues in the questions as to what the text is about?

Keywords:
el deporte gaélico, complicadas, el intercambio, clase de educación física, el instituto, las reglas

7 **Underline familiar words:** Skim the text and underline all the words you know. Concentrate on nouns and verbs, as they generally carry most meaning. Don't spend time trying to figure out the exact meaning. Ignore words you don't know. If you think you know a word, underline it. See if you can link up all the words you know to make sense of the text.

8 **Read the text:** After you have gone through the steps above, read the text and answer the questions. You will find it easier to understand, having spent time thinking about it in advance of reading.

1.3 (B) Lee el diario de Raúl y contesta a las preguntas. *Read Raúl's diary and answer the questions.*

Intercambio escolar – el tercer día

Querido diario:

Es medianoche y escribo estas líneas desde la cama. Hoy viernes fue el mejor día del intercambio hasta ahora. Por la mañana tuve que ir al instituto con Conor pero no lo pasé tan mal. Sus compañeros de clase son muy amables y conocí a una chica en su clase que es muy guapa. Se llama Alison y está en la misma clase de español que Conor. Me gustó mucho la clase de español porque entendí todo y pude ayudar a Conor y a sus compañeros con los ejercicios. Después del recreo tuvimos una clase doble de educación física y lo pasé bomba. Me encantan los deportes y tuve la oportunidad de aprender un deporte gaélico que se llama hurling. Mañana sábado por la tarde, los padres de Conor me llevarán a ver un partido de hurling en Croke Park. Tengo muchas ganas de ver un partido en vivo aunque no entiendo bien las reglas del juego. Son bastante complicadas. Espero que haga sol porque no podré aguantar todo un partido al aire libre si no hace sol. En septiembre, en Sevilla, hace calor y siempre hace sol. No estoy acostumbrado a las frescas temperaturas de aquí. Después del partido vamos a ir a un restaurante chino y compraremos comida para llevar. Más tarde Conor y yo iremos a una discoteca con Alison y sus amigas. ¡Qué pedazo de finde me voy a pegar!

Tengo sueño. Escribiré más mañana.

1 Contesta en inglés. *Answer in English.*

(a) Why is Raúl in Ireland?
(b) Name two subjects he had at school today.
(c) What does he say about the rules of hurling?
(d) What are Raúl and Conor doing on Saturday night?

2 Contesta en español. *Answer in Spanish.*

(a) ¿Qué hora es cuando escribe Raúl?
(b) ¿Quién es Alison?
(c) ¿Adónde va Raúl mañana por la tarde?
(d) ¿De qué ciudad española es Raúl?

1.3 (C) ¿Qué debes hacer antes de leer un texto? Numera los consejos en orden. *What should you do when you are about to read a text? Number the steps in order.*

- [7] THINK about the topic.
- [8] Make notes of the type of vocabulary I might meet based on the type of text.
- [5] Predict the information that might be in the text.
- [4] Read the questions.
- [6] Look for clues in the title.
- [2] Underline all the words I recognise.
- [1] Read the text.
- [3] Look at the images with the text.

Página 5

1.3 (D) En tu diario de aprendizaje, apunta los consejos de arriba en orden. *Note the steps above in order in your learning diary.*

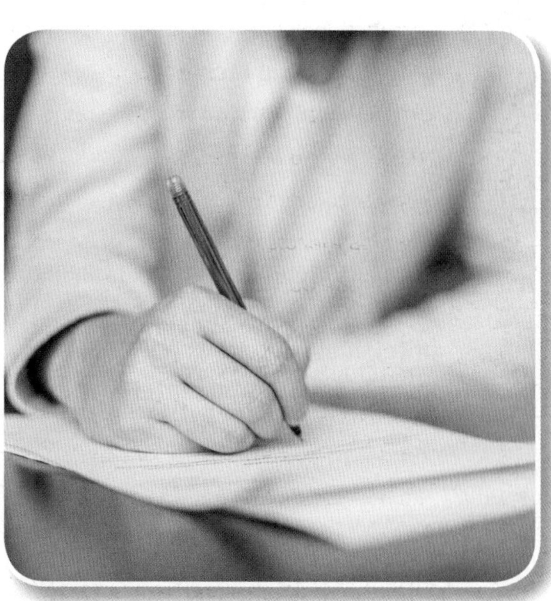

1.4 ¡Así se dice!

Unlike English, the Spanish language is written very phonetically. Think of the *oo* vowel sound in the English words *good* and *food*. The pronunciation of *oo* is very different in both words. Now think of the *o* vowel sound in the Spanish words *hola, tomar, boli*. The pronunciation of the *o* vowel is exactly the same in all three words. While English is littered with exceptions, Spanish pronunciation follows these simple rules:

Student CD 1 Track 2

1.4 (A) ¿Cómo pronunciar en español? Escucha y repite. *How is Spanish pronounced? Listen and repeat.*

- C followed by *a, o* or *u* has a hard sound, like *cat* in English
- C followed by *e* or *i* has a soft sound, like a very soft *th* in English *the*

casa, coche, caramelos
ciruela, cinturón, cerdo

- G followed by *a, o* or *u* has a hard sound, like *great* in English
- G followed by *e* or *i* has a soft sound, like *loch* in English
- J is also pronounced like the end of the word *loch* in English

gato, grande, guacamole
gente, Gilberto, girasol
jardín, jaula, Javier

- H is always silent
- I is pronounced like *ee* in English *feet* or *sleet*

hotel, hielo, ahora
increíble, imposible, interesante

- L is pronounced like *l* in English
- LL is pronounced in a variety of ways depending on which part of the Spanish-speaking world you are in, but in Spain it is similar to a *y* sound in *yo-yo*

loco, limón, leche
llamar, pollo, llevar

- N is pronounced like *n* in English
- Ñ is pronounced like *n* with a *y* after it

no, ninguno, nunca
niño, araña, otoño

- Single R is pronounced like a short tap, while RR is always rolled

pero, rápido, restaurante
perro, guitarra, ferrocarril

- V and B are both pronounced like *b* in English, but a little softer

vaca, uvas, verano
batido, bebida, belén

- Z is usually pronounced like a soft *th* in English *the*

zapatos, zeta, azul

1.4 (B) Practica los sonidos leyendo estos trabalenguas en voz alta. *Practise the sounds by reading these tongue twisters aloud.*

Un perro en el barro con su rabo barre. Con su rabo barre un perro en el barro.

De generación en generación las generaciones se degeneran con mayor degeneración.

El vino vino, pero el vino no vino vino. El vino vino vinagre.

1.4 (C) Lee y contesta a las preguntas. *Read and answer the questions.*

In which image is the speaker:

(a) saying goodbye?
(b) addressing a group of people?
(c) addressing a teacher?
(d) meeting someone for the first time?
(e) addressing one person?

Hablamos en clase

When you are learning a language, it is important to be able to ask your teacher questions if you don't understand something or you need help. Here are some key phrases you could use.

1.4 (D) Empareja las frases en español con la traducción adecuada. *Match the phrases in Spanish with their English translation.*

(a) He terminado
(b) ¿Puede repetir, por favor?
(c) ¿Qué significa . . . ?
(d) ¿Puedo ir al baño?
(e) No está
(f) No entiendo
(g) ¿Cómo se dice . . . ?
(h) ¿Puedo abrir la ventana?
(i) No hice los deberes
(j) ¿Puedo ir a mi taquilla?

1 What does . . . mean?
2 I don't understand
3 Can I go to my locker?
4 I didn't do my homework
5 Can I open the window?
6 I'm finished
7 He / she isn't in
8 How do you say . . . ?
9 Can I go to the bathroom?
10 Can you repeat that, please?

(a)	(b)	(c)	(d)	(e)	(f)	(g)	(h)	(i)	(j)
6	10	1	9	7	2	8	5	4	3

Página 5

1.4 (E) En tu diario de aprendizaje, escribe un resumen de lo que debes tener en cuenta cuando hablas español en clase. *In your learning diary, write a short summary of what you should remember when speaking Spanish in the classroom.*

Here are some helpful suggestions:

- How do you say 'please' and 'thank you'?
- What phrases in Spanish have you used in the classroom?
- If you had to pick two new phrases to learn and use in the classroom, what would they be? Why?

1.5 Mis conocimientos

By the end of *¿Qué pasa? 2* you will be able to do lots of things in the Spanish language.
Have a look at the **I can** statements outlined below:

- How many of these can you do now?
- What **I can** statements would you like to be able to do by the end of this year?
- Are there any **I can** statements in which you are particularly interested? If so, which ones?

When flicking through *¿Qué pasa? 2*, you will see **I can** statements at the end of each unit. Like the list below, they are an important tool for you to monitor your progress and to take ownership of your learning. Make sure you spend time working through these when you complete a unit. They will also help you when it comes to revision.

1.5 (A) ¿Qué sé yo? *What do I know?*

	Yes I can!	I would like to be able to	I'm particularly interested in this
I can recognise familiar words and very basic phrases concerning myself, my family and immediate concrete surroundings when people speak slowly and clearly			
I can catch the main point in short, clear, simple messages and announcements			
I can understand classroom instructions			
I can understand familiar names, words and very simple sentences, for example on notices and posters or in catalogues			
I can read very short, simple texts			
I can find specific information in simple everyday material such as advertisements, posters, menus and timetables, etc.			
I can pronounce words accurately and speak with appropriate intonation			
I can use simple phrases and sentences to describe where I live and people I know			
I can start and end a conversation			

	Yes I can!	I would like to be able to	I'm particularly interested in this
I can have a short conversation if the person speaks slowly on very familiar topics			
I can use the correct form of address when talking to a person or people			
I can ask for help to phrase something I am trying to say			
I can ask and answer simple questions in order to ask for something in certain situations			
I can handle very short conversations even though I can't usually understand enough to keep the conversation going myself			
I can write short, simple messages			
I can fill in forms with personal details			
I can write simple phrases and sentences			
I can write a very simple personal letter, for example thanking someone for something			
I can use phrases and sentences to describe in simple terms my personal and family information, shopping, local geography, any part-time jobs and my social life			
I can write a series of simple phrases and sentences linked with simple connectors like 'and', 'but' and 'because'			
I can say where Spanish is spoken in the world			
I can identify typical foods from Spanish-speaking countries			
I can identify well-known Hispanic artists, musicians, sports personalities, business people and politicians			

Página 6

1.5 (B) En tu diario de aprendizaje, escribe tus propios objetivos para este año escolar. *In your learning diary, write your own learning objectives for this school year.*

La vuelta al cole

Go to **www.edco.ie/quepasa2** for interactive activities and quizzes based on this unit.

By the end of this unit you will have revised:

- The Spanish school day and subjects
- Spanish food and mealtimes

- Describing your school, subjects and items for class
- Talking about your hobbies

- Going shopping

- Designing a menu
- Writing your timetable in Spanish

- Prepositions
- Question words
- Regular and irregular verbs

¡QUÉ CURIOSO! The coat of arms of Madrid shows a bear and a strawberry tree. A statue of the bear and the strawberry tree can be found at la Puerta del Sol – a large busy square in the centre of Madrid.

By the end of this unit you will be able to:

- Name different modes of transport
- Make a presentation about a well-known Hispanic writer

- Carry out a class survey on transport
- Talk about your daily routine
- Use more detailed classroom language

- Write the rules of your school
- Write an account of your daily routine

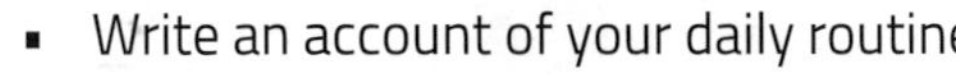

- Use reflexive verbs
- Use the gerund to form the present continuous tense

- Follow an extract from *Don Quijote de la Mancha*

- Make a short video

- Find your way around the Madrid metro system
- Recognise some famous novels from Hispanic writers

The title of this unit means 'Back to school'. Joaquín and his classmates are starting a new school year and meet Andrea, a new student in their class. What words and phrases do you already know that might be useful if you were starting at a new school in Spain?

Página 7

Apunta tus ideas en tu diario de aprendizaje. *Note your ideas in your learning diary.*

2.1 El primer día

2.1 (A) Volvemos al instituto. Lee la viñeta y contesta a las preguntas en inglés. *We're going back to school. Read the comic strip and answer the questions in English.*

Hoy es el primer día del año escolar. Joaquín y María empiezan el tercer curso de ESO. Andrea es la prima de María y está en el tercer curso también. Hoy es su primer día en Instituto Las Lomas de Madrid porque su familia acaba de mudarse a Madrid. Vivían en Vigo pero la madre de Andrea tiene un nuevo trabajo y por eso su familia vive en un piso alquilado en Madrid.

(a) Who is Andrea?
(b) What year is she in at school?
(c) Why did her family just move to Madrid?
(d) Where did they live before?
(e) *¿Cómo se dice?* Find two different ways to say 'nice to meet you' in the comic strip.

2.1 (B) Andrea está perdida. Lee la conversación entre Andrea y Joaquín y contesta a las preguntas en español. *Andrea is lost. Read the conversation between Andrea and Joaquín and answer the questions in Spanish.*

Andrea: ¿Sabes dónde están las salas de ordenadores? Tengo clase de Informática y estoy perdida.

Joaquín: Las salas de ordenadores están en la primera planta.

Andrea: ¿Y dónde están las escaleras para subir a la primera planta?

Joaquín: Mira, aquí tienes un plano del instituto. Las escaleras están al lado de la entrada.

Andrea: Muchas gracias Joaquín

Joaquín: De nada. Bueno ya son las ocho y media. Tengo clase de música. ¡Hasta luego!

(a) ¿Qué clase tiene Andrea?
(b) ¿Dónde están las salas de ordenadores?
(c) ¿En qué planta están Andrea y Joaquín?
(d) ¿Dónde están las escaleras?
(e) ¿Qué hora es?
(f) ¿Qué clase tiene Joaquín?
(g) ¿Cómo se dice *I'm lost* en español? Busca la frase en el diálogo.

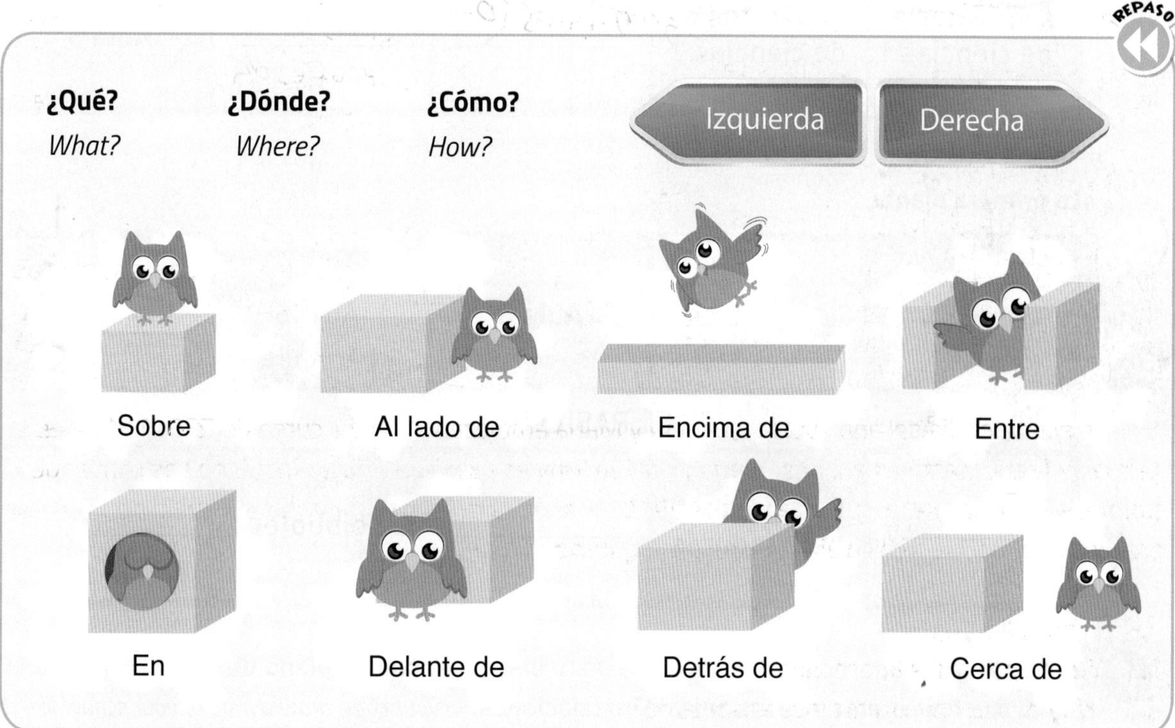

2.1 (C) Joaquín da un plano del instituto a Andrea pero faltan algunas etiquetas. Lee las pistas y etiqueta el plano del instituto para Andrea. *Joaquín gives a map of the school to Andrea, but some of the labels are missing. Read the clues and label the rooms on the map for Andrea.*

Las pistas

- El despacho del director está a la derecha de la sala de ordenadores.
- El comedor está entre dos aulas.
- La sala de música está enfrente de la sala de ordenadores.
- El gimnasio está al lado de un laboratorio de ciencias.
- La sala de arte está a la izquierda de la sala de ordenadores.
- La sala de profesores está en la planta baja.
- El despacho de la profesora de orientación profesional está en la primera planta.

La planta baja

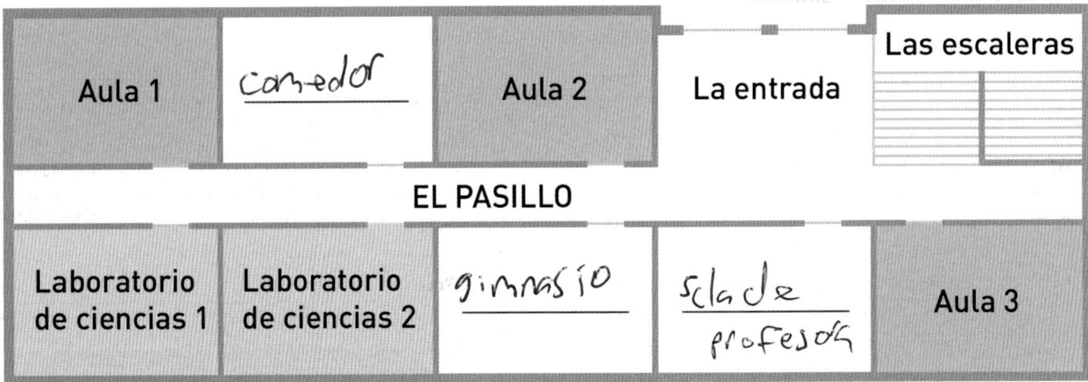

La primera planta

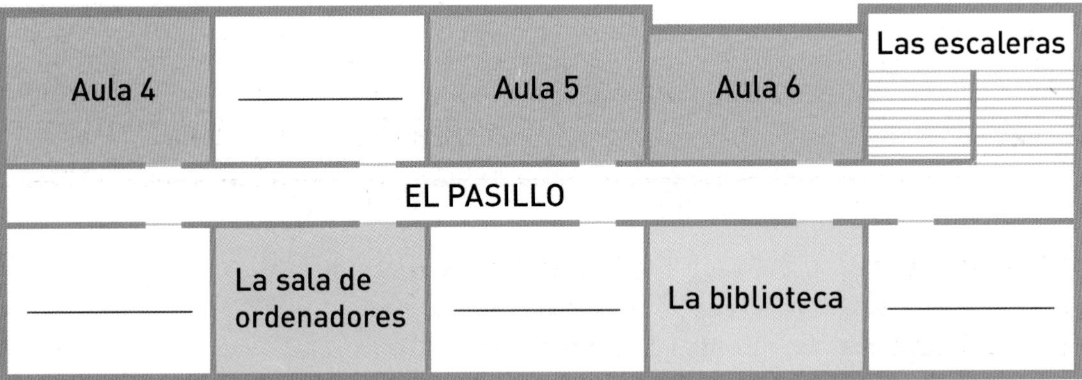

2.1 (D) En tu cuaderno, dibuja un plano de tu instituto como el plano de arriba. Etiqueta el plano con los nombres de las aulas e instalaciones. *In your copy, draw a map of your school like the map above. Label the map with the names of the rooms and the facilities.*

Student CD 1 Track 3

2.1 (E) Andrea habla de su primer día en el Instituto Las Lomas. Escucha y contesta a las preguntas en inglés. *Andrea is talking about her first day at Instituto Las Lomas. Listen and answer the questions in English.*

(a) How does Andrea say she is feeling?
(b) What does she think of her new school?
(c) For what subject are Andrea and Joaquín in the same class?
(d) What classes does Andrea have this afternoon?
(e) At what time do classes finish?
(f) Name one place Andrea has to go after school.
(g) How will Andrea get home?
(h) At what time does she expect to arrive home?
(i) Who is she meeting in the canteen?

2.1 (F) Lee el horario de Andrea y contesta a las preguntas en español. *Read Andrea's timetable and answer the questions in Spanish.*

	LUNES	MARTES	MIÉRCOLES	JUEVES	VIERNES
8:30 – 9:20	Informática	Lengua Castellana y Literatura	Educación Física	Geografía e Historia	Informática
9:20 – 10:10	Lengua Castellana y Literatura	Música	Educación Física	Tutoría	Educación Plástica Visual
10:10 – 10:30	RECREO	RECREO	RECREO	RECREO	RECREO
10:30 – 11:20	Estudios Sociales	Religión	Física y Química	Matemáticas	Inglés
11:20 – 12:10	Ciudadanía	Educación Plástica Visual	Biología y Geología	Música	Lengua Castellana y Literatura
12:10 – 1:00	Biología y Geología	Matemáticas	Estudios Sociales	Física y Química	Física y Química
1:00 – 3:00	COMIDA	COMIDA	COMIDA	COMIDA	COMIDA
3:00 – 3:50	Matemáticas	Estudios Sociales	Geografía e Historia	Inglés	Matemáticas
3:50 – 4:40	Inglés	Geografía e Historia	Educación Plástica Visual	Lengua Castellana y Literatura	Biología y Geología

(a) ¿Qué asignatura estudia los martes a las nueve y veinte?
(b) ¿A qué hora tiene clase de informática los viernes?
(c) ¿Cuántas clases de inglés tiene cada semana?
(d) ¿Qué día tiene clase de religión?
(e) ¿Qué asignatura estudia los miércoles a las tres?
(f) ¿Cuál es la primera clase de los miércoles?
(g) ¿A qué hora tiene clase de música los jueves?
(h) ¿Qué asignatura estudia los lunes a las diez y media?

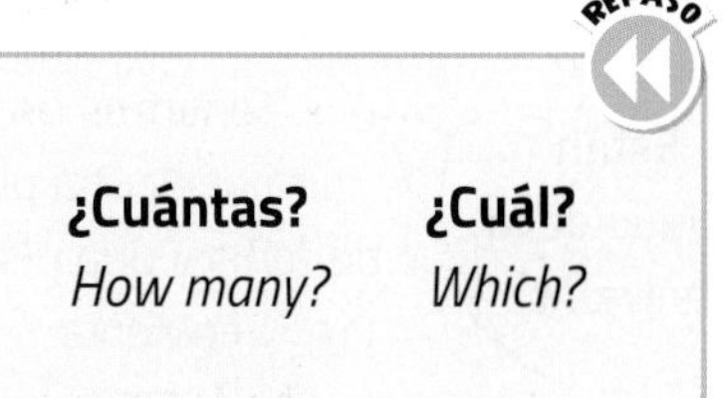

2.1 (G) Escribe en tu cuaderno tu horario en español. *Write your timetable in Spanish in your copy.*

Página 8

2.1 (H) En grupos de tres o cuatro personas poned en común cuáles son las similitudes y las diferencias entre el horario de Andrea (típico de España) y el horario de vuestro instituto. Anotad vuestras conclusiones en el diario de aprendizaje. *In groups of three or four, brainstorm the similarities and differences between Andrea's timetable (typical in Spain) and the timetable in your school. Note your conclusions in your learning diary.*

Ejemplo: *En nuestro instituto las clases terminan a las cuatro, pero en el instituto de Andrea terminan a las cinco menos veinte.*

poner en común = *brainstorming*
similitudes ≠ diferencias

2.1 (I) ¡Vamos a hablar! Imagina que hay un alumno nuevo en tu instituto. Haz una representación con un compañero / una compañera. Aquí tienes algunas sugerencias de preguntas que el nuevo alumno puede hacer, primero une las preguntas con las respuestas. *Let's talk! Imagine that there is a new student at your school. Carry out a role-play with a partner. Here are some suggestions of questions from the new student – first match the questions with the answers.*

(a) ¿Dónde están las taquillas?
(b) ¿Cómo son los profesores?
(c) ¿Qué hay en la planta baja? - ground
(d) ¿Qué hay arriba?
(e) ¿Cúales son las instalaciones deportivas?
(f) ¿Cuáles son las otras actividades extraescolares?
(g) ¿Cuántas clases hay al día?

Son un poco estrictos.

Abajo hay unas aulas, la biblioteca y la sala de ordenadores.

En la primera planta están los laboratorios de ciencias y la sala de arte.

Están al lado de la entrada.

Tenemos un gimnasio, una pista de tenis y una piscina cubierta.

Hay un club de debates y un coro.

Hay ocho clases al día.

Criterios de éxito:

- One of you should play the new student and ask at least four questions
- The other person should answer the questions and give information about your school

2.1 (J) Vamos a la papelería. *We're going to the stationery shop.*

En España, la vuelta al instituto suele hacerse durante la primera o segunda semana de septiembre. A principios de septiembre, muchos alumnos y sus padres van a comprar todo lo que necesitan para el instituto. Después de sus clases, Andrea va a la papelería y a la librería para comprar material escolar. Necesita una mochila, una calculadora, unos rotuladores y un compás.

Student CD 1 Track 4

2.1 (K) Andrea va de compras. Escucha los dos diálogos y contesta a las preguntas en español.

Andrea goes shopping. Listen to the dialogues and answer the questions in Spanish.

1 En la papelería

Andrea: Buenos días.
Dependiente: Buenos días ¿Qué deseas?
Andrea: ¿Cuánto cuesta esta mochila?
Dependiente: Quince euros.
Andrea: ¿La tiene de color azul? Me gusta la mochila pero no me gusta el color rojo.
Dependiente: Sí. Aquí la tienes, de color azul.
Andrea: Gracias.
Dependiente: ¿Necesitas algo más?
Andrea: Sí. Necesito una calculadora y un compás para la clase de matemáticas.
Dependiente: Aquí tienes la calculadora y el compás. Con la mochila son treinta y un euros con setenta y cinco.
Andrea: Aquí tiene. Gracias.
Dependiente: Muchas gracias, adiós.

(a) ¿Cuáles son los tres productos que compra Andrea?
(b) ¿De qué color quiere la mochila?
(c) ¿Cuál es el precio total de los tres productos?

2 En la librería

(a) ¿Cuáles son las asignaturas para las que Andrea busca libros?
(b) ¿Qué libro no tiene el dependiente?
(c) ¿Cuál es el precio total de los dos libros que compra?

Página 9

2.1 (L) 1 Imagina que estás comprando material escolar para la vuelta al insti. En tu diario de aprenizaje, escribe una conversación con un compañero / una compañera de clase. *Imagine you are buying school supplies for the new term. Write a role-play with a classmate in your learning diary.*

2 Haz una dramatización de la conversación con tu compañero / compañera. *Act out your role-play with your partner.*

2.1 (M) ¿Y tú? ¿Qué has comprado para la vuelta al instituto? Escribe una lista de la compra con los objetos que tienes en tu mochila y en tu estuche. *And you? What have you bought for going back to school? Write a shopping list of the items in your school bag and your pencil case.*

La lista de la compra
3 lápices
1 calculadora
5 cuadernos
el libro de historia
un diccionario de francés

2.1 (N) Lee el anuncio de una papelería y contesta a las preguntas en español. *Read the advertisement from a stationery shop and answer the questions in Spanish.*

PAPELERÍA PALOS BLANCOS,

Calle del Carmen 73, Madrid

mochila escolar	calculadora Casio	compás Fabio	rotulador stabil	grapadora
€15	€10,80	€5,95	€0,60	€11,95
pilas	**carpeta de aros**	**tacos notas**	**pilot vball**	**tablero corcho**
€1,70	€1,35	€1,80	€1,50	€7,75

(a) ¿Cómo se llama la papelería?
(b) ¿En qué calle está?
(c) ¿Cuánto cuesta una mochila escolar?
(d) ¿Cuál es el precio total de una calculadora Casio y un compás Fabio?
(e) ¿Qué producto cuesta 0,60€?
(f) ¿Cómo se dice *stapler* en español?
(g) Busca la palabra española para decir *batteries*.

Página 10

2.1 (Ñ) ¿Cómo aprendemos español? Pon en común con tus compañeros las estrategias que usáis para aprender español. (Trabajad en grupos de tres o cuatro personas.) *How do we learn Spanish? Brainstorm ideas with your classmates about strategies you use to learn Spanish. Work in groups of three or four.*

Rellena en tu diario de aprendizaje con las palabras clave de la sección 2.1.
Fill in the keywords for section 2.1 in your learning diary.

Página 16

2.2 ¿Cómo vienes al instituto?

2.2 (A) Lee la viñeta y contesta a las preguntas en inglés. *Read the comic strip and answer the questions in English.*

(a) Where does Andrea live?
(b) Is her home near or far from the school?
(c) How does she travel to school in the morning?
(d) What is the name of the area where Joaquín lives?
(e) What is the name of the metro station near Joaquín's home?
(f) Why did Andrea decide to go to that school?

2.2 (B) El metro de Madrid

Joaquín y Andrea cogen el metro para ir al instituto. Joaquín viaja de Nuevos Ministerios a Alonso Martínez. Andrea baja en la misma estación que Joaquín pero empieza su viaje en Alameda de Osuna que está muy lejos del instituto.

Trabaja con un compañero / una compañera de clase. Buscad un plano del Metro de Madrid en internet y contestad a las preguntas. *Work with a partner. Find a map of the Madrid metro system online and answer the questions.*

1 Contestad en español. *Answer in Spanish.*

(a) Busca la estación Alonso Martínez (está cerca del centro de la ciudad).

(b) Busca la estación Nuevos Ministerios (está al norte del centro de la ciudad).

(c) Busca la estación Alameda de Osuna (está en el este de la ciudad).

(d) ¿Qué línea coge Joaquín para ir al instituto? (¿Qué número?)

(e) ¿Qué línea coge Andrea para ir al instituto? (¿Qué número?)

(f) ¿Qué línea va al Aeropuerto de Barajas? (Qué número?)

2 Contestad en inglés. *Answer in English.*

(a) How many stops does Joaquín's metro journey make?

(b) How many stops does Andrea's metro journey make?

(c) Which metro line goes to Arganda del Rey?

(d) How many metro lines pass through Sol?

(e) Find the metro station Sevilla, close to the centre of the city. Which metro line goes through Sevilla?

(f) Plot a route from Sevilla to the airport. How many times do you have to change lines?

2.2 (C) ¿Cómo vienes al instituto?

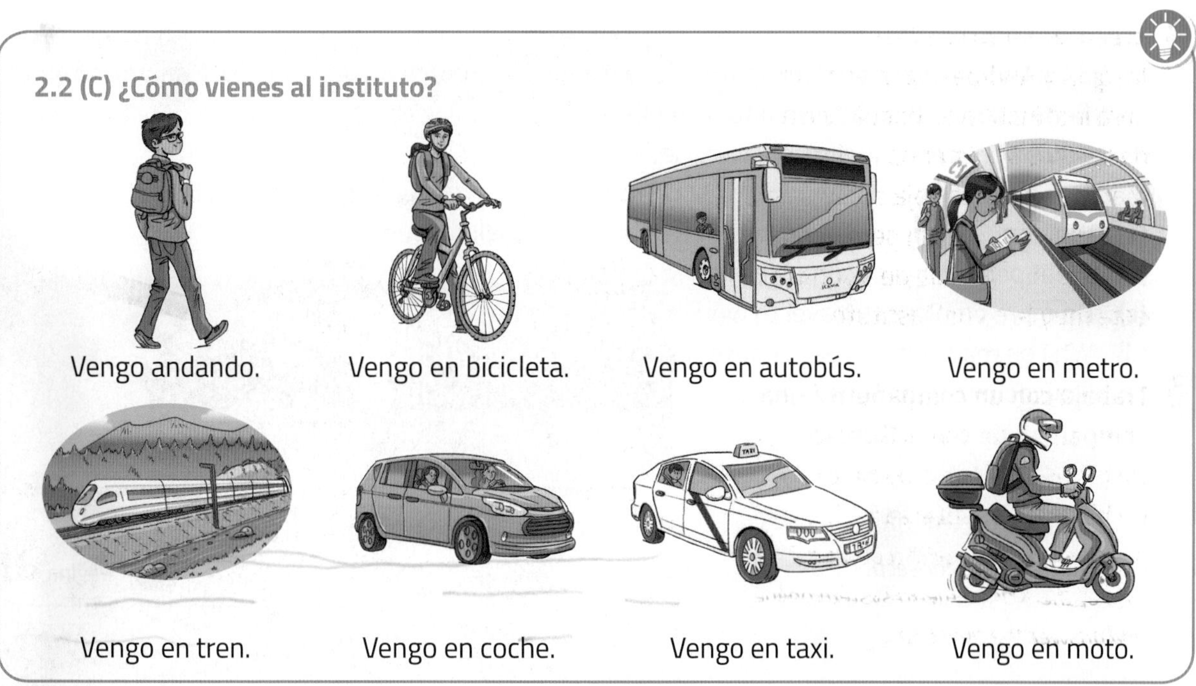

Vengo andando. Vengo en bicicleta. Vengo en autobús. Vengo en metro.

Vengo en tren. Vengo en coche. Vengo en taxi. Vengo en moto.

Página 10

2.2 (D) Una encuesta sobre el transporte

A survey about transport

En la clase de matemáticas Andrea y sus compañeros hacen una encuesta sobre el transporte.

Mira el gráfico circular con los resultados de la encuesta.

¿Cómo vienes al instituto?

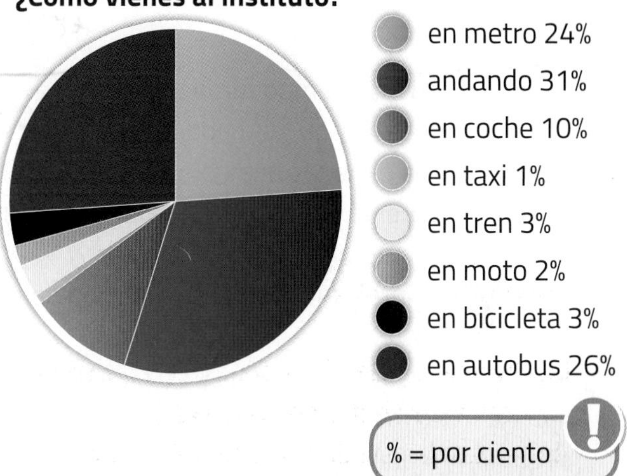

% = por ciento

1. Haz una encuesta en tu clase con la misma pregunta '¿Cómo vienes al instituto?' *Carry out a survey of your class with the same question, 'How do you come to school?'*
2. Dibuja un gráfico circular con los resultados. *Draw a pie chart with the results.*
3. En grupos de tres o cuatro personas poned en común las similitudes y las diferencias entre los resultados de vuestra encuesta y la encuesta de la clase de Andrea. Anotad vuestras conclusiones en el diario de aprendizaje. *In groups of three or four, brainstorm ideas on the similarities and differences between the results of your survey and Andrea's survey. Note your conclusions in your learning diary.*

Ejemplo: *En Galway no hay metro, pero en el instituto de Andrea el veinticuatro por ciento de los alumnos cogen el metro para ir al instituto.*

Student CD 1 Track 5

2.2 (E) Una encuesta sobre transporte. Escucha los resultados de una encuesta en una empresa madrileña y contesta a las preguntas en inglés. *A survey about transport. Listen to the results of a survey of a Madrid-based company and answer the questions in English.*

(a) What percentage of employees of this business walk to work?
(b) What percentage of employees drive to work?
(c) Do more employees travel to work by train or by bus?
(d) Why do many employees choose not to cycle to work?
(e) How do most employees get to work?

Rellena en tu diario de aprendizaje las palabras clave de la sección 2.2.
Fill in the keywords for section 2.2 in your learning diary.

Página 16

2.3 La rutina diaria

2.3 (A) Lee el diálogo y contesta a las preguntas en inglés. *Read the dialogue below and answer the questions in English.*

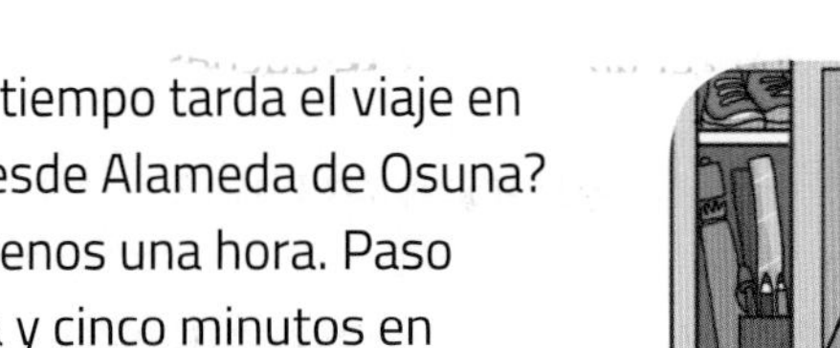

Joaquín: ¿Cuánto tiempo tarda el viaje en metro desde Alameda de Osuna?
Andrea: Más o menos una hora. Paso cuarenta y cinco minutos en el metro y mi casa está a diez minutos andando de la estación del metro.
Joaquín: ¡Qué largo!
Andrea: No me importa. Suelo leer durante el viaje. Me encanta leer.
Joaquín: ¿A qué hora te levantas para llegar a tiempo?
Andrea: Me levanto a las seis y media.
Joaquín: ¡Vaya! Es muy temprano.

(a) How long is Andrea's journey to school?
(b) How far is her house from the metro station?
(c) What does she usually do during the metro journey?
(d) At what time does she get up?
(e) *¿Cómo se dice?* Find the phrase meaning 'to arrive on time' in the dialogue.
(f) *¿Cómo se dice?* Find the phrase meaning 'I get up at . . . '

2.3 (B) Los verbos reflexivos

Andrea uses the phrase *me levanto*, and you already know the phrase *me llamo*. *Me levanto* and *me llamo* are both examples of reflexive verbs.

- Reflexive verbs are always accompanied by a reflexive pronoun. In the above examples the reflexive pronoun is *me*.
- The reflexive pronouns are *me, te, se, nos, os, se*. You have already met some of these reflexive pronouns, for example in the phrases *¿Cómo **te** llamas?* or *Mis padres **se** llaman Juana y Horacio.*
- Reflexive pronouns are always positioned **before** the verb, except with infinitives, when the reflexive pronoun attaches to the end, for example *llamarse*.
- If you look up a verb in the dictionary, you will know if it is a reflexive verb because you will see the reflexive pronoun *se* attached to the end of the infinitive.

Study the verbs below and try to fill in the verb LAVARSE.

	LEVANTARSE	*to get up*	DUCHARSE	*to take a shower*
(yo)	**me** levanto	*I get up*	**me** ducho	*I take a shower*
(tú)	**te** levantas	*you get up*	**te** duchas	*you take a shower*
(él / ella)	**se** levanta	*he / she gets up*	**se** ducha	*he / she takes a shower*
(nosotros/as)	**nos** levantamos	*we get up*	**nos** duchamos	*we take a shower*
(vosotros/as)	**os** levantáis	*you (plural) get up*	**os** ducháis	*you (plural) take a shower*
(ellos / ellas)	**se** levantan	*they get up*	**se** duchan	*they take a shower*

LAVARSE	*to wash oneself*
me lavo	*I wash myself*
te lavas	*you wash yourself*
se lava	*he washes himself / she washes herself*
nos lavamos	*we wash ourselves*
os laváis	*you (plural) wash yourselves*
se lavan	*they wash themselves*

Remember: there are two words needed for each part of this verb – the reflexive pronoun and the verb itself.

To make a reflexive verb negative, simply put *no* before it, for example *no me levanto* ('I don't get up').

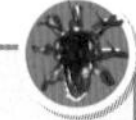

2.3 (C) Más verbos reflexivos *More reflexive verbs*

AFEITARSE	*to shave*
BAÑARSE	*to have a bath*
CASARSE	*to get married*
DUCHARSE	*to shower*
LAVARSE	*to wash oneself*
LEVANTARSE	*to get up*
MAQUILLARSE	*to put on make-up*
PEINARSE	*to comb one's hair*
PONERSE	*to put on*
QUEDARSE	*to stay*
RELAJARSE	*to relax*

Some verbs can be both reflexive verbs AND stem-changing (boot) verbs (revise boot verbs in *¿Qué pasa? 1* page 221).

ACOSTARSE (ue)	*to go to bed*
DESPERTARSE (ie)	*to wake up*
DIVERTIRSE (ie)	*to have fun*
SENTARSE (ie)	*to sit down*
SENTIRSE (ie)	*to feel*

Yo me levanto.

Tomás se afeita.

Nosotras nos maquillamos.

Nuria se acuesta.

Ellos se casan.

Mira la presentación en PowerPoint 'Unidad 2 (a)' sobre verbos reflexivos. *Watch the PowerPoint presentation 'Unidad 2 (a)' on reflexive verbs.*

Página 11

2.3 (D) Rellena los cuadros con los verbos reflexivos en tu diario de aprendizaje. *Fill in the reflexive verb charts in your learning diary.*

2.3 (E) Rellena los espacios con la forma correcta del verbo entre paréntesis.
Fill in the blanks with the correct form of the verb in brackets.

(a) Yo _me ducho_ (ducharse) antes de ir al colegio.
(b) Adrián ________________ (afeitarse) en el cuarto de baño.
(c) Nosotros ________________ (levantarse) a las siete y media.
(d) Ellas ________________ (despertarse) a las seis y cuarto.
(e) Tú ________________ (lavarse) en el cuarto de baño.
(f) Yo ________________ (acostarse) a las once de la noche.
(g) Vosotros ________________ (bañarse).
(h) Merche ________________ (ponerse) un sombrero.
(i) Las chicas ________________ (maquillarse) para ir a la discoteca.
(j) Nosotros ________________ (ducharse) después del partido.
(k) Mi prima ________________ (levantarse) muy tarde los fines de semana.
(l) Yo ________________ (despertarse) a las siete menos veinte.
(m) Diego ________________ (ducharse) por la mañana.
(n) Ellos ________________ (acostarse) a las diez y media.
(ñ) Yo ________________ (divertirse) mucho en la fiesta.

2.3 (F) Repaso de los verbos en el presente. Rellena los espacios con la forma correcta del verbo entre paréntesis. *Revision of verbs in the present tense. Fill in the blanks with the correct form of the verb in brackets*

(a) ¿Tú ________________ (ser) irlandés?
(b) Yo ________________ (salir) con Irene.
(c) Ellos ________________ (hacer) los deberes.
(d) Laura ________________ (ir) a la piscina.
(e) Nosotros ________________ (estar) contentos.
(f) ¿Vosotros ________________ (ver) una película?
(g) Yo ________________ (poner) el libro en la mesa.
(h) ¿Tú ________________ (hablar) español?
(i) Mis amigos ________________ (venir) a Barcelona.
(j) Nosotras ________________ (vivir) en La Habana.
(k) Yo ________________ (coger) el metro para ir al cole.
(l) Ella ________________ (tener) dieciséis años.

2.3 (G) Lee el correo electrónico de Andrea y contesta a las preguntas. *Read Andrea's email and answer the questions.*

De: andreaagr10@gmail.com

Querida abuela:

¿Qué tal estás? Acabo de empezar el tercer curso en mi nuevo instituto. Me gusta el instituto. Ya tengo varios amigos y los profes son muy simpáticos. La profesora de inglés está en contacto con un profesor de español de Irlanda y toda la clase tiene un amigo por correspondencia allí. Escribimos emails en la clase de inglés. Es una buena idea para practicar el idioma y aprendo mucho. Desafortunadamente vivo muy lejos del colegio y el día se hace muy largo.

Me despierto a eso de las seis y media. Me levanto, me ducho y me peino en el cuarto de baño. Desayuno muy poco por la mañana. Suelo tomar unas galletas con un zumo de naranja mientras mamá se lava y se maquilla. Salgo a las siete menos cinco y voy andando a la estación del metro. Cojo el metro a las siete y diez y llego al colegio a las ocho y cuarto. Voy a mi taquilla para sacar mis libros. Las clases empiezan a las ocho y media. Hay un recreo a las diez y diez y entonces tomo un bocadillo de jamón en el patio. Luego hay tres clases más antes de la comida. Como en el comedor del instituto con mis amigos. Por la tarde hay más clases, hasta las cinco menos veinte.

Después de las clases suelo regresar a casa en el metro. Los miércoles me quedo en el instituto para jugar al fútbol con el equipo del instituto. Tenemos una hora de entrenamiento. Por la tarde meriendo un bollo o una ración de tortilla y hago mis deberes en casa. Mamá vuelve de la oficina a las ocho y media. Ceno con ella a las nueve y media. Después de la cena veo la tele un poco o chateo con mis amigos en Snapchat. Me acuesto a las once de la noche.

Así es mi vida aquí en Madrid. Echo de menos a mis amigos gallegos y las playas de Vigo ☹. Dile hola al abuelo. ¿Vais a visitarnos pronto?

Bueno, tengo que terminar ya. Escríbeme pronto.

Muchos besos,
Andrea

(a) Find eight examples of reflexive verbs in Andrea's email and write their infinitives.

(b) *¿Cómo se dice?* Find the following words and phrases in the email:

- I have just started third year
- Unfortunately
- I miss my friends
- Say hi to Grandad
- Write back soon

(c) How did Andrea and her classmates get pen pals in Ireland?

(d) What does Andrea do before she leaves the house in the morning?
(e) What does she usually eat for breakfast?
(f) At what time does she leave the house?
(g) At what time does she catch the metro?
(h) What is the first thing she does when she arrives at school?
(i) What does she eat at morning break time?
(j) On which day does she stay later at school?
(k) What does she do on that day?
(l) What does she usually do after dinner?
(m) At what time does she go to bed?

Spanish students usually start secondary school at twelve years old, so fourteen-year-olds would typically be in their third year of secondary school.

Student CD 1 Track 6

2.3 (H) Joaquín habla de su rutina diaria. Escucha y contesta a las preguntas en español. *Joaquín is talking about his daily routine. Listen and answer the questions in Spanish.*

(a) ¿A qué hora se levanta?
(b) ¿Qué toma de desayuno?
(c) ¿A qué hora sale de casa?
(d) ¿Qué hace durante el recreo?
(e) ¿Qué hace después de las clases los lunes?
(f) ¿A qué hora cena?
(g) ¿Qué hace después de la cena?
(h) ¿A qué hora se acuesta?

REPASO

7:30 son las siete y media

1:00 Es la una
2:00 Son las dos
3:00 Son las tres
4:00 Son las cinco
6:00 Son las seis

Ejemplos:
3:05 Son las tres y cinco
7:20 Son las siete y veinte
1:30 Es la una y media
9:45 Son las diez menos cuarto
4:50 Son las cinco menos diez
Note that with times, we always start with the hour followed by *y* (past) or *menos* (to).

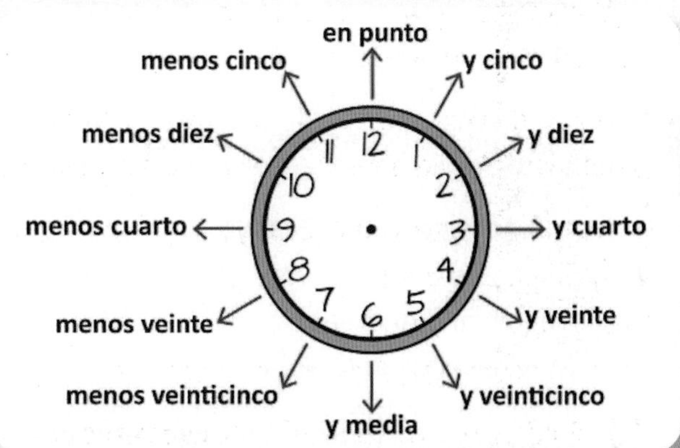

Página 12

2.3 (I) Imagina que eres el nuevo amigo o la nueva amiga por correspondencia de Andrea. Escríbele un email en tu diario de aprendizaje. *Imagine that you are Andrea's new pen pal. Write her an email in your learning diary.*

Página 13

2.3 (J) 1 ¡Vamos a hablar! Prepara tus respuestas en tu diario de aprendizaje usando frases completas. *Let's talk! Prepare your answers in your learning diary, using full sentences.*

2 Habla con tu compañero / compañera de clase. Pregúntale sobre su rutina diaria. *Talk to your partner. Ask him / her about his / her daily routine.*

Watch the video 'Unidad 2' as an example.

Sugerencias:

(a) ¿A qué hora te levantas los días de entre semana?
(b) ¿Qué tomas de desayuno?
(c) ¿Qué haces antes de salir de casa?
(d) ¿Cómo vienes al instituto?
(e) ¿A qué hora empiezan las clases?
(f) ¿A qué hora es el recreo?
(g) ¿Qué tomas durante el recreo?
(h) ¿Qué haces durante la hora de comer?
(i) ¿A qué hora terminan las clases?
(j) ¿Qué haces después de las clases?
(k) ¿A qué hora cenas?
(l) ¿Qué sueles tomar de cena?
(m) ¿A qué hora te acuestas?

2.3 (K) Rellena con los pronombres reflexivos. *Fill in the reflexive pronouns.*

me, te, se, nos, os, se

(a) _____ despierta
(b) _____ levanto
(c) _____ acuestas
(d) _____ lavamos
(e) _____ maquillan
(f) _____ baña
(g) _____ afeitáis
(h) _____ divierto
(i) _____ ponen
(j) _____ duchas

2.3 (L) ¿Cómo se dice en español? *How do you say it in Spanish?*

(a) Andrea wakes up at 6:30.
(b) She has a shower before going to school.
(c) Joaquín and Andrea relax in the yard during the break.
(d) They have fun in their history class.
(e) Andrea sits in the canteen for lunch.
(f) Andrea and her friends put on make-up at weekends.
(g) She goes to bed at 11:00.

Rellena en tu diario de aprendizaje las palabras clave de la sección 2.3.
Fill in the keywords for section 2.3 in your learning diary.

Página 17

2.4 El sitio web

2.4 (A) Lee la viñeta y contesta a las preguntas en inglés. *Read the comic strip and answer the questions in English.*

(a) Why does the teacher need volunteers?
(b) Why does Joaquín want to participate?
(c) What does the teacher suggest the students do first?
(d) *¿Cómo se dice?* Find the following words and phrases in the text:
- a blogger
- to post (online)
- we want to help

Joaquín, Andrea y María ponen en común la información que van a publicar en el sitio web del instituto.

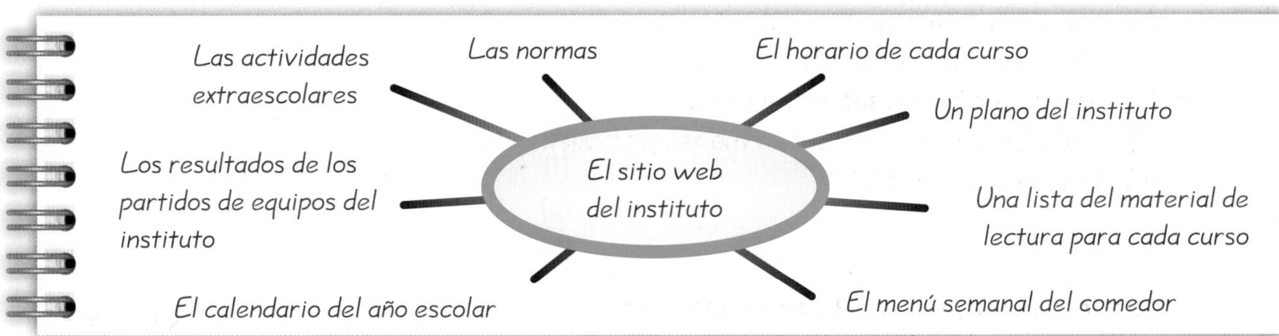

2.4 (B) Joaquín escribe el horario de actividades extraescolares. Lee el horario y contesta a las preguntas en español. *Joaquín is writing the timetable of extracurricular activities. Read the timetable and answer the questions in Spanish.*

IES Las Lomas · Madrid

Actividades extraescolares

	L	M	X	J	V
17:00–18:00	Kárate	Tenis Iniciación	Fútbol Sala (Femenino)	Fútbol (Masculino)	Atletismo
18:00–19:00	Baloncesto (Masculino)	Natación	Club de ajedrez	Tenis 2	Baloncesto (Femenino)
19:00–20:00	Baile moderno	Guitarra	Piano	Flamenco y bailes regionales	Judo

(a) ¿Qué día hay clases de baile moderno?

(b) ¿A qué hora hay clases de kárate los lunes?

(c) ¿Qué deporte se practica el viernes a las cinco de la tarde?

(d) ¿Cuáles son los dos instrumentos que se pueden aprender a tocar?

(e) ¿Qué día hay club de ajedrez?

(f) ¿Cuándo entrena el equipo de fútbol de chicos?

(g) ¿Cuál es tu actividad preferida del horario? ¿Por qué?

Student CD 1 Track 7

2.4 (C) ¿Qué actividades extraescolares haces? Escucha la conversación entre María y Andrea y contesta a las preguntas en español. *What extracurricular activities do you do? Listen to the conversation between María and Andrea and answer the questions in Spanish.*

(a) ¿Qué deporte practica María?

(b) ¿Cuándo practica este deporte? (El día y la hora)

(c) ¿Qué deporte practica Andrea?

(d) ¿Cuándo practica este deporte? (El día y la hora)

(e) ¿Qué instrumento toca María?

(f) ¿Por qué no le gustan las clases?

(g) ¿Quién quiere jugar al tenis?

(h) ¿Cuándo hay clases de iniciación de tenis?

(i) ¿Qué piensa Andrea del ajedrez?

2.4 (D) Imagina que escribes el sitio web de tu instituto. Escribe la información sobre las actividades extraescolares en tu cuaderno. *Imagine that you are writing the website for your school. Write up all the information about extracurricular activities in your copy.*

2.4 (E) María escribe la página web sobre las normas del instituto. Conecta las frases con las imágenes. *María is writing the webpage about the school rules. Match the phrases with the images.*

(a) 

(f) 

(b) 

(g) 

(c) 

(h) 

(d) 

(i) 

(e) 

g **1** Está prohibido llevar joyas y piercing

2 Está prohibido comer chicle ✓

h **3** Está prohibido charlar en clase

a **4** No se puede fumar

f **5** No se debe escuchar música en clase

6 No se debe correr en los pasillos

b **7** Se debe apagar el teléfono móvil

d **8** Se debe llegar a tiempo a las clases

9 Se puede comer, pero solo en el comedor

(a)	(b)	(c)	(d)	(e)	(f)	(g)	(h)	(i)
		2						

2.4 (F) Frases para escribir normas

Look back at the phrases and the sentences used in exercise 2.4 (E). Did you notice that they are all followed by verbs in the infinitive form?

Está prohibido
Se debe
No se debe + INFINITIVO
Se puede
No se puede

2.4 (G) ¿Cuáles son las reglas de tu instituto? Imagina que escribes las normas de tu instituto para el sitio web. Escríbelas en tu cuaderno. Utiliza las estructuras de arriba. *What are your school rules? Imagine that you are writing school rules for your school's website. Write them in your copy.*

2.4 (H) Unos estudiantes españoles van a estudiar a St Cormac's College pero no entienden las normas. Escribe las normas en español. *Some Spanish students are going to study in St Cormac's College but they don't understand the rules. Write them in Spanish for them.*

St Cormac's College

County Sligo

Academy

1

2 You have to wear the uniform.

3

4 Eating in the classrooms is forbidden. You must eat in the canteen.

5

6 You have to do your homework every evening.

7 You cannot leave the school at lunchtime.

El verbo DEBER

Se debe is from the verb DEBER (to have to do something). *Deber* is always followed by the infinitive, for example:

Debo hacer mis deberes	*I have to do my homework*
Debemos reparar el ordenador	*We have to repair the computer*

2.4 (I) Andrea publica el menú semanal del comedor pero faltan unas palabras. Rellena los espacios con las palabras adecuadas. *Andrea posts the weekly menu for the canteen, but some words are missing. Fill in the blanks.*

INSTITUTO LAS LOMAS

– MENÚ DE LA SEMANA DEL 19 AL 23 DE SEPTIEMBRE

	1.er PLATO	2.º PLATO	POSTRE
LUNES	Sopa: Crema de 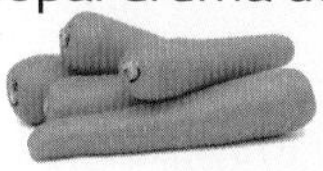 ____________	Filete de  ____________ con patatas	 ____________
MARTES	Lentejas	Alcachofas con  ____________	 ____________
MIÉRCOLES	Sopa de  ____________ y marisco	Chuletas de cerdo con lechuga y  ____________	 ____________
JUEVES	 ____________ con tomate	 Albóndigas de ternera con ____________	Yogur
VIERNES	Macarrones con atún	Tortilla de espinacas con  ____________	 ____________

(a) *¿Cómo se dice?* Find the words for 'artichokes', 'lentils', 'spinach' and 'lettuce'.

(b) On which day is tuna pasta served as a first course?

(c) What is the second course on Thursday?

(d) When are pork chops served?

(e) Which day's menu do you prefer? Why?

Student CD 1 Track 8

2.4 (J) Escucha el correo electrónico de Andrea y rellena los espacios en blanco. *Listen to Andrea's email and fill in the blanks.*

De:	andreaagr10@gmail.com
A:	conchaaguilarvigo@terra.es
Asunto:	Te echo de menos
Fecha:	23 de septiembre

Querida abuela:

¿Cómo estás? ¿Cómo está el abuelo? Todo va bien en el instituto esta semana. Trabajo de voluntaria escribiendo artículos en el sitio web del instituto. Escribo el menú (a) ________________ del comedor. La comida del instituto es muy (b) ________________. De primero comemos platos como (c) ________________, judías verdes con jamón, (d) ________________ a la carbonara o (e) ________________. De segundo hay mucha carne y (f) ________________ con ensaladas, patatas o (g) ________________. Los postres son bastante saludables, todos los días comemos fruta o yogur.

Echo mucho de menos el pulpo a la gallega y las comidas caseras que haces tú. Pienso que comemos menos (h) ________________ aquí en Madrid que en Vigo, pero es normal – no vivimos al lado del mar. Algo que me gusta mucho de aquí es una churrería famosa que se llama San Ginés. Está muy cerca de la Puerta del Sol en el corazón de Madrid. Los (i) ________________ son riquísimos y también hacen (j) ________________ y café. Voy a ir mañana con María y nuestro amigo Joaquín.

Bueno, tengo que hacer los deberes. Te llamaré este fin de semana.

Muchos besos,

Andrea

Pulpo a la gallega es un plato tradicional de la región de Galicia. Se come por toda la costa gallega. Se cocina el pulpo con aceite de oliva, pimentón y sal.

 **2.4 (K) Trabajad en parejas. Pensad en el menú semanal ideal para vuestro instituto. Poned en común una lista de los platos que os gustan.** *Work in pairs. Think about your ideal menu for your school. Brainstorm the dishes you like.*

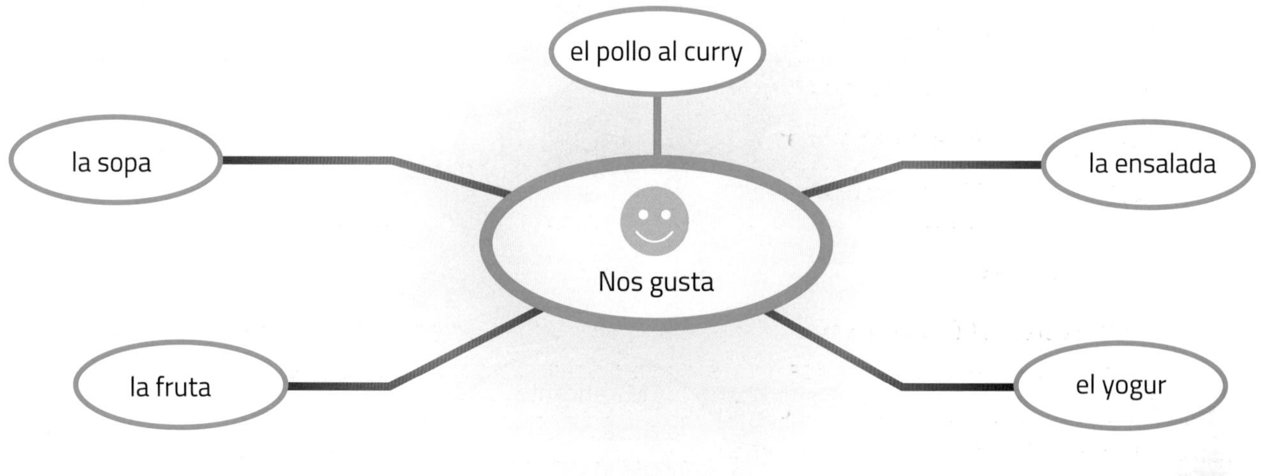

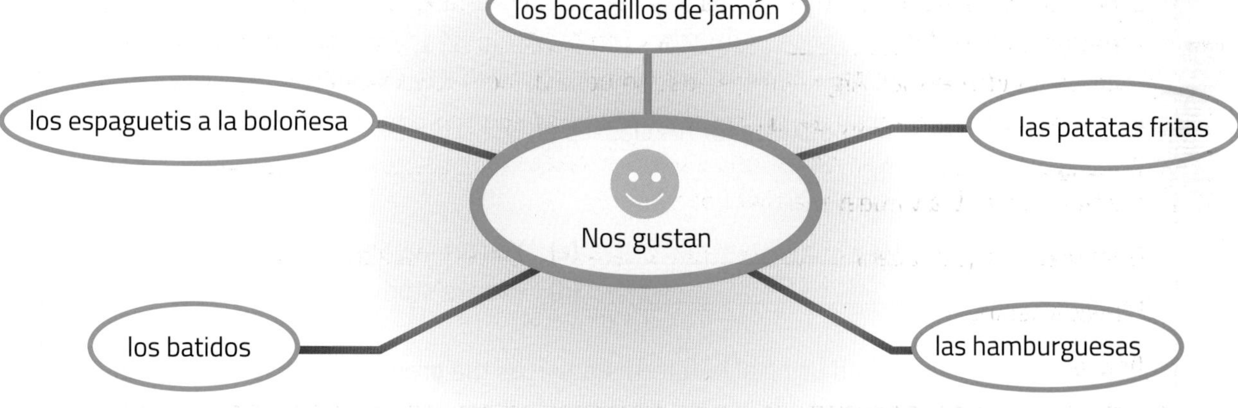

 **2.4 (L) Escribid el menú en vuestros cuadernos.** *Write the menu in your copies.*

Rellena en tu diario de aprendizaje las palabras clave de la sección 2.4.
Fill in the keywords for section 2.4 in your learning diary.

 Página 17

2.5 ¿Qué estás haciendo?

 **2.5 (A) Lee la viñeta y contesta a las preguntas.** *Read the comic strip and answer the questions.*

Joaquín is going to post the booklists for his classes on the school website. Find the following phrases in the comic strip:

(a) What are you doing? ____________________
(b) I am writing ____________________
(c) You are writing ____________________
(d) We are studying ____________________

These phrases are all formed using a verb form known as the **present participle**, or gerund. In English, the present participle ends in *–ing*, for example 'I am **dancing**'.
Study the examples below and see if you can fill in the present participles that are missing.

Infinitive	Present participle
TOMAR	tomando
HABLAR	hablando
ESTUDIAR	
BAILAR	
COM**ER**	comiendo
VOLV**ER**	volviendo

Infinitive	Present participle
BEB**ER**	
V**ER**	
VIVIR	viviendo
SALIR	saliendo
ESCRIBIR	
ABRIR	

El gerundio

To form the present participle of –AR verbs, we change –AR to *–ando*, and for –ER and –IR verbs, we change –ER or –IR to *–iendo*

–AR ✲ *–ando*
–ER ✲ *–iendo*
–IR ✲ *–iendo*

Note the following irregular present participles:

LEER ✲ leyendo
DORMIR ✲ durmiendo

2.5 (B) El presente contínuo

Let's look back at the phrases you picked out of the comic strip in section 2.5 (A).

- *¿Qué estás haciendo?*
- *Estoy escribiendo*
- *Estás escribiendo*
- *Estamos estudiando*

These phrases are all examples of the present continuous tense. In English, the present continuous is formed using the verb 'to be' and a present participle, for example 'she is singing'. In Spanish, we form the present continuous using the present tense of the verb ESTAR and the present participle, for example *está cantando*.

Present tense of ESTAR ✲	+ Present participle (–ando / –iendo) ✲	
estoy	hablando	*I am speaking*
estás	bailando	*You are dancing*
está	cantando	*He is singing*
estamos	comiendo	*We are eating*
estáis	bebiendo	*You are drinking*
están	viviendo	*They are living*

With reflexive verbs, the reflexive pronoun is tagged directly onto the end of the present participle. When this happens we add an accent to the 'a' or 'e' of *–ando* and *–iendo*.

Estoy lavándo**me** — *I am washing myself*
Está duchándo**se** — *She is having a shower*
¿Estás divertiéndo**te**? — *Are you having fun?*

Mira la presentación en PowerPoint 'Unidad 2 (b)' sobre el presente contínuo.
Watch the PowerPoint presentation 'Unidad 2 (b)' on the present continuous.

2.5 (C) Rellena los espacios con la forma correcta del verbo ESTAR. *Fill in the blanks with the correct form of the verb ESTAR.*

(a) Nosotros <u>estamos</u> cantando.
(b) Ella está _____ estudiando.
(c) Vosotros estáis _____ viendo la tele.
(d) Mi padre está _____ afeitándose.
(e) Yo estoy _____ comiendo patatas.
(f) Las chicas están _____ relajándose.
(g) ¿Tú estás _____ jugando al tenis?

2.5 (D) Rellena los espacios con la forma correcta del gerundio de los verbos entre paréntesis. *Fill in the blanks with the correct form of the present participle of the verbs in brackets.*

(a) Nosotros estamos <u>bailando</u> (bailar) en la discoteca.
(b) Está escuchando _____ (escuchar) la radio.
(c) Vosotros estáis comiendo _____ (comer) helados.
(d) Ellos están lavandose _____ (lavarse).
(e) ¿Estás viviendo _____ (vivir) en Sevilla?
(f) Están saliendo _____ (salir).
(g) Estoy leiendo _____ (leer) una novela histórica.
(h) Carlos está haciendo _____ (hacer) un pastel.
(i) Estamos jugando _____ (jugar) al baloncesto.
(j) Los bebés están dorniendo _____ (dormir) en el salón.
(k) Estáis bebiendo _____ (beber) té.
(l) Estoy relejandose _____ (relajarse).
(m) ¿Estás tomando _____ (tomar) una siesta?
(n) Laura está duchandose _____ (ducharse).

2.5 (E) ¿Qué están haciendo? Escribe una frase para cada imagen. *What are they doing? Write a sentence for each image.*

   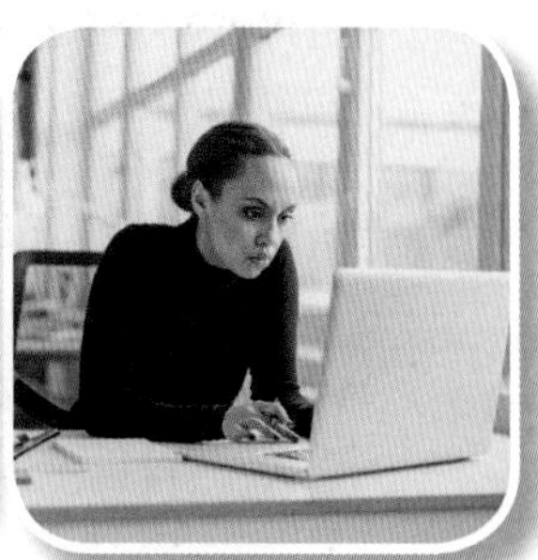

(a) *Está jugando al fútbol.*

(b) está bailando

(c) están comiendo

(d) está trabajando

(e) Está leiendo

(f) están bebiendo

(g) están maquillando

(h) está ~~[illegible]~~ durmiendo

2.5 (F) Convierte el presente de los verbos en presente contínuo. *Convert the present tense verbs into the present continuous.*

(a) como *estoy comiendo*
(b) sale ______
(c) tomas ______
(d) bebemos ______
(e) hablan ______
(f) escribo ______
(g) hacéis ______
(h) se lava ______
(i) miras ______
(j) leemos ______

2.5 (G) 1 Trabajad en parejas. Haced un vídeo corto o una presentación con imágenes. Narrad los escenarios con el presente contínuo. *Work in pairs. Make a short video or slideshow. Narrate or caption the scenes with the present continuous.*

Watch the vlog '¿Qué está haciendo Olivia?' as an example.

2 Haced una presentación de los videoclips para vuestros compañeros de clase. *Make a presentation of your clips for your classmates.*

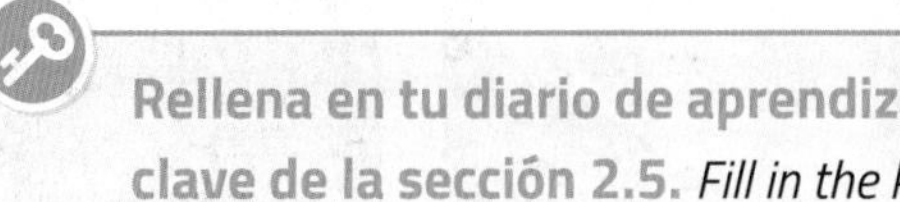

Rellena en tu diario de aprendizaje las palabras clave de la sección 2.5. *Fill in the keywords for section 2.5 in your learning diary.*

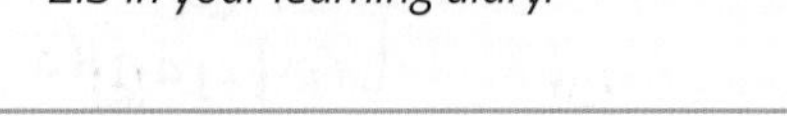

Página 18

Criterios de éxito:

- Use a smartphone or tablet to film short scenes or take images
- Put the images or scenes together to make a short video
- Record audio narrating the video in Spanish using the present continuous
- Add the script of your narration as subtitles to the different scenes

2.6 La literatura y la música

Andrea: ¿Qué estás haciendo Joaquín?
Joaquín: Estoy escribiendo una lista de las novelas que vamos a leer este año. Y tú ¿qué haces?
Andrea: Estoy escuchando música
Joaquín: ¿Tienes algún libro favorito?
Andrea: Sí. Mi libro favorito es *Cien años de soledad.* Es increíble.

2.6 (A) Joaquín escribe la lista del material de lectura para la clase de Lengua Castellana y Literatura. Con la ayuda de internet, conecta los libros con los autores. *Joaquín writes the book list for his Spanish literature class. With the help of the internet, match the books with the authors.*

Miguel

Ernesto

Carlos

Gabriel

Mario

Isabel

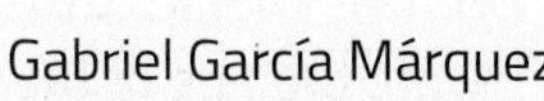

Gabriel García Márquez

Mario Vargas Llosa

Carlos Fuentes

Ernesto Sábato

Isabel Allende

Miguel de Cervantes Saavedra

2.6 (B) Con la ayuda de internet, conecta los títulos con las descripciones de las historias. *With the help of the internet, match the titles with the descriptions of their stories.*

historia = *history* **and** *story*

(a)

(b)

(c)

(d)

(e)

1 La historia de seis jóvenes que son compañeros en un colegio militar en Perú
2 La historia de un caballero y su vecino Sancho Panza
3 La historia de la familia Buendía en Macondo, un pueblo de Colombia
4 La historia de la vida de una mujer mexicana
5 La historia de un pintor que es el responsable de la muerte de una mujer

Página 14

2.6 (C) En tu diario de aprendizaje, dibuja las tapas para uno de los libros de arriba. *In your learning diary, draw a cover for one of the books above.*

Criterios de éxito:

- Draw an image to depict the general theme of the novel
- Write the title of the novel in Spanish on your cover design
- Include the name of the author on your design

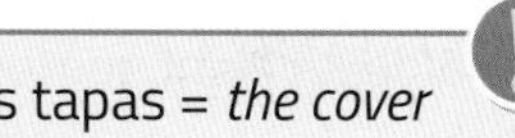

las tapas = *the cover*

2.6 (D) 1 Lee la primera parte de la novela adaptada *Don Quijote de la Mancha* y contesta a las preguntas en inglés. *Read the first part of the adapted novel* Don Quijote de la Mancha *and answer the questions in English.*

Don Quijote de la Mancha

Esta historia pasó hace muchos, muchos años, ¡más de cuatrocientos!, en una aldea de La Mancha.

Allí vivía un caballero que se llamaba Alonso Quijano. Cuando empezó todo, tendría unos cincuenta años. Era fuerte, alto y muy delgado.

Le gustaba levantarse pronto e ir a cazar. Pero ¿sabes lo que más le gustaba hacer? ¡Leer!

Se pasaba el día leyendo libros y más libros. ¿Y qué libros leía? Libros de caballerías. ¿Quieres saber qué cuentan esos libros? Pues aventuras fantásticas de caballeros andantes.

¿Y qué hacen esos caballeros? Andan por el mundo luchando contra gigantes y ganando batallas contra gente mala. Siempre ayudan a los buenos.

[…]

Los caballeros andantes tienen que ser muy valientes para poder vencer a los gigantes y a los encantadores. Al final, les ganan siempre y son muy famosos.

Todo esto solo pasa en los libros. Pero Alonso Quijano creía que era verdad. Y un día decidió que quería ser caballero andante para ayudar a la buena gente, para vencer a los malos y además así ser famoso.

(a) How many hundreds of years ago is this story set?
(b) What was the main character's name?
(c) How old was he?
(d) How is he described?
(e) What was his favourite hobby?
(f) What type of book did he like?
(g) What did he decide to do at the end of this extract?
(h) Do you think you would like to read more of this book? Why or why not?

2 Busca en internet 'Cuentos infantiles el ingenioso hidalgo Don Quijote de la Mancha' para ver el video de La Aventura de los molinos. *Search online for 'Cuentos infantiles el ingenioso hidalgo Don Quijote de la Mancha', to see a video of the mill adventure.*

2.6 (E) Trabajad en grupos pequeños. Buscad información sobre uno de los autores del ejercicio 2.6 (A). *Work in small groups. Make a project about one of the authors from exercise 2.6 (A).*

Criterios de éxito de 2.6 (E):

- Research online to find information about the author, for example where is he / she from? What are his / her most famous novels? What can you tell us about his / her life? (age, family, etc.)
- Write at least five sentences in Spanish
- Write at least eight sentences in English

2.6 (F) Haced una presentación sobre el autor para vuestros compañeros de clase. *Make a presentation about the author for your classmates.*

2.6 (G) Andrea escucha la canción 'Lentes' de la banda Tourista. Escucha la canción en internet y subraya todos los ejemplos del presente contínuo. *Andrea is listening to the song 'Lentes' by the group Tourista. Listen to it online and underline all the examples of the present continuous.*

LENTES

Estoy tan perdido que no puedo pensar en otra cosa que no sea verte
Me voy a poner lentes para continuar mirando
Sin que la gente se de cuenta de que quiero verte y de lo que estoy pensando

Ya no me angustio, no tengo tanto temor, porque de noche todo esto siempre es mucho mejor
Salgo a la calle para ver qué es lo que está pasando y qué es lo que estás mirando

¿Qué es lo que estás mirando?
¿Qué es lo que estás mirando?
¿Qué es lo que estás mirando tú?
Que también tienes puestos los lentes negros, de Carei
Que también tienes puestos los lentes
No tengo nada que perder, si no tengo lentes, sigo siendo el rey
Y en mi palacio tengo espacio para verte bajo el sol y eres mi reina
O los lentes otra vez están jugando con mi imaginación
Otra vez mi imaginación

¿Qué es lo que estás mirando?
¿Qué es lo que estás mirando tú?
¿Qué es lo que estás mirando?
¿Qué es lo que estás mirando tú? (x 2)

Que también tienes puestos los lentes negros, de Carei, que también tienes puestos los lentes

(a) ¿Te gusta la canción? ¿Por qué? o ¿Por qué no?
(b) ¿Qué tipo de música es?
(c) Conecta las frases de la canción con el pronombre personal adecuado:

1 estás mirando	yo
2 están jugando	él
3 está pasando	tú
4 estoy pensando	ellos

2.6 (H) Lee el texto sobre el grupo Tourista y contesta a las preguntas en inglés. *Read the text about the group Tourista and answer the questions in English.*

TOURISTA:

Rock electrónico mestizo desde Perú

TOURISTA invita a sumergirse en la naturaleza con su fusión de pop alternativo y música tradicional latina.

Como su nombre lo anticipa, TOURISTA es una banda que surge como consecuencia del viaje. Hace algún tiempo, Rui –vocalista de la banda– canceló una visita a México. De ese "*no viaje*" conoce a Sandro, un batería que se le acerca para contarle un sueño revelador en el que ambos tocaban juntos un gran concierto.

El resto es destino. Durante el primer concierto de TOURISTA en un campamento organizado por surfers, Genko era el DJ invitado, pero enfermó y no pudo tocar. Sin embargo, eso le permitió escuchar a TOURISTA desde su tienda de campaña.

La música lo enganchó tanto, que se sintió aliviado y salió a bailar. De esa primera presentación, el dúo se transformó en trío y hasta ahora, la banda no para de fluir en la composición musical.

Formado por Rui Pereira, Sandro Labenita y Genko, TOURISTA es hoy un trío peruano.

La banda debutó con el EP titulado *Déficit de atención*, un primer álbum que les descubre una fuerte identidad latinoamericana. Durante los 70, Raúl Pereira –padre de Rui– tocaba la guitarra y la quena en El Polen, la primera banda en fusionar la música tradicional peruana, con música de la costa, los andes y la selva con el rock sicodélico.

En 2016, TOURISTA editó su primer LP titulado *Colores paganos*. El disco ha redituado una fiel base de fans en Perú.

Con su música, TOURISTA invita a sumergirse en la naturaleza, un sentir que los ha llevado a abrir shows de bandas como The Killers, Capital Cities, Ed Sheeran, Japandroids y Wild Nothing.

Por: **Vicente Jáuregui @VicentJauregui**

(a) According to the title, where are the band Tourista from?
(b) What is the singer's name?
(c) Where was he supposed to be travelling to when he had to cancel his trip?
(d) What is the drummer's name?
(e) Where was their first concert?
(f) Why could Genko not DJ at that concert?
(g) What is the title of their first EP (in Spanish)?
(h) Name one instrument that Rui's father used to play.
(i) In what year did their first album come out?
(j) Name two singers or bands that Tourista have opened shows for.

La quena es una flauta tradicional de los Andes.

2.7 (C) Hablamos en clase. Conecta las frases con las imágenes. *Class talk. Match the phrases with the images.*

(a)

(b)

(c)

(d)

(e)

(f)

1. Mi tableta no funciona.
2. Abrid los libros en la página cincuenta y seis.
3. ¿Puedo abrir la ventana?
4. No entiendo la tarea.
5. Entregamos los cuadernos.
6. Siento llegar tarde.

2.7 (D) ¿Quién habla? ¿Profesor / Profesora o alumno / alumna? *Who is talking? Teacher or student?*

		El profesor / La profesora	El alumno / La alumna
(a)	Trabajad en grupos		
(b)	Necesito ayuda		
(c)	Id a la página cuarenta		
(d)	Escuchad		
(e)	Tengo que memorizar los verbos		
(f)	Escribid las respuestas		
(g)	No he hecho los deberes		
(h)	Mi cuaderno está en la taquilla		

2.7 (E) Pon las frases en orden y escríbelas en tu cuaderno. *Put the sentences in order and write them in your copy.*

(a) la los diecisiete en Abrid página libros
(b) no Mi funciona tableta
(c) el que Tenemos vocabulario memorizar
(d) tarea comprendo No la
(e) llegar Siento tarde
(f) las dentista que ir de Tengo para a salir clase al diez

Rellena en tu diario de aprendizaje las palabras clave de la sección 2.7.
Fill in the keywords for section 2.7 in your learning diary.

Página 19

2.8 ¡Practicamos!

2.8 (A) Rellena el crucigrama. *Fill in the crossword.*

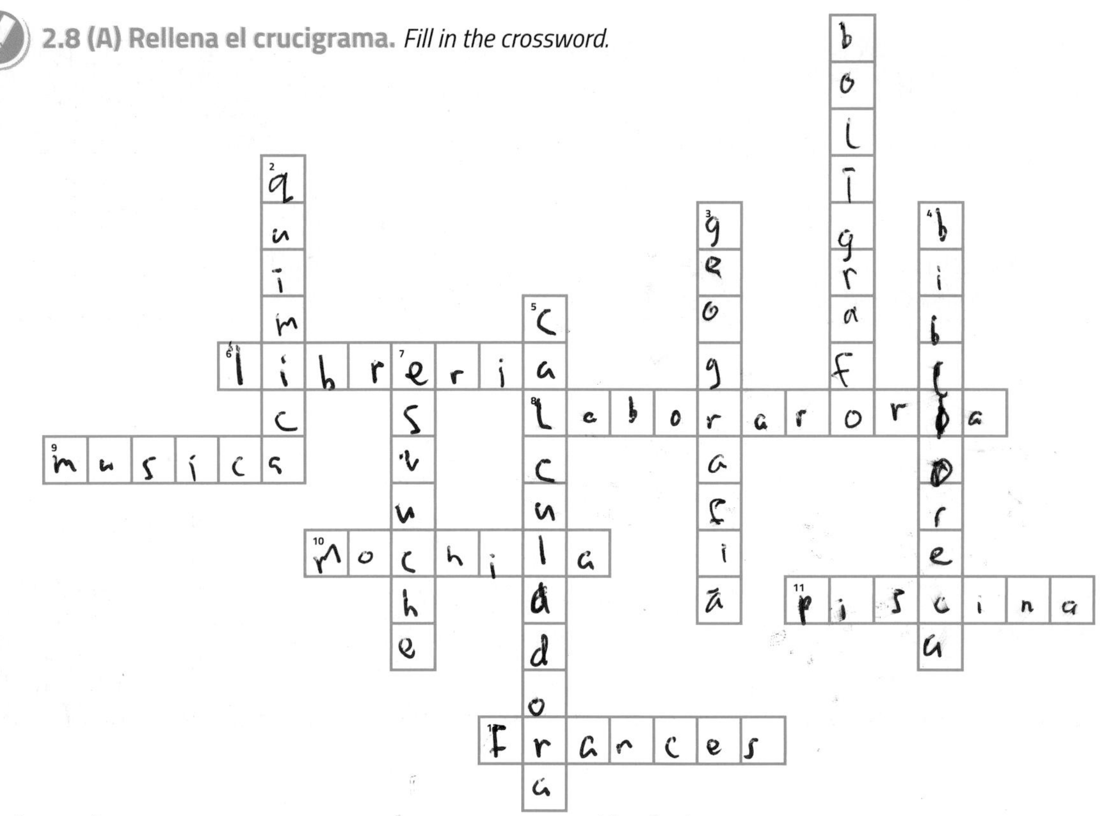

Horizontales

6 La tienda donde compramos libros
8 En el instituto. Donde tenemos clases de asignaturas científicas
9 La asignatura donde cantamos y tocamos el piano
10 Llevo mis libros y mis cuadernos en una.
11 Donde nadamos
12 El idioma de Francia

Verticales

1 Necesito uno para escribir
2 Asignatura científica
3 El estudio del planeta, los ríos, las montañas y las rocas
4 Parte del instituto donde estudiamos y prestamos libros
5 Instrumento que usamos en la clase de matemáticas para hacer sumas
7 Pongo mis bolis, mis lápices y mi goma en uno

2.8 (B) Joaquín va de compras para prepararse para la vuelta al instituto. Escribe su lista de la compra. *Joaquín goes shopping for the return to school. Write his shopping list.*

2.8 (C) Mira las imágenes y escribe la rutina diaria de Ignacio. *Look at the images and write an account of Ignacio's daily routine.*

Teacher CD Track 2

2.8 (D) Los amigos de María se presentan a Andrea. Escucha y rellena el cuadro en español.
María's friends introduce themselves to Andrea. Listen and fill in the table in Spanish.

Nombre	Yolanda	Enrique	Sergio	Carmen
Edad				
Cómo viene al instituto				
Pasatiempos				
Asignatura favorita				

2.8 (E) ¿Cuáles son tus hobbies preferidos? Hablad en grupos de tres o cuatro de vuestros gustos. *What are your favourite hobbies? In groups of three or four, talk about your likes.*

😊	☹
Me gusta/n . . .	No me gusta/n . . .
Me encanta/n . . .	Odio . . .
Me chifla/n . . .	Detesto . . .
Me molan/n . . .	

Jugar al fútbol

Jugar al baloncesto

Jugar al tenis

Escuchar música

Bailar

Tocar el piano

Jugar con videojuegos

Ir al cine

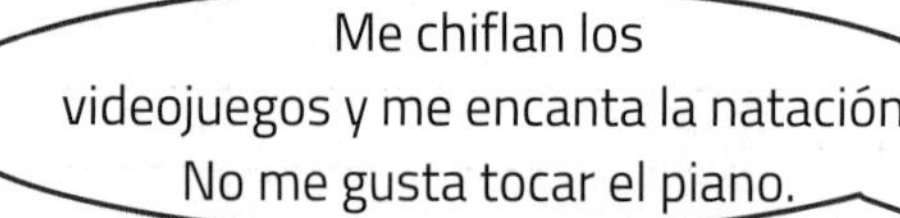

2.8 (F) Rellena los espacios con la forma correcta del verbo entre paréntesis. *Fill in the blanks with the correct form of the verb in brackets.*

(a) Mi padre se ducha (ducharse) antes de ir a la oficina.
(b) Pablo se afeita (afeitarse) en el cuarto de baño.
(c) Ellos se leventen (levantarse) a las siete menos cuarto.
(d) Nosotras nos despertamos (despertarse) a las seis y media.
(e) ¿Vosotros os lavais (lavarse)?
(f) Mis hermanos y yo me acosto (acostarse) a las once de la noche.
(g) ¿Tú te bañas (bañarse)?
(h) Yolanda se pone (ponerse) un abrigo.
(i) Marta se maquilla (maquillarse) para ir a la fiesta.
(j) Ellos se duchan (ducharse) después del partido de fútbol.
(k) Yo me levanto (levantarse) a las ocho menos diez.
(l) Yo me desperto (despertarse) tarde los sábados.

2.8 (G) Rellena los espacios con la forma correcta del verbo entre paréntesis. *Fill in the blanks with the correct form of the verb in brackets.*

(a) ¿Vosotros __________________ (ser) alemanes?
(b) Yo __________________ (hacer) los ejercicios.
(c) Ellos __________________ (salir) los viernes.
(d) Él __________________ (ir) al supermercado.
(e) Nosotros __________________ (ver) la película.
(f) ¿Tú __________________ (estar) enfermo?
(g) Susana __________________ (poner) el cuaderno en la taquilla.
(h) ¿Tú __________________ (comer) pescado?
(i) Vosotros __________________ (vivir) en Zaragoza.
(j) Las chicas __________________ (tener) un piso bonito.
(k) Ella __________________ (ser) profesora.
(l) Yo __________________ (coger) el autobús para ir a la discoteca.

2.8 (H) ¿Cómo se dice en español? *How do you say it in Spanish?*

(a) I am playing tennis.__________________
(b) Juan is eating an omelette.__________________
(c) We are doing homework.__________________
(d) My cousins are sleeping.__________________
(e) Are you going out with Paco?__________________
(f) Merche is reading a novel.__________________

Rellena en tu diario de aprendizaje las palabras clave de la sección 2.8.
Fill in the keywords for section 2.8 in your learning diary.

Página 19

Unidad 2 ¡Ponte a prueba!

Página 20

Ordena tus conocimientos de gramática de la Unidad 2 en tu diario de aprendizaje. *Sort your knowledge of the grammar in Unit 2 in your learning diary.*

Página 20

En tu diario de aprendizaje, reflexiona sobre lo que has aprendido en esta unidad. *In your learning diary, write your thoughts on what you have learned in this unit.*

¿Qué he aprendido en la Unidad 2?	🙂	😐	☹️
I can follow a Madrid metro map			
I can say how I come to school			
I can describe my daily routine			
I can write the rules of my school using *se puede*, *se debe* and *está prohibido*			
I can use the gerund to form the present participle			
I can make a short video			
I recognise a number of novels by famous Hispanic writers			
I can follow an extract from a novel			
I recognise and can use reflexive verbs			
I can use plenty of classroom language			

Revision

Go to **www.edco.ie/quepasa2** for interactive activities and quizzes based on this unit.

A test for Unidad 2 is available in the Teacher's Resource Book.

El tiempo libre: Excursiones y lugares de interés

By the end of this unit you will be able to:

- Describe a scene at the beach
- Describe a mountain view
- Name different buildings and places in a city
- Make a presentation about places of interest in Mexico

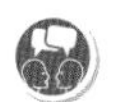

- Say what you are going to do this weekend
- Interview a classmate about his / her town or city

- Write what you are going to do this weekend
- Fill in a form for a school tour

- Form the future tense with IR + *a* + infinitive
- Use the structure TENER *que* + infinitive
- Use the verbs SABER and CONOCER
- Compare itineraries for different outings using *más . . . que* and *menos . . . que*

- Follow a Marc Anthony song
- Read a poem by Federico García Lorca
- Read about places of interest in Mexico and Cuba

- Make a slideshow about Mexico
- Make a brochure about your town or city

- Sing a Spanish song
- Identify the most important tourist attractions on a map of Granada
- Follow the life story of Federico García Lorca

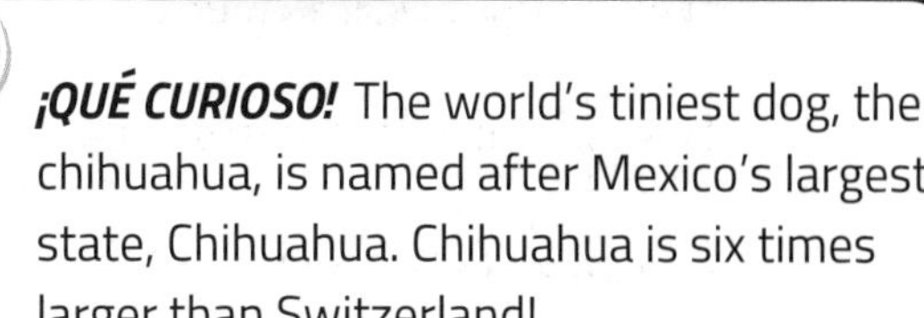

¡QUÉ CURIOSO! The world's tiniest dog, the chihuahua, is named after Mexico's largest state, Chihuahua. Chihuahua is six times larger than Switzerland!

Go to **www.edco.ie/quepasa2** for interactive activities and quizzes based on this unit.

The title of this unit means 'Free time: outings and places of interest'. This unit is all about activities and excursions. Joaquín, María and Andrea plan activities for a long weekend and their teachers organise school tours. You and your classmates will brainstorm the attractions and activities in your area for day trips and excursions. Fill in the graphic organiser in your learning diary with the words and phrases you already know to describe activities that you do, or places that you like to go, in your free time.

Página 21

Apunta tus ideas en tu diario de aprendizaje. *Note your ideas in your learning diary.*

3.1 Vamos a hacer planes

3.1 (A) Lee la viñeta y contesta a las preguntas. *Read the comic strip and answer the questions.*

¿Qué vais a publicar en el sitio web esta semana?

No sé. ¿Hay noticias de los profes?

Sí. Los profesores están planeando los viajes de estudios para este año escolar. ¿Podríais publicar los detalles de los viajes?

¡Genial! ¿Adónde vamos a ir?

Los profesores de Lengua Castellana y Literatura van a organizar un viaje de estudios a Granada para visitar la casa de Federico García Lorca.

¿Granada? ¿No hay nada más interesante?

Sí. Los profesores de Geografía e Historia están organizando un viaje a México para la Semana Santa.

¿De verdad?

¡Guay!

¡Genial!

(a) Find two examples of the present continuous tense.

(b) *¿Cómo se dice?* Find two ways of saying 'awesome!'

(c) *¿Cómo se dice?* Find the words for 'news', 'school tours', 'Holy Week' (Easter week).

(d) Teachers of what subject are organising a school tour to Granada?

(e) The teachers of geography and history are organising a tour to where?

3.1 (B) El futuro con IR

Look at the following phrases from the comic strip:

vais a publicar	*you are going to post*
vamos a ir	*we are going to go*
van a organizar	*they are going to organise*

Each of these phrases is expressing something that is going to happen in the future. Which verb do you see in each of the phrases?
The simplest way to form the future tense is with the present tense of the verb IR:

present tense of IR + *a* + infinitive

Vamos a jugar un partido	*We are going to play a match*
Voy a leer la novela	*I am going to read the novel*
Van a salir con Marta	*They are going to go out with Marta*

3.1 (C) Rellena los espacios con la forma correcta del verbo IR. *Fill in the blanks with the correct form of the verb IR.*

(a) Ellos ________________ a planear los viajes.
(b) ¿Tú ________________ a ir a la discoteca?
(c) Yo ________________ a jugar a pádel esta tarde.
(d) Nosotras ________________ a visitar a nuestros tíos este fin de semana.
(e) Los profesores ________________ a organizar una excursión.
(f) Cristina ________________ a tocar la flauta en el concierto de mañana.
(g) Eduardo y yo ________________ a hacer un pastel.
(h) Vosotras ________________ a coger el metro a las nueve.
(i) Yo no ________________ a jugar con videojuegos esta noche.
(j) Mis hermanos ________________ a comprar libros.
(k) Mañana Elena ________________ a estudiar para el examen.
(l) El año que viene nosotros ________________ a aprender español.
(m) Este sábado, yo ________________ a hacer la compra con mi madre.
(n) ¿Tú ________________ a venir con nosotros?

3.1 (D) Lee el correo electrónico de Andrea y subraya todas las frases que expresan el futuro con el verbo IR. Después contesta a las preguntas en español. *Read the email from Andrea and underline all the sentences that express the future with IR. Then answer the questions in Spanish.*

De:	andreaagr10@gmail.com
Asunto:	Este fin de semana
Fecha:	03 de octubre

¡Hola amiga!

Gracias por tu correo electrónico. Tengo muchos planes para este fin de semana. El viernes por la tarde mamá y yo vamos a ir de compras al centro de la ciudad y después vamos a cenar en un restaurante chino de la Plaza de Santa Ana. El sábado por la mañana voy a jugar un partido de baloncesto en el polideportivo del instituto y por la tarde voy a ir con mi prima María a la casa de mi amigo Joaquín. Vamos a jugar con sus videojuegos. El sábado por la noche Joaquín y María van a ir a una discoteca pero yo voy a quedarme en casa a estudiar. Voy a preparar el examen de inglés del lunes que viene. Este domingo voy a dar un paseo por el Parque del Buen Retiro, un parque grande del centro de Madrid. ¡Es tan bonito!¿Y tú? ¿Qué vas a hacer este fin de semana?

Bueno me tengo que ir, tengo muchos deberes esta noche.

Escríbeme pronto,

Andrea

(a) ¿Qué va a hacer Andrea el viernes por la tarde?
(b) ¿Qué tipo de comida va a comer el viernes por la noche?
(c) ¿Qué va a hacer el sábado por la mañana?
(d) ¿Qué va a hacer en la casa de Joaquín?
(e) ¿Adónde van a ir Joaquín y María el sábado por la noche?
(f) ¿Qué asignatura va a estudiar Andrea?
(g) ¿Cuándo va a hacer un examen?
(h) ¿Cómo se llama el parque dónde va a ir el domingo?
(i) Mira un mapa de Madrid en internet. ¿Puedes ver 'la Plaza de Santa Ana y el Parque de Buen Retiro'?¿Qué significa 'plaza'?
(j) ¿Cómo se dice *this weekend, next Monday, tonight*? Busca las frases en el correo electrónico.

3.1 (E) Frases para expresar el futuro

esta tarde	*this afternoon / this evening*
esta semana	*this week*
este fin de semana	*this weekend*
esta noche	*tonight*
mañana	*tomorrow*
mañana por la mañana	*tomorrow morning*
el lunes que viene	*next Monday*
el lunes que viene por la tarde	*next Monday evening*
la semana que viene	*next week*
el año que viene	*next year*

Student CD 1 Track 9

3.1 (F) Joaquín habla de sus planes. Escucha y rellena el cuadro en español. *Joaquín is talking about his plans. Listen and fill in the chart in Spanish.*

	¿Qué va a hacer?	¿Cuándo?
(a)	*Va a salir con María*	*El sábado por la noche*
(b)		
(c)		
(d)		
(e)		
(f)		

3.1 (G) ¿Cómo se dice en español? Traduce las frases. *How do you say it in Spanish? Translate the sentences.*

(a) I am going to play tennis tomorrow.
(b) We are going to watch a film tonight.
(c) Are you going to read the magazine?
(d) She is going to wash the car this afternoon.
(e) My brother is going to call next Friday.
(f) Are they going to go out tonight?
(g) I am going to learn the verbs this weekend.

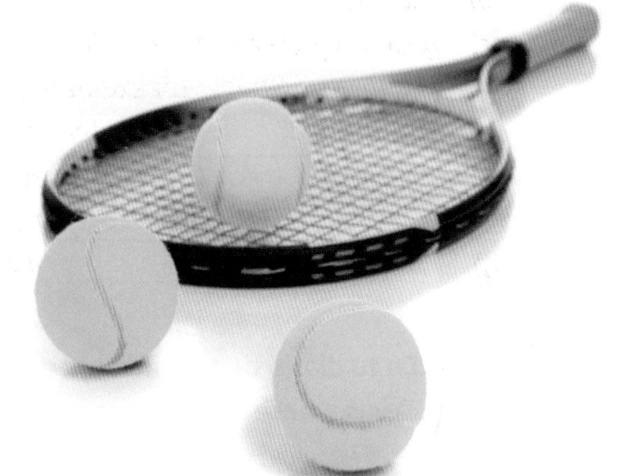

3.1 (H) ¿Qué vas a hacer este fin de semana?

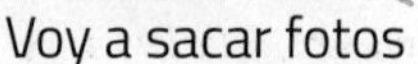

Voy a sacar fotos

Voy a pintar

Voy a montar en bicicleta

Voy a dar un paseo

Vamos a ir de compras

Voy a hacer pesas

Vamos a patinar

Voy a sacar a pasear al perro

Vamos a pescar

Voy a hacer senderismo

Voy a navegar por la red

Voy a enviar mensajes

3.1 (I) ¿Qué vas a hacer este fin de semana? Pregúntale a cuatro compañeros y rellena la tabla.
What are you going to do this weekend? Ask four classmates and fill in the table.

	Nombre	Planes para este fin de semana
1		
2		
3		
4		

Página 22

3.1 (J) En tu diario de aprendizaje escribe una respuesta al email de Andrea de la página 60. Dile qué vas a hacer este fin de semana. *In your learning diary, write a response to Andrea's email on page 60. Tell her what you are going to do this weekend.*

Student CD 1 Track 10

3.1 (K) Escucha la conversación entre Joaquín y María y contesta en inglés. *Listen to the conversation between Joaquín and María and answer in English.*

(a) At what time is María going to Joaquín's house on Saturday?
(b) What will they have for dinner?
(c) How will they get to the disco?
(d) Why will Joaquín leave the disco early?
(e) What is Joaquín doing on Sunday morning?
(f) What is María going to do on Sunday?
(g) What is María's brother going to do on Sunday afternoon?

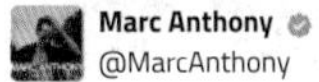

¡Estoy feliz de anunciar que la nueva app Marc Anthony estará disponible este viernes! ¡Contenidos exclusivos y premios esperan por ti!

3.1 (L) Lee el tuit de Marc Anthony y contesta a las preguntas en inglés. *Read the Marc Anthony tweet and answer the questions in English.*

(a) What is Marc Anthony about to launch?
(b) When will it be launched?
(c) How does he say he is feeling?

3.1 (M) Busca la canción Vivir mi vida de Marc Anthony en internet. Escúchala y rellena la letra que falta. *Look up the Marc Anthony song 'Vivir mi vida' online and fill in the missing lyrics.*

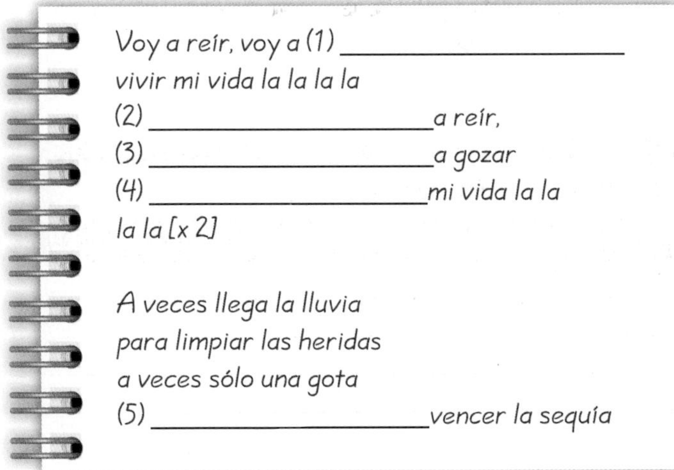

Voy a reír, voy a (1) ____________________
vivir mi vida la la la la
(2) ____________________ a reír,
(3) ____________________ a gozar
(4) ____________________ mi vida la la
la la [x 2]

A veces llega la lluvia
para limpiar las heridas
a veces sólo una gota
(5) ____________________ vencer la sequía

Marc Anthony is an American singer of Puerto Rican origin. He has won numerous awards for his Spanish-language albums.

Y para qué llorar, pa' qué
si duele una pena, se olvida
y para qué sufrir, pa' qué
si así es la (6) ____________________, hay qué vivirla la la le

Voy a reír, voy a (7) ____________________
vivir mi vida la la la la
(8) ____________________ a reír,
(9) ____________________ a gozar
(10) ____________________ mi vida la la la la

Voy a (11) ____________________ el
(12) ____________________
para entender el destino
voy a (13) ____________________ el
(14) ____________________
para encontrar el camino

Y para qué llorar, pa' qué
si duele una pena, se olvida
y para qué sufrir, pa' qué
si duele una pena, se olvida la la la

Voy a reír, voy a (15) ____________________
vivir mi vida la la la la
(16) ____________________ a reír,
(17) ____________________ a gozar
(18) ____________________ mi vida la la la la
Mi gente

3.1 (N) Escucha la canción otra vez y cántala con la letra. *Listen to the song again and sing along to the words.*

3.1 (Ñ) Busca Marc Anthony en Twitter (@MarcAnthony). ¿Qué está haciendo estos días? Escribe tres frases. *Find Marc Anthony on Twitter (@MarcAnthony). What is he doing these days? Write three sentences.*

____

____

____

3.1 (O) ¿Te gusta tuitear? Indica para qué usas internet. *Do you like to tweet? Indicate why you use the internet.*

	¿Para qué usas internet?	Sí	No
1	Para tuitear. Tengo muchos seguidores.		
2	Para colgar fotos en Instagram		
3	Para chatear con mis amigos		
4	Para jugar en línea		
5	Para descargar música		
6	Para enviar mensajes		
7	Para conectarme a Facebook		
8	Para mandar correos electrónicos		
9	Para compartir fotos		
10	Para hacer mis deberes		
11	Para ver películas o vídeos en línea		

3.1 (P) ¿Qué va a hacer María este fin de semana? Lee la viñeta y escribe en tu cuaderno lo que va a hacer. *What is María going to do this weekend? Read the comic strip and write in your copy what she is going to do.*

El viernes

El sábado por la mañana

El sábado por la tarde

El sábado por la noche

El domingo

El domingo por la noche

Rellena en tu diario de aprendizaje las palabras clave de la sección 3.1.
Fill in the keywords for section 3.1 in your learning diary.

Página 27

3.2 El fin de semana

Mira la presentación en PowerPoint 'Unidad 3 (a)' sobre el ocio para ver el vocabulario que aparece en esta sección. *Watch the PowerPoint presentation 'Unidad 3 (a)' on leisure activities to see the vocabulary that appears in this section.*

3.2 (A) Lee la viñeta y contesta a las preguntas en inglés. *Read the comic strip and answer the questions in English.*

(a) *¿Cómo se dice?* Find the phrase meaning 'a public holiday'.
(b) On what date is the public holiday?
(c) What are María's plans for the day off?
(d) Why can Joaquín not go with María and Andrea?
(e) Who is Joaquín going to travel with?
(f) How will they travel?
(g) How long will Joaquín spend there?

¡QUÉ CURIOSO! Joaquín mentions *el puente*. In Spain when a public holiday falls on a Tuesday or a Thursday, workers often take off the Monday or Friday to make a long weekend. This is known as a *puente* (bridge) because it bridges the gap between the official holiday and the weekend!

Andrea:

Estoy en la Sierra de Guadarrama con María. Hacemos senderismo. Voy a colgar las fotos en Instagram más tarde.

¿Cómo se dice *to post a photo*?

3.2 (B) En la Sierra

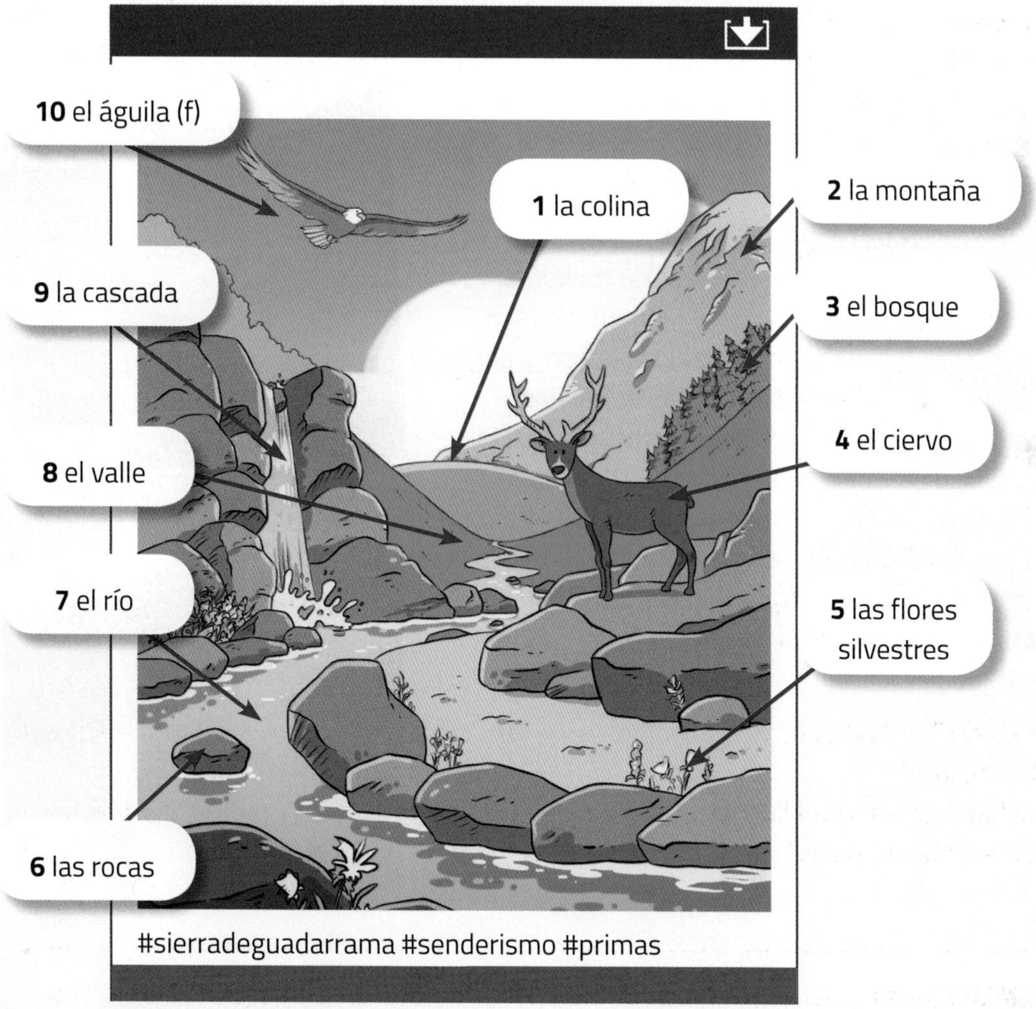

1 la colina
2 la montaña
3 el bosque
4 el ciervo
5 las flores silvestres
6 las rocas
7 el río
8 el valle
9 la cascada
10 el águila (f)

#sierradeguadarrama #senderismo #primas

Student CD 1 Track 11

3.2 (C) Escucha y repite el vocabulario de arriba. *Listen and repeat the vocabulary above.*

3.2 (D) Lee el texto y contesta a las preguntas en español. *Read the text and answer the questions in Spanish.*

el zorro

la liebre

el paracaidismo

el montañismo

La Sierra de Guadarrama

La Sierra de Guadarrama se encuentra entre las provincias de Madrid y Segovia. A solo una hora de la ciudad de Madrid, las zonas montañosas son frecuentadas por los aficionados al senderismo que vienen para disfrutar del paisaje. Las montañas, los valles, los bosques y los glaciares ofrecen un extraordinario refugio de biodiversidad. En estos ecosistemas abundan animales como ciervos, zorros, jabalíes y liebres. La Sierra de Guadarrama ofrece posibilidades para practicar cualquier deporte de montaña. Las actividades que se pueden practicar en el parque incluyen el montañismo, el paracaidismo, el ciclismo y el esquí.

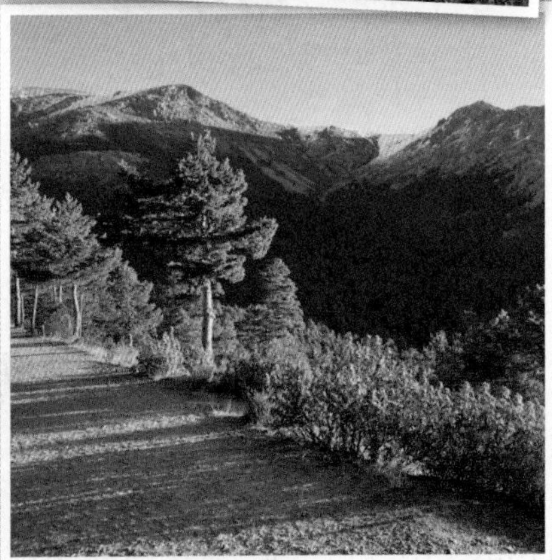

(a) ¿Dónde está la Sierra de Guadarrama?
(b) ¿Cuánto tiempo dura el viaje a la Sierra desde Madrid?
(c) Nombra tres animales mencionados en el texto.
(d) Nombra tres deportes mencionados en el texto.

Student CD 1 Track 12

3.2 (E) Joaquín está en la playa. Escucha y luego etiqueta el dibujo con las palabras del recuadro de abajo. *Joaquín is at the beach. Listen and label the illustration with the words from the box.*

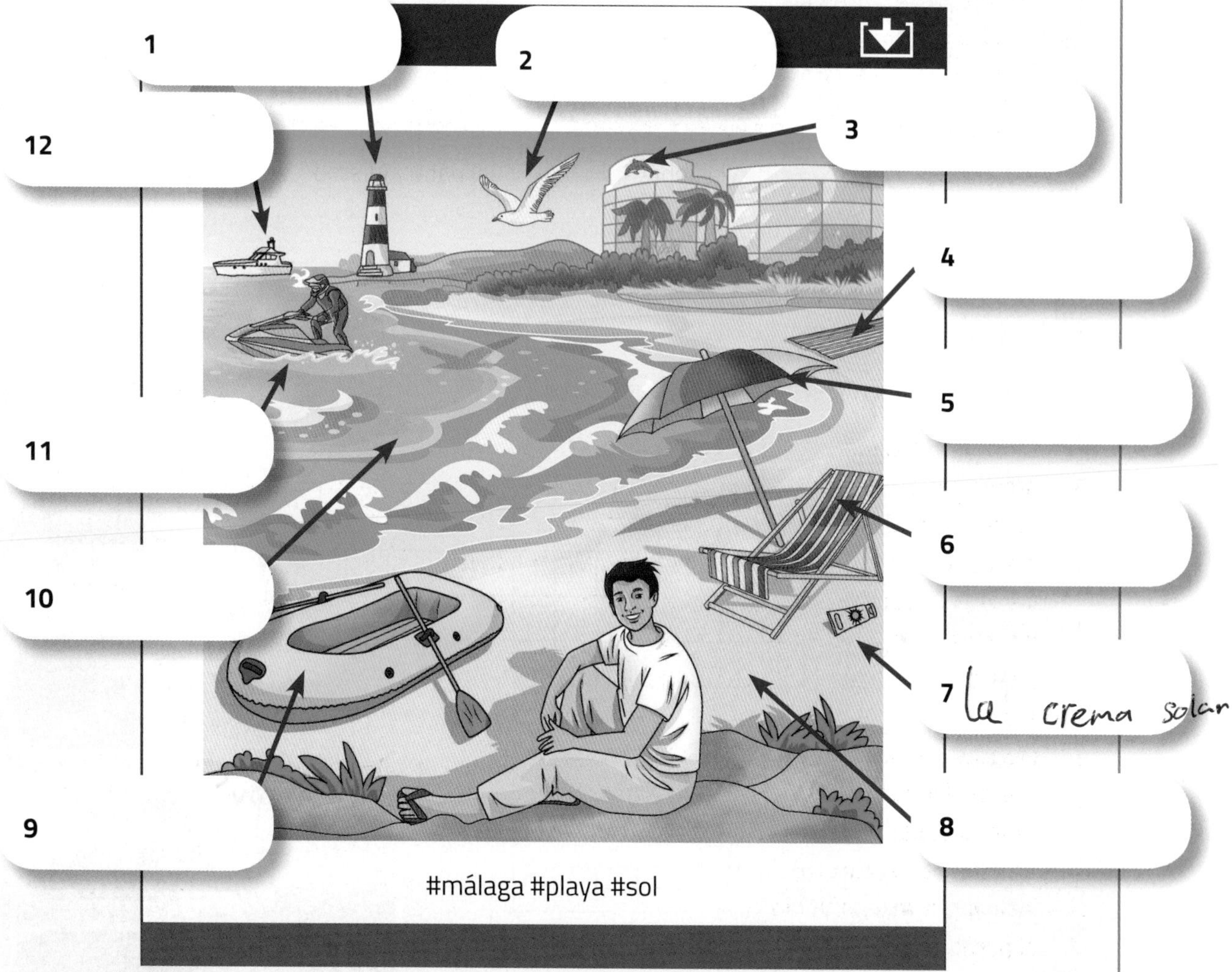
1
2
3
4
5
6
7 la crema solar
8
9
10
11
12
#málaga #playa #sol

la tumbona, la sombrilla, la moto de agua, la gaviota, la toalla, la crema solar, la lancha neumática, el yate, el delfín, el faro, el mar, la arena

3.2 (F) Escucha otra vez y repite el vocabulario de arriba. *Listen again and repeat the vocabulary.*

3.2 (G) ¿Cuál es el intruso? *Pick the odd one out.*

Ejemplo: lunes, viernes, (verano), jueves

(a) el yate, el coche, la lancha neumática, la moto de agua
(b) el bosque, el zorro, el ciervo, la liebre
(c) la gaviota, el águila, el pájaro, el delfín
(d) la toalla, la crema solar, el valle, la tumbona
(e) la arena, la montaña, la colina, la cascada
(f) el senderismo, la tumbona, el montañismo, el paracaidismo
(g) el río, la cascada, el faro, el mar
(h) la mochila, el aula, el cuaderno, el estuche
(i) la biblioteca, el gimnasio, el laboratorio, el supermercado
(j) cenar, desayunar, comer, trabajar

3.2 (H) Rellena el crucigrama. *Fill in the crossword.*

1 2 3 4 5 6 7 8 9 10

Verticales

1

2

3

7

8

Horizontales

4

6

10

5

9

Student CD 1 Track 13

3.2 (I) Joaquín llama a su madre. Escucha la conversación y contesta a las preguntas en español. *Joaquín is calling his mother. Listen to the conversation and answer the questions in Spanish.*

(a) ¿Qué está haciendo Joaquín?
(b) ¿Qué tiene en su mochila?
(c) ¿Qué va a hacer más tarde?
(d) ¿A qué hora va a cenar?
(e) ¿Qué va a hacer mañana?
(f) ¿Dónde está su madre?

3.2 (J) Crea tarjetas educativas para aprender el vocabulario nuevo de la sección 3.2 – en la Sierra y en la playa. *Make a set of online flashcards to learn the new vocabulary from section 3.2 – in the mountains and at the beach.*

Criterios de éxito:
- Use an app like Quizlet
- Create digital flashcards
- Practise the vocabulary

3.2 (K) 1 Une las postales con las imágenes. *Match the postcards with the images.*

Hola Tomás:

Estoy en Sierra Nevada con mis compañeros de clase. Vamos a estar aquí una semana. Estamos haciendo senderismo y montañismo. Las vistas son increíbles. Te veré la semana que viene.

Saludos,

Enrique

¡Hola a todos!

¡La Costa del Sol es genial! Estoy relajándome en la playa. Me encanta este ambiente. Paso mucho tiempo nadando en el mar y jugando al voleibol. Estoy disfrutando mucho. Un saludo a todos. ¡Os echo de menos!

Hasta pronto,

Magdalena

¡Hola Pilar!

Estoy en los Pirineos con mi familia. Vamos a pasar aquí una semana esquiando. Me encanta esquiar pero hace mucho frío. Voy a volver a Barcelona el sábado que viene.

Hasta el sábado,

Lucía

¡Hola abuelos!

Estoy de viaje de estudios en Londres. No hace muy buen tiempo por aquí pero estoy aprendiendo mucho inglés. Mañana vamos a visitar el palacio real.

Os veré la semana que viene.

Saludos,

Alba

1

2

3

4

2 Contesta a las preguntas en español con frases completas. *Answer the questions in Spanish with full sentences.*

(a) ¿Quién está en los Pirineos?
(b) ¿Dónde está Alba?
(c) ¿Qué está haciendo Enrique?
(d) ¿Qué deportes practica Magdalena?
(e) ¿Qué va a hacer Alba mañana?
(f) ¿Qué deporte hace Lucía?

3.2 (L) Pon el vocabulario en la columna adecuada. *Classify the vocabulary into the correct columns.*

el ciervo, la tumbona, el faro, pescar, el bosque, la cascada, patinar, la gaviota, el yate, el senderismo, la montaña, hacer pesas, la sombrilla, el zorro, el paracaidismo

En la playa	En la sierra	Actividades

3.2 (M) Describe a un compañero / una compañera lo que ves en la imagen con la ayuda de las frases del recuadro. *Describe what you see in the image to a classmate, with the help of the phrases in the box.*

Se puede ver	*You can see*	A la izquierda	*On the left*
Al fondo	*In the background*	A la derecha	*On the right*
En primer plano	*In the foreground*	Al lado de	*Beside*
En el centro	*In the middle*	Hay	*There is / there are*

3.2 (N) ¿Verdadero o falso? *True or false?*

(a) Al fondo hay un faro.
(b) En la imagen hay tres delfines.
(c) La lancha neumática es de color verde.
(d) Hay dos sombrillas a la derecha.
(e) Se puede ver un hombre muy fuerte en el centro.
(f) Hay un yate al fondo a la izquierda.
(g) El yate es de color rojo.
(h) Hay tres toallas en la arena.
(i) En la imagen hay dos gaviotas.

3.2 (Ñ) Trabaja con un compañero / una compañera. Descríbele lo que ves en la imagen. *Work with a partner. Describe what you see in the image.*

Página 23

3.2 (O) Elige una foto de una excursión y escribe en tu diario de aprendizaje una descripción de todo lo que se ve. *Choose a photo from an outing you have been on and write a description in your learning diary of what you can see in it.*

Rellena en tu diario de aprendizaje las palabras clave de la sección 3.2.
Fill in the keywords for section 3.2 in your learning diary.

Página 27

3.3 ¿Qué viaje prefieres?

3.3 (A) ¿Qué viaje prefieres? Lee los mensajes y contesta a las preguntas. *Which trip do you prefer? Read the messages and answer the questions.*

Joaquín

Oye Andrea los profesores han colgado las detalles de los dos viajes de estudios. ¿Qué viaje prefieres?

No sé. **Tengo que leer** los itinerarios antes de decidir. ¿Y tú cuál prefieres?

Prefiero el viaje a México pero **tengo que hablar** con mis padres.

No estoy segura. El viaje a México parece increíble pero cuesta un ojo de la cara.

Joaquín, y Andrea hablan de los itinerarios de los viajes de estudios en el sitio web del instituto. Andrea **tiene que leer** los itinerarios antes de decidir cuál prefiere.

(a) Busca la frase que significa *What do you prefer?*
(b) Busca la frase que significa *I don't know.*
(c) Busca la frase que significa *I have to talk to my parents.*
(d) Busca la frase que significa *I'm not sure.*
(e) Busca la frase que significa *It costs an arm and a leg!*

3.3 (B) TENER que

Andrea uses the phrase: ***tengo que leer*** *los itinerarios* (I have to read the itineraries).

TENER que + infinitivo	***to have to do something***
Joaquín **tiene que** ir	*Joaquín has to go*
Andrea **tiene que** estudiar	*Andrea has to study*

3.3 (C) SABER y CONOCER

Andrea uses the phrase *No sé* in her texts to Joaquín. *Sé* is from the verb SABER (to know).

SABER		
(yo)	sé	*I know*
(tú)	sabes	*you know*
(él / ella)	sabe	*he / she knows*
(nosotros / nosotras)	sabemos	*we know*
(vosotros / vosotras)	sabéis	*you (plural) know*
(ellos / ellas)	saben	*they know*

Saber is used to say you know a fact or how to do something

Ejemplos:

- Sé hablar francés — *I know how to speak French*
- Alba no sabe nadar — *Alba doesn't know how to swim*
- ¿Sabes dónde hay un restaurante? — *Do you know where there is a restaurant?*
- Sabemos la respuesta — *We know the answer*

CONOCER		
(yo)	conozco	*I know*
(tú)	conoces	*you know*
(él / ella)	conoce	*he / she knows*
(nosotros / nosotras)	conocemos	*we know*
(vosotros / vosotras)	conocéis	*you (plural) know*
(ellos / ellas)	conocen	*they know*

Conocer is used to say you know a person, place or thing

Ejemplos:

- Conozco a su hermana — *I know his sister*
- Tomás no conoce Sevilla muy bien — *Tomás doesn't know Seville very well*
- ¿Conoces al director? — *Do you know the principal?*

Página 23

3.3 (D) Rellena los verbos SABER y CONOCER en tu diario de aprendizaje. *Fill in the verbs SABER and CONOCER in your learning diary.*

3.3 (E) Rellena los espacios con la forma correcta del presente de los verbos SABER y CONOCER. *Fill in the blanks with the correct form of the verbs SABER and CONOCER.*

SABER

(a) Ignacio ____________________ los resultados.

(b) Nosotros ____________________ hablar español

(c) Yo ____________________ que no va a venir

(d) Ellos no ____________________ la verdad

CONOCER

(e) Ella ____________________ a mi amigo Álvaro.

(f) Yo no ____________________ Valladolid.

(g) ¿Tú ____________________ a los niños?

(h) ¿Vosotros ____________________ Sevilla?

3.3 (F) María lee el itinerario del viaje de estudios a Granada. Leelo y contesta a las preguntas en español. *María reads the itinerary for the school tour to Granada. Read it and answer the questions in Spanish.*

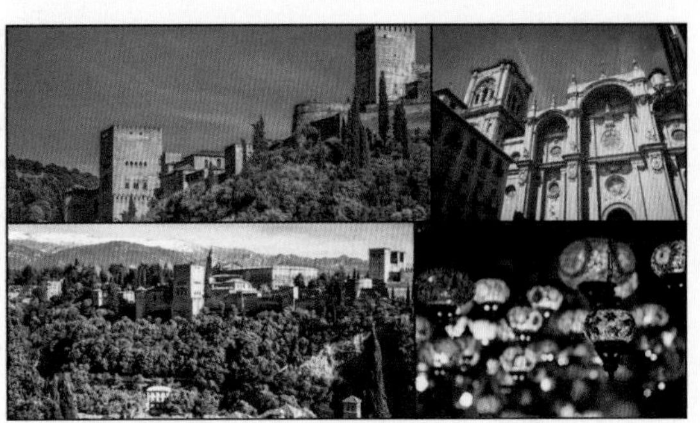

Sábado 4 de abril

- Salida en autobús desde I.E.S. Las Lomas hasta Granada. 9:00 h
- Llegada a pequeño hotel familiar Hotel Navas, Granada. 13:30 h
- Almuerzo en el hotel.
- Exposición fotográfica -Centro Federico Garciá Lorca. 17:00 h
- Cena en el restaurante de la plaza de toros. 21:00 h
- Alojamiento en el Hotel Navas.

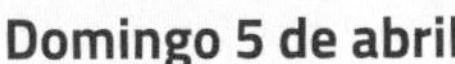

Domingo 5 de abril

- Desayuno en el hotel. 8:30 h
- Visita guíada por la Alhambra y el Generalife. 9:30 h
- Almuerzo picnic en la Alhambra. 13:30 h
- Visita guíada por el Albaicín. 17:00 h

Lunes 6 de abril

- Desayuno en el hotel. 8:30 h
- Excursión a la Casa Natal de Federico García Lorca en Fuente Vaqueros. 10:00 h
- Almuerzo en restaurante El Prado en Fuente Vaqueros. 13:30 h
- Teatro: 'Lorca, la correspondencia personal'. 21:00 h

Martes 7 de abril

- Desayuno en el hotel. 8:30 h
- Visita guíada por la Catedral de Granada y la Capilla Real. 10:00 h
- Almuerzo en la Plaza Nueva.
- Salida a ver las procesiones de Semana Santa. 17:00 h

Miércoles 8 de abril

- Desayuno en el hotel. 8:30 h
- Tiempo libre para visitar la ciudad.
- Traslado en autobús a Madrid.
- Llegar I.E.S. Las Lomas. 20:00 h

(a) ¿A qué hora van a salir del instituto el sábado 4?
(b) ¿Adónde va el grupo el domingo por la mañana?
(c) ¿Cómo se llama el restaurante dónde van a comer el lunes 6?
(d) ¿Qué van a hacer el martes por la mañana?
(e) ¿Cómo se llama el hotel dónde van a alojarse?
(f) ¿Qué día van a ir a una exposición fotográfica?
(g) ¿En qué fecha van a ir al teatro?
(h) ¿Qué van a hacer el lunes 6 por la mañana?
(i) ¿Cómo van a volver a Madrid?
(j) Da tu opinión. ¿Qué día del itinerario prefieres? ¿Por qué?
(k) Busca la frase que quiere decir *the bullring*.

3.3 (G) ¿Dónde están estos monumentos? *Where are these monuments?*

Use the words in the box below to label the places in Granada that the school tour will visit. Use online maps to help you locate the tourist attractions.

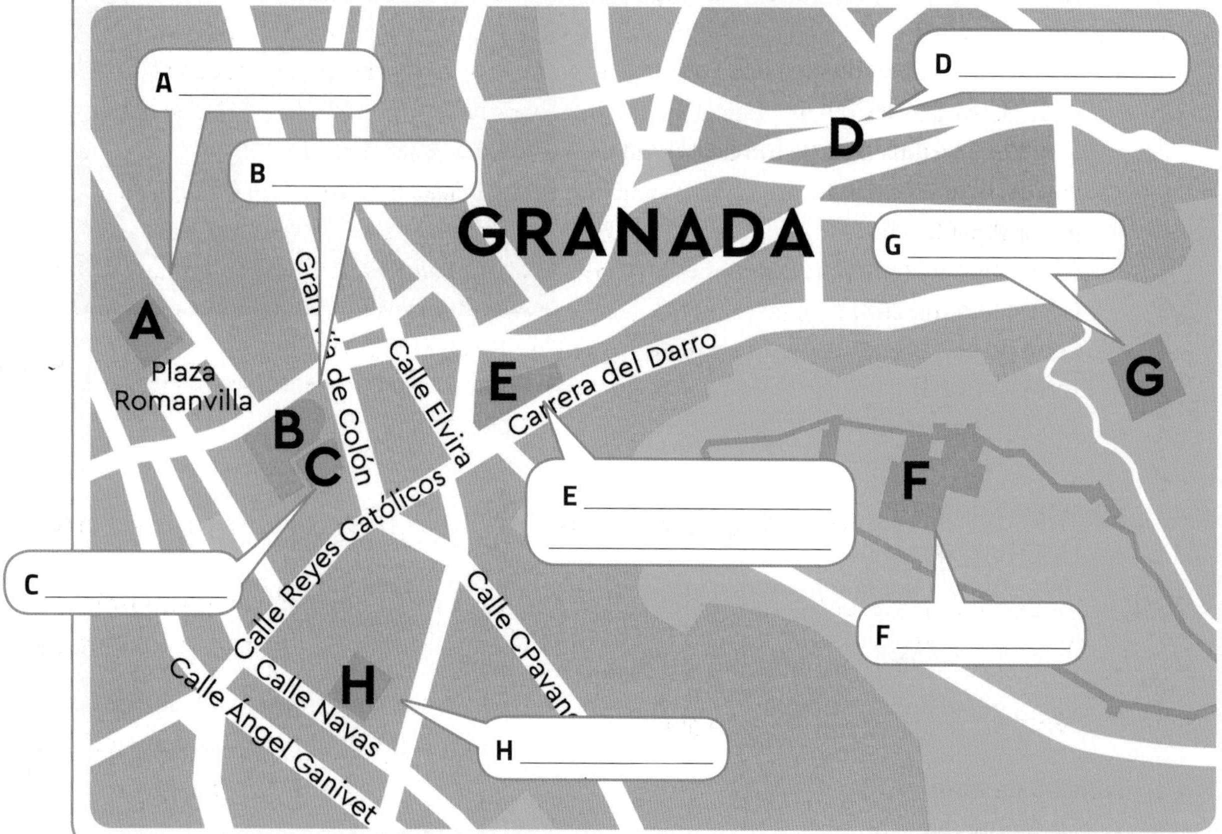

GRANADA

A ______

B ______

C ______

D ______

E ______ ______

F ______

G ______

H ______

Plaza Romanvilla

Gran Vía de Colón

Calle Elvira

Carrera del Darro

Calle Reyes Católicos

Calle Navas

Calle Ángel Ganivet

Calle CPavan

El Albaicín, La Alhambra, La Capilla Real, La Catedral, El Centro Federico García Lorca, El Generalife, Hotel Navas, Plaza Nueva

Durante su estancia en Granada el grupo va a ir de excursión al pueblo de Fuente Vaqueros para visitar la casa natal del famoso poeta Federico García Lorca.

Federico García Lorca

3.3 (H) Lee la historia de Federico García Lorca y contesta a las preguntas. *Read the story of Federico García Lorca and answer the questions.*

Federico García Lorca nació el cinco de junio de 1898 en el pueblo de Fuente Vaqueros. Fue uno de los más grandes poetas y dramaturgos del siglo XX. A los dieciséis años empezó a estudiar Derecho y Filosofía y Letras en la Universidad de Granada. En 1919 se fue a Madrid y en 1929 viajó a los Estados Unidos. Sus obras de teatro más conocidas son Bodas de Sangre (1933), Yerma (1934) y La casa de Bernarda Alba (1936). También tiene fama por su obra poética. Falleció el diecinueve de agosto de 1936, víctima de la guerra civil española.

La casa natal de Federico García Lorca es una típica casa granadina construida en 1880. La casa está abierta al público como museo desde 1986. El objetivo de esta casa-museo es mantener viva su memoria. Los visitantes pueden pasear por la cocina, el comedor, los dormitorios y el patio y contemplar los recuerdos familiares y personales que decoran las paredes. El antiguo granero ha sido convertido en una sala de exposiciones con sus cartas, sus dibujos y sus libros.

Contesta en inglés. *Answer in English.*

- **(a)** In what year was Federico García Lorca born?
- **(b)** What is he famous for?
- **(c)** Name one of his well-known plays *(en español).*
- **(d)** In what month of the year did he die?
- **(e)** In what year was his house opened to the public as a museum?
- **(f)** Which rooms are open to the public?
- **(g)** Name two things that visitors can see on display.

3.3 (I) Lee el poema de Federico García Lorca y contesta a las preguntas en inglés. *Read the poem by Ferderico García Lorca and answer the questions in English.*

- **(a)** What does the title of the poem mean?
- **(b)** What is the relationship between the two people speaking in the poem?
- **(c)** Do you like the poem? Why? Why not?

Canción Tonta

Mamá,
yo quiero ser de plata.
Hijo,
tendrás mucho frío.
Mamá,
Yo quiero ser de agua.
Hijo,
tendrás mucho frío.
Mamá,
Bórdarme en tu almohada.
¡Eso sí!
¡Ahora mismo!

3.3 (J) A Joaquín le interesa el viaje a México. Lee el itinerario y contesta a las preguntas en español. *Joaquín is interested in the trip to Mexico. Read the itinerary and answer the questions in Spanish.*

Viernes 3 de abril – Llegada a México

- Reunión en la terminal 2 del Aeropuerto Barajas. 6:00h
- Vuelo IB 244 con destino al Aeropuerto Internacional Benito Juárez (México)
- Traslado al hotel (3*) en transporte privado (25 minutos en autobús)

Sábado 4 de abril – Tour Ciudad de México y Xochimilco

- Mañana: Tour con guía por el centro histórico de México para ver la Catedral y el Palacio de Gobierno.
- Tarde: Autobús hasta el parque de Chapultepec y los jardines flotantes de Xochimilco. Paseo de dos horas en lancha con música de Mariachis.

Domingo 5 de abril – Teotihuacan y Plaza Garibaldi

- Mañana: Visita guiada a las pirámides de Teotihuacán construidas hace más de 2.000 años.
- Tarde: Visita a un restaurante tradicional en la Plaza Garibaldi (la cuna de la música de Mariachi).

Lunes 6 de abril – Parque nacional Popocatépetl, Puebla

- Mañana: Salida a las 8:00 del hotel para tomar la autopista hacia el volcán Popocatéptl. Caminata de 3 horas en el parque nacional Popocatépetl hasta el Centro de visitas a 4.000 metros de altura.
- Tarde: Traslado al hotel en Puebla.

Martes 7 de abril –Chiapa de Corzo

- Un largo viaje en autobús hacia la montaña más alta de México (el Pico de Orizaba). El destino final es el bonito pueblo Chiapa de Corzo, cerca de la entrada al Cañón del Sumidero.

Miércoles 8 de abril – Cañon del Sumidero, Comundiades indigenas, San Cristobal

un mono

un cocodrilo

- Mañana: Paseo en lancha de dos horas por el Cañón del Sumidero, hogar de una gran variedad de especies de aves, monos, cocodrilos y otros animales.
- Tarde: Visita al pueblo tzotzil de San Juan Chamula. En la iglesia local se puede ver algunos rituales que datan de la época prehispánica.

Jueves 9 de abril – Agua Azul, Lacandon jungla

- Mañana: Salida a las 8:00h del hotel hacia las cascadas de Agua Azul.
- Tarde: El viaje continúa hacia la frontera de Guatemala. Ahí os hospedaréis en un simple campamento en el corazón de la selva Lacandona.

Viernes 10 de abril – Caminata por la selva, Yaxchilan, Palenque

- Mañana: Visita guiada por los templos escondidos en la selva hasta una cascada rodeada de una exuberante vegetación. Tiempo para bañarse y descansar.
- Tarde: Traslado a Palenque y a un hotel cerca del sitio arqueológico.

Sábado 11 de abril – Palenque, Campeche

- Mañana: Visita guíada a la ciudad maya de Palenque, uno de los sitios arqueológicos más bellos y mejor restaurados del país.
- Tarde: Traslado a Campeche, una bella ciudad colonial. Alojamiento en un hotel del centro histórico.

Domingo 12 de abril – Parque nacional Celestún

- Mañana: Parque nacional de Celestún, un paraíso para flamencos y pelícanos.
- Tarde: Tiempo libre en la playa.

Lunes 13 de abril – Izamal, Chichén Itzá, Valladolid

- Mañana: Una visita guíada a Chichen Itzá, una hermosa zona arqueológica maya con templos y pirámides.
- Tarde: Tiempo libre en la playa.

Martes 14 de abril – Tulúm y Regreso a España

- Mañana: Visita a Tulúm, un sitio arqueológico situado en una roca sobre una hermosa playa caribeña.
- Tarde: Regreso a España. Vuelo IB 295 Cancún – Madrid Barajas (T2)

(a) ¿En qué fecha empieza el viaje?
(b) ¿Cómo se llama el aeropuerto de Ciudad de México?
(c) ¿Cómo va a viajar el grupo al parque de Chapultepec el sábado 4?
(d) ¿Qué día cenan en un restaurante tradicional?
(e) ¿Qué van a hacer el lunes 6 por la mañana?
(f) ¿Cómo se llama la montaña más alta de México?
(g) ¿En qué fecha van a visitar la ciudad de Campeche?
(h) Nombra dos tipos de aves que hay en Parque nacional Celestún.
(i) ¿Qué es Chichén Itzá?
(j) ¿Cuál es el número del vuelo de Cancún a Madrid?

¡QUÉ CURIOSO! The currency in Mexico is the *peso*, which is made up of 100 *centavos* (cents). The *peso* uses the same symbol as the American dollar: $

3.3 (K) 1 Trabajad en grupos de tres o cuatro personas. Haced una presentación con diapositivas del itinerario a México. *Work in groups of three or four. Make a slideshow of the Mexico tour itinerary.*

2 Presentadla en frente de vuestros compañeros de clase. *Present it to your classmates.*

una presentación con diapositivas = *a slideshow*

Criterios de éxito:

- Source images, maps and photos of the destinations on the itinerary
- Find information about the different tourist attractions (history, visitor information, opening hours, etc.)
- Create a slideshow of at least eight slides with the images and information you find

3.3 (L) Rellena el formulario para ir de viaje de estudios. *Fill in the form for a school tour.*

Estimados padres y tutores: ____________________

Este año ofrecemos a nuestros alumnos del I.E.S. Las Lomas dos viajes escolares para las vacaciones de Semana Santa en abril.

- Un viaje a Granada que incluye visitas guíadas al museo casa natal de Federico García Lorca y la Alhambra. Precio: 275€
- Un viaje a México que incluye excursiones a los sitios arqueológicos más bellos de las culturas precolombianas y senderismo en el Parque nacional Popocatéptl. Precio: 1850€

Para reservar una plaza en uno de estos viajes hay que rellenar este formulario y pagar un depósito de 100€.

Nombre del alumno: ____________________

Apellido: ____________________

Fecha de nacimiento: ____________________

Edad: ____________________

Curso: ____________________

Dirección: ____________________

Teléfono móvil: ____________________

Alergias: ____________________

Medicamentos: ____________________

Viaje preferido: ☐ Granada ☐ México

Firma de padre(s)/tutor(es): ____________________

Student CD 1 Track 14

3.3 (M) Andrea llama a su madre. Escucha y contesta a las preguntas en inglés. *Andrea calls her mother. Listen and answer the questions in English.*

(a) Where is Andrea's mother?
(b) Which tour will Andrea be allowed to go on? Why?
(c) At what time will Andrea and her mother meet this evening?
(d) Where will they meet?
(e) What is Andrea's mother going to make for dinner?
(f) What will they do after dinner?
(g) What will Andrea's mother do tomorrow?

caro = *expensive*
barato = *cheap*

3.3 (N) El comparativo

Andrea's mother says, '*El viaje a Granada es* ***más barato que*** *el viaje a México*'. To make a comparison in Spanish we use the following structure:

más / menos + ***adjective*** + **que**

Tomás es **más alto que** tú
Thomas is taller than you

Un búho es **más inteligente que** un pez dorado
An owl is more intelligent than a goldfish

El viaje a Granada es **menos caro** que el viaje a México
The trip to Granada is less expensive than the trip to Mexico

Don't forget to make the adjective agree with the noun it is describing:
*Andrea es más alt**a** que María.*
*Las ciudades de Granada y Sevilla son más bonit**as** que Bilbao y Santander.*
*Los deportes acuáticos son más divertid**os** que el fútbol.*

- Note the following irregular comparative forms:

bueno ➧	mejor (*better*)	El viaje a México es **mejor** que el viaje a Granada.
malo ➧	peor (*worse*)	Mis resultados son **peores** que tus resultados.
grande ➧	mayor (*bigger / older*)	Mi hermana es **mayor** que yo.
pequeño ➧	menor (*smaller / younger*)	Enrique tiene dos hermanos **menores** que él.

- These irregular comparatives do not have separate masculine and feminine forms, but they do add *–es* for plural.

3.3 (Ñ) ¿Cuál de los viajes prefieres? ¿Granada o México? ¿Por qué? Preguntale a tu compañero / compañera de clase. *Which of the trips do you prefer? Granada or México? Why? Ask your classmate.*

Expresar tu opinión

- Yo creo que . . .
- Yo pienso que . . .
- En mi opinión . . .
- Para mí . . .
- Prefiero . . .

Yo creo que el viaje a México es mejor porque es más largo que el viaje a Granada y las actividades son más interesantes.

En mi opinión el viaje a Granada es más interesante porque mi asignatura favorita es Literatura y Lengua Castellana, y quiero ir a la casa de Federico García Lorca.

Para mí el viaje a Granada es más interesante que el viaje a México porque es menos caro. ¡El viaje a México cuesta un ojo de la cara!

3.3 (O) Escribe tres frases que comparen los libros entre sí, y tres frases que comparen las casas. *Write three sentences comparing the books and three sentences comparing the houses.*

1

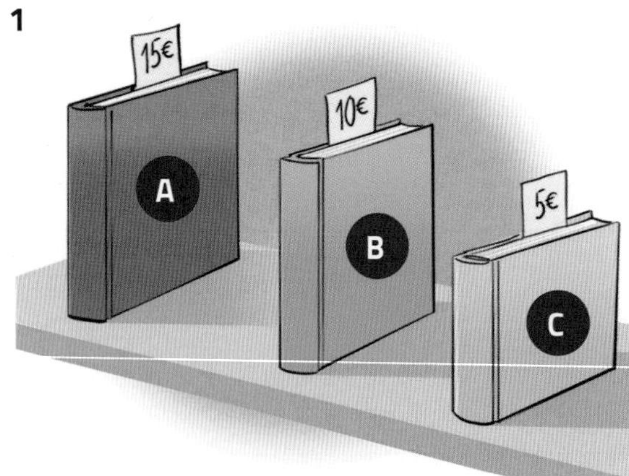

*El libro B es **más caro que** el libro C.*

____

2

*Las casas B y C son **más pequeñas** que la casa A.*

____

3.3 (P) Repaso de los verbos que cambian de raíz *Revision of stem-changing verbs*

Prefiero comes from the verb PREFERIR, which is a stem-changing verb, or boot verb. In *¿Qué pasa? 1* we examined the present tense of this type of verb. Fill in the boot below to remind yourself how these verbs function.

PREFERIR

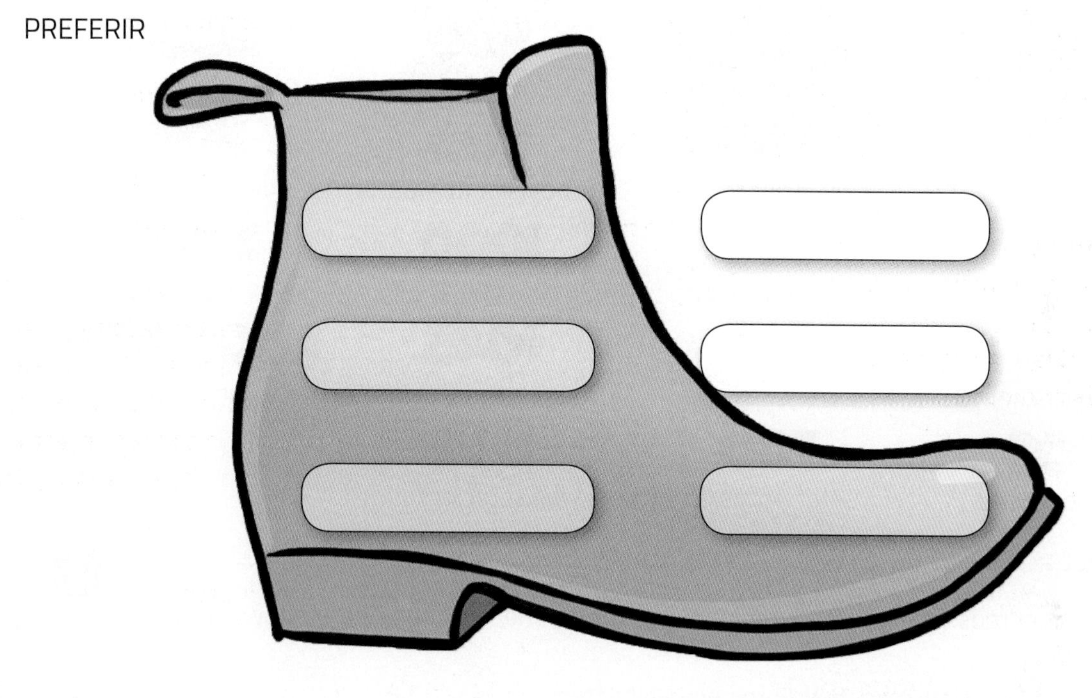

3.3 (Q) Rellena los espacios con el presente de los verbos entre paréntesis. *Fill in the gaps with the present tense of the verbs in brackets.*

(a) Gilberto ________________ (volver) a las seis de la tarde.
(b) Yo ________________ (despertarse) temprano.
(c) ¿Vosotras ________________ (preferir) té o café?
(d) Nuria y Yolanda ________________ (jugar) al voleibol.
(e) ¿Tú no ________________ (querer) venir al cine conmigo?
(f) Horacio y yo ________________ (poder) ir a la fiesta.
(g) Yo ________________ (dormir) mucho los fines de semana.
(h) Ella ________________ (soler) coger el metro para ir al cole.

Rellena en tu diario de aprendizaje las palabras clave de la sección 3.3.
Fill in the keywords for section 3.3 in your learning diary.

Página 28

3.4 ¿Cuánto cuesta el viaje?

3.4 (A) Los números

El viaje a Granada cuesta 275€ — *Doscientos setenta y cinco euros*
El viaje a México cuesta 1850€ — *Mil ochocientos cincuenta euros*

101 ciento uno	300 trescientos/as	800 ochocientos/as	 2000 dos mil
102 ciento dos	400 cuatrocientos/as	900 novecientos/as	 2018 dos mil dieciocho
103 ciento tres	500 quinientos/as	1000 mil	3000 tres mil
150 ciento cincuenta	600 seiscientos/as	1045 mil cuarenta y cinco	1.000.000 un millón
200 doscientos/as	700 setecientos/as	1726 mil setecientos veintiséis	

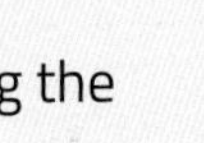

- The hundreds agree in gender (masculine / feminine) with the noun following the number.
  Ejemplo: Hay *doscientos* libros en la biblioteca
  Hay *doscientas* chicas en mi colegio
- To say a year, we say the full number (so 1999 is 'one thousand nine hundred and ninety nine').
  Ejemplo: 1999 *mil novecientos noventa y nueve*
  2018 *dos mil dieciocho*
- We never translate 'and' in years.
  Ejemplo: Two thousand AND three (2003) *dos mil tres*

3.4 (B) Escribe los números. *Spell out the numbers.*

631, 249, 1985, 4310, 143, 726, 1500, 372, 914, 2019, 568, 8420

Student CD 1 Track 15

3.4 (C) Escucha y escribe los números. *Listen and write the numbers.*

2019										
420										

3.4 (D) 1 Calcula y escribe las respuestas en español. *Calculate and write the answers in Spanish.*

(a) Cuarenta y uno + veintitrés = *Sesenta y cuatro*
(b) Setecientos – cincuenta = ______
(c) Mil ochocientos treinta + sesenta y cinco = ______
(d) Dos mil ÷ veinte = ______
(e) Setenta + ciento catorce = ______
(f) Noventa y tres + dieciséis = ______
(g) Mil trescientos ochenta y nueve – treinta y cuatro = ______
(h) Setenta y uno x tres = ______
(i) Cincuenta y cinco x diez = ______

x por
+ más
– menos
= igual
1 + 1 = 2
Uno más uno igual a dos.

2 Escribe seis sumas en tu cuaderno para que tu compañero/a las calcule.
Write six sums in your copy for your partner to calculate.

3.4 (E) Busca en internet y responde a las preguntas. Escribe los números en español.
Search online and fill in the numbers to answer the questions. Write the numbers in Spanish.

1	¿Cuántos seguidores tiene Ed Sheeran en Instagram?	
2	¿Cuántos habitantes tiene España?	
3	¿Cuántos países hispanohablantes hay en el mundo?	
4	¿Cuántos seguidores tiene Taylor Swift en Twitter?	
5	¿Cuántas hermanas tiene Kylie Jenner?	
6	¿Cuántos años tiene Jamie Vardy?	

Rellena en tu diario de aprendizaje las palabras claves de la sección 3.4.
Fill in the keywords for section 3.4 in your learning diary.

Página 29

3.5 En la ciudad

Student CD 1 Track 16

3.5 (A) En mi ciudad. Escucha y luego etiqueta el dibujo con las palabras de la lista de abajo. *Listen and label the image with the words below.*

1  ____________ 2  ____________ 3  ____________ 4  ____________ 5 ____________

6  ____________ 7  ____________ 8  ____________ 9  ____________ 10 ____________

11  ____________ 12  ____________ 13  ____________ 14  ____________ 15 ____________

16  ____________ 17  ____________ 18  ____________ 19  ____________ 20 ____________

el teatro, el banco, la parada de autobuses, el hospital, los grandes almacenes, la iglesia, el parque, el zoo, la estación de ferrocarril, el ayuntamiento, el aeropuerto, el hotel, el museo, el aparcamiento, el castillo medieval, la fábrica, la oficina de correos, la comisaría, la catedral, el parque de atracciones

3.5 (B) Escucha otra vez y repite las palabras en voz alta. *Listen again and repeat aloud.*

Mira la presentación en PowerPoint 'Unidad 3 (b)' sobre los edificios de la ciudad.
Watch the PowerPoint presentation 'Unidad 3 (b)' on the buildings in a city.

3.5 (C) Conecta las palabras de la columna 1 con las palabras de la columna 2 según su significado. *Match the words from column 1 with the words from column 2 according to their meaning.*

	Columna 1		Columna 2
1	la playa	**(a)**	la película
2	el castillo	**(b)**	esquiar
3	el mar	**(c)**	las obras de arte
4	el zoo	**(d)**	la tumbona
5	el colegio	**(e)**	el tren
6	la comisaría	**(f)**	la profesora
7	el parque	**(g)**	el campo de fútbol
8	la montaña	**(h)**	cincuenta euros
9	la discoteca	**(i)**	la policía
10	el museo	**(j)**	los monos
11	el aparcamiento	**(k)**	los coches
12	el banco	**(l)**	el yate
13	el cine	**(m)**	la música
14	la estación de ferrocarril	**(n)**	la reina
15	el hospital	**(ñ)**	el médico

1	
2	
3	
4	
5	
6	
7	
8	
9	
10	
11	
12	
13	
14	
15	

3.5 (D) En la ciudad. Completa las frases con la palabra adecuada. *In the city. Complete the sentences with the appropriate word.*

(a) ¡Tengo hambre! Voy a reservar una mesa en un r _ _ _ _ _ _ _ _ _ _

(b) Las obras de Picasso están en el m _ _ _ _

(c) Para coger un vuelo a México vamos al a _ _ _ _ _ _ _ _ _

(d) Dejamos nuestro coche en el a _ _ _ _ _ _ _ _ _ _ _

(e) Vamos a ir de compras a los g _ _ _ _ _ _ a _ _ _ _ _ _ _ _

(f) Los turistas duermen en un h _ _ _ _

(g) El rey vive en un c _ _ _ _ _ _ _

(h) El sábado por la noche me gusta bailar en la d _ _ _ _ _ _ _ _

(i) Compramos medicinas en la f _ _ _ _ _ _ _

(j) ¡Estoy enfermo! Voy a ir al h _ _ _ _ _ _ _

Student CD 1 Track 17

3.5 (E) Joaquín describe su ciudad. Escucha y contesta en español. *Joaquín is describing his city. Listen and answer in Spanish.*

(a) ¿Qué hay en Madrid para los turistas?
(b) ¿Si te interesa salir por la noche qué hay?
(c) ¿Cuáles son las instalaciones deportivas de la ciudad?
(d) ¿Qué deportes se pueden hacer en las montañas?
(e) ¿Qué hay para los niños?
(f) Nombra tres tipos de transporte que menciona Joaquín.

3.5 (F) Mira la imagen de una calle madrileña. *Look at the image of a Madrid street.*

1 Rellena los espacios con las palabras de abajo. *Fill in the blanks with the words below.*

lejos de, a la izquierda de, la comisaría, la fábrica, al lado, entre, enfrente de, al final de

(a) Los grandes almacenes están ____________________ el aparcamiento y el banco.
(b) La comisaría está ____________________ del museo.
(c) La panadería está ____________________ la iglesia.
(d) ____________________ está cerca del aparcamiento.
(e) El museo está ____________________ la comisaría.
(f) El parque está ____________________ la iglesia.
(g) La iglesia está ____________________ la calle.
(h) ____________________ está a la derecha del museo.

2 ¿Verdadero o falso? *True or false?*

(a) La comisaría está a la derecha del museo.
(b) El parque está enfrente del aparcamiento.
(c) La iglesia está cerca de la panadería.
(d) El museo está lejos de la fábrica.
(e) El aparcamiento está lejos de los grandes almacenes.
(f) El museo está entre la comisaría y la panadería.
(g) El banco está cerca de los grandes almacenes.

3.5 (G) Junta los trozos de la izquierda con los de la derecha para formar los nombres de diez edificios que se pueden ver en la ciudad. *Join a piece from the left with a piece from the right to make the names of ten buildings you see in the city.*

tea	esia
cas	saría
fáb	dio
aparca	tillo
igl	miento
comi	seo
ayun	tro
esta	tamiento
mu	edral
cat	rica

Un edificio = *a building*

Student CD 1 Track 18

3.5 (H) ¿Dónde están? Escucha las cinco conversaciones y escribe dónde están Joaquín y Andrea en cada una de ellas. *Where are they? Listen to five conversations and for each one write down where Joaquín and Andrea are.*

 **3.5 (I) Una excursión escolar. Lee el texto y contesta a las preguntas en español.** *A school outing. Read the text and answer in Spanish.*

La excursión del mes de abril ya está aquí. El sábado día 16 vamos al Zoo de Madrid. Quedaremos a las 10:30 en la puerta del zoo y volveremos sobre las 19:00, cuando cierra el zoo.

Por favor, confirma asistencia antes del miércoles 13 (iessanlorenzo@.yahoo.es, 91 431 84 27)

Equipaje: Mochila con bocadillo o sandwich, pieza de fruta, ensalada pequeña, yogur y un botellín de agua, cuaderno, lápiz, zapatos cómodos, impermeable.

Precios

Adultos:	20€
Socios del zoo:	15€
Niños:	15€
Niños socios:	10€

(a) ¿Adónde va esta excursión?
(b) ¿En qué día y en qué fecha será la excursión?
(c) ¿A qué hora cierra el zoo?
(d) ¿Qué comida deben llevar los niños en su mochila?
(e) Menciona dos cosas (aparte de la comida) que deben llevar en su mochila.
(f) ¿Cuál es el precio más barato de una entrada?
(g) Busca la palabra que significa '*members*'.

3.5 (J) Lee el texto sobre un viaje a Cuba y contesta a las preguntas en inglés. *Read the text about a trip to Cuba and answer the questions in English.*

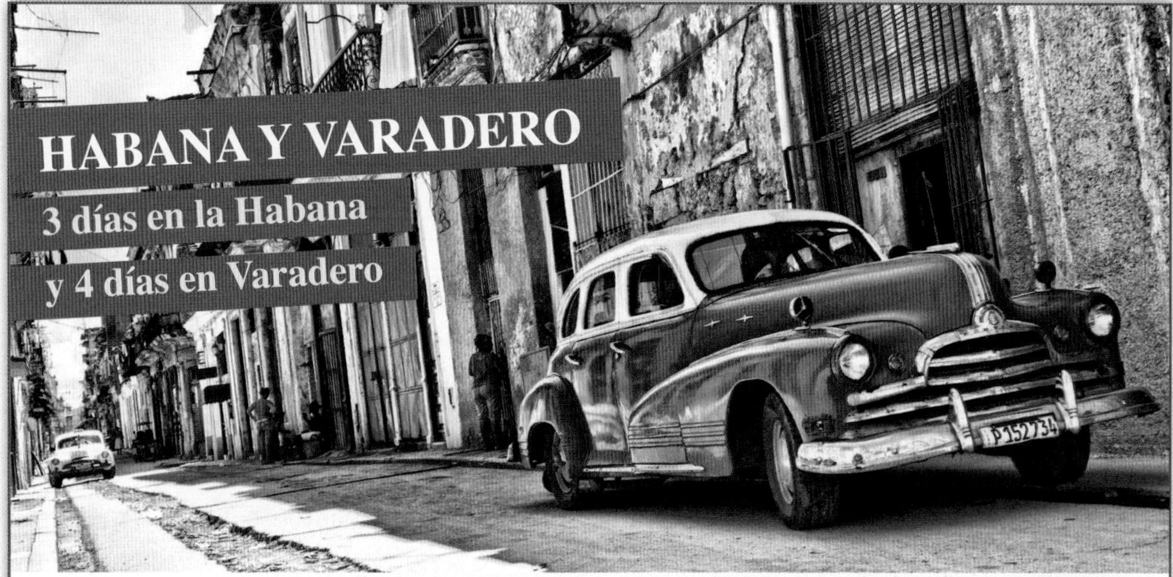

La Habana es la ciudad más grande y divertida de Cuba. La ciudad es el centro político y financiero del país.

Es una ciudad histórica con un casco antiguo lleno de plazas, fortalezas y edificios construidos por los españoles entre los siglos XVI y XIX. Pasear por las calles de La Habana es como retroceder en el tiempo, la ciudad prácticamente se conserva igual que en los años 50. Descubre esta ciudad a través de su baile, arte, compras…

Después de tres días en la capital, nuestro viaje ofrece cuatro días en la playa de Varadero, también conocida en Cuba como la Playa Azul. Varadero es la mejor playa de Cuba, y quizás una de las mejores playas del mundo. En Varadero se puede disfrutar de actividades como surf, buceo y vela.

(a) How is Havana described in the first paragraph?
(b) According to the second paragraph, who built the buildings and squares in Havana?
(c) What is Varadero also known as in Cuba? (final paragraph)
(d) How is Varadero described in the final paragraph?
(e) Name three outdoor activities that are available in Varadero.

Rellena en tu diario de aprendizaje las palabras clave de la sección 3.5.
Fill in the keywords for section 3.5 in your learning diary.

Página 29

3.6 Una guía turística de mi pueblo

3.6 (A) ¿Qué se puede hacer en Irlanda? Lee los mensajes de texto y contesta a las preguntas en inglés. *What is there to do in Ireland? Read the text messages and answer the questions in English.*

Andrea

Voy a ir a Granada en Semana Santa. El viaje a México es demasiado caro.

Yo voy a México. Voy a trabajar unos sábados con mi tío para ahorrar el dinero.

Mi madre dice que puedo ir a Irlanda o Inglaterra el año que viene para aprender inglés.

¡Qué buena idea! Irlanda es preciosa.

¿Qué se puede hacer en Irlanda?

Hay de todo – música, cultura, deportes tradicionales, paisajes bonitos. Vale la pena ir a Irlanda. Tienes que llamar a Michael, mi amigo irlandés. Puede darte mucha información.

(a) Which school tour did Andrea decide on? Why?

(b) Which school tour did Joaquín decide on?

(c) Where would Andrea's mother like her to travel to next year?

(d) What does Joaquín say that Ireland has to offer?

(e) *¿Cómo se dice?* Find the phrase meaning 'it is worth going to Ireland'.

(f) Who does Joaquín suggest that Andrea should call? Why?

Student CD 1 Track 19

3.6 (B) Escucha la conversación entre Andrea y Michael. Rellena los espacios con la palabra adecuada y busca las palabras en negrita en el diccionario. *Listen and read the conversation between Andrea and Michael. Fill in the blanks with the missing words and look up the words in bold in the dictionary.*

Michael: Dígame.

Andrea: Hola Michael. Soy Andrea. Soy una (a) ________________ de Joaquín.

Micheal: Buenas tardes Andrea. ¿Cómo estás?

Andrea: Bien. Mira, te (b) ________________ porque me interesa ir a (c) ________________ el año que viene y Joaquín dice que Cork es **un lugar** ideal para (d) ________________ inglés.

Michael: Sí. Tiene razón. Muchos **extranjeros** vienen a Cork en (e) ________________ para estudiar inglés porque **el alojamiento** es (f) ________________ caro que en Dublín.

Andrea: Eso es importante para mí.

Michael: Hay muchas **atracciones turísticas** en la (g) ________________ y en **los alrededores** como el Castillo de Blarney, el Mercado Inglés o el parque safari Fota en Cobh.

Andrea: ¿Está (h) ________________ de Dublín en autobús o en tren?

Michael: No está muy lejos. Es un viaje de dos horas y media en tren pero hay un (i) ________________ internacional en Cork así que puedes venir en **un vuelo directo** desde España.

Andrea: ¡Perfecto!

Michael: Pero si coges un vuelo a Dublín se pueden hacer **un montón** de cosas allí. La Catedral Christ Church es impresionante y se puede ver el Libro de Kells en la Universidad Trinity o ir al museo de (j) ________________ en el (k) ________________ Croke Park. Mi hermana Róisín estudia en **la universidad** de Dublín. Dice que para las compras Dublín es mejor que Cork. Por supuesto que hay más (l) ________________ en Dublín, pero en Cork también tenemos unos grandes almacenes.

Andrea: Bueno pues gracias por toda la información.

Michael: De nada. Llámame si vienes a Cork. Podemos salir juntos.

Andrea: Muchas gracias Michael. Adiós.

Michael: Adiós.

A Andrea le interesa ir a Irlanda para aprender inglés. Imagina que un grupo escolar español viene a tu pueblo. ¿Qué puede hacer?¿Cuáles son las atraciones turísticas y las actividades más interesantes para los jóvenes?

Página 24

3.6 (C) 1 Trabajad en parejas. Poned en común cuáles son todas las instalaciones de tu pueblo. Haced un folleto o una presentación con diapositivas (en español) con la información turística de tu ciudad o pueblo. Escribid la información en vuestros diarios de aprendizaje. *Work in pairs. Brainstorm the attractions of your town. Make a brochure or a slideshow (in Spanish) with tourist information about your city or town. Write the information into your learning diaries.*

ATRACCIÓNES
un museo
un castillo medieval
una galería de arte
una fábrica de chocolate

DIVERSIÓN
una discoteca
un cine
un teatro
un club juvenil
un restaurante
una bolera
el centro comercial

ALOJAMIENTO
un hotel
un hostal
un albergue juvenil

En mi pueblo hay . . .

TRANSPORTE
una estación de ferrocarril
un aeropuerto
una estación de autobuses

ACTIVIDADES
una pista de tenis
un campo de fútbol
un club de atletismo
un parque nacional
un polideportivo
una piscina
montañas
una playa
un club de vela

2 Presentadla frente a vuestros compañeros de clase.
Present your information to the class.

¡QUÉ CURIOSO!

Un hotel: Normalmente los hoteles tienen servicios cómo recepción, wifi, televisión. Los hoteles de cuatro o cinco estrellas ★★★★★ ofrecen instalaciones de lujo como una piscina, un gimnasio, restaurantes y bares.

Un hostal: Es más barato que un hotel. No hay muchos servicios, sino habitaciones de calidad.

Un albergue juvenil: Es para los jóvenes, grupos escolares o personas que viajan con poco dinero. Los huéspedes duermen en literas.

Página 25

3.6 (D) ¡Vamos a hablar! Prepara tus respuestas en tu diario de aprendizaje usando frases completas. *Let's talk! Prepare your answers in your learning diary, using full sentences.*

3.6 (E) Entrevista a un compañero / una compañera con las preguntas de abajo. Graba la entrevista, escúchala con tu compañero/a y decidid cuáles son las preguntas más difíciles. *Interview a classmate with the questions below. Record the interview, listen back with your partner and decide which were the most difficult questions.*

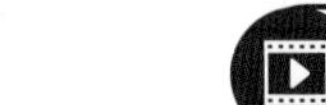

Watch the video 'Unidad 3' as an example.

- **(a)** ¿Dónde vives?
- **(b)** ¿Cómo es tu pueblo? (¿grande? ¿pequeño? ¿histórico? ¿turístico? ¿divertido?)
- **(c)** ¿Cuáles son las atracciones turísticas de tu pueblo?
- **(d)** ¿Qué hay para los jóvenes?
- **(e)** ¿Hay un buen sistema de transporte público?
- **(f)** ¿Cuáles son las actividades que se pueden hacer en los alrededores?
- **(g)** ¿Qué tipo de alojamiento hay para los turistas?
- **(h)** ¿Dónde se puede comer en tu pueblo?

Rellena en tu diario de aprendizaje las palabras clave de la sección 3.6.
Fill in the keywords for section 3.6 in your learning diary.

Pagina 29

3.7 ¡Practicamos!

3.7 (A) Haz el crucigrama. *Fill in the crossword.*

3.7 (B) ¿Adónde va Joaquín hoy? Pon las letras en orden para saber adónde va. Todas las palabras son lugares de la ciudad. *Where is Joaquín going today? Unscramble the letters to find out where he is going. All the words are places in the city.*

Ejemplo: UAREPQ P A R Q U E
(4 under Q)

CSLTAOIL _ _ _ _ _ _ _ _
(10 under letter 4)

TRALACED _ _ _ _ _ _ _ _
(13 under letter 1; 8 under letter 4; 7 under letter 5)

TEANAMOCRIPA _ _ _ _ _ _ _ _ _ _ _ _
(6 under letter 9; 17 under letter 10)

TINYNATAOMEU _ _ _ _ _ _ _ _ _ _ _ _
(5 under letter 3)

ALISGIE _ _ _ _ _ _ _
(12 under letter 7)

PAOHTSLI _ _ _ _ _ _ _ _
(2 under letter 7)

CIFÁRAB _ _ _ _ _ _ _
(9 under letter 7)

ROERUPTEAO _ _ _ _ _ _ _ _ _ _
(18 under letter 2; 11 under letter 3; 1 under letter 5; 16 under letter 10)

SOARICMÍA _ _ _ _ _ _ _ _ _
(14 under letter 1; 15 under letter 4; 19 under letter 5; 3 under letter 7)

Joaquín va al:

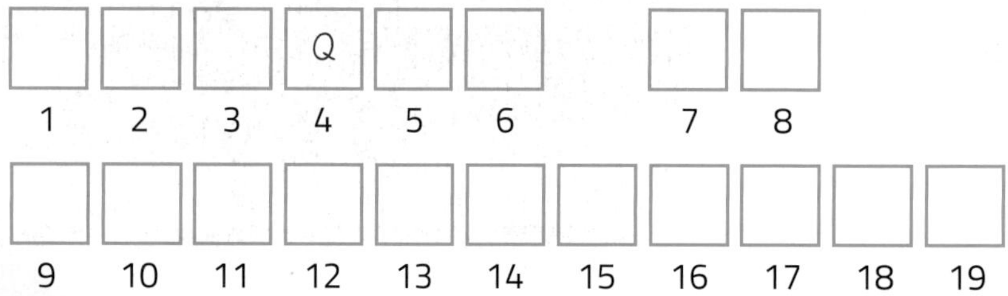

3.7 (C) ¿Cómo se dice en español? Escribe las siguientes frases en español. *How do you say it in Spanish? Write the sentences in Spanish.*

(a) Are you going to watch the match tonight?
(b) We are going to go out on Saturday night.
(c) I have to do my homework.
(d) Enrique doesn't have to buy those books.
(e) I know that she is going to go to the party.
(f) Do you know how to swim?
(g) They are going to buy tickets to the concert.
(h) I am going to be very happy.

> **!**
> un billete = *a ticket for transport (train, bus, plane, etc.)*
> una entrada = *a ticket for an event (concert, cinema, match, etc.)*

3.7 (D) Escribe el presente de los verbos entre paréntesis. *Write the present tense of the verbs in brackets.*

(a) Nosotras no ________________ (SABER) hablar inglés.
(b) Gabriel y Teresa ________________ (ESTAR) en Caracas.
(c) Él no ________________ (HACER) mucho deporte.
(d) Mis hermanos y yo ________________ (SER) estadounidenses.
(e) ¿Vosotros ________________ (VENIR) al restaurante?
(f) Yo ________________ (COGER) el metro al centro.
(g) ¿Tú no ________________ (IR) al museo?
(h) Ellas ________________ (QUERER) estudiar música.
(i) Yo ________________ (SALIR) con Rocío mañana por la tarde.
(j) Jorge ________________ (JUGAR) al pádel los viernes.

Teacher CD Track 3

3.7 (E) Escucha la conversación y contesta a las preguntas en español. *Listen to the conversation and answer the questions in Spanish.*

(a) ¿Adónde va Susana mañana?
(b) ¿A qué hora va a quedar con Raúl?
(c) ¿Dónde va a quedar con Raúl?
(d) ¿Qué van a comer?
(e) ¿Cómo van a ir a la fiesta?
(f) ¿Quién va a estar en la fiesta?
(g) ¿En qué ciudad están?

3.7 (F) La mascota escondida. ¿Qué animal es? Pon las letras en orden y después pon las letras amarillas en orden para saber qué animal esconden. Todas las palabras son animales o pájaros.
The hidden pet. What animal is it? Unscramble the letters and then order the letters highlighted in yellow to find out what animal it is. All the words are animals or birds.

AGOT ☐☐☐☐

NEDFÍL ☐☐☐☐☐☐

ROICEV ☐☐☐☐☐☐

GÁLAUI ☐☐☐☐☐☐

ATIGVAO ☐☐☐☐☐☐☐

BILREE ☐☐☐☐☐☐

ROORZ ☐☐☐☐☐

ROREP ☐☐☐☐☐

La mascota es: ☐☐☐☐☐☐☐

3.7 (G) Une las palabras con las imágenes. *Match the words with the images.*

1 la colina
2 la oficina de correos
3 el río
4 la moto de agua
5 el valle
6 la estación de ferrocarril
7 las rocas
8 la lancha neumática
9 la arena
10 la parada de autobuses

(a) (b) (c) (d) (e) (f) (g) (h) (i) (j)

3.7 (H) ¿Te gustan estas activitdades? Hablad sobre vuestros gustos en grupos de tres o cuatro personas.

Do you like these activities? Talk about your likes in groups of three or four.

Me gusta/n . . .	No me gusta/n . . .
Me encanta/n . . .	Odio . . .
Me chifla/n . . .	Detesto . . .
Me molan/n . . .	

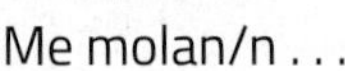

Me mola patinar porque es emocionante. No me gusta sacar a pasear al perro.

Me interesa sacar fotos y colgarlas en Instagram. Me gusta hacer pesas.

3.7 (I) Lee los folletos de estas excursiones y contesta a las preguntas en español. *Read the brochures about some excursions and answer the questions in Spanish.*

VIAJE ESQUÍ ALPINO SIERRA NEVADA

SÁBADO 12 DE FEBRERO

- Sábado: Salida sobre las 7:30h desde Santa Fe y llegada a la estación de esquí de Pradollano
- Esquí durante todo el día hasta las 17:15h
- Regreso a Santa Fe en autobús

Precio adulto : 45€
Precio niño (hasta 12 años): 37€
Los precios incluyen forfeit y transporte.

Opcional:
Seguro Asistencia Sanitaria: 3.50€
Material esquí / snowboard: 6€

Inscripciones: **En el polideportivo de Santa Fe. TLF 958 37 18 37 o a través de email: polidepsantafe@orange.es. Plazas limitadas. Fecha límite de inscripción el 2 de febrero. Una vez pagado el viaje no se devolverá su importe.**

(a) ¿Qué día y en qué fecha es el viaje?
(b) ¿Cuánto cuesta el viaje para un adulto?
(c) ¿A qué hora sale la excursión?
(d) ¿Qué tipo de transporte está incluido en el precio?
(e) ¿A qué hora termina el día en la montaña?
(f) ¿Cómo hay que inscribirse en el viaje?
(g) ¿Quiénes pagan 37€?

> **!** una estación de esquí = *a ski resort*

Senderismo en los Pirineos: Ideal para familias

Descubre los sitios más espectaculares del Valle de Benasque y de algunos de los parques naturales más bellos del norte de España (Parque Natural Posets Maladeta, Parque nacional de Ordesa y Monte Perdido) caminando por la naturaleza en compañía de un guía de montaña.

El senderismo en los Pirineos está indicado para todo aquel que desee entrar en contacto con la naturaleza de una forma tranquila y relajada.

Las rutas pasan por los paisajes más bellos de los Pirineos. A lo largo de las rutas se pueden ver pueblos abandonados, rutas históricas, animales como zorros, liebres y ciervos y ejemplos de arquitectura altoaragonesa. Las rutas planeadas son de 2 a 4 horas de marcha efectiva (sin contar las paradas), ideal para familias con niños de más de ocho años de edad.

No es necesario tener experiencia previa ni conocimientos técnicos, el guía de montaña se encargará de velar por nuestra seguridad en todo momento. Para hacer senderismo sólo es necesario tener ganas de pasar un día divertido en la naturaleza y hacer ejercicio, vuestro guía de montaña se encargará del resto.

Material personal necesario (traído por el cliente)

- Botas de montaña o calzado deportivo cerrado.
- Ropa cómoda e impermeable.
- Crema solar (recomendamos SPF 50+), gafas de sol y sombrero.
- Mochila de espalda para llevar agua y comida.

Tarifas y condiciones

- 1–2 participantes: 60 €
- 3–4 participantes: 20 €/persona
- 5–6 participantes: 15 €/persona
- 7–15 participantes: 10 €/persona

Los precios incluyen: guía de montaña titulado, seguro de accidentes. Los precios NO incluyen: transporte hasta el parque nacional, comida o agua.

(a) ¿Cómo se llaman las montañas mencionadas en el texto?
(b) ¿En qué parte de España están?
(c) Menciona tres cosas que se pueden ver a lo largo de las rutas.
(d) ¿Las rutas son ideales para niños de más de cuántos años de edad?
(e) ¿Qué material personal debe traer el cliente? (Menciona tres cosas).
(f) ¿Cuál es el precio por persona en un grupo de seis?
(g) ¿Cuáles son las cosas que el precio NO incluye?

Página 26

3.7 (J) Andrea va a venir a Irlanda el año que viene. En tu diario de aprendizaje escríbele un email con una descripción de tu ciudad o pueblo y las actividades que puede hacer en la zona.

Andrea is coming to Ireland next year. In your learning diary, write an email with a description of your city or town and the activities in the area.

Unidad 3 ¡Ponte a prueba!

Página 30

Ordena tus conocimientos de gramática de la Unidad 3 en tu diario de aprendizaje. *Sort your knowledge of the grammar in Unit 3 in your learning diary.*

Página 30

En tu diario de aprendizaje, reflexiona sobre lo que has aprendido en esta unidad. *In your learning diary, write your thoughts on what you have learned in this unit.*

¿Qué he aprendido en la Unidad 3?	🙂	😐	☹️
I can name different places and buildings in the city			
I can make a presentation about places of interest			
I can say what I am going to do this weekend			
I can use numbers from 100 to 1,000,000			
I can describe pictures			
I can follow a tour itinerary			
I can identify the tourist attractions of Granada			
I can fill in a form to go on a tour			
I can talk and write about the places of interest where I live			
I can follow the lyrics of a Spanish song			
I can follow a short Spanish poem			
I recognise and can use the verbs SABER and CONOCER			
I can form the future tense with IR + *a* + infinitive			
I can form comparative sentences using *más / menos que*			

Revision

Go to **www.edco.ie/quepasa2** for interactive activities and quizzes based on this unit.

A test for Unidad 3 is available in the Teacher's Resource Book.

Planeando un viaje

Go to **www.edco.ie/quepasa2** for interactive activities and quizzes based on this unit.

By the end of this unit you will be able to:

- Name different items of clothing
- Describe an outfit or look
- Describe your school uniform
- Give a weather report

- Buy train tickets at the station
- Go shopping for clothes – ask about sizes, colours and prices
- Ask what the weather is like

- Write an itinerary for a school trip to Seville
- Write an email making a hotel reservation
- Write an email to a tourist office for information
- Fill in an online booking form for a flight

- Use *usted* and the formal register
- Express the future using the 'will' future tense

- Follow a song by Shakira
- Understand announcements in the airport and at the train station

- Read brochures for hotels
- Understand the information on a boarding card
- Follow bus and train timetables
- Read about Manolo Blahnik
- Read about the climate in Costa Rica

- Make a brochure for a hotel or guest house in your area
- Design a poster
- Create a fashion advertisement
- Record a weather forecast

- Identify the most important tourist attractions of Seville
- Recognise Spanish fashion brands and designers

¡QUÉ CURIOSO! One of the biggest cathedrals in the world is the gothic cathedral in Seville. Christopher Columbus (Cristobal Colón) is buried here and if you visit the cathedral you can see his tomb.

The title of this unit means 'Planning a trip'. Joaquín, María and Andrea prepare for their school tours. They will pack their luggage and investigate the weather at their destinations and you will find out how to book accommodation and transport tickets through Spanish. Fill in the graphic organiser in your learning diary with the words and phrases you already know to describe clothes, weather, transport or accommodation.

Página 31

Apunta tus ideas en tu diario de aprendizaje. *Note your ideas in your learning diary.*

4.1 Reservando un hotel

4.1 (A) Lee la viñeta

Buenos días señor Márquez. ¿Cómo **está**?

Buenos días María. Estoy bien gracias. Estoy explicándoles a Joaquín y a Andrea que voy a reservar el alojamiento en Granada hoy.

¿Podríais publicar los detalles del hotel en el sitio web?

Claro que sí.

Por supuesto.

¿**Usted va** a ir a México o a Granada?

Voy a Granada. No me interesan los viajes muy largos. ¿Y vosotros?

María y yo vamos a Granada.

Y yo voy a México

(a) What is Mr Márquez going to do today?
(b) What does he ask the students to post online?
(c) Why is he not going on the school trip to Mexico?
(d) What is unusual about the verbs in bold?

Usted: ***you***

What did you notice about the verbs in bold in the comic strip? The pupils are using *usted* to address the teacher. *Usted* is used instead of *tú* to address people in formal situations, for example if you are talking to a teacher, a policeman or a shop assistant, you would use *usted*. Similarly, if you are talking to two or more people in a formal situation, you should use *ustedes* instead of *vosotros / vosotras*.

Rellena la tabla con la forma correcta: tú, vosotros, vosotras, usted, ustedes. *Fill in the table with the correct form: tú, vosotros, vosotras, usted, ustedes.*

Person / people you are talking to	How to say 'you'
One person	
One person (formal situation only)	
Two or more people	
Two or more people (female only)	
Two or more people (formal situation only)	

When you use *usted*, you use the same form of the verb as *él / ella*.

Por ejemplo:	(Tú) tienes frío	*You are cold*
	(Usted) **tiene** frío	*You are cold (formal)*
	¿Tienes frío?	*Are you cold?*
	¿Tiene frío?	*Are you cold? (formal)*
	¿Juan **tiene** frío?	*Is Juan cold?*

When you use *ustedes*, you use the same form of the verb as *ellos / ellas*.

Por ejemplo:	(Vosotros) estáis contentos	*You (all) are happy*
	(Ustedes) **están** contentos	*You (all) are happy (formal)*
	¿Cómo estáis?	*How are you all?*
	¿Cómo **están**?	*How are you all (formal)?*
	¿Cómo **están** Sara y Pepe?	*How are Sara and Pepe?*

4.1 (B) ¿Cómo se dice you para hablar con las siguientes personas? *How do you say 'you' to the following people?*

(a) Tu hermano menor ______________
(b) Tus amigas ______________
(c) La directora de tu instituto ______________
(d) Los abuelos de tu amigo ______________
(e) Tus primos ______________
(f) Un médico en el hospital ______________
(g) Tu compañera de clase ______________
(h) Tus profesores ______________
(i) Tus amigos ______________
(j) El dependiente de una tienda ______________

4.1 (C) Rellena los espacios con el presente de los verbos entre paréntesis. *Fill in the blanks wth the present tense of the verbs in brackets.*

(a) Yo no ______________ (ser) muy alto.
(b) Nosotras ______________ (estar) enfadadas.
(c) Ustedes ______________ (ir) al centro comercial.
(d) ¿Tú no ______________ (hacer) los ejercicios?
(e) Pilar ______________ (jugar) al baloncesto.
(f) ¿Usted no ______________ (venir) a mi casa?
(g) Ellos ______________ (hablar) alemán.
(h) Vosotros ______________ (volver) a las tres.
(i) Ustedes ______________ (tener) quince años.
(j) ¿Tú ______________ (saber) jugar al golf?
(k) Su hermana no ______________ (querer) salir.
(l) Carlos no ______________ (acostarse) tarde.
(m) ¿Usted ______________ (despertarse) a las siete?
(n) Yo ______________ (ponerse) mi uniforme.
(ñ) Ustedes ______________ (hablar) con el director.

4.1 (D) 1 Lee el email del Señor Márquez al Hotel Navas de Granada. *Read the email from Señor Márquez to the Hotel Navas in Granada.*

De:	smarquéz@institutolaslomas.com
A:	info@hotelnavas.com
Asunto:	Reservar alojamiento

Muy señor mío:

Le escribo para hacer una reserva en su hotel. Somos un grupo de treinta y dos personas, treinta alumnos y dos profesores del Instituto Las Lomas de Madrid. Quisiera reservar quince habitaciones dobles y dos habitaciones individuales desde el sábado 4 de abril hasta el miércoles 8 de abril. Le ruego me envíe información sobre las instalaciones del hotel y los precios para una estancia de cuatro noches con desayuno.

Si todo es satisfactorio, ruego me confirme la reserva por email.

Le saluda atentamente,

Sergio Márquez
I.E.S. Las Lomas Madrid

2 ¿Cómo se dice en español? Trabajad en parejas. Traducid las siguientes frases con la ayuda del email de arriba. *How do you say it in Spanish? Work in pairs. Translate the following sentences with the help of the email above.*

(a) Dear Sir ____________________

(b) I am writing to you to make a reservation at your hotel. ____________________

(c) I would like to reserve a double room and two single rooms. ____________________

(d) From Saturday the 4th of April to Wednesday the 8th of April ____________________

(e) Please send me information about the facilities in the hotel. ____________________

(f) A four-night stay ____________________

(g) Please confirm the reservation by email. ____________________

(h) Yours sincerely ____________________

4.1 (E) El hotel responde al email del Señor Márquez. Lee el email. *The hotel responds to the email from Señor Márquez. Read the email.*

De:	info@hotelnavas.com
A:	smárquez@institutolaslomas.com
Asunto:	Confirmar la reserva

Estimado Señor Márquez:

Le agradezco el interés por nuestro hotel. Le escribo para confirmar la reserva de las diecisiete habitaciones. Adjunto folleto informativo sobre nuestros precios y servicios.

Quedamos a su disposición.

Atentamente,

Irene Sánchez Ruiz
Jefe de reservas

Información Hotel Navas

4.1 (F) El Hotel Navas le ha enviado un folleto de información al Señor Márquez. Lee la descripción del Hotel. *Hotel Navas has sent an information brochure to Señor Márquez. Read the description of the hotel.*

El Hotel Navas está en el centro de Granada, a cinco minutos a pie de la catedral y la Capilla Real. Ofrece habitaciones con aire acondicionado y televisión. Las habitaciones disponen de conexión Wi-Fi gratuita, caja fuerte, minibar y baño privado con bañera, ducha y secador de pelo.

El Navas alberga un bar y un restaurante bufé. La recepción ofrece servicios de guardaequipaje, cambio de moneda, alquiler de coches e información turística. Hablamos español, inglés y francés.

Desayuno

Todos los días: De 07:00 a 10:00

Normalmente incluye: Pan, Pastas, Mantequilla, Queso, Embutido, Yogur, Fruta, Café, Té, Platos cocinados/calientes, Zumo, Mermelada y Cereales

**No se admiten mascotas.* **Está prohibido fumar en todo el hotel*

Contesta en español. *Answer in Spanish.*

(a) ¿Cuáles son los monumentos históricos cerca del hotel?
(b) Menciona tres facilidades que ofrecen las habitaciones.
(c) Menciona tres servicios ofrecidos por recepción.
(d) ¿Cuáles son los idiomas que hablan los recepcionistas?
(e) ¿A qué hora se sirve el desayuno?
(f) Menciona tres tipos de comida y tres bebidas en el bufé de desayuno.
(g) Menciona dos cosas que están prohibidas en el hotel.

4.1 (G) Etiqueta las imágenes. *Label the images.*

En el hotel

la habitación individual, la habitación doble, el aire acondicionado, el secador de pelo, el guardaequipaje, el ascensor, el alquiler de coches, la caja fuerte

La caja fuerte ________ alquiler de coches ________ ________ ________

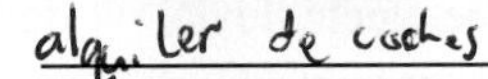

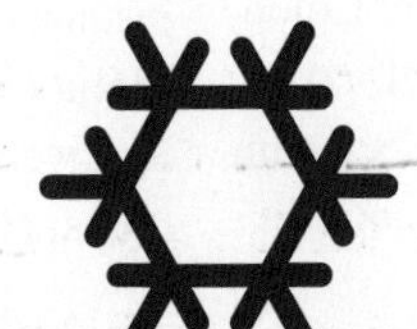

________ ________ ________ ________

Teacher CD Track 4

4.1 (H) Escucha y repite el vocabulario.
Listen and repeat the vocabulary.

4.1 (I) Lee los folletos del alojamiento en Sevilla. *Read the brochures for accommodation in Seville.*

El Hostal Jardín de la Alameda está en el centro de Sevilla y ofrece a sus clientes WiFi gratuito y una terraza. Sus habitaciones incluyen baño privado con bañera o ducha, aire acondicionado y televisión.

El autobús turístico de Sevilla para a 100 metros del Hostal Jardín de la Alameda mientras que el río Guadalquivir se encuentra a 400 metros. El palacio del Alcázar, la Giralda y la catedral de Sevilla se encuentran a 20 minutos a pie. El parque de atracciones Isla Mágica está a solo 5 minutos a pie.

Habitación doble 90€

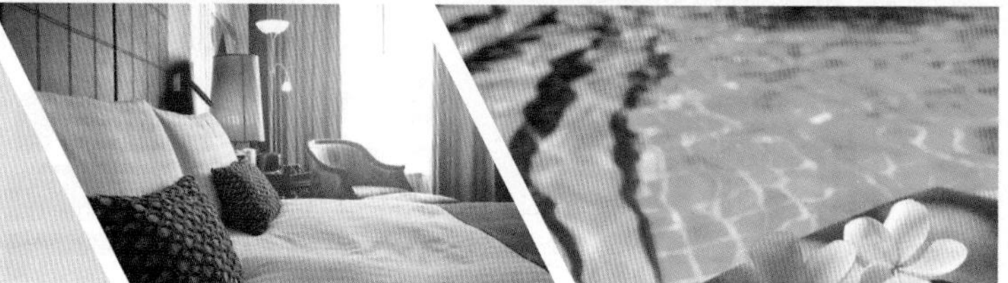

El Gran Meliá Colón es un hotel lujoso con restaurante gourmet y terraza con bañera de hidromasaje. Está situado en el centro de Sevilla, a 10 minutos a pie de la Giralda y la catedral de Sevilla. Está a solo 200 metros de la Plaza de Armas y a unos 15 minutos a pie del Alcázar. Las elegantes habitaciones del Colón tienen WiFi gratuito, teléfono, aire acondicionado, minibar, caja fuerte, TV vía satélite, baño con bañera o ducha de efecto lluvia, secador de pelo y una selección de artículos de aseo Clarins. Las instalaciones de ocio del Gran Meliá Colón son numerosas. Incluyen un gimnasio las 24 horas, piscina, jacuzzi, bañera de hidromasaje y sauna. La recepción ofrece videoconsolas PlayStation o Wii.

El restaurante El Burladero en la planta baja del hotel sirve platos típicos de cocina sevillana.

Habitación doble 305€

1 Contesta a las preguntas en español. *Answer the questions in Spanish.*

(a) ¿Dónde está el Hostal Jardín de la Alameda?
(b) Menciona tres atracciones turísticas que estén cerca del Hostal.
(c) ¿Cómo se llama el río que pasa por Sevilla?
(d) ¿Cuánto cuesta una noche en una habitación doble en el hostal?
(e) Menciona cinco facilidades que ofrecen las habitaciones del Gran Meliá Colón.
(f) ¿Cómo se llama el restaurante en el Hotel Gran Meliá Colón?
(g) ¿Qué tipo de comida se sirve en el Hotel Gran Meliá Colón?
(h) ¿Cuál es el precio de una habitación doble en el Hotel Gran Meliá Colón?

 **2 Rellena los espacios con Hostal Jardín de la Alameda o Hotel Gran Meliá Colón.** *Fill in the blanks with Hostal Jardín de la Alameda or Hotel Gran Meliá Colón.*

(a) Una noche en ________________ es más barato que una noche en ________________

(b) ________________ está más cerca del parque de atracciones que ________________

(c) ________________ ofrece más facilidades y servicios que ________________

(d) Las habitaciones en ________________ cuestan mucho más que las habitaciones en ________________

(e) ________________ está más cerca de la catedral que ________________

(f) Una noche en ________________ es menos caro que una noche en ________________

 Página 32

4.1 (J) En tu diario de aprendizaje, escribe un email al Hotel Gran Meliá Colón o al Hostal Jardín de la Alameda para hacer una reserva. *In your learning diary, write an email to Hotel Gran Melía Colón or Hostal Jardín de la Alameda to make a reservation.*

 Student CD 1 Track 20

4.1 (K) Escucha y contesta en español. *Listen and answer in Spanish.*

(a) ¿Cómo se llama el hotel?

(b) ¿Cuántas habitaciones hay en el hotel?

(c) ¿Dónde está el hotel?

(d) ¿Cuáles son las facilidades que ofrecen las habitaciones? (Menciona cuatro)

(e) ¿Cuáles son las instalaciones de ocio o de deporte del hotel? (Menciona tres)

(f) ¿Qué comida ofrecen de desayuno? (Menciona cinco)

(g) Menciona tres servicios ofrecidos por la recepción

(h) ¿Cuáles son los idiomas que los recepcionistas saben hablar?

 Página 33

4.1 (L) Imagina que Joaquín, Andrea y María van a ir a tu pueblo. Diseña en tu diario de aprendizaje el folleto en español de un hotel o albergue de tu ciudad o pueblo. *Imagine that Joaquín, María and Andrea are coming to stay in your town. Design, in your learning diary, a brochure in Spanish for a hotel or hostel in your city or town.*

Rellena en tu diario de aprendizaje las palabras clave de la sección 4.1.
Fill in the keywords for section 4.1 in your learning diary.

 Página 43

4.2 Un email a la oficina de turismo

4.2 (A) 1 Lee el email del Señor Márquez. *Read the email from Señor Márquez.*

De:	smárquez@institutolaslomas.com
A:	info@granadatur.com
Asunto:	Información turística

Muy señor mío:

Le escribo porque estaré en Granada en abril con un grupo de treinta alumnos de un instituto madrileño. Estaremos en Granada desde el 4 hasta el 8 de abril. Tenemos un itinerario que incluye visitas guíadas a la casa natal de Federico García Lorca, la catedral y, por supuesto, la Alhambra. Me gustaría organizar algunas actividades divertidas para los alumnos. Tenemos unas tardes libres en nuestro itinerario y busco información sobre las atracciones que ofrece Granada.

Le ruego me envíe una lista de actividades de interés para jóvenes en Granada y una lista de precios.

Agradeciendo de antemano su atención, le saluda atentamente,

Sergio Márquez
I.E.S. Las Lomas Madrid

2 ¿Cómo se dice en español? Trabajad en parejas. Traducid las siguientes frases con la ayuda del email de arriba. *How do you say it in Spanish? Work in pairs. Translate the sentences with the help of the email above.*

(a) I am writing to you because . . . ______

(b) I would like to organise some fun activities. ______

(c) I am looking for information about the attractions in Granada. ______

______

(d) Please send me a list of activities. ______

(e) Thanking you in advance for your attention. ______

Página 34

4.2 (B) Imagina que tu clase de español va de viaje de estudios a Sevilla. ¿Cuáles son los sitios de interés? Busca información en internet sobre las atracciones turísticas de Sevilla y escribe un itinerario en tu diario de aprendizaje. *Imagine your Spanish class is going on a school tour to Seville. What would you do there? What are the places of interest? Find information online about the tourist attractions in Seville and write an itinerary for your class trip in your learning diary.*

4.2 (C) Hablamos del futuro

In the email that Señor Márquez sends to the tourist office in Granada (4.2 A) he writes ***estaré*** *en Granada*, and later he writes ***estaremos*** *en Granada el 4 de abril. Estaré* ('I will be') and *estaremos* ('we will be') are examples of the future tense. Just like English, Spanish has two future tenses – a 'going to' future and a 'will' future. Consider the following examples:

	'Going to' future		'Will' future	
yo	**voy a estar**	*I am going to be*	**estaré**	*I will be*
tú	**vas a estar**	*you are going to be*	**estarás**	*you will be*
él / ella / usted	**va a estar**	*he / she is going to be, or you (formal) are going to be*	**estará**	*he / she / you (formal) will be*
nosotros/as	**vamos a estar**	*we are going to be*	**estaremos**	*we will be*
vosotros/as	**vais a estar**	*you all are going to be*	**estaréis**	*you all will be*
ellos / ellas / ustedes	**van a estar**	*they are going to be, or you all (formal) are going to be*	**estarán**	*they / you (formal, plural) will be*

Now see if you can fill in the 'will' future of the following verbs:

	HABLAR	COMER	VIVIR	IR
yo	hablar**é**	comere	vivir**é**	Iré
tú	hablar**ás**	comer**ás**	vivirás	ir**ás**
él / ella / usted	hablará	comerá	vivir**á**	Irá
nosotros/as	hablaremos	comer**emos**	viviremos	Iremos
vosotros/as	hablaréis	comeréis	viviréis	ir**éis**
ellos / ellas / ustedes	hablarán	comerán	vivir**án**	Irán

By now you have probably figured out how to form the 'will' future tense.

INFINITVE + *–é, –ás, –á, –emos, –éis, –án*

The endings are added to the infinitive of the verb, WITHOUT removing –AR, –ER or –IR

Ejemplo:

Beberá el zumo — *She will drink the juice*
¿**Irán** a la fiesta? — *Will they go to the party?*
No **jugaré** al golf — *I won't play golf*

When forming the future tense of reflexive verbs, you put reflexive pronouns before the verbs, just as with the present tense.

Ejemplo:

Me levantaré a las siete y media
I will get up at half past seven

Se ducharán después del partido
They will shower after the match

Página 34

4.2 (D) Rellena la tabla de los verbos en el futuro en tu diario de aprendizaje. *Fill in the table in your learning diary with the future tense verbs.*

4.2 (E) Rellena los espacios con el futuro de los verbos entre paréntesis. *Fill in the blanks with the 'will' future tense of the verbs in brackets.*

(a) Nosotros *iremos* (ir) a Sevilla.
(b) ¿Tú no comerás ________ (comer) la hamburguesa?
(c) El profesor ________ (escribir) un email.
(d) Mis compañeros de clase ________ (levantarse) temprano.
(e) Mis padres ________ (estar) muy contentos.
(f) Yo estudiaré ________ (estudiar) mucho para el examen.
(g) ¿Vosotros jugaréis ________ (jugar) al tenis?
(h) Andrea y María cantarán ________ (cantar) en el concierto.
(i) Joaquín ________ (despertarse) a las ocho y cuarto.
(j) Yo no veré ________ (ver) la tele.

4.2 (F) ¿Cómo se dice en español? *How do you say it in Spanish?*

(a) We will be in Seville on the 12th of March.
(b) Will you go?
(c) My classmates will travel on Saturday.
(d) We will arrive at 3:00 pm.
(e) I will go to the theme park and the museum.
(f) I will learn lots of Spanish.
(g) My Spanish teacher will reserve the hotel in Seville.

Página 35

4.2 (G) Escribe un email a la oficina de turismo de Sevilla para obtener información sobre lo que se puede hacer en Sevilla. *Write an email to the tourist office in Seville to get information about things to do in Seville.*

Student CD 1 Track 21

4.2 (H) Andrea llama a su amigo de Vigo, Diego. Escucha la conversación y contesta a las preguntas en español. *Andrea calls her friend Diego in Vigo. Listen to the conversation and answer the questions in Spanish.*

Diego: ¿Dígame?
Andrea: Hola Diego. Soy yo Andrea.
Diego: ¡Andrea! ¿Cómo estás?
Andrea: Bien gracias. Me gusta la vida aquí en Madrid. Ya tengo amigos en el instituto y a mamá le gusta su nuevo empleo. Todo va bien.
Diego: Muy bien. Oye ¿vendrás a visitarnos a Vigo?
Andrea: Claro que sí hombre. Pero no sé cuando. En Semana Santa iré de excursión a Granada con mi clase.
Diego: ¡Genial! Pues yo no estaré en Vigo durante la Semana Santa tampoco.
Andrea: ¿Por qué no? ¿Adónde irás?
Diego: Iré a Barcelona al concierto de Shakira.
Andrea: ¡Ah qué guay!
Diego: Sí. Pilar y José vendrán conmigo. Mira te llamaré más tarde y te lo contaré todo. Tengo que irme porque tengo una clase de guitarra a las ocho.
Andrea: Vale. Que lo pases bien. Hasta luego.
Diego: Hasta luego. Adiós.

(a) ¿Adónde irá Diego durante la Semana Santa?
(b) ¿Cómo se llaman los amigos que irán con él?
(c) ¿Qué hace Diego a las ocho?
(d) ¿Cómo se dice en español? Busca las frases en el diálogo.
- *Are you coming to visit us?*
- *They are coming with me*

4.2 (I) Verbos irregulares en el futuro

In the conversation between Andrea and Diego, you picked out the phrases ***vendrán*** *conmigo* and ***vendrás*** *a visitarnos. Vendrán* and *vendrás* are both from the verb VENIR, one of twelve verbs that are irregular in the future tense. The twelve verbs have irregular stems in the future tense, but they have the same future tense endings that we learned on page 115.

Consider the following example:

	VENIR	*to come*
(yo)	**vendr**é	*I will come*
(tú)	**vendr**ás	*you will come*
(él / ella / usted)	**vendr**á	*he / she / you (formal) will come*
(nosotros / nosotras)	**vendr**emos	*we will come*
(vosotros / vosotras)	**vendr**éis	*you (plural) will come*
(ellos / ellas / ustedes)	**vendr**án	*they / you (formal, plural) will come*

- You can see in the above example that the endings are exactly the same as the endings for all other verbs in the future tense, but the stem of VENIR changes to *vendr–*
- Here is a complete list of verbs with irregular future stems.

CABER	*to fit*	yo **cabr**é	QUERER	*to like*	yo **querr**é
DECIR	*to say*	yo **dir**é	SABER	*to know*	yo **sabr**é
HABER	*to have*	yo **habr**é	SALIR	*to go out*	yo **saldr**é
HACER	*to do*	yo **har**é	TENER	*to have*	yo **tendr**é
PODER	*to be able to*	yo **podr**é	VALER	*to be worth*	yo **valdr**é
PONER	*to put*	yo **pondr**é	VENIR	*to come*	yo **vendr**é

- To form the future tense of the above verbs, take the irregular stem and add the appropriate ending: *–é, –ás, –á, –emos, –éis, –án.*

Ejemplos:

	Pedro **tendrá** que ir	*Pedro will have to go*
	Nosotras no **saldremos**	*We will not go out*
	¿**Harás** los ejercicios?	*Will you do the exercises?*

Página 36

4.2 (J) En tu diario de aprendizaje rellena los verbos irregulares en el futuro. *In your learning diary, fill in the irregular verbs in the future.*

4.2 (K) Rellena los espacios con el futuro de los verbos entre paréntesis. *Fill in the blanks with the future tense of the verbs in brackets.*

1

(a) Ellos ________________ (poder) ir a la discoteca esta noche.
(b) Yo no ________________ (hacer) mucho deporte en el verano.
(c) ¿Vosotras ________________ (venir) a la fiesta?
(d) Gilberto ________________ (poner) la nueva canción de Justin Bieber.
(e) Nosotros no ________________ (tener) deberes este fin de semana.
(f) ¿Tú ________________ (salir) este sábado por la noche?
(g) Yo no ________________ (decir) nada a mis padres.
(h) Las chicas no ________________ (salir) este fin de semana.
(i) Pilar y Susana ________________ (hacer) una sopa de verduras.
(j) Tú ________________ (tener) más dinero el año que viene.

2

(a) Ella ________________ (ir) a Guatemala mañana.
(b) Yo ________________ (salir) con Elena el viernes.
(c) Ellos ________________ (nadar) en la piscina esta tarde.
(d) Vosotros ________________ (coger) el tren a las siete.
(e) Adrián ________________ (hacer) natación en Málaga.
(f) ¿Tú ________________ (charlar) con Alba mañana?
(g) Nosotras ________________ (jugar) un partido de hockey esta tarde.
(h) Yo ________________ (comer) en el restaurante chino esta noche.
(i) Yolanda ________________ (estar) en Zaragoza en agosto.
(j) Lucía y yo ________________ (tener) que volver en marzo.

4.2 (L) Busca la canción 'Estoy aquí' de Shakira en internet. Escucha la canción y subraya seis ejemplos de verbos en el futuro. *Look up the Shakira song 'Estoy aquí' online. Listen to the song and underline six examples of verbs in the future tense.*

Ya se que no vendrás
Todo lo que fue
El tiempo lo dejó atrás
Sé que no regresarás
Lo que nos pasó
No repetirá jamás
Mil años no me alcanzarán
Para borrarte y olvidar
Y ahora estoy aquí
Queriendo convertir
Los campos en ciudad
Mezclando el cielo con el mar
Sé que te dejé escapar
Sé que te perdí
Nada podrá ser igual
Mil años puedas alcanzar
Para que pueda perdonar
Estoy aquí queriéndote
Ahogándome
Entre fotos y cuadernos
Entre cosas y recuerdos
Que no puedo comprender
Estoy enloqueciéndome
Cambiándome un pie por
la cara mía
Esta noche por el día
Y nada le puedo yo hacer
Las cartas que escribí
Nunca las envié
No querrás saber de mi
No puedo entender
Lo tonta que fui
Es cuestión de tiempo y fe
Mil años con otros mil más
Son suficientes para amar
Estoy aquí queriéndote
Ahogándome . . .

4.2 (M) Shakira

Shakira Isabel Mebarak Ripolo nació el 2 de febrero de 1977 en Barranquilla en Colombia. Está casada con Gerard Piqué, el famoso futbolista español. Tienen dos hijos, el mayor se llama Milán y nacio en 2013. Su hijo menor se llama Sasha y nació en 2015. La familia vive en Barcelona donde Piqué juega al fútbol. Shakira es cantante, productora, bailarina, música y embajadora de la UNICEF. Toca la guitarra, la armónica y la batería. Es la artista femenina internacional con mayor número de ventas en la década del 2000. Su famosa canción 'Hips Don't Lie' fue la canción más vendida de la década. Sus cantantes favoritas son Carole King y Cindy Lauper y su banda favorita es U2.

Contesta en español.
Answer in Spanish.

- **(a)** ¿Cuándo es el cumpleaños de Shakira?
- **(b)** ¿Qué hace su marido?
- **(c)** ¿Cómo se llaman sus hijos?
- **(d)** ¿Dónde vive la familia?
- **(e)** ¿Qué instrumentos toca?
- **(f)** ¿Cómo se titula su canción más famosa?
- **(g)** ¿Quiénes son sus cantantes favoritos?

 Página 37

4.2 (N) Escribe un email a Andrea. Cuéntale todo lo que harás durante tu viaje a Sevilla. *Write an email to Andrea. Tell her what you will do during your trip to Seville.*

Rellena en tu diario de aprendizaje las palabras clave de la sección 4.2.
Fill in the keywords for section 4.2 in your learning diary.  Página 44

4.3 Reservando billetes

 **4.3 (A) Lee la conversación y contesta a las preguntas en inglés.** *Read the conversation and answer the questions in English.*

Joaquín: ¿Cómo viajaréis a Granada?
Andrea: Iremos en autobús.
Joaquín: ¿Será un viaje largo?
Andrea: Unas cinco horas más o menos. ¿Cuánto tardará el vuelo a México?
Joaquín: Serán doce horas y media de avión.
Andrea: ¿DOCE HORAS Y MEDIA?
Joaquín: Sí pues el vuelo de ida tardará doce horas y media pero el vuelo de vuelta a Madrid será peor. Tenemos que volar de Cancún a Ciudad de México primero y luego coger otro avión a Madrid. Serán dieciocho horas en total.
Andrea: ¿Dieciocho horas? ¡Qué pesadilla!

(a) How long is the journey from Madrid to Granada by bus?
(b) How long is the flight from Madrid to Mexico City?
(c) How long is the total journey home to Madrid from the Mexico tour?

(d) Why will the return journey be longer than the outward?
(e) Work with a partner to find the following phrases in the text:
- to fly
- an aeroplane
- the flight back
- what a nightmare!

4.3 (B) Tu vecino quiere ir a Málaga este verano pero no habla español. Ayúdale a completar el formulario en el sitio web de la aerolínea. *Your neighbour wants to go to Málaga this summer but doesn't speak Spanish. Help him to fill in the booking form on the website.*

- His name is Paul Smith
- He wants to travel on the 14th of August
- He is eighteen years old
- He will check in one bag
- He wants a one-way ticket

IBERIA

☐ Ida y vuelta ☐ Ida

De: (Elegir Aeropuerto)

A: (Aeropuerto de destino)

Fecha:

Hora:

Nombre:

Apellido:

Fecha de nacimiento:

Número de pasaporte:

Número de maletas:

Student CD 1 Track 22

4.3 (C) Escucha el anuncio de la agencia de viajes y contesta a las preguntas en inglés. *Listen to the advertisement from a travel agency and answer the questions in English.*

(a) Name three destinations to which flights are on sale. South america

(b) By what percentage have the flights been reduced?

(c) What is the destination of the special weekend package to the beach? malaga

(d) Name three groups of people who can get additional discounts. para niños, estudiantes

(e) What is the website of the travel agency?

(f) What is the phone number of the travel agency?

(g) Until what date are the offers valid?

4.3 (D) Para reservar billetes de avión, tienes que entender el sitio web de la aerolínea. Une las palabras del sitio web con las imágenes. *To reserve airline tickets, you will have to understand the airline's website. Match the words from the website with the images.*

facturación, puerta de embarque 25, un billete de ida, salidas, traslados en autobús, un vuelo, pasaportes, asientos prioritarios, equipaje de 20 kg, alquiler de coches, un billete de ida y vuelta, llegadas

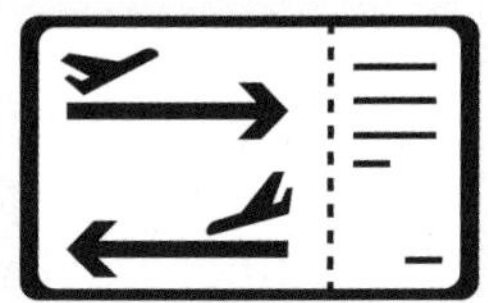

(a) __________ (b) __________ (c) __________

(d) __________ (e) __________ (f) __________

(g) __________ (h) __________ (i) __________

(j) __________ (k) __________ (l) __________

4.3 (E) 1 Lee las tarjetas de embarque y contesta a las preguntas en español. *Read the boarding cards and answer the questions in Spanish.*

TARJETA DE EMBARQUE — **Vuelo: IB 273**

Fecha:	15 de mayo	**Salida:**	16:10
Desde:	Barcelona	**Embarque:**	15:40
Destino:	Londres	**Puerta:**	52
Nombre:	Harry Peters	**Asiento:**	17E

IBERIA

TARJETA DE EMBARQUE — **Vuelo: EI 136**

Fecha:	11 de junio	**Salida:**	21:25
Desde:	Málaga	**Embarque:**	20:55
Destino:	Dublín	**Puerta:**	19
Nombre:	Sorcha Kelly	**Asiento:**	26B

Aer Lingus

TARJETA DE EMBARQUE — **Vuelo: AM 185**

Fecha:	27 de abril	**Salida:**	8:35
Desde:	Madrid	**Embarque:**	8:05
Destino:	Ciudad de México	**Puerta:**	42
Nombre:	Raúl Hernández López	**Asiento:**	4F

AEROMEXICO

(a) ¿A qué hora sale el vuelo a Londres?
(b) ¿Adónde va el vuelo desde Málaga?
(c) ¿Cómo se llama el pasajero que viaja a México?
(d) ¿En qué fecha sale el vuelo de Barcelona?
(e) ¿Qué número de asiento tiene Sorcha Kelly?
(f) ¿Cuál es el número del vuelo desde Madrid?

2 ¿Verdadero o falso? *True or false?*

(a) El vuelo desde Málaga sale a las nueve y veinticinco de la noche.
(b) Raúl Hernández López va de Barcelona a Ciudad de México.
(c) El vuelo de las cuatro y diez de la tarde con destino a Londres es el IB 136.
(d) Sorcha Kelly viaja el once de junio.
(e) Raúl Hernández López viaja el veintiocho de abril.
(f) Harry Peters viaja a Dublín.

Student CD 1 Track 23

4.3 (F) Los abuelos de Andrea van a visitarla a Madrid. La abuela llama a la estación de trenes para reservar dos billetes. Escucha la conversación. *Andrea's grandparents are coming to visit her in Madrid. Her grandmother calls the train station to reserve the tickets. Listen to the conversation.*

Dependiente: Estación ferroviaria Vigo-Guixar buenas tardes.
Abuela: Buenas tardes.
Dependiente: ¿En qué puedo ayudarla?
Abuela: Quisiera reservar dos billetes a Madrid por favor.
Dependiente: Muy bien señora. ¿De ida o de ida y vuelta?
Abuela: Ida y vuelta por favor.
Dependiente: ¿Para qué fecha?
Abuela: Para este viernes, ventiuno de marzo.
Dependiente: ¿Y cuándo quiere volver?
Abuela: El martes, veinticinco por favor.
Dependiente: Perfecto. ¿Cómo se llama usted?
Abuela: Concha Aguilar Sánchez. ¿Cuánto cuesta?
Dependiente: Son ciento veintinueve euros con ochenta.
Abuela: ¿Puedo pagar con tarjeta de crédito?
Dependiente: Sí, por supuesto.
Abuela: El número es 5821 3905 7204 7416.
Dependiente: Muchas gracias señora. El tren saldrá a las siete de la mañana del andén 4.
Abuela: Gracias por su ayuda. Adiós.
Dependiente: Adiós.

Contesta en inglés. *Answer in English.*

(a) What kind of tickets does she wish to buy?
(b) On what day and date will she travel to Madrid?
(c) What is the total price of the tickets?
(d) How does she pay for the tickets?
(e) At what time will the outward train leave?
(f) What platform does the train leave from?
(g) *¿Cómo se dice?* Find the word for 'platform'.

La abuela says '*Gracias pur* ***su*** *ayuda.*' She uses *su* instead of *tu* as she is having a formal conversation with the sales assistant. *Su*, meaning 'his / her', is used to express 'you' in formal or very polite situations when we address a person using the *usted* form.

Student CD 1 Track 24

4.3 (G) El dependiente de la estación de Vigo responde a otra llamada. Escucha la conversación y contesta a las preguntas en español. *The sales assistant in Vigo Station answers another call. Listen to the conversation and answer the questions in Spanish.*

(a) ¿Qué quiere comprar la mujer?
(b) ¿En qué fecha quiere viajar?
(c) ¿Cómo se llama la mujer?
(d) ¿Cuánto cuesta el billete?
(e) ¿Cómo va a pagar?
(f) ¿Cuál es el número de tarjeta?

Página 38

4.3 (H) 1 Imagina que estás en la estación de trenes de Madrid. Quieres viajar a Toledo. Trabaja con un compañero/a de clase. Escribid un diálogo en vuestros diarios de aprendizaje. *Imagine you are in the train station in Madrid. You want to travel to Toledo. Work with a classmate. Write a role-play in your learning diary.*

Criterios de éxito:

- Include appropriate greetings
- Say what type of ticket you want
- Say which day / date you wish to travel
- Use the phrases in 4.3 (F) to help you

2 Haz una dramatización de tu diálogo frente a vuestros compañeros de clase. *Perform your role-play for the class.*

El tren más rápido de España es el AVE (Alta Velocidad Española). Son trenes que circulan a una velocidad máxima de 310 km/h en recorridos de larga distancia.

4.3 (I) Lee el horario de autobuses y contesta a las preguntas en español. *Read the bus timetable and answer the questions in Spanish.*

Cuando estés en la estación de autobuses Auto-Res de Valladolid podrás coger uno de los frecuentes autobuses que salen hacia Salamanca. El precio ronda los 10€ por un billete de ida y los 19€ por uno de ida y vuelta. Para obtener más información de horarios y tarifas o hacer una reserva, puedes acceder a su sitio web.

VALLADOLID – SALAMANCA					
LUNES – VIERNES		SÁBADO		DOMINGO	
Salida	Llegada	Salida	Llegada	Salida	Llegada
07:00	08:30	09:00	10:40	09:00	10:40
09:00	10:40	13:30	15:10	13:30	15:10
11:00	12:20	17:00	18:40	16:30	18:10
13:30	15:10	20:30	22:10	18:30	20:10
15:30	17:10			20:30	22:10
17:30	19:10			22:30	00:10
19:30	21:10				
21:30	23:10				

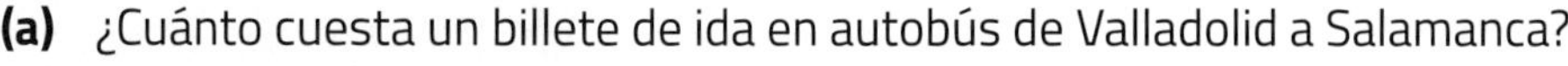

(a) ¿Cuánto cuesta un billete de ida en autobús de Valladolid a Salamanca?
(b) ¿Cuánto cuesta un billete de ida y vuelta?
(c) ¿Cómo se puede hacer una reserva?
(d) ¿A qué hora llega el autobús que sale a las nueve?
(e) ¿A qué hora sale el primer autobús los lunes?
(f) ¿A qué hora llega el último autobús los domingos?
(g) ¿Cuántos autobuses salen los sábados?
(h) ¿Cuántos autobuses salen los domingos?

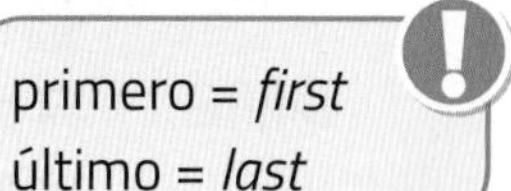

Student CD 1 Track 25

4.3 (J) Escucha los anuncios en el aeropuerto y contesta a las preguntas en español. *Listen to the announcements in the airport and answer the questions in Spanish.*

(a) ¿Cuántos años tiene el chico que se ha perdido? 4
(b) ¿Cómo se llama? Pablo
(c) ¿Cómo es? bajo
(d) ¿Cuál es el número del vuelo a Buenos Aires? IB 251
(e) ¿De qué puerta sale? (¿Qué número?) 15
(f) ¿Cuál es el número del vuelo de Ibiza? IB 251
(g) ¿A qué hora llega el vuelo de Ibiza?
(h) ¿De dónde viene el vuelo que llega a las tres y media?

4.3 (K) Rellena los espacios con el fututo de los verbos entre paréntesis. *Fill in the blanks with the 'will' future tense of the verbs in brackets.*

(a) El vuelo de Madrid a Ciudad de México ________________ (tardar) doce horas y media.
(b) Joaquín y sus compañeros de clase ________________ (volar) con Iberia.
(c) María y Andrea ________________ (coger) un autobús a Granada.
(d) Yo ________________ (hacer) la reserva en el sitio web.
(e) ¿Tú ________________ (venir) al aeropuerto con nosotros?
(f) Mi abuela ________________ (ir) a la estación de trenes en un taxi.
(g) Nosotros ________________ (tener) que hacer las maletas.
(h) Los billetes ________________ (costar) mucho.
(i) Vosotras ________________ (relajarse) durante el vuelo.
(j) Yo ________________ (despertarse) temprano para ir al aeropuerto.

Rellena en tu diario de aprendizaje las palabras clave de la sección 4.3.
Fill in the keywords for section 4.3 in your learning diary.

Página 44

4.4 Hacemos las maletas

4.4 (A) Lee la conversación. *Read the conversation.*

María: Tengo que hacer las maletas pero no sé que voy a llevar
Andrea: No necesitaremos mucha ropa y lo más importante es llevar ropa cómoda.
María: Sí claro. Llevaré mis zapatillas deportivas porque vamos a andar mucho.
Andrea: Voy a ir de compras mañana por la mañana porque no tengo un impermeable.
María: Iré contigo. Quiero comprar unos vaqueros nuevos.
Andrea: Bueno me tengo que ir.¿Quedamos en el centro comercial a las diez mañana?
María: Perfecto. ¡Hasta mañana!'

Contesta en inglés. *Answer in English.*

LLEVAR can mean 'to wear' *and* 'to carry'.

(a) When is Andrea going shopping?
(b) Where and when will the girls meet?
(c) Find the following phrases in the text:

- to wear
- comfortable clothes
- a raincoat
- to pack (suitcases)
- runners (sports shoes)

Página 39

4.4 (B) ¿Qué estrategia habéis utilizado para entender el vocabulario? Discutidlo en parejas y anotad las estrategias que habéis utilizado en vuestro diario de aprendizaje. *What strategies did you use to figure out the vocabulary in the previous question? Discuss in pairs and note the strategies you used in your learning diary.*

4.4 (C) Lee las descripciones y etiqueta las imágenes con las palabras de los textos. *Read the descriptions and label the images with words from the texts.*

Kylie es estadounidense. Es baja y guapa. Tiene el pelo largo y negro. Lleva **un vestido** negro con rayas de color oro. Lleva **un cinturón** también de color oro.

Justin es canadiense. Es alto y guapo.Tiene el pelo rubio y corto. Lleva **unos vaqueros** azules y **una camiseta** roja y negra.

Perrie es inglesa. Es delgada y deportista. Tiene el pelo rubio y largo. Lleva **una falda** negra, **una blusa** blanca y unas botas negras.

La ropa

Remember that colours are adjectives and must agree with the noun they describe.

unos zapatos negros

unas zapatillas deportivas blancas

Student CD 1 Track 26

4.4 (D) Escucha y luego etiqueta las imágenes con palabras de la lista. *Listen and label the images with the words from the box.*

1 un traje

2 ______

3 ______

4 ______

5 una corbata

6 ______

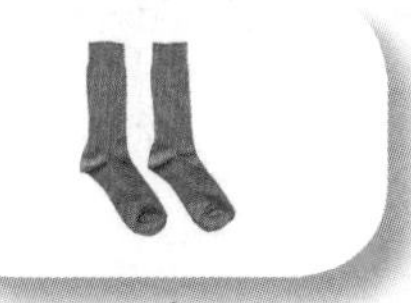

7 unos calcetines

8 ______

9 ______

10 unas medias

11 ______

12 ______

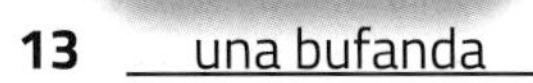

13 una bufanda

14 ______

15 ______

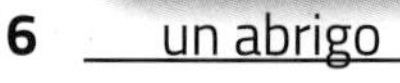

16 un abrigo

17 ______

18 ______

19 un jersey

20 ______

unas sandalias, un pijama, un traje de baño, un pantalón, un suéter, una camisa, unas chanclas, un impermeable, una chaqueta, una gorra, unos guantes, un pantalón corto, un chándal

4.4 (E) Escucha otra vez, repite el vocabulario y comprueba tus respuestas. *Listen again, repeat the vocabulary and check your answers.*

Mira la presentación en PowerPoint 'Unidad 4 (a)' sobre la ropa. *Watch the PowerPoint presentation 'Unidad 4 (a)' on clothes.*

4.4 (F) 1 Une las descripciones con las imágenes. *Match the descriptions with the images.*

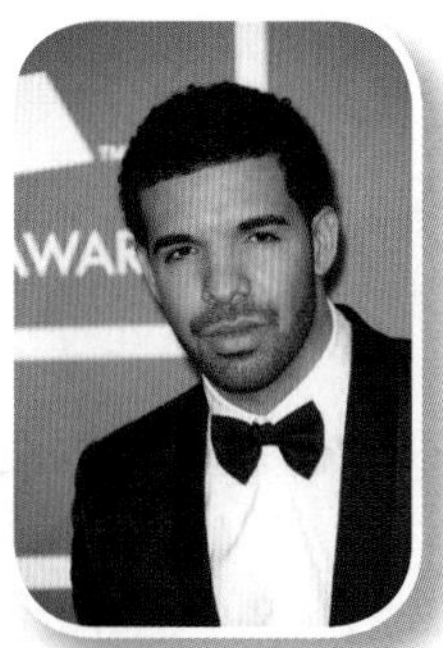

1

2

3

4

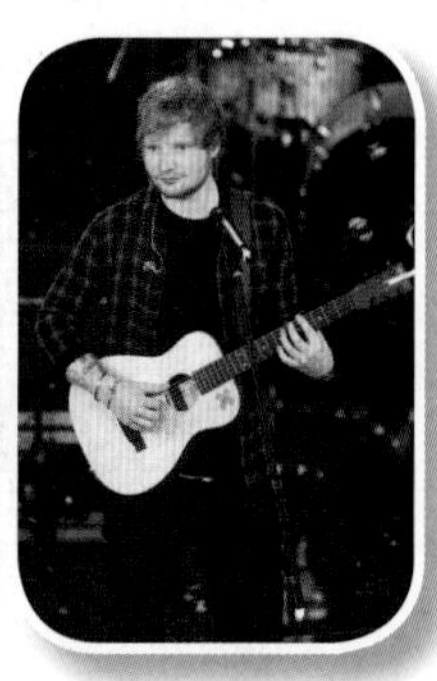

5

(a) Lleva una falda negra, una blusa blanca de manga corta y zapatos negros.
(b) Lleva una chaqueta azul, unas botas de plástico y una falda azul.
(c) Lleva unos vaqueros negros, una camiseta negra y una camisa a cuadros azules y negros.
(d) Lleva un traje negro, una camisa blanca y un corbatín negro.
(e) Lleva un pantalón corto blanco, calcetines blancos, una camiseta blanca de manga larga con rayas de color azul marino y zapatos deportivos azules con rayas blancas.

2 ¿Cómo se dice en español? Busca las frases en los textos de arriba. *How do you say it in Spanish? Find the phrases in the texts above.*

a check shirt ______________________
a short-sleeved blouse ______________________
a long-sleeved t-shirt ______________________
a bow-tie ______________________
stripes ______________________
navy blue ______________________

4.4 (G) Haz un póster mostrándo el estilo de una persona famosa. Etiqueta su ropa y describe su apariencia y su look. *Make a fashion poster showing the style of a famous person. Label the clothes and describe their appearance and look.*

Criterios de éxito:

- Choose a celebrity
- Source an image of them
- Label their clothing
- Write a short description in Spanish of what they look like and what they are wearing
- Make a poster with your image and description

Student CD 1 Track 27

4.4 (H) Han llegado las rebajas. Escucha el anuncio y contesta a las preguntas en español. *The sales have arrived! Listen to the advertisement and answer the questions in Spanish.*

(a) ¿Cómo se llama la tienda?
(b) ¿En qué ciudad está la tienda?
(c) Menciona cinco productos con descuento.
(d) ¿ Hasta qué fecha continúan las rebajas ?
(e) ¿Cuál es la dirección de la tienda?

Las rebajas en España

En la mayoría de las tiendas y los grandes almacenes las rebajas empiezan el 7 de enero por toda España. Suelen continuar hasta el 7 de marzo. Las rebajas en España ofrecen descuentos de hasta el 70%. En verano hay rebajas todo el mes de julio.

4.4 (I) Lee la viñeta. *Read the comic strip.*

¿Qué desea?
Estoy buscando unos vaqueros.
Muy bien. ¿Qué color prefiere?
Azul marino.
¿Le gustan éstos? ¿Cuál es su talla?
Sí. Son bonitos. Mi talla es la 38.
¿Me los puedo probar? ¿Dónde están los probadores?
Claro. Están ahí al lado de la caja.

En una boutique

Busca las siguientes frases en la viñeta. *Find the following phrases in the comic strip.*

(a) What would you like? Qué desea
(b) What colour do you prefer? Qué color prefiere
(c) What size are you? ______
(d) To try on ______
(e) The changing rooms Los Probadoros
(f) The cash register La caja

Student CD 1 Track 28

4.4 (J) En la tienda de ropa. Escucha y contesta a las preguntas en español. *In the clothes shop. Listen and answer the questions in Spanish.*

(a) ¿Qué está buscando la chica?
(b) ¿Qué color prefiere?
(c) ¿Cuál es su talla?
(d) ¿Dónde están los probadores?
(e) ¿Cuánto cuesta?

4.4 (K) Une las preguntas con las respuestas. *Match the questions with the answers.*

(a) ¿Qué desea?
(b) ¿Cuál es su talla?
(c) ¿Qué color prefiere?
(d) ¿Dónde está el probador?
(e) ¿Qué le debo?

1 A la izquierda.
2 La 40.
3 Son veinticinco euros.
4 No sé. Quizá verde.
5 Estoy buscando un jersey.

Página 39

4.4 (L) 1 Trabajad en parejas. En vuestros diarios de aprendizaje, escribid una conversación en una boutique. *Work in pairs. In your learning diaries, write a role-play set in a boutique.*

Criterios de éxito:

- Mention what item of clothing you are buying
- Include information on the colour and size
- Ask about the price
- Remember to use the formal register (*usted*)

2 Haz una dramatización de la conversación con tu compañero / compañera. *Perform your role-play with a classmate.*

Las marcas españolas *Spanish brands*

Hay muchas marcas españolas que tienen fama por todo el mundo. ¿Reconoces estas marcas? ¡Son todas españolas!

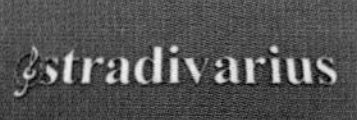

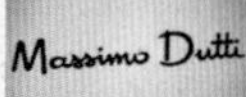

4.4 (M) Lee el texto y contesta a las preguntas en español. *Read the text and answer the questions in Spanish.*

Manolo Blahnik Rodríguez nació el 27 de noviembre de 1940. Es famoso por ser el fundador de una de las marcas de calzado más concidas del mundo. Hijo de padre checo y madre canaria, Manolo Blahnik creció en Santa Cruz de La Palma, Canarias. Estudió literatura y arquitectura en Suiza y más tarde estudió arte en París. Al terminar sus estudios se fue a Londres donde trabajó en una boutique. Abrió su propia tienda en Chelsea en Londres en 1973. En 2012 fue galardonado con el Premio Nacional de Diseño de Moda. Sus zapatos, conocidos como «manolos», cuestan entre 500 y 4000 dólares. Se venden en lujosos almacenes y en las boutiques oficiales del diseñador.

(a) ¿Cuándo es el cumpleaños de Manolo Blahnik?
(b) ¿De qué nacionalidad era su padre?
(c) ¿Dónde estudió?
(d) ¿En qué año abrió su primera tienda?
(e) ¿Dónde se pueden comprar sus zapatos?

4.4 (N) Haz un anuncio para las rebajas de una boutique española. *Make an advertisement for a sale in a Spanish shop.*

Criterios de éxito:

- Make a poster advertisement for a sale in a Spanish clothes shop
- Include images of clothing (draw, print or cut from magazines)
- Include prices and the dates of the sale

4.4 (Ñ) ¿Cuál es tu look preferido? Habla con un grupo de tres o cuatro compañeros. *What is your favourite look? Talk in groups of three or four.*

1

2

3

4

Prefiero el número dos porque me gusta la chaqueta negra y me gusta el estilo.

Odio el look número cuatro. Es muy formal y no me gusta el color de la corbata.

En España la mayoría de estudiantes no llevan uniforme. Los uniformes son más comunes en colegios privados.

Página 40

4.4 (O) Describe tu uniforme escolar. *Write a description of your school uniform.*

Página 40

4.4 (P) Escribe un correo electrónico a Andrea en que describas cuál es tu estilo y la ropa que sueles llevar. *Write an email to Andrea with a description of your style and the clothes you usually wear.*

4.4 (Q) Repaso del futuro. Rellena los espacios con el futuro de los verbos entre paréntesis. *Revision of the future. Fill in the blanks with the future tense of the verbs in brackets.*

(a) Yo ________________ (ir) de compras con Puri mañana.
(b) Nosotras ________________ (comprar) ropa.
(c) Mi hermano ________________ (llevar) su camiseta de fútbol para ir al partido.
(d) Las chicas no ________________ (tener) que llevar uniforme en el insti.
(e) Cuando vaya a la fiesta Elena ________________ (poner) su vestido negro.
(f) ¿Tú ________________ (llevar) el bañador rojo?
(g) Ella ________________ (trabajar) en una boutique.
(h) ¿Vosotros ________________ (llevar) el uniforme?
(i) Yo no ________________ (comprar) ropa este fin de semana.
(j) Usted ________________ (pagar) en la caja.

Rellena en tu diario de aprendizaje las palabras clave de la sección 4.4.
Fill in the keywords for section 4.4 in your learning diary.  Página 45

4.5 ¿Qué tiempo hace?

4.5 (A) Lee la conversación y completa los ejercicios. *Read the conversation and do the exercises.*

Andrea: Espero con ganas el viaje a Granada. ¿Hará mucho calor en México?

Joaquín: Creo que sí. Siempre hace calor en la Costa del Caribe. Llevaré un bañador. Hará más fresco en Ciudad de México y la zona montañosa. ¿Qué tiempo hace en Granada?

Andrea: En este momento hace sol pero según el prónostico meteorológico mañana va a llover.

Joaquín: Creo que no llueve mucho en Granada. De todas maneras mañana pasaréis mucho tiempo en el autobús.

Andrea: Verdad.

Joaquín: ¡Que tengas buen viaje! Te mandaré unas fotos desde México por Snapchat.

Andrea: ¡Nos vemos!

¿Cómo se dice en español? Busca las siguientes frases en la conversación de arriba. *How do you say it in Spanish? Find the following phrases in the conversation above.*

(a) I'm really looking forward to the trip to Granada.
(b) I think so.
(c) What is the weather like?
(d) According to the weather forecast . . .
(e) Have a great trip!
(f) I'll send you some pictures on Snapchat.
(g) See you!

Joaquín y Andrea hablan del tiempo. Joaquín dice que hace calor en México. ¿Cómo se dice 'hace calor' en inglés? Para planear un viaje es útil saber el tiempo que hará en el destino.

Mira la presentación en PowerPoint 'Unidad 4 (b)' sobre el tiempo.
Watch the PowerPoint presentation 'Unidad 4 (b)' on the weather.

Student CD 1 Track 29

4.5 (B) Escucha y repite las frases. *Listen and repeat the phrases.*

The verb 'to rain' is the stem-changing verb LLOVER (*o-ue*). Note the two ways to say 'it is raining': *llueve* and *está lloviendo.*

In Spanish we don't say it's raining cats and dogs, we say 'it's raining jugfulls': *Está lloviendo a cántaros*

4.5 (C) Etiqueta los dibujos con los sustantivos. Usa tu diccionario si necesitas ayuda. *Label the images with the nouns. Use your dictionary if you need help.*

la nieve, la nube, el sol, la lluvia, el relámpago, el huracán, el granizo, el tornado, el arco iris

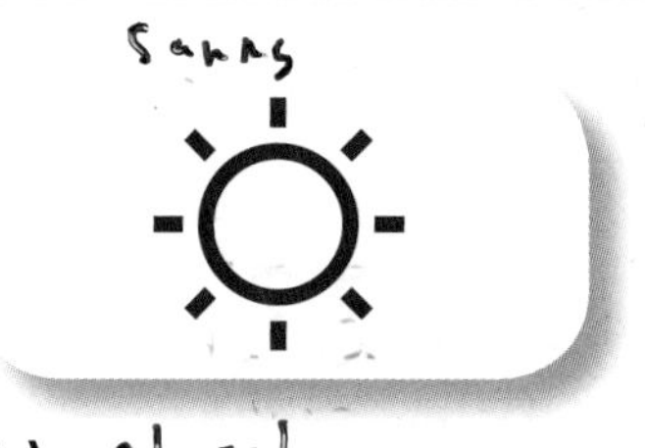

(a) el sol

(b) la nube

(c) ______

(d) ______

(e) ______

(f) el huracán

(g) el tornado

(h) ______

(i) ______

Student CD 1 Track 30

4.5 (D) Escucha el pronóstico meteorológico. *Listen to the weather forecast.*

1 Lee y escucha. *Read and listen.*

Pronóstico para hoy martes 15 de junio. Habrá sol en el sur de España con temperaturas máximas de treinta y dos grados y mínimas de veintiséis grados. Más fresco en el País Vasco donde habrá cielos cubiertos y chubascos con temperaturas máximas de veintiún grados y mínimas de diecisiete grados. Cielos despejados por el resto del país con viento fresco del noroeste. Temperaturas máximas de veintiocho grados y mínimas de veintitrés grados.

chubascos = *showers*
cielos cubiertos = *overcast*
cielos despejados = *clear skies*

2 Escucha y rellena la tabla con el tiempo que hace en México. *Listen and fill in the table with the weather in Mexico.*

	Tiempo	Temperaturas
(a) Ciudad de México	Foggy ~~[illegible]~~	23°
(b) Monterrey	rain	31°
(c) Tijuana	Heavy Showers	19°
(d) Guadalajara	sol/sunny	30
(e) Acapulco	storms	22°
(f) Cancún	Sol	28°

3 Escucha y contesta en español. *Listen and answer in Spanish.*

(a) ¿Qué tiempo hará mañana en Andalucía?
(b) ¿Cuáles serán las temperaturas máximas y mínimas en Andalucía?
(c) ¿Qué tiempo hará en Galicia?
(d) ¿Cuáles serán las temperaturas máximas y mínimas en Galicia?
(e) ¿Qué tiempo hará en la zona montañosa?
(f) ¿Cuándo estará nublado en Madrid?

4.5 (E) Haz unas tarjetas educativas en línea (con Quizlet o Studystack) para memorizar el vocabulario del tiempo. *Make flashcards (with an online programme such as Quizlet or Studystack) to memorise the weather vocabulary.*

4.5 (F) Rellena el crucigrama. *Fill in the crossword.*

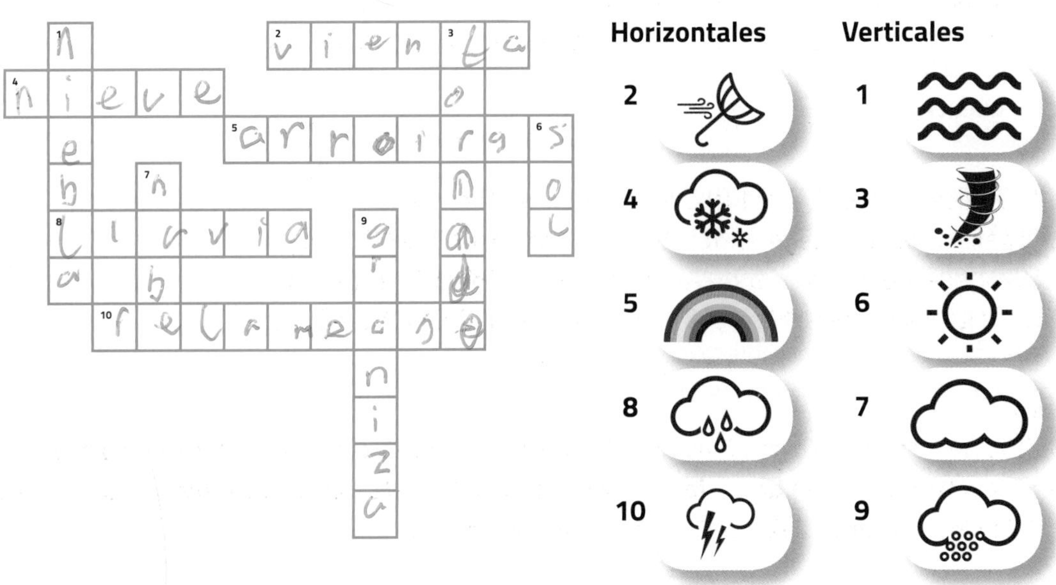

4.5 (G) El clima de Costa Rica. Lee y contesta a las preguntas. *The climate in Costa Rica. Read and answer the questions.*

1 Aunque en términos de área Costa Rica es pequeña, tiene un clima diverso y variado. Generalmente clasificado como un país tropical debido a la proximidad con el ecuador, Costa Rica no tiene un periodo real de invierno y el sol brilla a lo largo de todo el año con días de más de 12 horas de luz solar.

2 La razón principal por la que Costa Rica tiene tanta diversidad es por el hecho de estar ubicada entre un océano y un mar y que estos estén relativamente cercanos el uno del otro, El Océano Pacífico y el Mar Caribe.

3 El Valle Central junto con San José disfrutan del mejor clima del país ya que la temperatura media es de 22 grados centígrados, y siempre hay una brisa templada que viene de la costa. En las montañas la temperatura media es 13 grados centígrados mientras que en las tierras bajas o al nivel del mar, el promedio de temperatura es de alrededor de 26 grados centígrados, con días calientes y atardeceres sofocantes.

4 Los meses más fríos del año son noviembre, diciembre y enero. Los meses de marzo a mayo, son los meses más cálidos del año. Realmente en Costa Rica no existe invierno ni verano y la temporada lluviosa dura de mayo a noviembre con muy poca o nada de lluvia durante los meses de diciembre a abril.

1 Contesta en español. *Answer in Spanish.*

(a) ¿Cómo es el clima de Costa Rica? (Sección 1)
(b) Costa Rica está entre un océano y un mar. ¿Cómo se llaman? (Sección 2)
(c) ¿Qué partes del país disfrutan del mejor clima? (Sección 3)
(d) ¿Cuál es la temperatura media en las montañas? (Sección 3)

2 Contesta en inglés. *Answer in English.*

(a) In what way does Costa Rica have no real winter? (Part 1)
(b) What are the coldest months of the year in Costa Rica? (Part 4)
(c) What are the warmest months of the year in Costa Rica? (Part 4)
(d) During which months is there little or no rain in Costa Rica? (Part 4)

Página 41

4.5 (H) ¿Qué tiempo hace en el mundo hispanohablante? Busca la información en línea y rellena la información en tu diario de aprendizaje. *What is the weather like in the Spanish-speaking world? Find the information online and fill it into your learning diary.*

4.5 (I) Trabajad en grupos de tres o cuatro personas para hacer el informe del tiempo de un pais hispanohablante. *Work in groups of three or four people to make a weather forecast report for a Spanish-speaking country.*

Criterios de éxito:

- Choose a Spanish-speaking country
- Investigate the weather in four different parts of that country
- Write a weather forecast for that country
- Use a smartphone or tablet to record your weather bulletin (if you have it you can use iMovie, Adobe Spark or similar for a weather report)
- Each group member must speak
- Play your report for the class

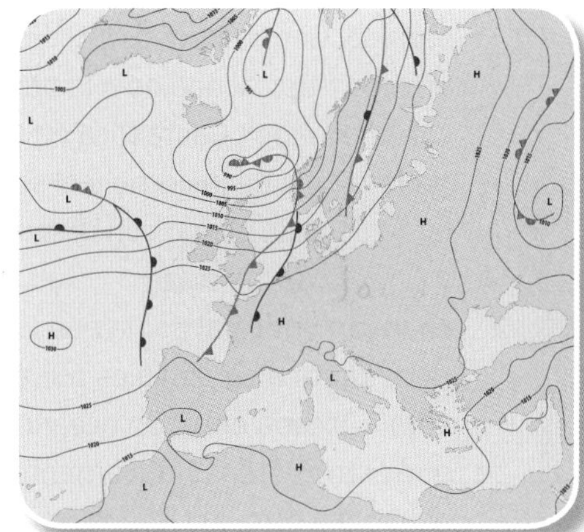

4.5 (J) Rellena los espacios con una palabra del recuadro. *Fill in the blanks with a word from the box.*

un paraguas, frío, una bufanda, llevar, un bañador, una corbata, un pantalón corto, un abrigo, un pijama, zapatillas deportivas, una camiseta

(a) Para ir a la piscina necesito ________________ .
(b) Cuando hace mucho frío llevo ________________ y ________________ .
(c) Llevo mis ________________ para jugar al baloncesto.
(d) Cuando llueve salgo con ________________ .
(e) Para ir a la playa llevo ________________ y ________________ .
(f) Me gusta ________________ un vestido negro cuando voy a la discoteca.
(g) Mi tío lleva ________________ para ir a la oficina.
(h) Me pongo los guantes cuando hace mucho ________________ .
(i) Cuando me acuesto llevo ________________ .

Rellena en tu diario de aprendizaje las palabras clave de la sección 4.5.
Fill in the keywords for section 4.5 in your learning diary.

Página 47

4.6 ¡Practicamos!

4.6 (A) Tu profesor recomienda qué ropa llevar para un viaje de estudios a Sevilla. Lee el texto y contesta a las preguntas en inglés. *Your teacher recommends what clothes to bring on a school tour to Seville. Read the text and answer the questions in English.*

Imprescindibles para el viaje de estudios a Sevilla

	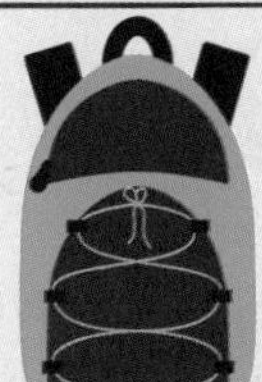
En la maleta	*En el equipaje de mano*
Ropa cómoda	Pasaporte
Pijama	Dinero
Ropa interior	Móvil + cargador
Bañador	Gafas de sol
Chanclas	Libro o revista
Toalla	Cámara
Zapatillas deportivas	
Impermeable	
Paraguas	
Gorra	
Crema solar	
Medicinas	
Cepillo de dientes y pasta de dientes	
Gel de ducha y champú	
Desodorante	

(a) What kind of clothing is recommended for the trip?
(b) Name two types of footwear it is suggested students bring.
(c) What two items on the list would protect you from the sun?
(d) What two items on the list would protect you from the rain?
(e) Name four items that you should keep in your hand luggage.
(f) Without using a dictionary, find the words for 'underwear', 'toothbrush', 'toothpaste', 'shampoo', 'deodorant' and 'money'. How did you figure out the meanings?

Atocha station is the biggest train station in Madrid. Inside the station there is a botanical garden with 7,200 tropical plants from places like India, Australia, China and the Americas. The station was one of the sites of the bombings on the 11th of March 2004, when 191 people were killed. There is a monument to the victims inside the station.

Teacher CD Track 5

4.6 (B) En la estación de Atocha. Escucha los anuncios y contesta a las preguntas en español.
In Atocha station. Listen to the announcements and answer the questions in Spanish.

1

(a) ¿A qué hora sale el tren a Sevilla?
(b) ¿De qué andén sale?
(c) ¿Cuándo llega el tren de Vigo?
(d) ¿A qué andén llega?
(e) ¿Por qué no sale el tren a Valladolid?

2

(a) ¿Cuántos años tiene la chica?
(b) ¿Cómo es?
(c) ¿Qué ropa lleva?
(d) ¿Cómo se llama?
(e) ¿Dónde está la oficina de información?

Página 42

4.6 (C) ¡Vamos a hablar! Prepara tus respuestas en tu diario de aprendizaje usando frases completas. *Let's talk! Prepare your answers in your learning diary, using full sentences.*

4.6 (D) Entrevista a un compañero / una compañera con las preguntas de abajo. Graba la entrevista, escúchala con tu compañero / compañera y decidid cuáles son las preguntas más difíciles. *Interview a classmate with the questions below. Record the interview, listen back with your partner and decide which questions are the most difficult.*

(a) ¿Tienes que llevar uniforme a tu instituto?
(b) ¿Qué llevas puesto los fines de semana?
(c) ¿Qué llevas para ir a una fiesta o una discoteca?
(d) ¿Qué llevas cuando hace mucho frío?
(e) ¿Qué llevas cuando vas a la playa?
(f) ¿A qué hora llegarás a casa esta tarde?
(g) ¿Qué harás hoy después de las clases?
(h) ¿A qué hora te acostarás esta noche?
(i) ¿Qué vas a hacer este fin de semana?
(j) ¿Qué vas a hacer este verano?

Watch the video 'Unidad 4' as an example.

Teacher CD Track 6

4.6 (E) Vamos de compras. Escucha las conversaciones y contesta a las preguntas en inglés.

We're going shopping. Listen to the conversations and answer the questions in English.

1

(a) What is Maite looking for?
(b) What colour does she prefer?
(c) Why does she decide not to buy the jacket?
(d) How much does the jacket cost?
(e) Why does Maite decide not to buy the jumper?
(f) Where do the girls decide to go after the shopping trip?

2

(a) What does Juan want to buy?
(b) What colour is it?
(c) When is the match that he is going to?
(d) Who is he going to the match with?
(e) Where does Juan's mother want to go?
(f) What time does Juan say it is?

4.6 (F) Mira el mapa y contesta a las preguntas en español. *Look at the map and answer the questions in Spanish.*

(a) ¿Qué tiempo hace en Buenos Aires?
(b) ¿Cuál es la temperatura en Lima?
(c) ¿Qué tiempo hace en La Paz?
(d) ¿Dónde está lloviendo?
(e) ¿Dónde hace mucho calor?
(f) ¿Cuál es la temperatura en Asunción?
(g) ¿Dónde hace más frío?

4.6 (G) Rellena los espacios con el futuro de los verbos entre paréntesis. *Fill in the blanks with the 'will' future tense of the verbs in brackets.*

(a) ¿A qué hora ________________ (salir) el tren a Zaragoza?
(b) ¿Qué tiempo ________________ (hacer) mañana?
(c) Mis tíos ________________ (venir) a visitarnos este fin de semana.
(d) Yo ________________ (estar) en Vigo para la Semana Santa.
(e) Nosotras ________________ (ir) a la playa este verano.
(f) Su hermano no ________________ (jugar) al fútbol esta tarde.
(g) ¿Vosotros ________________ (comer) en el restaurante este sábado?
(h) El lunes que viene yo ________________ (tener) que hacer un examen.
(i) Gonzalo y yo ________________ (nadar) en la piscina por la tarde.
(j) ¿Tú no ________________ (venir) a la fiesta mañana?

4.6 (H) Trabajad en parejas. Describe el estilo de uno de los famosos de abajo. Tu compañero / compañera tiene que adivinar de quién hablas. *Work in pairs. Describe the style of one of the famous people below. Your partner has to guess who you are talking about.*

4.6 (I) ¿Qué tiempo hace? Etiqueta los dibujos. *What is the weather like? Label the illustrations.*

(a) ______ (b) ______ (c) ______ (d) ______

(e) ______ (f) ______ (g) ______ (h) ______

4.6 (J) Mira el mapa. *Look at the map.*

¿Verdadero o falso? *True or false?*

(a) Hace mucho calor en Granada.
(b) Llueve en Málaga.
(c) Hay tormenta en Barcelona.
(d) Está nublado en Bilbao.
(e) La temperatura es de treinta y siete grados en Sevilla.
(f) Hace sol en Vigo.
(g) La ciudad más fría es Vigo.
(h) La temperatura es de veintinueve grados en Madrid.

Rellena en tu diario de aprendizaje las palabras clave de la sección 4.6.
Fill in the keywords for section 4.6 in your learning diary.

Página 47

Unidad 4 ¡Ponte a prueba!

Página 48

Ordena tus conocimientos de gramática de la Unidad 4 en tu diario de aprendizaje. *Sort your knowledge of the grammar in Unit 4 in your learning diary.*

Página 48

En tu diario de aprendizaje, reflexiona sobre lo que has aprendido en esta unidad. *In your learning diary, write your thoughts on what you have learned in this unit.*

¿Qué he aprendido en la Unidad 4?	🙂	😐	☹️
I can write an itinerary for a school trip			
I can book a flight and reserve train or bus tickets			
I can understand typical announcements in the airport and train station			
I can follow bus and train timetables			
I can make a hotel reservation			
I can understand brochures for hotels			
I can make a brochure for a hotel			
I can ask the tourist office for information			
I can use *usted* and the formal register			
I can express the future with the 'will' future tense			
I can name different items of clothing			
I can describe what clothes I usually wear			
I can recognise Spanish fashion brands			
I can shop for clothes – asking for sizes, colours and price			
I can create a fashion advertisement			
I can ask what the weather is like			
I can say what the weather is like			
I can give a weather report			

Revision

Go to **www.edco.ie/quepasa2** for interactive activities and quizzes based on this unit.

A test for Unidad 4 is available in the Teacher's Resource Book.

¡Buen viaje!

Go to **www.edco.ie/quepasa2** for interactive activities and quizzes based on this unit.

By the end of this unit you will be able to:

- Name different items typically seen on a plane
- Name different items typically seen at a service station
- Describe a scene at the airport

- Know how to check in for a flight
- Ask for directions
- Give directions

- Write the clues to a treasure hunt
- Use the imperative to give orders or commands
- Use ordinal numbers

- Use short form adjectives
- Follow conversations at an airport check-in desk

- Follow inflight announcements
- Follow directions
- Read an inflight magazine

- Read a plan of an airport
- Follow a poster giving advice to flight passengers
- Follow signposts
- Read an interview with a celebrity
- Create a set of online flashcards

- Make an inflight brochure

- Recognise lexical differences between the Spanish spoken in Spain, and the Spanish in Mexico

¡QUÉ CURIOSO! Spanish is Mexico's most widely spoken language but the Mexican government also recognises sixty-eight Mexican indigenous languages, which have been spoken in Mexico since long before the arrival of European explorers. These languages include Nahuatl (the language of the Aztecs), Yucatec Maya and Mixtec.

The title of this unit means '*Bon voyage!*' What vocabulary do you already know that might be useful to carry out tasks on the topic of making journeys?

Página 49

Apunta tus ideas en tu diario de aprendizaje. *Note your ideas in your learning diary.*

5.1 En el avión

5.1 (A) Lee la conversación entre Joaquín y Andrea. *Read the conversation between Joaquin and Andrea.*

Oye Andrea ¿Qué pasa?

Andrea:

Nada. Estoy de camino al insti a punto de coger el autobús. ¿Tú dónde estás?

Estoy todavía en el aeropuerto. He facturado el equipaje pero el vuelo se ha retrasado dos horas.

Andrea:

¡Qué mala suerte!

¿Cómo se dice en español? Busca las siguientes frases en la conversación de arriba. *How do you say it in Spanish? Find the following phrases in the conversation above.*

(a) I'm on my way to . . .

____

(b) I'm still at the airport.

____

(c) I've checked in my luggage.

____

(d) The flight has been delayed by two hours.

____

(e) That's bad luck!

____

Después de dos horas Joaquín y sus amigos van a la puerta de embarque y suben al avión. El vuelo saldrá a las once de la mañana y Joaquín tiene muchas ganas de salir. Embarca en el avión con sus compañeros y se sientan en sus asientos.

TARJETA DE EMBARQUE **Vuelo: IB 648**

Fecha:	3 de abril	**Salida:**	08:30
Desde:	Madrid	**Embarque:**	07:55
Destino:	Ciudad de México	**Puerta:**	28
Nombre:	Joaquín García Fernández	**Asiento:**	34C

IBERIA

Student CD 1 Track 31

5.1 (B) El piloto da un comunicado. Escucha el comunicado y contesta a las preguntas en español. *The pilot makes an announcement. Listen to the announcement and answer the questions in Spanish.*

(a) ¿Cómo se llama el piloto?
(b) ¿Por qué el vuelo se ha retrasado dos horas?
(c) ¿Cuánto tiempo tardará el viaje a México?
(d) ¿A qué hora llegarán a Ciudad de México?
(e) ¿Qué tiempo hará en Ciudad de México?
(f) Menciona tres servicios ofrecidos por Iberia.

5.1 (C) A bordo

Student CD 1 Track 32

5.1 (D) Escucha y repite las palabras en voz alta. *Listen and repeat the words aloud.*

5.1 (E) La azafata distribuye el menú de a bordo. Lee el menú y contesta a las preguntas en español. *The air stewardess distributes the inflight menu. Read the menu and answer the questions in Spanish.*

Disfrute de su vuelo y de la selección de productos que ponemos a su disposición a bordo.

Refrescos

Cola
Cola Light
Agua con gas
Agua sin gas
Zumo de fruta

Bebidas Calientes

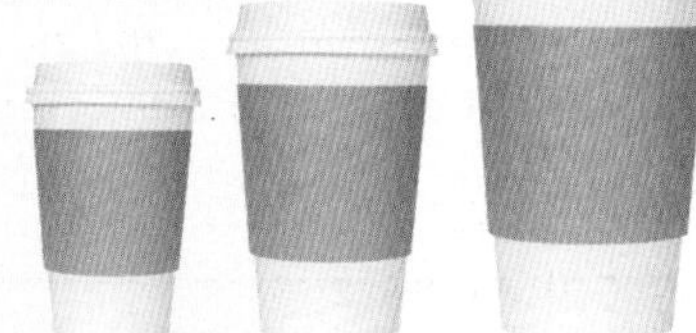

Café
Té
Sopa

Bebidas Alcohólicas

Cerveza
Vino blanco
Vino tinto

Snacks

Cacahuetes
Galletas
Aceitunas

Menú del día

Judías verdes
Albóndigas con patatas
Pan, fruta y queso

Menú Vegetariano

Sopa de verduras
Espaguetis con salsa de tomate
Pan, tarta de chocolate y queso

Menú Saludable

Ensalada
Gambas a la parrilla
Pan, fruta y queso

(a) ¿Qué hay de primer plato en el menú saludable?
(b) ¿Qué hay de segundo plato en el menú del día?
(c) ¿Cuántos tipos de refrescos se sirven?
(d) ¿Qué hay de postre en el menú vegetariano?
(e) ¿Qué menú prefieres? ¿Por qué? Habla con tu compañero.
(f) ¿Cómo se dice *prawns* en español? Busca la palabra en el menú.

5.1 (F) La aerolínea ofrece una variedad de películas para el largo viaje a México. Mira la lista de las películas que echan. *The airline offers a variety of films for the long journey to Mexico. Look at the films they are showing.*

Thriller – Ciencia Ficción – 105 min
No recomendada para menores de 13 años

Mary Elizabet Winstead, John Goodman, John Gallagher Jr, Bradley Cooper

Después de una pelea con su novio, Michelle huye en su coche. Mientras en la carretera, choca contra una camioneta. Se despierta en un sótano con un hombre desconocido.

Acción – Aventura – 102 min
No recomendada para menores de 13 años

Joseph Fiennes, Tom Felton, Peter Firth

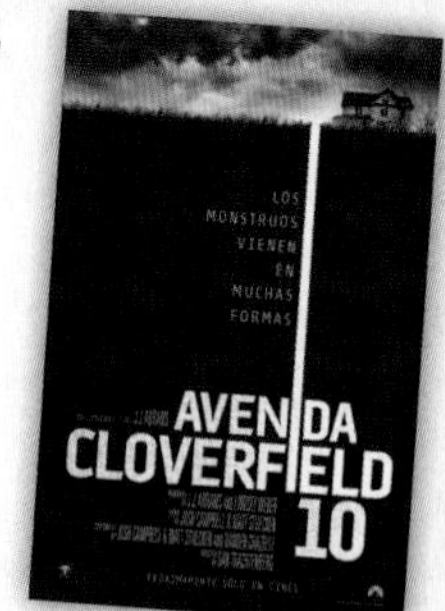

Días después de la muerte de Jesucristo, Lutero comienza una misión en Jerusalén para localizar el cuerpo desaparecido de Jesús de Nazaret y así dar conclusión al tema de la resurrección.

Comedia – 99 min
Apta para todos los públicos

Melissa McCarthy, Kristen Bell, Peter Dinklage

Michelle es una mujer de negocios y la mujer más rica de América, pero tras ser enviada a prisión, lo pierde todo.Cuando sale de la cárcel, tiene que empezar de cero.

Drama – 131 min
Apta para todos los públicos

Christian Bale, Steve Carell, Ryan Gosling

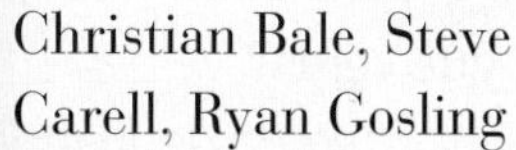

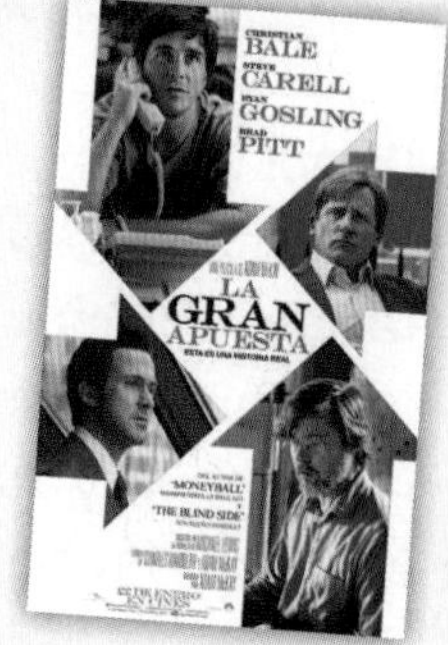

Una película que muestra la verdad de la crisis financiera global de 2008 y el lado oscuro del sistema bancario.

Contesta en español. *Answer in Spanish.*

(a) ¿Qué tipo de película es *Es la Jefa*?
(b) ¿Cuánto dura la película *La Gran Apuesta*?
(c) ¿Cómo se llaman los actores principales de la película *Es la Jefa*?
(d) ¿En qué película actúa Tom Felton?
(e) ¿En qué película actúa Ryan Gosling?
(f) ¿Cómo se titula la película de acción?
(g) ¿Qué tipo de película es *Resucitado*?
(h) ¿Cuánto dura la película *Avenida Cloverfield 10*?

5.1 (G) Joaquín pide el menú saludable. Etiqueta la imagen con las palabras de abajo. *Joaquín orders the healthy menu. Label the image with the words below.*

la manzana, el queso, el bollo, el café, las gambas, el agua, la ensalada, las galletas

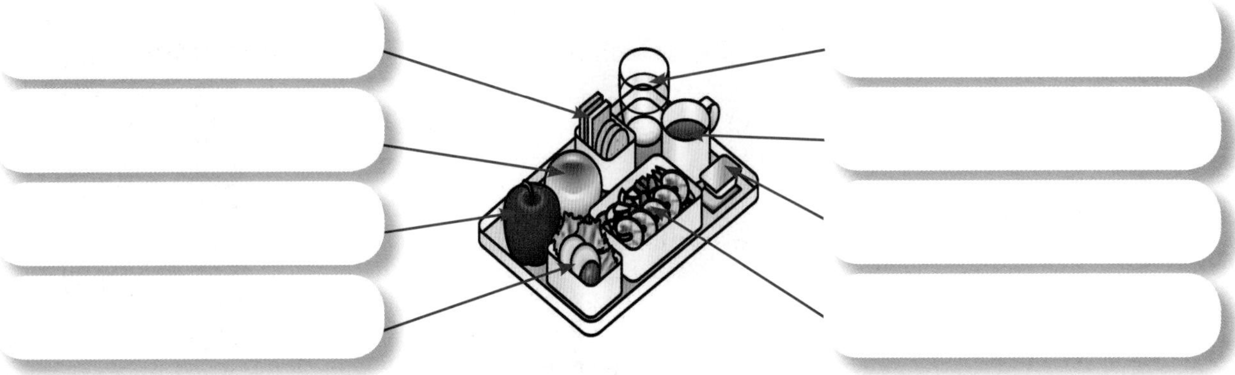

5.1 (H) Joaquín y su amigo Diego eligen una película. Lee la conversación y contesta a las preguntas en español. *Joaquín and his friend Diego choose a film. Read the conversation and answer the questions in Spanish.*

Diego: Joaquín ¿vas a ver una pelí?
Joaquín: Sí. Voy a ver *Es la Jefa*.
Diego: A mí no me gustan las comedias. Prefiero las películas de guerra o de acción.
Joaquín: Entonces ¿qué verás?
Diego: Voy a ver *Resucitado* la de Joseph Fiennes.
Joaquín: Prefiero las películas menos serias y más divertidas. Mi película favorita es *Trolls*. La banda sonora es genial.
Diego: ¿De verdad? No he visto *Trolls*.
Joaquín: Sí. Tiene una canción de Justin Timberlake.

(a) ¿Qué película va a ver Joaquín?
(b) ¿Qué tipo de películas le gusta a Diego?
(c) ¿Cuál es la película favorita de Joaquín?
(d) ¿Quién canta la canción en la película *Trolls*?
(e) ¿Cómo se dice *soundtrack*? Busca la palabra en la conversación.

¿Y a tí?
(f) ¿Qué tipo de peliculas te gustan?
(g) ¿Cuál es tu película favorita?
(h) ¿Te gusta la música de Justin Timberlake?

5.1 (I) 1 La azafata distribuye el catálogo de artículos en venta del avión. Lee el catálogo y contesta a las preguntas en español. *The air stewardess distributes the inflight shopping magazine. Read the magazine and answer the questions in Spanish.*

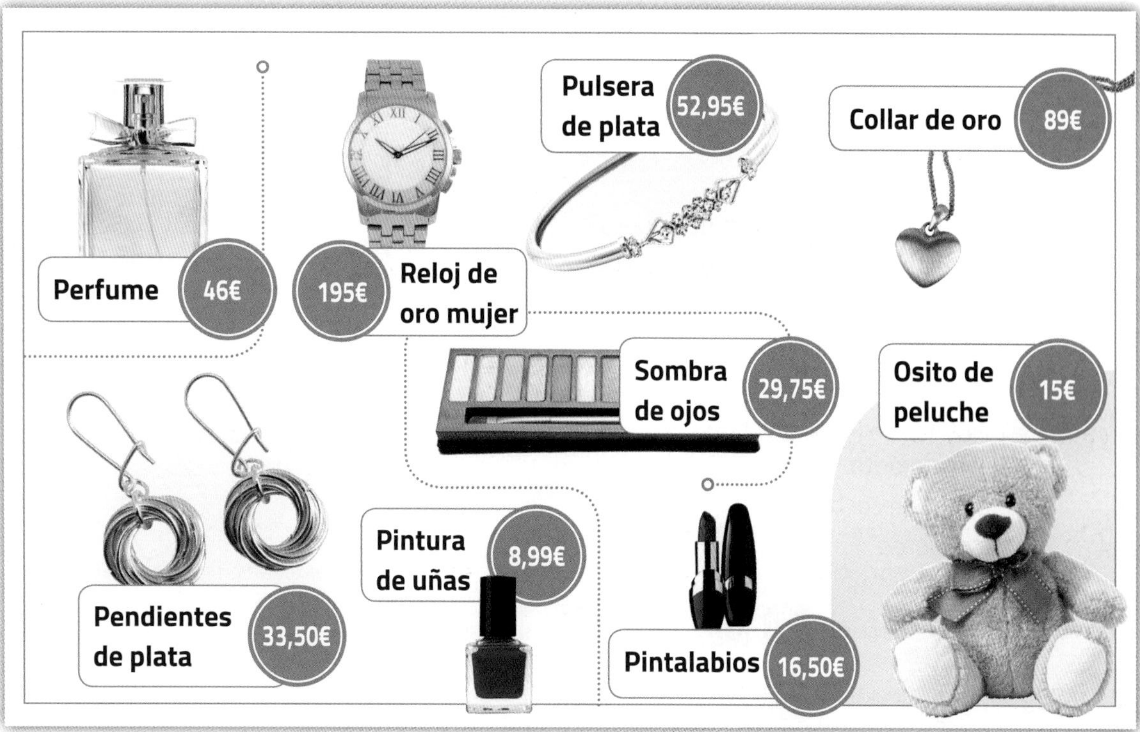

(a) ¿Cuánto cuesta el osito de peluche?
(b) ¿Qué es más caro, la pintura de uñas o el pintalabios?
(c) ¿Cuál es el precio total del collar de oro y del perfume?
(d) ¿Cómo se dice *watch*, *necklace*, *bracelet* y *earrings* en español?
(e) ¿Cómo se dice *gold* y *silver* en español?

How did you figure out the answer to question **(e)** above? Discuss in pairs.

2 Clasifica los productos del catálogo en la tabla de abajo. *Classify the products from the shopping magazine into the table below.*

Maquillaje	Joyas	Otros productos

Rellena en tu diario de aprendizaje las palabras clave de la sección 5.1.
Fill in the keywords for section 5.1 in your learning diary.

 Página 53

5.2 En el aeropuerto

Joaquín llega al Aeropuerto Internacional de la Ciudad de México.

5.2 (A) Mira el plano del Aeropuerto Internacional de Ciudad de México y contesta a las preguntas. *Look at the plan of Mexico City International Airport and answer the questions.*

(a) ¿En qué planta está la sala de espera?
(b) ¿Cuántos baños hay en el aeropuerto?
(c) ¿En qué planta está el reclamo de equipaje?
(d) ¿Donde está el bar del aeropuerto?
(e) Busca un sinónimo de las siguientes palabras:
- aparcamiento
- alquiler de coches
- ascensores

sinónimos = *synonyms* (words with the same meaning, like *sofa* and *couch*)

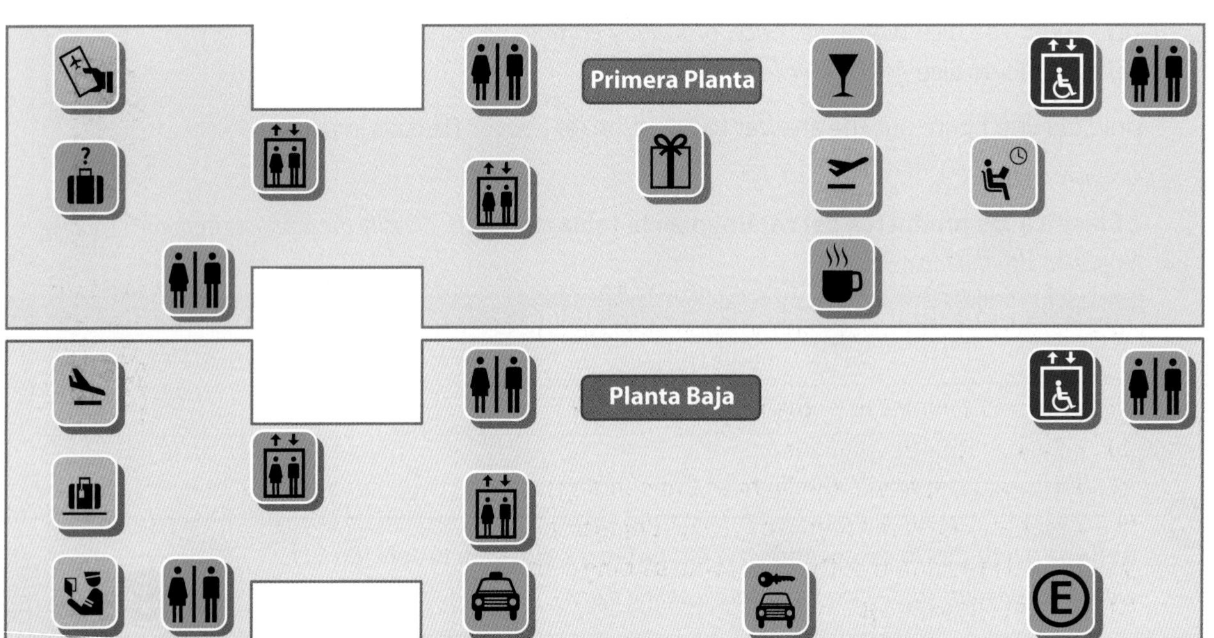

El español de México

The Mexico City Airport plan showed us some examples of Spanish words that are not used in Spain. The Spanish spoken in Mexico is different to the Spanish spoken in Spain, in the same way that the English spoken in Ireland is different to the English spoken in the United States or Australia. There are small differences in pronunciation, grammar and vocabulary. Mexican Spanish uses many words from Nahuatl – the language of the Aztecs, who dominated Central Mexico before the arrival of the Spanish colonists. In the sixteenth century, the Aztecs began to mix Nahuatl with Spanish during the colonisation of the Americas. Mexican Spanish still retains many words of Nahuatl origin. Here are a selection of Nahuatl words in Mexican Spanish. Which ones do you recognise?

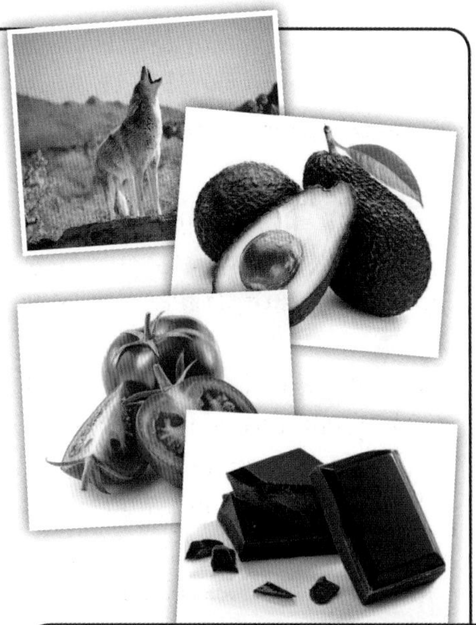

aguacate, chicle, chocolate, nopal, coyote, popote, guacamole, tomate

5.2 (B) Une los sinónimos con la ayuda de tu diccionario. *Match up the synonyms with the help of your dictionary.*

Español de España	**Español de México**
un ascensor	un durazno
alquilar	un popote
un melocotón	un escuincle
una pajita	un elevador
un niño	un papalote
una cometa	rentar
una patata	una papa

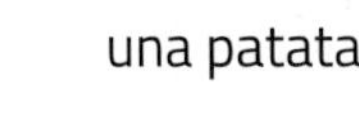

Student CD 1 Track 33

5.2 (C) Escucha los anuncios del aeropuerto y contesta a las preguntas en inglés. *Listen to the airport announcements and answer the questions in English.*

(a) What is the number of the flight to Bogotá?
(b) Why has it been delayed?
(c) From what gate will the flight to Cancún depart?
(d) At what time is the flight to Cancún departing?
(e) What is the name of the man who is being called?
(f) Where should he go?

5.2 (D) ¿Qué significan estos letreros que se ven en el aeropuerto y por la ciudad? Une los letreros con su significado. *What do these airport signs mean? Match the signs with their meaning.*

(a)

____

(b)

____

(c)

____

(d)

____

(e)

____

(f)

____

(g)

____

(h)

____

(i)

____

(j)

____

Prohibido pasar

Agua potable

Prohibido estacionar

Tirar

Empujar

Salida de emergencia

Prohibido entrar con líquidos

Prohibido fumar

Peligro. No entre. Obras

Prohibido ir en bicicleta

5.2 (E) Lee el texto y contesta a las preguntas en inglés. *Read the text and answer the questions in English.*

Las pistas* de aterrizaje más interesantes del mundo

Situado en la isla caribeña de Saba, El Aeropuerto Juancho E. Yrausquin tiene la pista de aterrizaje más corta del mundo! La pista está situada al borde del acantilado. Es muy peligroso pero nunca se ha registrado ningún accidente.

El Aeropuerto O'Hare de Chicago cuenta con NUEVE pistas de aterrizaje. La pista más lejana a la terminal está a unos ocho kilómetros. Una vez se aterriza, se tarda casi veinticinco minutos en llegar a la terminal.

¿Aviones o coches?! En el Aeropuerto Internacional de Gibraltar la pista de aterrizaje cruza la avenida Winston Churchill. Hay restricciones en el número de vuelos que pueden aterrizar en Gibraltar a causa del tráfico. Las autoridades están construyendo un túnel para que los coches no crucen la pista.

!

* *Pista* has many meanings: a clue (for a crossword), a track (for motor racing), a dance floor, a circus ring, or in this case a runway. *Pista* can also be used to describe a tennis court (*pista de tenis*) or a skating rink (*pista de patinaje*).

(a) Where is the island of Saba?
(b) What is unusual about the runway in Saba's airport?
(c) How many runways are there in Chicago's O'Hare airport?
(d) How far away from the terminal building is the farthest runway?
(e) How long does it take a plane that has landed to reach the airport terminal?
(f) What is unusual about the airport in Gibraltar?
(g) What are authorities doing to solve the issue?

Student CD 1 Track 34

5.2 (F) Escucha los diálogos y rellena los espacios en blanco con las palabras que faltan. *Listen to the dialogues and fill in the blanks with the missing words.*

1

Empleada: Buenos días señora.

Señora Jiménez: Buenos días.

Empleada: ¿Cuál es su destino hoy?

Señora Jiménez: Voy a Londres.

Empleada: Lo siento señora pero hay retraso en todos los vuelos a Londres esta (1) ________________ debido al mal (2) ________________ .

Señora Jiménez: ¿Qué mal tiempo?

Empleada: Hay tormentas de (3) ________________ por el (4) ________________ de (5) ________________ .

Señora Jiménez: ¡Caray! ¿Cuándo saldrá el vuelo?

Empleada: No sabemos todavía. En este momento los (6) ________________ de Londres están cerrados.

Señora Jiménez: ¡No me digas! Hoy es la boda de mi (7) ________________ . Va a casarse con un chico (8) ________________ en Londres esta (9) ________________ .

Empleada: Lo siento señora pero no puedo (10) ________________ nada.

Contesta en español. *Answer in Spanish.*

(a) ¿Adónde viaja la mujer?
(b) ¿Por qué hay retraso?
(c) ¿Por qué viaja la mujer?
(d) ¿Cómo se dice en español (busca las frases en la conversacion de arriba):
- *There is a delay*
- *Due to . . .*
- *The wedding*
- *To get married*

2

Empleada: Buenas tardes señor.
Señor Mayan: Buenas tardes.
Empleada: Su (1) ________________ y (2) ________________ por favor.
Señor Mayan: Aquí tiene mis documentos
Empleada: Gracias. ¿Va a Miami?
Señor Mayan: Sí.
Empleada: ¿Quiere facturar su (3) ________________ ?
Señor Mayan: Si. Tengo dos maletas (4) ________________
Empleada: Vale. ¿Lleva equipaje de mano?
Señor Mayan: Sí. Esta (5) ________________ .
Empleada: Bueno tengo que avisarle de que no se permiten más de (6) ________________ mililitros de líquidos por contenedor.
Señor Mayan: Vale.
Empleada: Aquí tiene tu tarjeta de embarque. El (7) ________________ a Miami (8) ________________ de la (9) ________________ B 14 a las (10) ________________ .
Señor Mayan: Muchas gracias señorita.
Empleada: ¡Que tenga un buen viaje!

1 Contesta en español. *Answer in Spanish.*

(a) ¿Adónde va el hombre?
(b) ¿Cuántas maletas lleva?
(c) ¿A qué hora sale su vuelo?
(d) ¿De qué puerta sale?
(e) ¿Cómo se dice *hand luggage* en español?

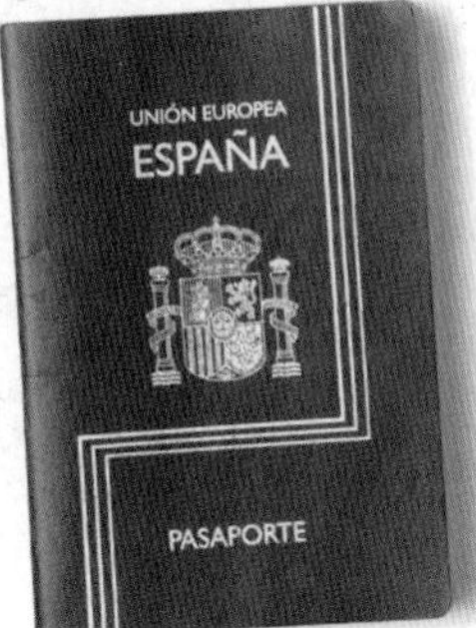

2 Contesta en inglés. *Answer in English.*

(a) What documents does the employee ask to see?
(b) What type of bag is the man bringing as hand luggage?
(c) What does the employee warn is not permitted on board?
(d) What does she give the passenger?
(e) What does the employee say at the end of the conversation?

Página 50

5.2 (G) 1 Escribe en tu diario de aprendizaje una conversación con un compañero / una compañera de clase. Una persona es asistente de facturación y la otra coge un vuelo de Madrid a La Habana. *In your learning diary, write a role-play with a classmate. One person is the check-in assistant, the other is taking a flight from Madrid to Havana.*

2 Haz una dramatización de la conversación con tu compañero/a. *Perform the role-play with your classmate.*

5.2 (H) Junta los trozos de la izquierda con los trozos de la derecha para formar diez letreros que se ven en los aeropuertos. *Join up one piece on the left with one piece on the right to make ten signs that you see in an airport.*

aero	ores
inmig	ación
sal	idas
factur	rante
lleg	portes
estacion	paje
equi	adas
pasa	ración
ascens	amiento
restau	puerto

5.2 (I) Joaquín busca algo en la oficina de objetos perdidos. ¿Qué busca? Ordena las palabras y después ordena las letras marcadas en amarillo para descubrir qué busca. *Joaquín is looking for something in the lost property office. What is he looking for? Unscramble the letters and then reorder the letters highlighted in yellow to find what Joaquín has lost.*

PAPESTAOR _ _ _ _ _ _ _ _ _

CIAMLOH _ _ _ _ _ _ _

HQACUTAE _ _ _ _ _ _ _ _

SAGUAPAR _ _ _ _ _ _ _ _

LÓMIV _ _ _ _ _

TAEBALT _ _ _ _ _ _ _

BOIRL _ _ _ _ _

ASGAF ED OLS _ _ _ _ _ _ _ _ _ _

ROMBEORS _ _ _ _ _ _ _ _

¿Qué busca Joaquín? Busca una ______________________________

5.2 (J) Describe la imagen. Repasa el vocabulario de la página 73. *Describe the image. Revise the vocabulary on page 73.*

Rellena en tu diario de aprendizaje las palabras clave de la sección 5.2.
Fill in the keywords for section 5.2 in your learning diary.

 Página 54

5.3 De camino a Granada

Mientras Joaquín y sus compañeros cogen el vuelo a México, María y Andrea están de camino a Granada. El viaje de Madrid a Granada dura unas cinco horas en autobús.

5.3 (A) Lee la conversacion entre Andrea y su madre. *Read the conversation between Andrea and her mother.*

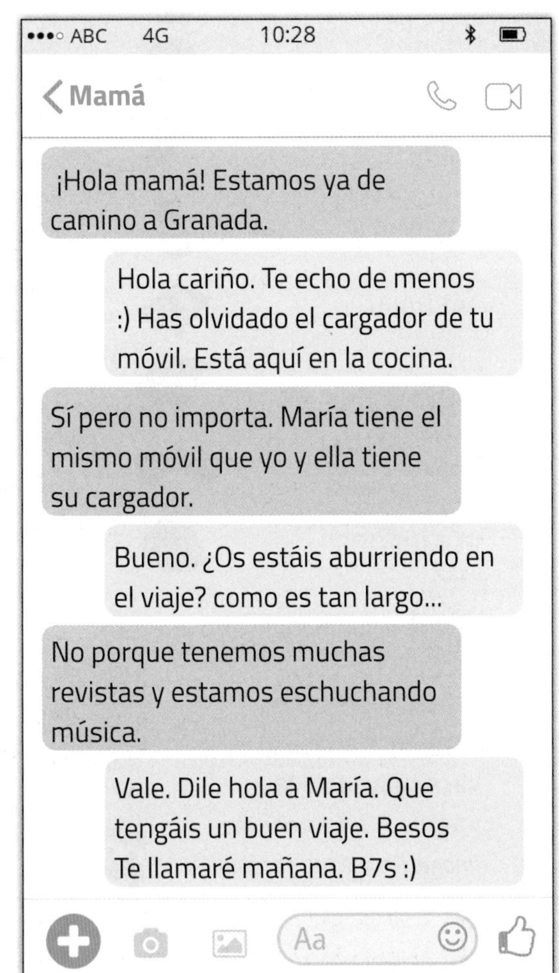

Contesta en inglés. *Answer in English.*

(a) What has Andrea forgotten?
(b) Where did she leave it?
(c) What are the girls doing on the bus?
(d) When will Andrea call her mother?

5.3 (B) Lee el artículo y contesta a las preguntas en inglés. *Read the article and answer the questions in English.*

KYLIE JENNER – **Su firma de maquillaje Kylie Cosmetics amasó 420 millones de dólares en solo 18 meses.**

La más pequeña de la familia Kardashian-Jenner ha creado un imperio de productos cosméticos, incluidos los pintalabios más deseados del mercado.

Kylie lanzó sus tres primeras líneas de pintalabios el 30 de noviembre de 2015 y se agotaron online casi inmediatamente. Solo 18 meses después, a los veinte años, era la persona más joven de la lista Forbes 100, después de tener ventas de más de 400 millones de dólares.

Kylie no hace ni publicidad ni anuncios entonces ¿cómo ha logrado tanto éxito? Con 100 millones de seguidores en Instagram es una de las reinas de las redes sociales. Adquirió su fama gracias a la popularidad del programa Keeping up with the Kardashians y utiliza Instagram y Snapchat para promocionar su maquillaje.

Su influencia es tan poderosa entre sus fans que se estima que este año ganará más que los otros miembros de su famosa familia, más incluso que su hermana Kim Kardashian West y que su cuñado, el famoso rapero, Kanye West.

Sin duda alguna se ha convertido en un ícono de estilo entre los menores de veinticinco años.

(a) When did Kylie launch her first products?
(b) How old was Kylie when she made the Forbes 100 list?
(c) What does the number 100 million refer to?
(d) How does Kylie advertise her products?
(e) According to the article, what age group does Kylie appeal to?
(f) Find the Spanish word for 'brother-in-law'.
(g) How do you think you would say 'sister-in-law'?

5.3 (C) Imagina que eres periodista y que vas a hacerle una entrevista a Ed Sheeran. Escribe seis preguntas que te gustaría preguntarle a Ed. *Imagine you are a journalist and you are going to interview Ed Sheeran. Write six questions that you would like to ask Ed.*

5.3 (D) ¿Qué significan las señales que se ven en la carretera? Une las señales con su significado. *What do the following road signs mean? Match the road signs with the meanings.*

(a) ______ (b) ______ (c) ______ (d) ______

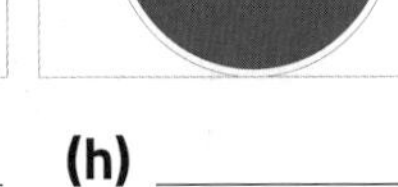

(e) ______ (f) ______ (g) ______ (h) ______

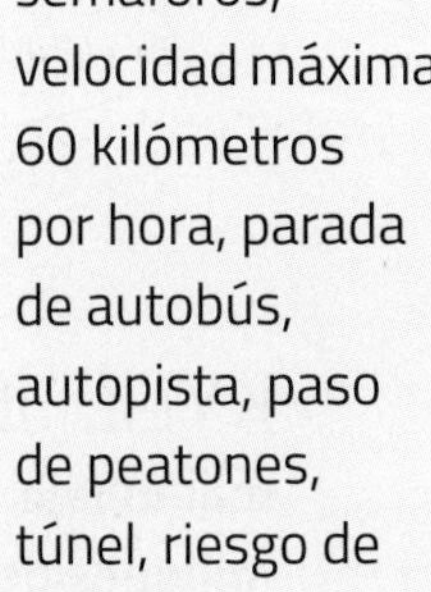

escuela, semáforos, velocidad máxima 60 kilómetros por hora, parada de autobús, autopista, paso de peatones, túnel, riesgo de nieve

Rellena en tu diario de aprendizaje las palabras clave de la sección 5.3.
Fill in the keywords for section 5.3 in your learning diary.

Página 54

5.4 En la estación de servicio

5.4 (A) María y Andrea están en el autobús. Lee la viñeta. *Maria and Andrea are on the bus. Read the comic strip.*

5.4 (B) En la estación de servicio

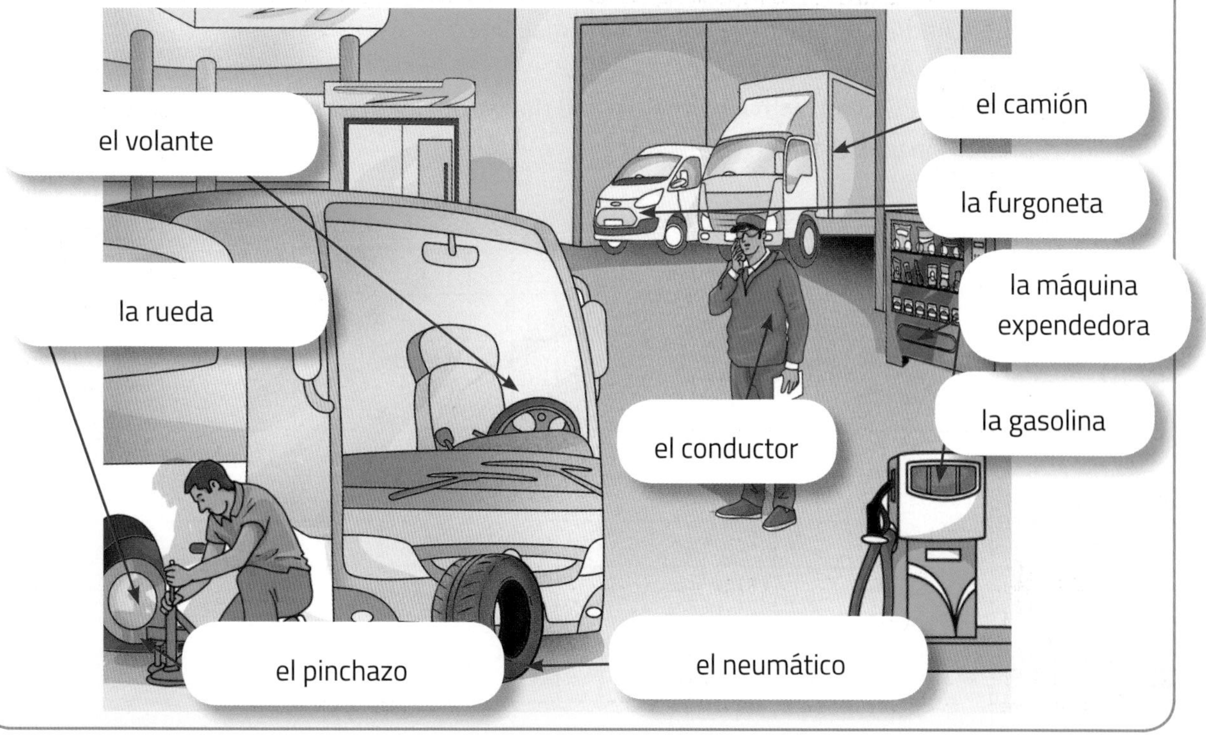

5.4 (C) Lee la viñeta y contesta a las preguntas en inglés. *Read the comic strip and answer the questions in English.*

(a) For how long will the bus be stopped at the garage?
(b) What will the driver have to do while they are stopped?
(c) What is Andrea buying from the vending machine?
(d) What does Andrea borrow from María?
(e) *¿Cómo se dice?* Work with a partner to find the words for 'notes', 'coins', 'wallet', and the phrase 'Can you lend me . . . ?' .

5.4 (D) Haz el crucigrama. *Fill in the crossword.*

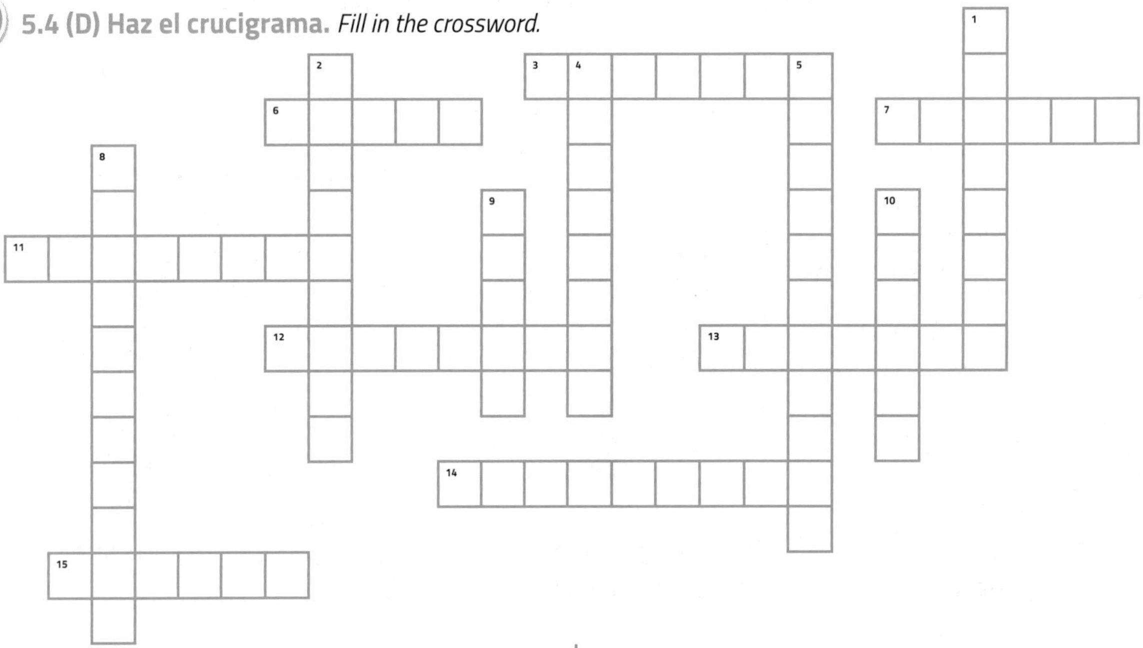

Verticales

1 
2 
4 
5 
8 
9 
10

Horizontales

3 
6 
7 
11 
12 
13 
14 
15

5.4 (E) Crea unas tarjetas educativas (con Quizlet o Studystack) con el vocabulario de las secciones 5.1 (C) y 5.4. *Make a set of online flashcards (with an online programme such as Quizlet or Studystack) to help you to learn the vocabulary in sections 5.1 (C) and 5.4.*

tarjetas educativas = *flashcards*

Rellena en tu diario de aprendizaje las palabras clave de la sección 5.4.
Fill in the keywords for section 5.4 in your learning diary.

Página 54

5.5 Pidiendo direcciones

Después de un descanso en la estación de servicio, Andrea, María y sus compañeros continuan su viaje a Granada. Llegan a la ciudad por la tarde y el autobús les lleva al Hotel Navas, en el centro. El grupo toma un almuerzo en el restaurante del hotel y luego tienen tiempo para descansar o dar un paseo por la ciudad. Andrea quiere sacar fotos de la Alhambra y la recepcionista del hotel le dice que hay unas vistas increíbles desde el Mirador San Nicolás. Andrea y María salen para sacar fotos.

Teacher CD Track 7

5.5 (A) Escucha y lee la viñeta. *Listen and read the comic strip.*

5.5 (B) Las direcciones

Siga todo recto	Gire a la izquierda	Gire a la derecha	Cruce el puente

Cruce la calle	Tome la primera calle a la derecha	Tome la segunda calle a la izquierda	Tome la tercera calle a la derecha

Mira la presentación en PowerPoint 'Unidad 5' sobre direcciones.
Watch the PowerPoint presentation 'Unidad 5' on directions.

Student CD 1 Track 35

5.5 (C) 1 Los compañeros de clase de Andrea dan un paseo por Granada. Escucha y lee las conversaciones. *Andrea's classmates go for a walk around Granada. Listen and read the conversations.*

1

Gilberto: Perdone señora. No soy de aquí. ¿Hay un supermercado cerca?
Mujer: Sí. Cruce la plaza y continúe hasta los semáforos. Gire a la izquierda y está a la derecha enfrente de la iglesia.
Gilberto: Gracias, adiós.

2

Elena: Perdone señor. ¿Por dónde se va a la catedral?
Hombre: Siga todo recto y tome la segunda calle a la izquierda. La catedral está a la izquierda.
Elena: Gracias, adiós.

3

Enrique: Perdone señor. ¿Por dónde se va a la oficina de correos?
Hombre: Baje la calle y tome la primera calle a la derecha. Está al final de la calle al lado de la tienda de ropa Zara.

4

Maite: Perdone señora. ¿Dónde está la Alhambra?
Mujer: Cruce el puente, suba la colina y la Alhambra está a la izquierda.
Maite: ¿Está lejos de aquí?
Mujer: No, está a quince minutos a pie.

2 ¿Cómo se dice? Busca las siguientes frases en las conversaciones de arriba. *Find the following phrases in the conversations above.*

(a) I'm not from here ____________________
(b) Continue as far as the traffic lights ____________________
(c) It's on the left ____________________
(d) Go up the hill ____________________
(e) Go down the street ____________________
(f) It's at the end of the street ____________________
(g) It's a fifteen-minute walk away ____________________

Student CD 1 Track 36

5.5 (D) Escucha las conversaciones y contesta a las preguntas en inglés. *Listen to the conversations and answer the questions in English.*

1	2	3
(a) What is the woman looking for? **(b)** What directions is she given? **(c)** How long will it take her to get there? **(d)** Where is the woman from?	**(a)** Where is the man going? **(b)** What is the best way to get there? **(c)** What directions is he given? **(d)** How long is the journey?	**(a)** Where is the boy going? **(b)** Why should he hurry? **(c)** What directions is he given? **(d)** What additional question does the boy ask?

5.5 (E) Trabajad en parejas. Una persona escoge un edificio en el mapa y da las direcciones para llegar ahí (empieza en la X), la otra persona tiene que seguir las direcciones para descubrir adónde va. *Work in pairs. One person chooses a building on the map and gives directions to there (start on the X), the other person has to follow the directions to find out where they are going.*

Ejemplo: *Sigue todo recto, coge la segunda calle a la izquierda y está a la derecha, entre el restaurante y el hospital.*
Es el ayuntamiento.

5.5 (F) ¿Cómo se dice en español? *How do you say it in Spanish?*

(a) Excuse me, where is the bullring?
(b) How do I get to the hospital?
(c) Is there a pharmacy near here?
(d) Is it far from here?

(e) Go down the street, take the third street on the left and it's on the right.

(f) Continue as far as the square, turn right, cross the street and it's on the left.

(g) Go straight on, go up the hill and it's beside the bakery.

(h) It's twenty minutes away on foot.

Página 51

5.5 (G) 1 Escribe en tu diario de aprendizaje una conversación con un compañero / una compañera de clase. Una persona pide direcciones, la otra da las direcciones. *In your learning diary, write a role-play with a classmate. One person is asking for directions and the other gives the directions.*

2 Haz una dramatización de la conversación con tu compañero / compañera. *Perform your role-play with your classmate.*

5.5 (H) Jugad a En Busca del Tesoro por tu instituto. Trabajad en grupos para escribir las pistas. *Make a treasure hunt around your school. Work in groups to write the clues.*

en busca del tesoro = *a treasure hunt*
una pista = *a clue*

Criterios de éxito:

- Divide into groups
- Each group creates a short treasure hunt around the school for the other groups to do
- Include at least three clues in your treasure hunt

Ejemplo:

Al salir de la clase de español gire a la izquierda, baje el pasillo, gire a la derecha y la segunda pista está a la izquierda al lado de una puerta.

Rellena en tu diario de aprendizaje las palabras clave de la sección 5.5.
Fill in the keywords for section 5.5 in your learning diary.

 Página 55

5.6 ¡Gire! ¡Baje! ¡Suba!

5.6 (A) El imperativo (formal)

When giving directions, you use a form of the verb known as the imperative. The imperative is used for orders or commands, such as giving directions. Think of how you give directions in English. Think of the instruction 'Go down the street' – would you say this to one person or a group of people? Would you say it in a formal situation or an informal situation?

In English we have just one form of the imperative. But in Spanish the form we use depends on whether we are talking to one person or more than one person, and whether the situation is formal or informal.

The directions we studied in section 5.5 all used the *usted* or formal form.

	verbos en –AR	verbos en –ER	verbos en –IR
Usted	*remove the* –AR *and add* –e	*remove the* –ER *and add* –a	*remove the* –IR *and add* –a
Ustedes	*remove the* –AR *and add* –en	*remove the* –ER *and add* –an	*remove the* –IR *and add* –an

Ejemplos: BAJAR Baje la calle *Go down the street (to one person – formal)*
Bajen la calle *Go down the street (to more than one person – formal)*
SUBIR Suba la calle *Go up the street (to one person – formal)*
Suban la calle *Go up the street (to more than one person – formal)*

5.6 (B) El imperativo (informal)

	verbos en –AR	verbos en –ER	verbos en –IR
Tú	*remove the* –AR *and add* –a	*remove the* –ER *and add* –e	*remove the* –IR *and add* –e
Vosotros	*remove the* –AR *and add* –ad	*remove the* –ER *and add* –ed	*remove the* –IR *and add* –id

Ejemplos:

BAJAR	Baja la calle	*Go down the street (to one person – informal)*
	Bajad la calle	*Go down the street (to more than one person – informal)*
COGER	Coge la primera calle	*Take the first street (to one person – informal)*
	Coged la primera calle	*Take the first street (to more than one person – informal)*
SUBIR	Sube la calle	*Go up the street (to one person – informal)*
	Subid la calle	*Go up the street (to more than one person – informal)*

Escribe la respuesta.

Escucha el CD.

Escribid la respuesta.

Escuchad el CD.

5.6 (C) ¿Cómo se dice en español? Escribe las cuatro maneras de dar estas órdenes (tú, vosotros, usted, ustedes). *Write four ways of giving these orders.*

	Tú	Vosotros	Usted	Ustedes
Listen!	escucha	escuchad	escuche	escuchen
Read the text				
Write				
Look at the map				
Go up the street				
Go down				
Turn right				
Open the door				
Wash the dishes				

5.6 (D) ¿Cómo se dice en español? *How do you say it in Spanish?*

(a) Speak to the principal (*tú* form) ____________________

(b) Close your books (*vosotros* form) ____________________

(c) Cross the square (*usted* form) ____________________

(d) Go down the street (*ustedes* form) ____________________

(e) Learn the vocabulary (*vosotros* form) ____________________

(f) Look at the board (*usted* form) ____________________

(g) Open the window (*tú* form) ____________________

(h) Turn left (*ustedes* form) ____________________

5.6 (E) Pon las órdenes en la columna correcta. *Classify the commands into the correct column.*

	Tú	Vosotros	Usted	Ustedes
Speak				
Eat				
Describe				

come, hablad, coma, describid, hablen, describa, comed, describan, habla, describe, hable, coman

5.7 Primero, segundo, tercero

The directions in section 5.5 use ordinal numbers – *la **primera** calle, la **segunda** calle, la **tercera** calle.* Study the ordinal numbers below.

5.7 (A) Los números ordinales

1º Primero	6º Sexto
2º Segundo	7º Séptimo
3º Tercero	8º Octavo
4º Cuarto	9º Noveno
5º Quinto	10º Décimo

- Ordinal numbers go in front of the noun and must agree with the noun they modify.
  *El **2º** piso – el segund**o** piso* *la **2ª** calle – la segund**a** calle*
- *Primero* and *tercero* shorten to *primer* and *tercer* before masculine singular nouns, but change to *primera* and *tercera* before feminine singular nouns.
  *el **1er** piso – el prim**er** piso* *la **1ª** chica – la primer**a** chica*
  *el **3er** libro – el terc**er** libro* *la **3ª** planta – la tercer**a** planta*
- Ordinal numbers in Spanish are abbreviated using *–o*, *–a*, or *–er* (for *primer* and *tercer*).
  el 1er autobús *el 2º libro* *la 3ª calle*
- Ordinal numbers are never used with dates, except for *primero*, which can be used instead of *uno*.

01/10 *el **uno** de octubre or el **primero** de octubre*
02/10 *el **dos** de octubre*
03/10 *el **tres** de octubre*

5.7 (B) Escribe los números en letra. *Write out the numbers.*

Ejemplo: El 7º piso *El séptimo piso*

(a) La 1ª calle ______________________
(b) El 3er piso ______________________
(c) La 5ª planta ______________________
(d) El 10º chico ______________________
(e) El 4º piso ______________________
(f) El 1er piso ______________________
(g) La 3ª calle ______________________
(h) El 8º edificio ______________________
(i) La 9ª clase ______________________
(j) El 2º coche ______________________

5.7 (C) Escribe los números en letra. *Write out the numbers.*

Ejemplo: El 27 de agosto ______*El veintisiete de agosto*______

(a) El 3 de marzo ______

(b) La 1ª calle ______

(c) Son las 8:30 ______

(d) El año 2019 ______

(e) El 15 de junio ______

(f) El 4º libro ______

(g) La 2ª calle ______

(h) Es la 1:15 ______

(i) El año 1996 ______

(j) El 1 de octubre ______

5.7 (D) La forma corta de algunos adjetivos.

In section 5.7 (A) you discovered how *primero* and *tercero* shorten before masculine singular nouns. There are other adjectives that shorten in exactly the same way, dropping the *–o* before masculine singular nouns.

Adjective	Meaning	Short form	Examples before masculine singular nouns	Examples before feminine singular nouns
Primero	*First*	Primer	El **primer** piso	La primera calle
Tercero	*Third*	Tercer	El **tercer** coche	La tercera chica
Uno	*One*	Un	Tiene **un** perro	Tiene una hija
Bueno	*Good*	Buen	Raúl es un **buen** amigo	Paula es una buena amiga
Malo	*Bad*	Mal	Es un **mal** libro	Es una mala idea
Alguno	*Some / any*	Algún	¿Tienes **algún** libro?	¿Tienes alguna idea?
Ninguno	*None*	Ningún	No hago **ningún** deporte	No tengo ninguna respuesta

- *Algún* and *ningún* both have accents in their shortened form.
- *Grande* shortens to *gran* before both masculine and feminine singular nouns. However, when *grande* is used before nouns it means 'great'.

Una **gran** casa — *A great house*
Una casa **grande** — *A big house*

Un **gran** libro — *A great book*
Un libro **grande** — *A big book*

5.7 (E) Rellena los espacios con la forma correcta del adjetivo entre paréntesis. *Fill in the blanks with the correct form of the adjectives in brackets.*

- **(a)** Es un _______________ (bueno) chico.
- **(b)** Tome la _______________ (segundo) calle a la derecha.
- **(c)** María es una _______________ (malo) escritora.
- **(d)** No tengo _______________ (ninguno) libro.
- **(e)** Ella es una _______________ (grande) cantante.
- **(f)** El miércoles es el _______________ (tercero) día de la semana.
- **(g)** Mi piso está en la _______________ (primero) planta.
- **(h)** Tengo _______________ (uno) regla.
- **(i)** Es una serpiente _______________ (grande).
- **(j)** ¿Tienes _______________ (alguno) consejo?

Rellena en tu diario de aprendizaje las palabras clave de la sección 5.7.
Fill in the keywords for section 5.7 in your learning diary.

Página 55

5.8 ¡Practicamos!

5.8 (A) Unos consejos para viajar en autobús. Lee el texto y contesta a las preguntas en español. *Advice for travelling by bus. Read the text and answer the questions in Spanish.*

El autobús es el medio de transporte más utilizado de España. Hay autobuses bastante lujosos con asientos reclinables, mucho espacio, Wifi, televisión, aire acondicionado y comidas, y viajar en autobús es más barato y ecológico que coger el tren. Si estás planeando un viaje largo en autobús aquí tienes cinco consejos.

1 Busca y reserva tus billetes de autobús en línea.
Es la forma más fácil de comprar billetes y de reservar tu fecha y hora de salida. Simplemente vas a la terminal de autobuses y subes a bordo sin agobios.

2 Lleva una pequeña mochila contigo dentro del autobús.
Es recomendable llevar una botella de agua, una revista o libro para leer, un reproductor de música o una tableta o videoconsola para entretenerte.

3 Lleva ropa para el calor y para el frío.
Puede hacer mucho calor fuera pero mucho frío dentro del autobús. El aire acondicionado del autobús puede funcionar o no, por lo que te aconsejamos es que lleves otro jersey o una manta.

4 Habla con otros pasajeros.
Aprovecha esta oportunidad para hablar con otras personas y hacer amigos. Los viajes en autobús son perfectos para entrar en contacto con nueva gente.

5 Charla con el conductor del autobús.
Si tienes la oportunidad de hablar con el conductor hazlo ya que puede darte información sobre tu destino o consejos por ejemplo, en qué lado del autobús debes sentarte para tener las mejores vistas o para tomar fotos.

(a) Menciona tres servicios ofrecidos por los autobuses de lujo en España.
(b) ¿Qué es más barato, viajar en tren o en autobús?
(c) ¿Dónde se recomienda comprar los billetes?
(d) Menciona tres cosas que debes llevar en tu mochila.
(e) ¿Por qué puede hacer frío en el autobús?
(f) ¿Por qué se recomienda charlar con el conductor?

Teacher CD Track 8

5.8 (B) Empieza en la X. Escucha las direcciones, sigue el mapa y escribe adónde se dirigen.
Start at X. Listen to the directions, follow the map and write where the directions lead you to.

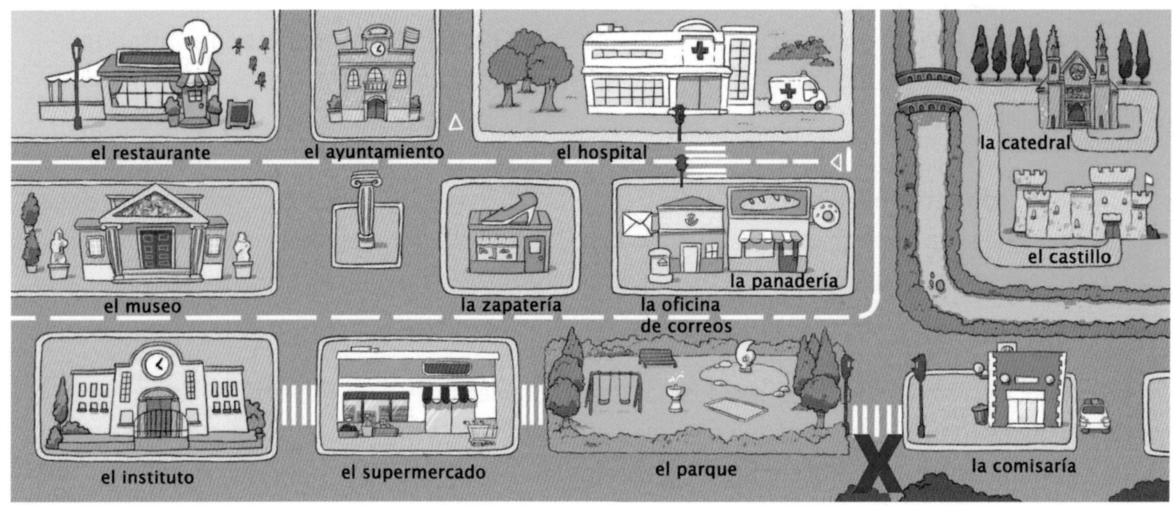

(a) Las direcciones dirigen a ______________________________.
(b) Las direcciones dirigen a ______________________________.
(c) Las direcciones dirigen a ______________________________.

5.8 (C) Mira el mapa de arriba y escribe las direcciones a los siguientes destinos (empieza en el X). *Look at the map above and write directions to the following destinations (start at X).*

(a) El hospital **(b)** El castillo **(c)** El museo

5.8 (D) Rellena los espacios con las palabras del recuadro. *Fill in the spaces with the words from the box.*

vuelo, paso de peatones, pintura de uñas, pantalla, monedas, auriculares, reloj, gasolina, osito de peluche, paraguas

(a) Llevo un ____________________ para saber qué hora es.
(b) En el autobús escucho música en mi móvil y con mis ____________________.
(c) Para ir de Irlanda a España hay que coger un ____________________.
(d) Prefiero ver películas en la ____________________ grande que en la tele.
(e) Necesito un ____________________ porque está lloviendo.
(f) Cruzo la calle por el ____________________.
(g) Mi padre va a la estación de servicio para comprar ____________________.
(h) Pongo los billetes y las ____________________ en mi cartera.
(i) Mi hermana lleva ____________________ de color rosa.
(j) El bebé busca su ____________________.

Teacher CD Track 9

5.8 (E) 1 Escucha la conversación y rellena los espacios. *Listen to the conversation and fill in the blanks.*

Ignacio: Perdone señora ¿Hay una (a) ________________ por aquí?
Mujer: Sí está al lado del supermercado, en la (b) ________________ San Cristóbal.
Ignacio: ¿Por dónde se va al supermercado?
Mujer: Siga todo recto, tome la (c) ________________ calle a la (d) ________________, continúe todo recto, cruce el (e) ________________ y está a la (f) ________________
Ignacio: Gracias. ¿Está lejos de aquí?
Mujer: No está muy lejos. Está a unos (g) ________________ minutos a pie más o menos, pero se puede coger el (h) ________________ para llegar más rápido. Cierra a las (i) ________________.
Ignacio: ¿Qué número de autobús?
Mujer: Número (j) ________________. Sale de aquí al lado.
Ignacio: Muchas gracias señora.
Mujer: De nada. Adiós

2 Contesta en español. *Answer in Spanish.*

(a) ¿Adónde quiere ir el hombre?
(b) ¿En qué calle está?
(c) ¿Cuánto tiempo tarda a pie?
(d) ¿A qué hora cierra?
(e) ¿Qué número de autobús va al supermercado?

5.8 (F) En tu cuaderno, escribe los números en letra. *In your copy, spell out the numbers.*

(a) El 13 de septiembre
(b) La 8ª calle
(c) Son las 10:15
(d) El año 2013
(e) 104 perros
(f) El 3er libro
(g) 537 chicas
(h) Son las 12:25
(i) El año 1999
(j) El 2 de mayo

5.8 (G) Escribe la forma correcta de los adjetivos entre paréntesis. *Write the correct form of the adjectives in brackets.*

(a) ¿Tienes ________________ (alguno) chaqueta?
(b) Mis hermanas son muy ________________ (hablador).
(c) Los chicos son bastante ________________ (alto).
(d) Picasso fue un ________________ (grande) pintor.
(e) No tengo ________________ (ninguno) idea.

(f) Mi padre es __________________ (deportista).
(g) Sus abuelos viven en la __________________ (tercero) planta.
(h) Nuestro perro __________________ (grande) se llama Diablo.
(i) Tomás es un __________________ (bueno) amigo.
(j) Sus hijos son muy __________________ (joven).

5.8 (H) ¿Cómo se dice en español? *How do you say it in Spanish?*

(a) Go down the street (*usted* form)
(b) Cross the bridge (*usted* form)
(c) Take the third street on the left (*usted* form)
(d) Close the door (*tú* form)
(e) Wash the car (*tú* form)
(f) Eat the hamburger (*tú* form)
(g) Look at the screen (*vosotros* form)
(h) Write the answers (*vosotros* form)
(i) Read the poem (*vosotros* form)
(j) Listen to the song (*vosotros* form)

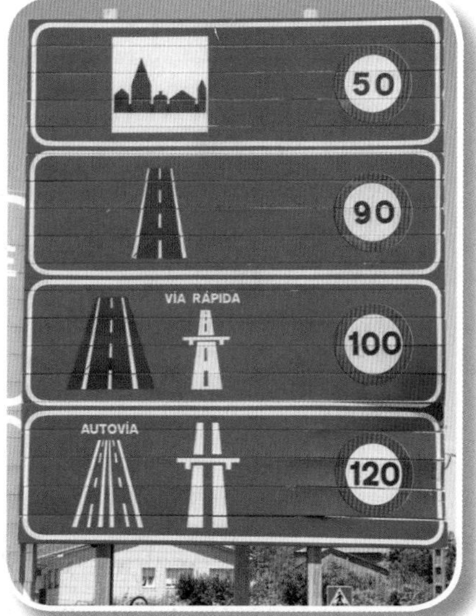

Los límites de velocidad en España.

Página 52

5.8 (I) Trabajad en grupos pequeños para hacer una revista de a bordo. *Work in small groups to create an inflight magazine.*

Criterios de éxito:

- Divide into groups
- Each group creates an inflight magazine for a flight to Seville
- Include an inflight menu, a list of the films being shown and a list of products for sale on board
- Brainstorm ideas and note them in your learning diary
- Select images to accompany your magazine

Unidad 5 ¡Ponte a prueba!

Watch the video 'Unidad 5' on travel.

Página 56

Ordena tus conocimientos de gramática de la Unidad 5 en tu diario de aprendizaje. *Sort your knowledge of the grammar in Unit 5 in your learning diary.*

Página 56

En tu diario de aprendizaje, reflexiona sobre lo que has aprendido en esta unidad. *In your learning diary, write your thoughts on what you have learned in this unit.*

¿Qué he aprendido en la Unidad 5?	🙂	😐	☹️
I can name different items typically seen on a plane			
I can label different parts of the airport			
I can read a plan of an airport			
I can follow information in inflight magazines			
I can understand conversations at the check-in desk			
I recognise differences between the Spanish spoken in Spain, and the Spanish in Mexico			
I can make an inflight magazine			
I can ask for directions			
I can follow directions			
I can give directions			
I can name items I see at the service station			
I can follow signposts			
I can use the imperative to give orders and commands			
I can use ordinal numbers			
I can use short form (apocopated) adjectives			
I can write a role-play at the airport check-in desk			
I can write a role-play asking for and giving directions			

Revision

Go to **www.edco.ie/quepasa2** for interactive activities and quizzes based on this unit.

A test for Unidad 5 is available in the Teacher's Resource Book.

¡Que aproveche!

Go to **www.edco.ie/quepasa2** for interactive activities and quizzes based on this unit.

By the end of this unit you will be able to:

- Name different fruits and vegetables
- Name typical souvenirs you might bring home from a holiday
- Describe a market scene

- Order food in a restaurant
- Send mail at the post office

- Use the present perfect tense to discuss things you have done
- Follow conversations at the post office

- Read menus in Spanish tapas bars and in Mexican restaurants
- Read postcards
- Read about the history of food in Mexico
- Read a text about the history of chocolate
- Follow a recipe for guacamole

- Write a role-play set in a tapas bar
- Write a postcard

- Write a role-play set in a post office
- Design menus
- Write a Facebook post

- Design a postcard for a Spanish-speaking country
- Design a poster for a Mariachi concert
- Understand the tradition of going for tapas in Spain and recognise tapas dishes
- Compare different aspects of life in Ireland to life in Spain (housing, food, sports, school, weather)
- Recognise traditional Mexican dishes
- Investigate a Mexican recipe
- Recognise Mariachi music
- Understand the Mexican festival *Día de Muertos*

¡QUÉ CURIOSO! Mexico is home to over thirty UNESCO world heritage sites. For more information check out **whc.unesco.org**

The title of this unit means *'Bon appétit !'* In this unit, Andrea and María order tapas, while Joaquín and his classmates try Mexican food on their tour of Mexico. What vocabulary do you already know on the topic of food and eating out? Can you remember how to order food in Spanish?

Página 57

Apunta tus ideas en tu diario de aprendizaje. *Note your ideas in your learning diary.*

6.1 Ir de tapeo

Andrea y María están todavía en Granada con el grupo de su instituto. Tienen hambre y buscan algún restaurante o cafetería para comer algo.

6.1 (A) Vamos de tapeo. Lee la viñeta. *Let's go for tapas. Read the comic strip.*

Contesta a las preguntas en español. *Answer the questions in Spanish.*

(a) ¿Cómo se llama el bar que recomienda la mujer?
(b) ¿Dónde está el bar?
(c) ¿Cómo se dice *you're welcome* en español?
(d) ¿Cómo se dice *bon appétit* en español?
(e) What do you think *ir de tapeo* might mean? (Answer in English.)

6.1 (B) Andrea y María leen el menú de tapas en la pared del Bar Los Diamantes. *Andrea and María read the tapas menu on the wall of Bar Los Diamantes.*

ESPECIALIDADES

Calamares fritos	Gambas a la plancha
Boquerones	Sesos
Salmonetes	Tomate aliñado
Surtido de pescado	Tortilla de patatas
Champiñones con ajos	Croquetas caseras
Tapa de bacalao	Espinacas con garbanzos
Berenjenas	Patatas bravas
Gambas fritas	

Contesta en inglés. *Answer in English.*

(a) Which tapas do you recognise? Ganbas fritas - fried prawns
(b) Have you tried any of these dishes before? Potato tortilla
(c) Look up the meanings of *boquerones, berenjenas, sesos.*
(d) Which foods would you not typically see on café menus in Ireland?

6.1 (C) Lee el texto y contesta a las preguntas. *Read the text and answer the questions.*

La tradición de tapear en España

Una tapa es un plato pequeño que se sirve en un bar o restaurante con una bebida. En algunas partes de España, como Granada y Sevilla, se sirven las tapas sin coste adicional, el camarero invita al cliente. Tradicionalmente, la forma de consumir las tapas es tomando una o dos por bar junto con la bebida y luego repitiendo el proceso en otro bar. A este consumo se le llama tapeo, tapear o ir de tapas. A muchos españoles les encanta salir a cenar los fines de semana a base de *tapeo* o pidiendo *raciones*. Una ración es un plato del mismo alimento que una tapa pero de tamaño más grande.

Contesta en inglés. *Answer in English.*

(a) What differences do you notice in the text above about the way in which Spanish people eat, compared to Irish people?
(b) What have you already learned about Spanish eating habits?
(c) Does the tapas bar in the image look like a café-bar in Ireland? What is different?

6.1 (D) Trabajad en parejas. Unid los platos con las descripciones. Si no conocéis todos los platos, buscad la información en internet. *Work in pairs. Match the dishes with their descriptions. If you don't know the dishes, search for the information online.*

1	Aceitunas	**(a)**	Boiled vegetables, tuna and olives mixed in mayonnaise
2	Albóndigas	**(b)**	Battered squid rings
3	Tortilla paisana	**(c)**	Prawns, served *al ajillo* (garlic sauce) or *pil-pil* (chilli sauce)
4	Bacalao	**(d)**	Small, fried pork scallops, marinated in whiskey and olive oil
5	Boquerones	**(e)**	A spicy little kebab of pork, lamb or chicken
6	Calamares	**(f)**	Small, green peppers from Padrón, Galicia, fried in olive oil
7	Tortilla española	**(g)**	Olives
8	Chorizo a la sidra	**(h)**	Small, fried pork scallops with onion and / or Cabrales cheese
9	Croquetas	**(i)**	Fried diced potato with spicy tomato sauce
10	Empanadillas	**(j)**	Meatballs
11	Ensaladilla rusa	**(k)**	Little pastries filled with meat and vegetables
12	Gambas	**(l)**	Omelette with vegetables and chorizo
13	Pimientos de Padrón	**(m)**	Pork seasoned with garlic and parsley
14	Pincho moruno	**(n)**	Croquettes stuffed with ham or cheese or fish
15	Patatas bravas	**(ñ)**	Anchovies served in vinegar or fried
16	Puntillitas	**(o)**	Salted cod served with tomatoes and bread
17	Queso con anchoas	**(p)**	Castilla or Manchego cheese with anchovies on top
18	Raxo	**(q)**	Omelette with potato and sometimes onion
19	Solomillo a la castellana	**(r)**	Chorizo sausage cooked in cider
20	Solomillo al whiskey	**(s)**	Tiny squid, battered and fried

Student CD 1 Track 37

6.1 (E) Escucha y repite el nombre de las tapas. *Listen and repeat the tapas.*

Mira la presentación en PowerPoint 'Unidad 6 (a)' sobre las tapas. *Watch the PowerPoint presentation 'Unidad 6 (a)' on tapas.*

Student CD 1 Track 38

6.1 (F) Andrea y María están en la terraza del bar. Escucha la conversación. *Andrea and María are on the terrace of the bar. Listen to the conversation.*

Camarera:	Buenas tardes chicas.
María:	Buenas tardes.
Camarera:	¿Qué queréis?
María:	Quiero una Cola light.
Andrea:	Y para mí una horchata por favor.
Camarera:	Vale. Os traeré una tapa de chorizo.
Andrea:	Gracias.
María:	Tengo hambre. También quiero media ración de calamares por favor.
Camarera:	Vale. ¿Algo más?
Andrea:	Nada más.

¡QUÉ CURIOSO! *Horchata* is a drink made from blended tiger nuts, water and sugar. It originates in Valencia and is popular in the summer.

Student CD 1 Track 39

6.1 (G) Escucha más conversaciones en el café-bar y contesta a las preguntas en inglés. *Listen to more conversations in the café-bar and answer the questions in English.*

1

(a) What drink does the woman order?

(b) What drink does the man order?

(c) What tapas does the waiter offer to bring?

(d) Why does the woman suggest moving to the terrace?

2

(a) What drinks does the man order?

(b) What food does the man order?

(c) What time does the tapas bar close?

(d) Where are the bathrooms?

3

(a) What drink does the woman order?

(b) What drink does the man order?

(c) What tapas does the waiter offer to bring?

(d) What food does the man order?

Página 58

6.1 (H) 1 Imagina que estás en la terraza de un café-bar en Sevilla y quieres pedir una bebida y algo de comer. Trabajad en parejas. En tu diario de aprendizaje, escribid la conversación con el camarero / la camarera. *Imagine that you are on the terrace of a café-bar in Seville and you want to order a drink and something to eat. Work in pairs. In your learning diary, write a role-play with the waiter / waitress.*

2 Haz una dramatización de la conversación con tu compañero / compañera. *Perform your role-play with your partner.*

6.1 (I) ¿Qué es? Une las palabras con las imagenes.
What is it? Match the words with the images.

(a) ____________

(b) ____________

(c) ____________

(d) ____________

(e) ____________

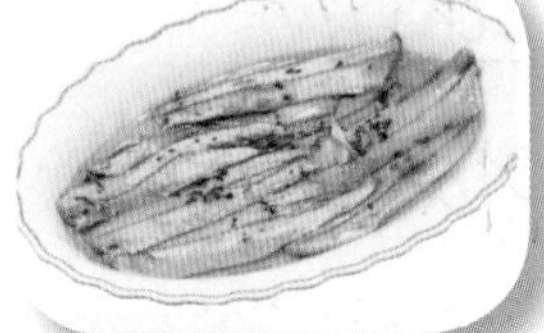

(f) ____________

(g) ____________

(h) ____________

pimientos de Padrón, boquerones, patatas bravas, calamares, albóndigas, empanadillas, ensaladilla rusa, croquetas

Student CD 1 Track 40

6.1 (J) Escucha y luego etiqueta el dibujo con las palabras de abajo. *Listen and label the illustration with the words below.*

el cuchillo, la taza, el tenedor, el vaso, la cuchara, el plato, el hielo, la jarra, la pajita, la bandeja, el mantel, la servilleta

1 la servilleta	5 el vaso	9 el tenedor
2 la jarra	6 la cuchara	10 la bandeja
3 el hielo	7 el cuchillo	11 el mantel
4 la pajita	8 el plato	12 la taza

6.1 (K) Escucha otra vez y repite la pronunciación.
Listen again and repeat the pronunciation.

6.1 (L) En el bar. Haz el crucigrama. *Fill in the crossword.*

1 servilleta; 4 pajita; 6 mantel; 7 zumo de naranja; 12 bandeja; 15 taza

Horizontales

2, 7, 12, 13, 15

Verticales

1, 3, 4, 5, 6, 8, 9, 10, 11, 14

6.1 (M) Rellena los espacios con las palabras de la sección 6.1 (J) y busca las palabras en la sopa de letras de la siguiente página. *Fill in the blanks with the words from section 6.1 (J) and then find the words in the wordsearch overleaf.*

(a) Bebo una la taza de té por la mañana.
(b) El camarero trae las bebidas en una la bandeja.
(c) Cuando hace calor pongo el hielo en la bebida.
(d) A mi madre le gusta poner un el mantel sobre la mesa para protegerla.
(e) ¿Tienes sed? ¿Quieres un el vaso de agua?
(f) Voy a cenar. Tengo un cuchillo pero necesito un el tender.
(g) Su abuela hace una jarra de limonada para todos sus nietos.
(h) Voy a tomar una sopa. Necesito una la cuchara.
(i) Mi hermano pequeño quiere una la pajita para beber su lata de Fanta limón.
(j) Mi padre corta las zanahorias en trozos con un cuchillo.

c	v	b	c	u	c	h	a	r	a	n	b	v	c	x
b	t	e	n	e	d	o	r	q	a	s	d	g	j	h
e	a	e	r	t	g	b	e	p	a	j	i	t	a	r
r	z	n	s	d	f	o	c	f	g	l	i	w	r	f
f	a	p	d	p	l	j	e	r	e	e	k	s	r	v
g	k	l	v	e	w	d	g	t	t	d	m	x	a	t
t	m	u	i	j	j	r	n	n	g	c	l	j	y	g
j	j	h	g	h	v	a	s	o	b	v	b	n	m	b
k	g	x	a	w	m	h	c	u	c	h	i	l	l	o

Página 59

6.1 (N) En tu diario de aprendizaje diseña el menú de tapas y el de bebidas de un bar de tapas. *In your learning diary, design a menu with tapas and drinks for a café-bar.*

6.1 (Ñ) Lee el menú de raciones de un restaurante de Madrid. *Read the menu from a restaurant in Madrid.*

Raciones

Callos a la madrileña	7.50	Sepia a la plancha	7.50	Morcilla de Burgos	6.50
Chorizo curado	7.50	Chopitos fritos	7.50	Pimientos de Padrón	5.50
Calamares a la romana	5.50	Gambas a la plancha	9.50	Lacón a la gallega	6.00
Champiñón	9.50	Tigres rebozados	6.50	Tabla de embutidos	12.00
Jamón y queso	9.00	Croquetas mixtas	6.50	Chorizo frito	5.50
Jamón serrano	9.50	Tortilla española	7.00	Empanada de bonito	3.30
Pulpo a la gallega	14.00	Patatas bravas	4.60	Salchichón	6.50

PAELLA MIXTA CON MARISCOS 6.00

ENSALADA ILUSTRADA 5.00

PARRILLADA DE CARNE (MINIMO 2 PERSONAS) 12.00 por persona

Contesta a las preguntas en español. *Answer the questions in Spanish.*

(a) ¿Cuánto cuesta una ración de gambas a la plancha?

(b) ¿Cuál es la ración más cara del menú?

(c) ¿Cuál es la ración más barata del menú?

(d) ¿Cuánto cuesta una ración de paella mixta?

(e) Busca tres platos apropriados para vegetarianos

(f) ¿Cuál es el precio total de una ración de croquetas mixtas, una de jamón serrano y una ensalada?

(g) ¿Cuál es tu plato preferido del menú?

€€€€€ caro
€ barato

Rellena en tu diario de aprendizaje las palabras clave de la sección 6.1.
Fill in the keywords for section 6.1 in your learning diary.

Página 69

6.2 Escribir postales

6.2 (A) Mientras come las tapas, Andrea escribe una postal a su madre. Lee la postal y contesta a las preguntas. *While she eats her tapas, Andrea writes a postcard to her mother. Read the postcard and answer the questions.*

Granada, 6 de abril

¡Hola Mamá! ¿Cómo te va?

Aquí estamos, en Granada. ¡Es genial! Me gusta mucho estar aquí. Las tapas típicas son deliciosas y hay muchos lugares interesantes. La gente es muy amable. Hace calor y hace mucho sol. Mañana iremos a la catedral y veremos las procesiones de Semana Santa. Estoy haciendo muchas fotos y disfrutando mucho.

Bueno ya se me acabó el espacio.

Nos vemos pronto.
Andrea

(a) Menciona dos cosas que a Andrea le gusta de Granada.
(b) ¿Qué tiempo hace?
(c) ¿Adónde va mañana?
(d) ¿ Está Andrea contenta?
(e) Busca las frases:
- *How's it going?*
- *Well I've run out of space*
- *We'll see each other soon*

6.2 (B) Lee las postales y rellena los espacios en blanco con las palabras de abajo. *Read the postcards and fill in the blanks with the words below.*

1

Dublín, 15 de julio

Querido Rubén:

Estoy (a) ____________ Dublín con mis (b) ____________ de clase. Vamos a (c) ____________ aquí una (d) ____________ y luego iremos a Galway. Hace mal (e) ____________. Llueve (f) ____________ pero está bien. Esta tarde (g) ____________ a ir (h) ____________ zoo y mañana por la mañana visitaremos la Universidad Trinity College para (i) ____________ el libro de Kells.

Te echo de menos

¡ (j) ____________ pronto!

Elena

semana, compañeros, tiempo, estar, ver, vamos, hasta, mucho, al, en

2

París, 27 de septiembre

¡Hola Carolina!

¿Cómo te va? Aquí estoy en París¡ (a) ____________ ciudad es encantadora! Hay (b) ____________ cosas que hacer y los monumentos son muy (c) ____________. Hace (d) ____________ tiempo y (e) ____________ sol. Esta noche vamos a comer (f) ____________ un restaurante francés y después vamos a ir a un espectáculo (g) ____________ baile. Mañana iremos (h) ____________ la Torre Eiffel y después al Museo de Louvre. (i) ____________ a España (j) ____________ sábado.

Te quiero mucho.
Enrique

volveré, a, de, en, hace, bonitos, muchas, buen, este, esta

6.2 (C) 1 Une las postales con las imágenes. *Match the postcards with the images.*

a

Andorra, 29 de diciembre

Hola Gilberto:

¿Qué tal estás? Estoy con mi familia en una estación de esquí en los Pirineos. Estamos alojados en un pequeño hotel de cuatro estrellas. Las vistas son increíbles. Hace mucho frío pero me gusta la nieve. Nos pasamos todo el día esquiando en la montaña. Mañana vamos a patinar. Te veré este fin de semana.

¡Hasta pronto!
Miguel

b

Madrid, 2 de marzo

Querido abuelo:

Estoy en Madrid con mis compañeros de clase. Hoy hemos ido al zoo en la Casa de Campo. Hemos visto un montón de animales; elefantes, jirafas, leones, rinocerontes y mis favoritos, los monos. Estamos alojados en un albergue juvenil, en el centro de la ciudad. Mañana por la mañana iremos al Palacio Real. Tengo muchas ganas de verlo. Dile hola a la abuela.

Besos,
Yolanda

c

Benalmádena, 22 de agosto

¡Hola Marta!

¿Cómo te va? Aquí estamos, en Benalmádena, en la Costa del Sol. Estoy alojada en un apartamento al lado de la playa. Hace muchísimo calor. Hoy he pasado todo el día en la playa. Paso mucho tiempo nadando en la piscina o tomando el sol en la playa. Este fin de semana iré a un parque acuático que está cerca de aquí. Bueno, me voy a jugar al voleibol con Adrián.

¡Nos vemos pronto!
Lucía

d

A Coruña, 10 de mayo

Querida Carmen:

Estoy en Galicia con mi equipo de baloncesto. Jugaremos en un torneo contra otros equipos mañana. Desafortunadamente está lloviendo pero estamos alojados en un hotel cerca del centro de la ciudad y hay una piscina cubierta. El domingo vamos a visitar la famosa catedral de Santiago de Compostela antes de volver a Bilbao.

Bueno, me tengo que ir.

Besos,
Jorge

1

2

3

4

2 ¿Cómo se dice en español? Busca las frases en las postales de arriba. *Find the phrases in the postcards on the previous page.*

(a) I'm at a ski resort in the Pyrenees. ______________________________
(b) I'll see you this weekend. ______________________________
(c) Today we went to the zoo. ______________________________
(d) We're staying at a youth hostel in the city centre. ____________________
(e) I can't wait to see it. ______________________________
(f) It's really hot. ______________________________
(g) I'm spending a lot of time swimming in the pool. ____________________

Página 60

6.2 (D) En tu diario de aprendizaje escribe una postal de un viaje a España. *In your learning diary, write a postcard from a trip to Spain.*

6.2 (E) Crea una tarjeta postal de un país hispanohablante. *Create a postcard for a Spanish-speaking country.*

Criterios de éxito:

- Choose a Spanish-speaking country
- Source images representing that country
- Use ICT to design the front of a postcard from that country

Student CD 1 Track 41

6.2 (F) Andrea va a la oficina de correos. Escucha la conversación que Andrea oye en la oficina de correos y contesta a las preguntas en inglés. *Andrea goes to the post office. Listen to the conversation that she overhears and answer the questions in English.*

Mujer: Buenas tardes.
Empleado: Buenas tardes. ¿En qué puedo ayudarle?
Mujer: ¿Me da un sello para los Estados Unidos por favor?
Empleado: Sí aquí tiene. ¿Algo más?
Mujer: Este paquete es para Sevilla. ¿Me dice cuánto pesa?
Empleado: Pesa dos kilos y medio. Son ocho euros con veinticinco por el paquete para Sevilla y el sello para el extranjero.
Mujer: Gracias.

(a) Where does the woman want a stamp for?
(b) Where is she sending a package to?
(c) How much does the packet weigh?
(d) What is the total cost to send the package and buy the stamp?

6.2 (G) En la oficina de correos

Student CD 1 Track 42

6.2 (H) Escucha y repite el vocabulario. *Listen and repeat the vocabulary.*

Student CD 1 Track 43

6.2 (I) Escucha las dos conversaciones en la oficina de correos y contesta a las preguntas en español. *Listen to two conversations at the post office and answer the questions in Spanish.*

1
- **(a)** ¿Cuántos sellos quiere el hombre?
- **(b)** ¿Cuánto pesa el paquete?
- **(c)** ¿Adónde va el paquete?
- **(d)** ¿Cuál es el precio total?

2
- **(a)** ¿Cuál es el destino de la postal?
- **(b)** ¿Cuánto cuesta el sello?
- **(c)** ¿Cuánto tiempo tardará en llegar?
- **(d)** ¿Por dónde se va al restaurante?

Página 60

6.2 (J) 1 Imagina que estás en la oficina de correos de Sevilla. Quieres comprar sellos y enviar un paquete. Trabajad en parejas. En tu diario de aprendizaje, escribid la conversación con el empleado. *Imagine that you are in the post office in Seville. You want to buy stamps and send a package. Work in pairs. In your learning diary, write a role-play.*

2 Haz una dramatización de la conversación con tu compañero / compañera. *Perform your role-play with your partner.*

6.2 (K) ¿Qué es? Etiqueta las imágenes. *What is it? Label the images.*

(a)

Es una carta

(b)

____

(c)

____

(d)

____

(e)
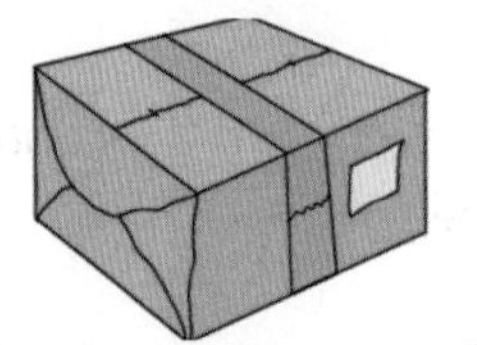

____

(f)

____

Rellena en tu diario de aprendizaje las palabras clave de la sección 6.2.
Fill in the keywords for section 6.2 in your learning diary.

Página 69

6.3 Los turistas irlandeses

6.3 (A) Lee la viñeta. *Read the comic strip.*

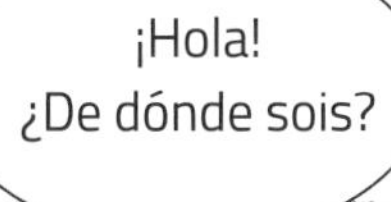

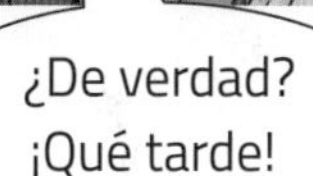

Contesta en español.

(a) ¿De dónde es la familia que llega al hotel?
(b) ¿Qué hora es?
(c) ¿A qué hora abren los restaurantes en España?
(d) ¿Cómo se dice? Busca las siguientes frases en el texto:
- *We have just arrived*
- *Easter holidays*
- *No way!*
- *Really?*

 Página 61

6.3 (B) Las chicas notan que los españoles cenan más tarde que los irlandeses. ¿Cuáles son las otras diferencias entre Irlanda y España? Anótalas en tu diario de aprendizaje con la ayuda del diagrama de abajo. *The girls note that the Spanish have dinner later than the Irish. What are the other differences between Ireland and Spain? Write them in your learning diary with the help of the diagram below.*

España

Comida típica
Aceitunas
Jamón serrano
Aceite de oliva
Mariscos

La cena
A las nueve o incluso más tarde

Deportes
El fútbol
El pádel

La música
La guitarra
El flamenco

La vivienda
Un piso
Un apartamento

Los institutos
La mayoría son mixtos
Los alumnos no llevan uniforme

El tiempo
Hace sol
En verano hace mucho calor
Nieva en las montañas

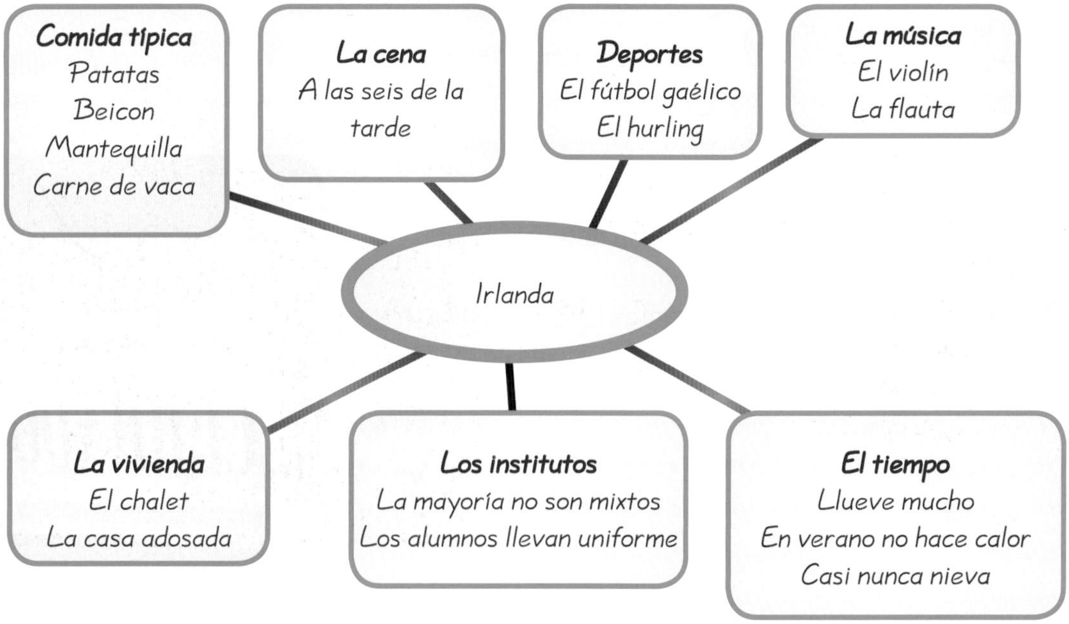

Irlanda

Comida típica
Patatas
Beicon
Mantequilla
Carne de vaca

La cena
A las seis de la tarde

Deportes
El fútbol gaélico
El hurling

La música
El violín
La flauta

La vivienda
El chalet
La casa adosada

Los institutos
La mayoría no son mixtos
Los alumnos llevan uniforme

El tiempo
Llueve mucho
En verano no hace calor
Casi nunca nieva

Rellena en tu diario de aprendizaje las palabras clave de la sección 6.3.
Fill in the keywords for section 6.3 in your learning diary.

Página 69

6.4 La comida mexicana

6.4 (A) Andrea y Joaquín chatean. *Andrea and Joaquín chat.*

Andrea:
Oye Joaquín ¿Qué tal en México?

Joaquín:
Todo va bien. Esta mañana hemos ido a las pirámides de Teotehuacán y esta tarde vamos a ir a un restaurante típico.

Andrea:
¡Qué chulo!

Joaquín:
Sí. Tengo ganas de probar las enchiladas.

Andrea:
¡Mmm! Aquí estamos comiendo muchas tapas. Son muy ricas.Te enviaré unas fotos de Granada mañana.

Contesta en inglés. *Answer in English.*

(a) Where did Joaquín go this morning?
(b) Where is he going this afternoon?
(c) What is the name of the dish that Joaquín is looking forward to trying?
(d) When will Andrea send Joaquín some photos?
(e) *¿Cómo se dice?* Find the following phrases in Spanish:
- *That's cool!*
- *They're delicious*

 **6.4 (B) Joaquín menciona las enchiladas – un plato típico de México. Lee el texto sobre la comida mexicana.** *Joaquín mentions enchiladas – a typical Mexican dish. Read the text about Mexican food.*

TOTOPOS

Son pequeñas tortillas fritas de maíz o de **harina**[1] de **trigo**[2]. Se sirven cubiertos con queso y chiles. Hoy en día, los totopos son más conocidos como nachos, y son famosos en el mundo entero.

ENCHILADAS

Las enchiladas son similares a los tacos, pero con mucha salsa **picante**[3] y queso. La enchilada puede acompañarse de carne de pollo, pavo, carne de vaca o simplemente de queso. En algunas regiones de México se acompañan de cebolla **cruda**[4] y lechuga.

HUEVOS RANCHEROS

Huevos fritos acompañados por tortillas de maíz o de harina de trigo también fritas, chiles picantes y hojas de cilantro. También suele incluirse arroz o **frijoles**[5].

FAJITAS

Este plato consiste en tiras de carne **a la parrilla**[6] con una variedad de verduras como chiles, cebollas, zanahorias o **maíz dulce**[7]. Se acompañanan de tortillas de maíz o trigo y una salsa de tomate.

BURRITOS

Este plato es similar a las fajitas y también consiste en una tortilla rellena de carne asada y verduras, como por ejemplo chiles. La principal diferencia es que la tortilla va cerrada por un lado e incluye frijoles fritos.

QUESADILLAS

El ingrediente principal es el queso. Se elaboran **a la plancha**[8] o a la parrilla.

TACOS

Los tacos son tortillas de maíz rellenas con carne, chiles, tomates y cebollas. Son uno de los platos más conocidos de la comida mexicana.

1 Contesta en español. *Answer in Spanish.*

(a) ¿Cuáles son los ingredientes del relleno de los tacos?

(b) ¿Qué tipo de salsa acompaña a las fajitas?

(c) ¿Cuál es el ingrediente principal de una quesadilla?

2 Contesta en inglés. *Answer in English.*

(a) Name the three types of meat that could go into *enchiladas*.

(b) According to the text, what is the difference between *burritos* and *fajitas*?

(c) What are *totopos* more commonly known as?

1 *flour* **2** *wheat* **3** *spicy* **4** *raw* **5** *beans* **6** *on the grill* **7** *sweetcorn* **8** *on the pan*

6.4 (C) El guacamole es de origen mexicano. Lee la receta para hacer guacamole. *Guacamole comes from Mexico. Read the recipe to make guacamole.*

INGREDIENTES PARA DOS PERSONAS:

- 2 aguacates
- 40 gramos de cebolla
- 80 gramos de tomate
- 1 chile serrano
- $\frac{1}{2}$ limón (o lima)
- unas hojas de cilantro fresco
- sal

MÉTODO:

1. Pica la cebolla muy fina.
2. Coge el tomate, quítale las semillas y pícalo muy fino.
3. Pica las hojas de cilantro, te recomiendo añadir solo un poco pues su sabor es muy pronunciado.
4. Pica el chile muy fino y añade una cuchara pequeña.
5. Pela los aguacates y haz un puré en un bol.
6. Añade una pizca de sal, un poco de zumo de limón o lima y todos los ingredientes que hemos preparado y mezcla todo.

1 Contesta en español. *Answer in Spanish.*

(a) ¿Para cuántas personas es la receta?
(b) ¿Cuántos tomates se necesitan?
(c) ¿Cuántos chiles se necesitan?
(d) ¿Cómo se dice *chop*, *peel*, y *a pinch of* en español?

2 Contesta en inglés. *Answer in English.*

(a) How much onion is needed for this recipe?
(b) What is the first step of the recipe?
(c) What is the fifth step?
(d) What should be added to the mashed avocado in step six?

Página 62

6.4 (D) Busca una receta mexicana en internet y escríbela en tu diario de aprendizaje. *Research a Mexican recipe online and write it in your learning diary.*

6.4 (E) La comida mexicana

La comida mexicana es conocida en todo el mundo por su mezcla de ingredientes y sus sabores. El chile silvestre fue una de las plantas más comunes de la época pre-colombina y por lo tanto la gente Maya y Azteca comió mucho chile. Su dieta consistía en maíz, chiles, frijoles con pescado y frutas tropicales. En 1519 Hernán Cortés llegó a las puertas de Veracruz con 500 conquistadores para conquistar el imperio Azteca. Los españoles llevaron a México nuevos animales de España, como vacas, cerdos y ovejas.También llevaron nuevos alimentos como el arroz, el ajo, el aceite de oliva, el trigo y los productos lácteos. Hoy en día la cocina mexicana es una combinación de comida indígena y de comida española. El maíz, los frijoles y los chiles todavía forman la base de la mayoría de los platos mexicanos pero también se sirven con carne, arroz y queso. Durante la conquista de México otras culturas como la caribeña, la francesa, la africana o la portuguesa también influyeron en la comida mexicana.

TRAER = *to bring*
trajeron = *they brought*

Contesta en español. *Answer in Spanish.*

- **(a)** ¿Por qué es conocida la comida mexicana?
- **(b)** ¿En qué consistía la dieta de la gente Maya y Azteca?
- **(c)** ¿En qué año llegó Hernán Cortés a México?
- **(d)** Menciona tres animales que los españoles llevaron a México.
- **(e)** Menciona otros tres alimentos que los españoles llevaron a México.
- **(f)** Menciona tres culturas que influyeron en la comida mexicana.

El chocolate viene de México. Se hace con el grano de la planta del cacao que crece en el centro y el sur de México. La gente indígena usaba los granos de cacao para hacer una bebida. Cristóbal Colón (Christoper Columbus) llevó los granos de cacao a España después de uno de sus viajes de exploración. Muchos años después, los europeos añadieron azúcar y leche para hacer el chocolate que comemos hoy en día.

 **6.4 (F) Joaquín y sus compañeros van a cenar a un restaurante en Ciudad de México. Lee el menú y contesta a las preguntas de la siguiente página.** *Joaquín and his friends go to a restaurant in Mexico City. Read the menu and answer the questions overleaf.*

La Rosa Negra

ENTRADAS

GUACAMOLE
Cremosa salsa de aguacate acompañado de cebolla, jitomate, cilantro y totopos $75 Pesos

QUESO FUNDIDO
240 gramos de queso fundido al horno, acompañado con champiñones, chorizo o natural

Natural	$85
Champiñones	$108
Chorizo	$100

TAQUITOS MIXTOS
2 tacos de cochinita, 2 de bistec y 2 campechanos acompañados con pico de gallo $88

SOPA DE TORTILLA
Tradicional sopa servida con una guarnición de tortilla frita, aguacate, queso, y crema $69

CREMA DE FRIJOL
Crema de frijoles, queso, tortillas fritas, chile chipotle $49

ENCHILADAS

ENCHILADAS SUIZAS (4 PZAS.)
Preparación típica con tortilla de maíz y pollo deshebrado, con salsa verde cremosa $107

ENCHILADAS MOLE (4 PZAS.)
Deliciosas enchiladas con tradicional mole casera, acompañadas con arroz $107

TACOS

TACOS DE BIRRIA (3 PZAS.)
Ricos tacos de birria acompañados con frijoles refritos $81

TACOS DE COCHINA (3 PZAS.)
Deliciosos tacos con cochinita al horno, piña natural, frijoles refritos y salsa $81

TACOS DORADOS (4 PZAS.)
4 tacos dorados de pollo sobre una cama de lechuga con pico de gallo, queso y crema $80

OTROS PLATOS

PECHUGA PLANCHA
Pechuga de pollo de 250gramos asada, con ensalada y arroz a la mexicana $97

CHILE RELLENO DE QUESO
Chile con queso, salsa de tomate y chipotle $70

ENSALADA DE QUINOA
Quinoa con hojas frescas y almendras $75

COMPLEMENTOS

ARROZ
NOPALES A LA PARRILLA
PAPAS A LA FRANCESA
FRIJOLES
ESPÁRRAGOS A LA PARRILLA

1 Contesta en español. *Answer in Spanish.*

(a) ¿Cómo se llama el restaurante?
(b) ¿Cuánto cuesta un entrante de guacamole?
(c) ¿De qué color es la salsa que acompaña a las enchiladas suizas?
(d) ¿Qué carne contienen los tacos dorados?
(e) ¿Qué tipo de salsa se sirve con el chile relleno de queso?

2 Contesta en inglés. *Answer in English.*

(a) Calculate the total price for melted cheese with chorizo, and a quinoa salad.
(b) How many dishes on the menu are served with rice?
(c) Give the name of the dish (in Spanish) that is served with pineapple.
(d) Use the internet to find out what *nopales* and *pico de gallo* are.
(e) What currency is used in Mexico?

Student CD 1 Track 44

6.4 (G) Escucha y rellena los espacios sobre la cocina mexicana. *Listen and fill in the blanks about Mexican cuisine.*

La cocina mexicana es (a) ____________________ y variada, una mezcla de la antigua cocina de mesoamérica y la cocina europea. Con el (b) ____________________ como ingrediente quizá mas antiguo, las aportaciones de origen precolombino son muchas: los aguacates, los (c) ____________________ (alubias), la calabaza y los (d) ____________________. El (e) ____________________ es originario del pueblo Olmeca y data del año 1900 a.C. Los (f) ____________________ aportaron las carnes de ternera, (g) ____________________ y (h) ____________________, la harina de trigo, la leche y el (i) ____________________, los cítricos, el arroz y el (j) ____________________.

Contesta en inglés. *Answer in English.*

(a) How is Mexican food described?
(b) What is the oldest ingredient of Mexican cuisine?
(c) Name two types of food that were eaten in Mexico in pre-Columbian times.
(d) What food was first consumed by the Olmec people?
(e) Have you tried Mexican food before? What dishes?
(f) What are the main differences between Mexican food and Irish food?

6.4 (H) Trabajad en parejas. Imaginad que vais a abrir un restaurante en vuestro pueblo. Diseñad el menú. *Work in pairs. Imagine that you are going to open a restaurant in your town. Design the menu.*

Criterios de éxito:
- Decide on what type of food you will serve
- Choose a name for your restaurant
- List the dishes and their main ingredients in Spanish
- List drinks and desserts in Spanish
- Give each dish a price

Student CD 1 Track 45

6.4 (I) 1 Joaquín y sus compañeros piden unos platos mexicanos en el restaurante. Escucha la conversación y rellena los espacios. *Joaquín and his classmates order Mexican dishes in the restaurant. Listen to the conversation and fill in the blanks.*

Camarero: Buenas tardes chicos.
Joaquín: Buenas tardes.
Camarero: ¿Qué desean?
Joaquín: A ver, de (a) ______________ una sopa de (b) ______________ y de (c) ______________ las enchiladas mole.
Alberto: Y para mí la (d) ______________ de frijol de primero y los (e) ______________ dorados.
Camarero: Muy bien chicos. ¿Y para (f) ______________?
Joaquín: ¿Nos trae una (g) ______________ de agua con gas por favor?
Camarero: Vale.
Alberto: Y una Fanta (h) ______________.
Camarero: ¿Quieren pedir el (i) ______________ ahora?
Alberto: Vale. Quiero (j) ______________.
Camarero: ¿De qué sabor?
Alberto: De (k) ______________ por favor.
Joaquín: Yo tomaré helado también pero de (l) ______________.

2 Rellena la tabla con lo que piden los chicos. *Fill in the table with what the boys order.*

	Primer plato	Segundo plato	Bebida	Postre
Joaquín				
Alberto				

Student CD 1 Track 46

6.4 (J) Escucha más conversaciones en un restaurante y contesta a las preguntas en español.
Listen to more conversations in a restaurant and answer the questions in Spanish.

1

(a) ¿Cómo se llama el restaurante?
(b) ¿A qué hora abre?
(c) ¿ Para cuántas personas quiere reservar una mesa la mujer?
(d) ¿Para qué fecha quiere hacer la reserva?
(e) ¿Cuál es el problema?

2

(a) ¿Qué quiere el hombre de primer plato?
(b) ¿Qué quiere de segundo plato?
(c) ¿Qué postre pide?
(d) ¿Qué pide para beber?
(e) ¿Dónde están los aseos?

Página 63

6.4 (K) 1 Imagina que estás en un restaurante mexicano. Trabajad en parejas. En vuestro diario de aprendizaje, escribid la conversación con el camarero / la camarera. *Imagine that you are in a Mexican restaurant. Work in pairs. In your learning diary, write a role-play with the waiter / waitress.*

2 Haz una dramatización de la conversación con tu compañero/a. *Perform your role-play with your partner.*

6.4 (L) ¿Qué es? Etiqueta las imagenes con las palabras de abajo. *Label the images with the words below.*

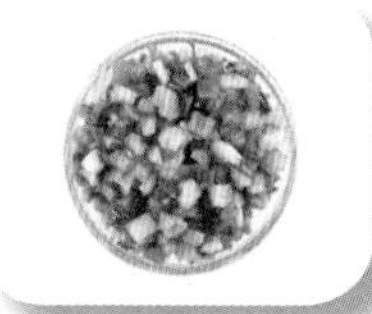

(a) ____________ **(b)** ____________ **(c)** ____________ **(d)** ____________ **(e)** ____________

(f) ____________ **(g)** ____________ **(h)** ____________ **(i)** ____________ **(j)** ____________

el maíz dulce, los totopos, la harina, el nopal, el guacamole, el trigo, los frijoles, el pico de gallo, el aguacate, los tacos

6.4 (M) Haz el crucigrama. *Fill in the crossword.*

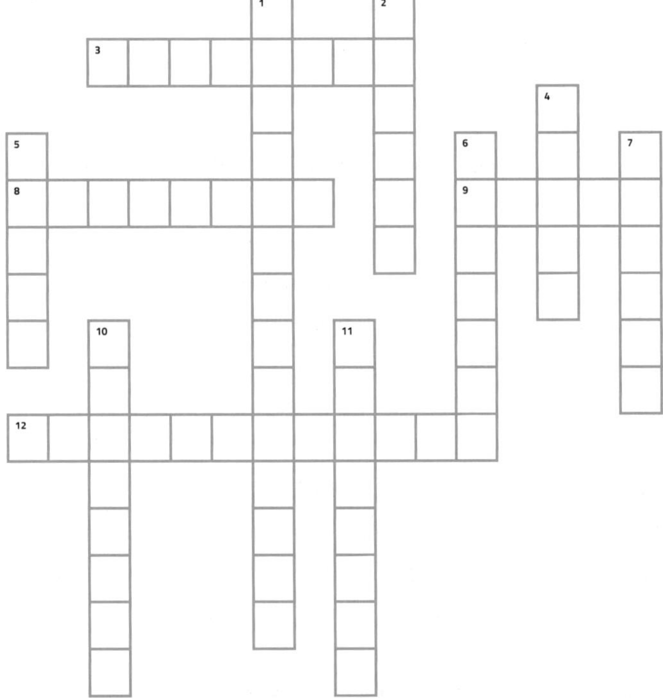

Horizontales

3 Su trabajo es servir los platos en el restaurante
8 Ingrediente principal del guacamole
9 Un animal que los españoles llevaron a México
12 Conquistador español que llegó a México en 1519

Verticales

1 Conquistador español que llevó el chocolate a España por primera vez
2 Helados y pasteles son tipos de ________________
4 Ingrediente principal de las quesadillas
5 La planta de la que se hace el chocolate
6 También conocidos como nachos
7 Ingrediente esencial para hacer pan
10 En España significa omelette, en México significa wrap
11 El nombre de la ciudad mexicana donde llegaron los conquistadores en 1519

Rellena en tu diario de aprendizaje las palabras clave de la sección 6.4.
Fill in the keywords for section 6.4 in your learning diary.

Página 70

6.5 ¡Me encanta México!

6.5 (A) Joaquín escribe un mensaje en Facebook. Lee el mensaje y contesta a las preguntas en español. *Joaquín posts a message on Facebook. Read the post and answer the questions in Spanish.*

¡Me encanta México! Hemos llegado hace una semana y lo estamos pasando bomba. Hemos visitado algunas zonas arquelógicas, como Palenque y Chichén Itzá, hemos visto un espectáculo de música Mariachi, y mañana tendremos tiempo libre para ir a la playa. La comida es riquísima. Mis platos favoritos son las enchiladas y los tacos. El jueves pasado acampamos en la selva. Vi cocodrilos, monos y un águila. Fue una experiencia increíble. Volvemos a España el martes que viene. ¡Hasta pronto amigos!

(a) ¿Qué va a hacer Joaquín mañana?
(b) ¿Cuáles son sus platos mexicanos favoritos?
(c) Menciona dos tipos de animales o aves que vio en la selva.
(d) ¿Qué hace el martes que viene?
(e) ¿Cómo se dice en español? Busca las siguientes frases en el texto.
- *We arrived a week ago and we're having a great time.*
- *We camped in the jungle.*
- *It was an incredible experience.*

Student CD 1 Track 47

6.5 (B) Joaquín visitó Chichén Itzá, un enclave arqueológico. Escucha la descripción y contesta a las preguntas en inglés. *Joaquín visited the archeological site Chichén Itzá. Listen to the description and answer the questions in English.*

Chichén Itzá

(a) Where is Chichén Itzá located?
(b) In roughly what year was it constructed?
(c) How many tourists visit the site every year?
(d) When is the best time to visit?
(e) How many tourists visit the site daily in high season?
(f) When is it open to tourists?
(g) In what way is the archeological site threatened?

6.5 (C) Joaquín menciona la música Mariachi en su mensaje. Lee el texto para aprender más sobre este estilo de música. *Joaquín mentions Mariachi music in his post. Read the text to learn more about this style of music.*

La música Mariachi

La música mariachi es una música tradicional méxicana. Los grupos de Mariachi suelen componerse de cuatro o más músicos que cantan y tocan la guitarra, el guitarrón, el violín y la trompeta. Las letras de las canciones de la música Mariachi moderna hablan de la ciudad donde se vive, el país natal, la naturaleza, las mujeres mexicanas o la religión. En México cuando hay acontecimientos importantes como bodas, bautizos, graduaciones, comuniones, fiestas de cumpleaños o de los 15 años, uno de los preparativos para la fiesta es contratar el servicio de un grupo de mariachis. En la Ciudad de México, el centro de la música mariachi es la Plaza Garibaldi. Cada noche los músicos se reunen en la plaza para mostrar sus habilidades. La gente va a la plaza para escucharles y regatear el precio que hay que pagar para contratarles.

Contesta en inglés. *Answer in English.*

(a) How many musicians typically make up a Mariachi band?
(b) Name three instruments that Mariachi musicians play.
(c) Name three of the themes that the lyrics of Mariachi songs are about.
(d) Name three celebrations for which Mexicans typically book a Mariachi band.
(e) Where in Mexico City should you go to hear a Mariachi band and book them?

6.5 (D) Busca música Mariachi en internet. ¿Te gusta?¿Por qué?¿Por qué no?¿Qué tipo de música prefieres? Discutidlo en grupos pequeños. *Look up Mariachi music online. Do you like it? Why? Why not? What type of music do you prefer? Talk in small groups.*

Me encanta la música Mariachi. Es muy interesante y me gustan los trajes que llevan los músicos.

No me gusta la música Mariachi. Prefiero el rock. Mi cantante favorito es Ed Sheeran.

Me mola la música pop. Descargo música en mi móvil. Mi grupo favorito es 5SOS.

6.5 (E) Diseña un póster para un concierto de música mariachi. *Design a poster for a Mariachi music concert.*

Criterios de éxito:
- Give your Mariachi group a name
- Include the following details: where the concert is taking place, the date and time, the price of tickets, details of how to reserve tickets, public transport options to the concert

6.5 (F) Lee la postal y rellena los espacios en blanco con las palabras de abajo.
Read the postcard and fill in the blanks with the words below.

Cancún, 23 de febrero

Querido Ignacio:

Estoy de (a) ____________ en Cancún. Estoy alojada en un hotel de cuatro estrellas al lado de la playa. Hay una piscina (b) ____________ y dos pistas de tenis en el hotel. Paso (c) ____________ los días en la playa o (d) ____________ al tenis con Luis. Por la noche las (e) ____________ de aquí son geniales. Hoy he ido a un parque (f) ____________ y mañana iré a Tulúm, un sitio con restos arquelógicos. A mis padres les encanta la (g) ____________ mexicana pero a mí no me gusta tanto la salsa (h) ____________. Hace muy buen (i) ____________ - perfecto para tomar el (j) ____________.

Espero que estés bien.

Hasta pronto,

Marta

todos, acuático, picante, enorme, sol, comida, tiempo, discotecas, vacaciones, jugando

Página 64

6.5 (G) Imagina que estás de vacaciones en México. Escribe un mensaje en Facebook para tus amigos de Irlanda. *Imagine you are on holidays in Mexico. Post a message on Facebook to your friends at home.*

Rellena en tu diario de aprendizaje las palabras clave de la sección 6.5.
Fill in the keywords for section 6.5 in your learning diary.

Página 70

6.6 Hablamos del pasado

6.6 (A) El pretérito perfecto

Take a look at the following sentences that we saw in sections 6.2 (C) and 6.5 (A):

He pasado todo el día en la playa. *I've spent all day at the beach.*
Hemos visitado unas zonas arqueológicas. *We've visited some archaeological areas.*

These sentences are formed using a tense called *el pretérito perfecto*. We can use this tense to refer to the past. In English this tense is called the present perfect and there are two parts to it: (1) the present tense of the verb *to have* and (2) the past participle (*walked, read, visited,* etc.).

Examples:
I have walked to school three times this week
She has read that book
They have visited their grandparents a lot this summer

To form this tense in Spanish we also need two parts: (1) the present tense of the verb HABER and (2) the past participle.

(1) The present tense of HABER

	HABER *(to have)*
yo	he
tú	has
él / ella / usted	ha
nosotros/as	hemos
vosotros/as	habéis
ellos / ellas / ustedes	han

(2) The past participle

Can you figure out the past participles of the verbs below? Fill in the chart.

	Infinitive	Past participle	
los verbos en –AR	habl**ar**	habl**ado**	*spoken*
	tomar		*taken*
	cantar		*sung*
los verbos en –ER	com**er**	com**ido**	*eaten*
	beber		*drunk*
	aprender		*learned*
los verbos en –IR	viv**ir**	viv**ido**	*lived*
	salir		*gone out*
	dormir		*slept*

Ejemplos:
He hablado con Carlos *I've spoken to Carlos*
Ha comido toda la paella *He's eaten all the paella*
Han salido con María *They've gone out with María*

6.6 (B) Escribe las frases con el pretérito perfecto de los verbos entre paréntesis. *Write the phrases with the present perfect of the verbs in brackets.*

(a) Nosotros (beber) toda la botella de agua. *Nosotros hemos bebido toda la botella de agua.*
(b) Yo (comer) mucho chocolate hoy. __________
(c) ¿Vosotros (dormir) una siesta? __________
(d) Sergio (salir) con Enrique. __________
(e) Ellas (desayunar) cereales con fruta. __________
(f) ¿Tú (vivir) en España antes? __________
(g) Nerea (hablar) con la directora. __________
(h) Nosotras (aprender) los verbos. __________
(i) Mis primos (estudiar) toda la tarde. __________
(j) ¿Tú (dormir) bien? __________

6.6 (C) Más sobre el pretérito perfecto

- The *pretérito perfecto* is often used with the adverb *ya* meaning 'already'. However the verb HABER and the past participle are never separated.

Ya **hemos comido**	*We have already eaten*
Ya **he pagado** la cuenta	*I have already paid the bill*

- With reflexive verbs, the reflexive pronoun is placed immediately before the verb HABER.

Yo **me he lavado**	*I have washed myself*
Ella **se ha maquillado**	*She has put on her make-up*

- To make the *pretérito perfecto* negative, we put *no* immediately before the verb HABER, or before the reflexive pronoun of reflexive verbs.

Todavía **no hemos comido**	*We haven't eaten yet*
No he pagado la cuenta	*I haven't paid the bill*
No se ha maquillado	*She hasn't put on her make-up*

6.6 (D) ¿Cómo se dice en español? Escribe las siguientes frases en español en tu cuaderno. *How do you say it in Spanish? Write the following sentences in Spanish in your copy.*

(a) They have already gone out.
(b) Have you washed yourself?
(c) I haven't spoken to Mr Smith.
(d) He has already paid the bill.
(e) They haven't eaten the sandwiches.
(f) We have learned all the vocabulary.
(g) I haven't played golf before.
(h) Have you lived in Germany before?
(i) They haven't got up yet.

6.6 (E) Irregular past participles

You have already figured out that to form the past participle of most verbs we follow the following steps:

–AR verbs	**remove –AR and add *–ado***	TOMAR	tomado
–ER verbs	**remove –ER and add *–ido***	VENDER	vendido
–IR verbs	**remove –IR and add *–ido***	SALIR	salido

However, not all past participles are formed in the above way. The following past participles are irregular:

ABRIR (*to open*)	**abierto**	MORIR (*to die*)	**muerto**
DECIR (*to say*)	**dicho**	PONER (*to put*)	**puesto**
ESCRIBIR (*to write*)	**escrito**	ROMPER (*to break*)	**roto**
HACER (*to do*)	**hecho**	VER (*to see*)	**visto**
LEER (*to read*)	**leído**	VOLVER (*to return*)	**vuelto**

Ejemplos: ¿**Has hecho** los deberes? *Have you done the homework?*
Ya **he visto** esa película *I've already seen that film*

- The past participle of the verb IR is *ido*:
  Han ido a Mallorca *They've gone to Mallorca*

6.6 (F) Escribe las frases con el pretérito perfecto de los verbos entre paréntesis. *Write the sentences with the present perfect of the verbs in brackets.*

(a) Sus hermanos no (ver) la película. *Sus hermanos no han visto la película.*
(b) Yo (escribir) un email a Laura. ______
(c) Nosotras (volver) a España. ______
(d) Ellos ya (hacer) todos los ejercicios. ______
(e) ¿Tú (abrir) la ventana? ______
(f) ¿Vosotros (ver) a la profesora hoy? ______
(g) Yo (romper) el vaso. ______
(h) Él no (decir) la verdad. ______
(i) Susana (poner) su tableta en la mesa. ______
(j) Nosotros (ir) al supermercado esta mañana. ______

6.6 (G) ¿Qué ha hecho Raúl esta mañana? Une las frases con las imágenes. *What has Raúl done this week? Match the sentences with the images.*

(a) Se ha duchado

(b) Ha lavado la moto

(c) Ha hecho los deberes

(d) Se ha afeitado

(e) Ha ido a la carnicería

(f) Ha comprado plátanos

6.6 (H) ¿Qué ha hecho Belén hoy? Mira la viñeta y cuéntale a un compañero/una compañera lo que ha hecho. *What has Belén done today? Look at the comic strip and tell a classmate what Belén has done.*

6.6 (I) ¿Cómo se dice en español? Escribe las siguientes frases en español en tu cuaderno. *How do you say it in Spanish? Write the following sentences in Spanish in your copy.*

(a) We have already done our homework.
(b) I haven't seen that film yet.
(c) Pilar has been to France three times. (*tres veces*)
(d) They haven't bought the tickets.
(e) She has broken the window.
(f) Have you read the novel?
(g) I have been in Málaga before.
(h) Carlos has gone to the cinema with Elena.
(i) They have played football twice this week
(j) Have you already done those exercises?

Rellena en tu diario de aprendizaje las palabras clave de la sección 6.6.
Fill in the keywords for section 6.6 in your learning diary.

 Página 70

6.7 Joaquín va al mercado

 **6.7 (A) Lee la viñeta.** *Read the comic strip.*

Contesta en español. *Answer in Spanish.*

(a) ¿Qué hacen Joaquín y Alberto por la mañana?
(b) ¿Por qué quieren ir a un mercado?
(c) ¿Qué compra Alberto?
(d) ¿Cuánto cuesta la fruta?
(e) ¿Cómo se dice *souvenirs* en español? Busca la palabra en la viñeta.

Tulúm

Tulúm is an ancient archaeological site that was built by the Mayan people in the 13th century. Tulúm was a major centre of trade for the Mayan people from the 13th to the 15th centuries. It was abandoned in the 16th century after the arrival of the Spanish to the Yucatán Peninsula, but today it is one of the most visited archaeological sites in Mexico. Tulúm was one of the last cities occupied by the Maya and the ruins are amongst the best-preserved coastal sites that tourists can visit today.

6.7 (B) En el mercado.

Clasifica la fruta y las verduras según tus gustos. *Classify the fruit and vegetables according to your taste.*

Me gustan . . .

No me gustan . . .

Student CD 1 Track 48

6.7 (C) Escucha y repite el vocabulario. *Listen and repeat the vocabulary.*

Mira la presentación en PowerPoint 'Unidad 6 (b)' sobre fruta y verduras. *Watch the PowerPoint presentation 'Unidad 6 (b)' on fruit and vegetables.*

6.7 (D) Busca las frutas y verduras en la sopa de letras. *Find the fruit and vegetables in the wordsearch.*

s	e	c	h	a	m	p	i	ñ	ó	n	d	b	n	m
d	d	e	t	c	e	r	e	z	a	j	g	h	j	g
f	c	d	g	u	s	a	a	p	s	d	f	g	h	j
r	f	c	b	g	x	í	e	c	i	r	u	e	l	a
e	t	g	h	d	d	v	d	l	v	n	d	f	g	r
s	g	b	h	n	n	b	o	d	f	g	o	s	d	á
a	l	b	a	r	i	c	o	q	u	e	p	l	j	n
r	u	s	q	w	ó	d	f	g	r	t	d	s	a	d
f	h	p	s	r	m	l	k	h	n	g	c	x	s	a
d	b	l	b	z	x	f	g	b	y	j	i	l	p	n
s	v	k	h	g	f	e	s	p	á	r	r	a	g	o

6.7 (E) 1 Trabajad en grupos. Pregunta a tus compañeros si les gusta la comida de abajo (¿Te gusta . . . ? ¿Qué prefieres?). *Work in groups. Ask your classmates if they like the foods below. (Use ¿Te gusta(n) . . . ? or ¿Qué prefieres?)*

2 Ahora escribe seis frases en tu cuaderno con la información que te han dado tus compañeros. *Now write six sentences in your copy with the information from your classmates.*

Ejemplos: *A Róisín le gustan mucho las fresas* *A Thomas no le gusta el brócoli*

Student CD 1 Track 49

6.7 (F) Escucha las conversaciones en el mercado y contesta a las preguntas en inglés. *Listen to the conversations in the market and answer the questions in English.*

1

(a) What does the man want to buy?
(b) What does the market trader say are very fresh?
(c) Why does he want to buy blueberries?
(d) How much is the total cost?
(e) What does the trader give him to try?

2

(a) What does the woman ask the trader?
(b) How far is the nearest bakery?
(c) What directions is she given?
(d) What does she buy from the market?
(e) How much is the total cost?

6.7 (G) Haz el crucigrama. *Fill in the crossword.*

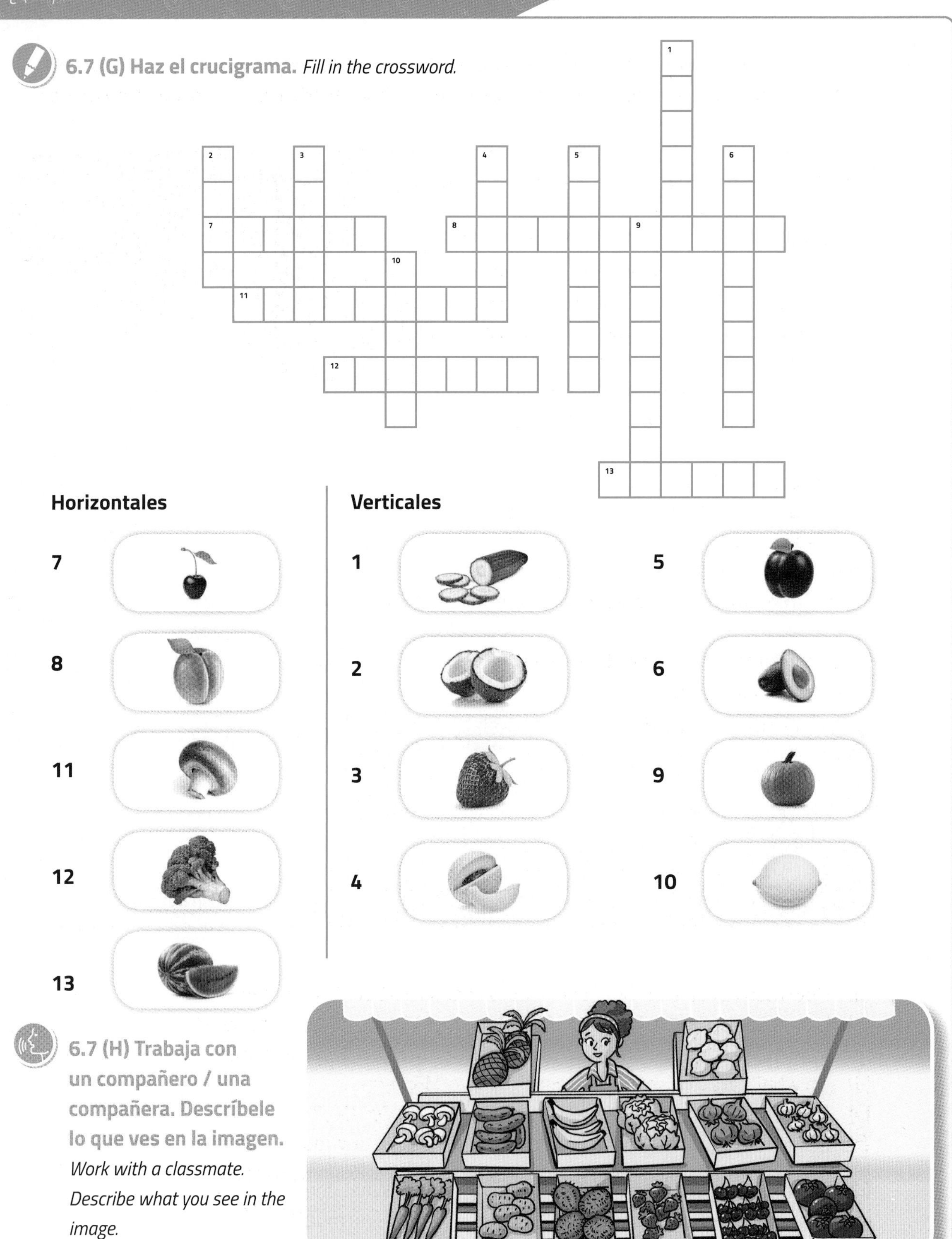

6.7 (H) Trabaja con un compañero / una compañera. Descríbele lo que ves en la imagen. *Work with a classmate. Describe what you see in the image.*

6.7 (I) Justin Bieber hará unos conciertos en México. Lee el texto y contesta a las preguntas en inglés. *Justin Bieber is going to perform some concerts in Mexico. Read the text and answer the questions in English.*

Las *Beliebers* ya cuentan las horas para ver a su ídolo Justin Bieber, en México. Mientras que su equipo de más de ciento cincuenta personas se encuentra armando el escenario en Nuevo León, el municipio de Guadalupe ya tiene listo todo un operativo para salvaguardar la seguridad de los más de cincuenta mil asistentes al show del canadiense en el estadio BBVA Bancomer.

De acuerdo con Víctor Navarro, secretario de Seguridad del Municipio de Guadalupe, el operativo de seguridad se implementará desde diez horas antes de que inicie el evento, programado para las 21:00 horas.

El show del canadiense tendrá una duración de unos noventa minutos.

¿Cuándo y dónde?

- Monterrey: 15 de febrero en el estadio BBVA Bancomer
- Ciudad de México: 18 de febrero, Foro Sol
- Ciudad de México: 19 de febrero, Foro Sol
- Ciudad de México: 21 de febrero, Foro Sol

¿Y qué pidió Bieber para su camerino?

36 botellas de agua
2 limones
1 caja de té
1 botella de miel orgánica sin procesar
1 tazón de frutas que incluya plátanos orgánicos y uvas sin semilla
1 plato pequeño con carnes frías y queso que incluya pavo orgánico, lechuga, queso, aceitunas negras y pimientos verdes
1 barra de Pan Blanco rebanado
1 bolsa de papas fritas Lay's o Pringles sabor vinagre con sal
6 paquetes de chicle Airwaves sabor mentol
1 bolsa de chocolates

(a) How many people accompany Justin Bieber as part of his tour team?
(b) How many people will attend his show in the BBVA Bancomer stadium?
(c) How many hours before the show starts will security be put in place?
(d) On what date is Justin Bieber performing in Monterrey?
(e) For how many nights will he be performing in Mexico City?
(f) Name two drinks that he has requested for his dressing room.
(g) Name three types of fruit that he has requested for his dressing room.
(h) Name five other foods that he has requested for his dressing room.

Student CD 1 Track 50

6.7 (J) Comprando recuerdos. Escucha y luego etiqueta el dibujo con las palabras de la lista de abajo. *Buying souvenirs. Listen and label the illustration with the words from the list below.*

el abrebotellas, el llavero, la artesanía, la muñeca, la salsa picante, las golosinas, el sacacorchos, la camiseta, la gorra, la calavera

6.7 (K) 1 Joaquín ha comprado unos recuerdos para su familia. Lee lo que dice.
Joaquín has bought souvenirs for his family. Read what he says.

He comprado un montón de recuerdos – una muñeca para mi hermana menor, un gorra para mi hermano Rubén, una botella de salsa picante para mi madre porque le encanta la comida picante y un llavero para mi padre. También he comprado un abrebotellas para mi abuelo y una caja de golosinas para mi abuela y camisetas para María y Andrea. ¡He gastado mucho dinero!

2 ¿Qué ha comprado y para quién? Conecta los regalos con las personas. *What has he bought for whom? Match the presents with the people.*

1 Su padre
2 Su madre
3 Su hermano
4 Su hermana
5 Su abuelo
6 Su abuela
7 Sus amigas

(a)  **(b)**  **(c)**  **(d)** 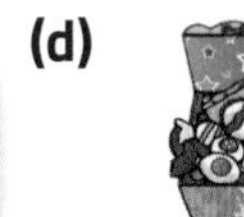 

(e)  **(f)**  **(g)** 

Student CD 1 Track 51

6.7 (L) Escucha la conversación en el mercado y contesta a las preguntas en español. *Listen to the conversation in the market and answer the questions in Spanish.*

(a) ¿Qué compra el chico?
(b) ¿Qué talla busca?
(c) ¿Qué color quiere?
(d) ¿Cuánto cuesta?
(e) ¿Qué compra para su hermana?
(f) ¿Cuándo es el cumpleaños de su hermana?
(g) ¿Cuál es el precio total?

6.7 (M) Lee el texto sobre el Día de Muertos.

Joaquín saw sugar skulls on sale when he visited the market in Mexico. These sugar skulls are commonly eaten during the celebration *Día de Muertos* (Day of the Dead). *Día de Muertos* is a Mexican celebration that dates back to the ancient cultures that inhabited Mexico before the arrival of the Spanish. On the 1st and 2nd of November, Mexican people go to the graveyards where their deceased family members are buried. They clean and decorate the tombs and leave flowers to attract the souls of the dead. They leave offerings such as food and drinks for the souls, and even toys for the souls of children. Another tradition of the *Día de Muertos* is to decorate an altar at home with offerings to honour the dead. Mexicans leave clothes, ornaments, food, drinks, flowers and gifts on their altar as a show of affection and remembrance of the dead. The festival is not seen as a sad time, but rather as a celebration of the memory and presence of dead family members. Although it is a traditionally Mexican festival, it is celebrated today in other parts of Latin America and in parts of the United States with large Mexican communities.

Página 65

6.7 (N) Rellena la información sobre Día de Muertos en tu diario de aprendizaje. *Fill in the information about* Día de Muertos *in your learning diary.*

Rellena en tu diario de aprendizaje las palabras clave de la sección 6.7.
Fill in the keywords for section 6.7 in your learning diary.

Página 71

6.8 ¡Practicamos!

6.8 (A) Lee la postal para Maite y rellena los espacios en blanco con las palabras de abajo.
Read the postcard to Maite and fill in the blanks with the words below.

Cancún, 26 de febrero.

Hola Maite:

Estoy (a) ____________ vacaciones (b) ____________ México. Estoy alojada en un hotel de cinco estrellas (c) ____________ lado de la playa de Cancún. Hace (d) ____________ sol y (e) ____________ calor. Estoy muy morena. Me (f) ____________ la comida mexicana pero es (g) ____________ picante. Esta mañana (h) ____________ a un museo de historia. ¡Qué interesante! Mañana (i) ____________ a un parque acuático (j) ____________ Pilar y Rocío. Espero que estés bien.

Nos vemos pronto.

Besos,

Alba

al, en, con, de, mucho, muy, hace, encanta, iré, he ido

Página 66

6.8 (B) Pon las frases en orden y escríbe la postal en tu diario de aprendizaje. *Put the phrases in order and write the postcard into your learning diary.*

un hotel de tres estrellas con una

Querido Antonio:
Aquí estoy en Sierra Nevada con

Sevilla el domingo que viene.
Hasta pronto
Miguel

frío y nieva cada día. Estamos alojados en

piscina cubierta. Pasamos todo el día esquiando

mi familia. Hace mucho

o patinando. Volveré a

6.8 (C) Pon el vocabulario en la columna adecuada. *Classify the vocabulary into the correct columns.*

las croquetas, la col, la artesanía, las enchiladas, las limas, las muñecas, las gambas, la coliflor, los tacos, la camiseta, las sandías, los albaricoques, las golosinas, las quesadillas, el brócoli, el llavero, las patatas bravas, las cerezas, los huevos rancheros, las moras, las albóndigas, las setas, el espárrago, las fajitas, los calamares

Fruta	Verduras	Platos mexicanos	Tapas españolas	Recuerdos

6.8 (D) Lee el póster sobre las apps y contesta a las preguntas en español. *Read the poster about apps and answer the questions in Spanish.*

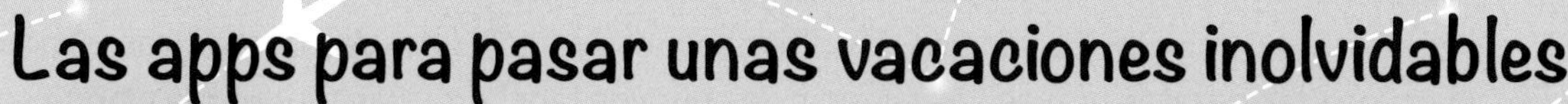

Una aplicación para saber el tiempo que hace en cualquier parte del mundo. Muy útil para planear qué ropa llevar en la maleta.

Útil para planificar tu viaje y encontrar restaurantes, hoteles y sitios de interés.

Aplicación que permite la visualización del tráfico de cualquier ciudad.

Una app para reservar hoteles.

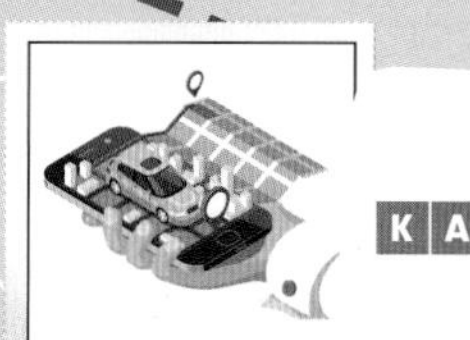

Otra app para reservar hoteles. También útil para la reserva de billetes de avión o alquiler de coches.

Una aplicación con información detallada sobre restaurantes, tiendas, hoteles y otros sitios de interés. Útil para las vacaciones urbanas.

(a) ¿Cómo se llama la app para ver el pronóstico del tiempo?
(b) ¿Cómo se llama la app que da información sobre el tráfico?
(c) ¿Para qué es útil la aplicación Tripadvisor?
(d) ¿Cuál de las aplicaciones se usa para reservar billetes de avión o alquilar coches?
(e) ¿Qué es Guru?
(f) ¿Qué información ofrece la aplicación Expedia?

Página 67

6.8 (E) ¡Vamos a hablar! Prepara tus respuestas en tu diario de aprendizaje usando frases completas. *Let's talk! Prepare your answers in your learning diary, using full sentences.*

6.8 (F) Entrevista a un compañero / una compañera con las preguntas de abajo. Graba la entrevista, escúchala con tu compañero / compañera y decidid cuáles son las preguntas más difíciles y por qué. *Interview a classmate with the questions below. Record the interview, listen back with your classmate and decide which questions are most difficult and why.*

Watch the video 'Unidad 6' as an example.

- **(a)** ¿Has probado alguna vez tapas?
- **(b)** ¿Has visto la película *La Bella y la Bestia* de Emma Watson?
- **(c)** ¿Has jugado al golf alguna vez?
- **(d)** ¿Has leído todos los libros de Harry Potter?
- **(e)** ¿Has estado en México alguna vez?
- **(f)** ¿Has oído el nuevo álbum de Ed Sheeran?
- **(g)** ¿Has ido al cine esta semana?
- **(h)** ¿Qué has comido hoy?
- **(i)** ¿Qué has hecho esta mañana?
- **(j)** ¿Has sacado buenas notas en los exámenes este año?

6.8 (G) Crea unas tarjetas educativas en quizlet para aprender el vocabulario de la Unidad 6. *Create a set of online flashcards using online programmes such as Quizlet or Studystack to learn the vocabulary in Unit 6.*

Página 68

6.8 (H) Estás en el mercado. Escribe dos conversaciones en tu diario de aprendizaje. *You are in the market. Write two role-plays in your learning diary.*

Unidad 6 ¡Ponte a prueba!

Página 72

Ordena tus conocimientos de gramática de la Unidad 6 en tu diario de aprendizaje. *Sort your knowledge of the grammar in Unit 6 in your learning diary.*

Página 72

En tu diario de aprendizaje, reflexiona sobre lo que has aprendido en esta unidad. *In your learning diary, write your thoughts on what you have learned in this unit.*

¿Qué he aprendido en la Unidad 6?	🙂	😐	☹️
I understand the tradition of tapas in Spain			
I can recognise different tapas dishes			
I can identify differences between life in Ireland and in Spain			
I can write and perform a role-play ordering food and drinks			
I can follow menus			
I can design a menu for a tapas bar			
I can read postcards			
I can write a postcard			
I can write and perform a role-play at the post office			
I can design a postcard from a Spanish-speaking country			
I understand elements of Mexican culture, such as Mariachi music and the festival Day of the Dead			
I can recognise traditional Mexican dishes			
I can follow simple Mexican recipes			
I can name a wider variety of fruits and vegetables			
I can name a number of typical souvenirs			
I can describe a scene at a market			
I can use the present perfect to discuss things I have done			

Revision

Go to **www.edco.ie/quepasa2** for interactive activities and quizzes based on this unit.

A test for Unidad 6 is available in the Teacher's Resource Book.

El verano pasado

Go to **www.edco.ie/quepasa2** for interactive activities and quizzes based on this unit.

By the end of this unit you will be able to:

- Name animals typically seen in a zoo

- Have a conversation about holiday destinations and types of accommodation
- Ask someone how they are feeling and say how you are feeling
- Interview a classmate about past activities

- Write a blog about what you did last summer
- Write an email about what you did last weekend

- Use the *pretérito indefinido* of regular and irregular verbs to discuss things you did in the past

- Identify specific information in texts related to holidays and summer activities
- Follow conversations about what people did last summer and last weekend
- Understand conversations about how people are feeling

- Read advertisements for holiday accommodation
- Read blogs describing holidays and weekend activities
- Follow travel reviews
- Understand information given in brochures for holiday destinations
- Recognise specific information in posters for music festivals

- Record an interview of a classmate and evaluate the questions for easiness or difficulty

- Research one of the autonomous communities of Spain

- Recognise the seventeen autonomous communities of Spain and their flags
- Identify the four regional co-official languages that are spoken in Spain

¡QUÉ CURIOSO! Spain is the third biggest tourist destination in the world. Only France and the USA receive more international tourists per year than Spain.

The title of this unit means 'Last summer'. Think back to all the things you did last summer.

Página 73

Haz el ejercicio en tu diario de aprendizaje. *Do the exercise in your learning diary.*

7.1 ¿Qué haces en verano?

7.1 (A) ¿Adónde vas de vacaciones?

Voy de camping a la playa.

Me quedo con mis abuelos en el campo.

Alquilo un piso al lado de un lago.

Me hospedo en un hotel lujoso en el centro de la ciudad.

Voy a un campamento de verano.

Voy a la montaña en una autocaravana.

Student CD 2 Track 2

7.1 (B) ¿Adónde vas de vacaciones? Escucha a estos jóvenes y rellena el cuadro en español. *Where do you go on holidays? Listen to the young people and fill in the chart in Spanish.*

	Destino	Alojamiento	¿Con quién?	Actividades
Javier	Al lado de un lago en Francia	Una casa	Su tía y sus primos	Pescar Hacer windsurf
Sofia				
Santiago				
Marta				
David				

7.1 (C) Lee los anuncios y contesta a las preguntas en inglés. *Read the advertisements and answer the questions in English.*

SE ALQUILA: Casa con cuatro habitaciones a cuatro kilómetros del lago de Sanabria. Salón, comedor, cocina, jardín grande. Para reservar: info@casasanabria.es

SE VENDE: Piso de encanto en la montaña. Situado a un kilómetro de la estación de esquí de Formigal. 2 habitaciones. Estacionamiento privado. Perfecto para los aficionados al esquí. +34 902 49 71 93

SE ALQUILA: Piso en la playa en Jávea. 3 habitaciones, salón, cocina, cuarto de baño con ducha. Alquiler mínimo de una semana en julio y agosto. 06 19 74 25 38

SE VENDE: Casa de campo en Andalucía. Ubicada a 800 metros del pueblo de Bubión. Cinco habitaciones, salón, comedor, cocina, jardín grande con terraza, barbacoa y piscina. 07 82 31 60 41

SE ALQUILA: Autocaravana lujosa. Disponible para las vacaciones de Semana Santa y el fin de semana de Las Cruces, (no disponible julio/agosto). €375 a la semana. Tel después de las 20h. 07 85 43 13 92

(a) What number would you call to buy an apartment near a ski resort?

(b) When is the camper van not available to rent?

(c) What is the minimum rental period for the apartment by the beach in Jávea?

(d) How many bedrooms are there in the house to rent near a lake?

(e) When can you call to enquire about the camper van?

(f) What number would you call to buy a country house in Andalucía?

(g) What is the price to rent the camper van?

(h) What details are given about the house for sale in Andalucía?

7.1 (D) ¿Adónde van de vacaciones? Preguntale a un compañero / una compañera. *Where do they go on holidays? Ask a classmate.*

Juan

Maite

Adrián

Susana

Abraham

Penélope

Ejemplo:

¿Adónde va Juan de vacaciones?

Juan va de camping a la playa.

7.1 (E) El verano pasado. Lee los blogs y contesta a las preguntas. *Last summer. Read the blogs and answer the questions.*

El verano pasado fui a París con mi padre y mi hermano. Fuimos en avión desde Madrid. Nos hospedamos en un hotel de cuatro estrellas cerca de Eurodisney. Pasamos cuatro días en el parque de atracciones. ¡Lo pasé bomba!

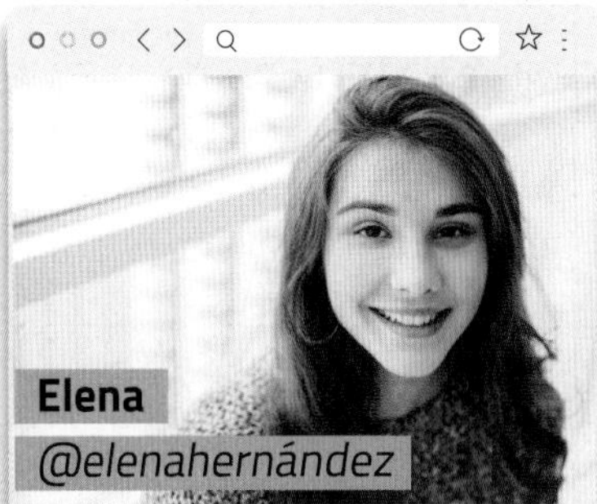

¡Hola chicos! El verano pasado hice un intercambio con Róisín, una chica irlandesa. Fui a un pueblo en el oeste de Irlanda que se llama Westport. Aprendí mucho inglés y lo pasé genial. Róisín está en Córdoba conmigo este verano. Es muy maja y me llevo bien con ella.

Suelo pasar el verano en la casa de mis abuelos. Su casa está en la playa, en Málaga. El verano pasado fui con mi madre y mi primo Diego. Fuimos a la playa y a un parque acuático cerca de Málaga. Tengo muchas ganas de volver el verano que viene.

1 Contesta en inglés. *Answer in English.*

(a) Where did Antonio go last summer?
(b) Who did he go with?
(c) How did they travel?
(d) Where did they stay?
(e) What did Elena do last summer?
(f) Where exactly did she go?
(g) Who does Carlos usually spend the summer with?
(h) Who went to Málaga with him last summer?
(i) Mention two things they did there.

2 ¿Cómo se dice en español? Busca las frases siguientes en los blogs. *How do you say it in Spanish? Find the following phrases in the blogs.*

(a) We stayed in a four-star hotel ______________________________

____

(b) A theme park / amusement park ______________________________

____

(c) I did an exchange ______________________________

____

(d) She's very nice ______________________________

____

(e) I get on well with her ______________________________

____

(f) A water park ______________________________

____

(g) I had a great time (Find two ways to say it.) ______________________________

____

7.1 (F) Lee la crítica en Tripadvisor y contesta a las preguntas en español. *Read the review on Tripadvisor and answer the questions in Spanish.*

@jorgemiguel

Acabo de llegar al Hotel Playa en Nerja y estoy enfadado. La habitación no tiene ni televisor, ni Wifi, ni teléfono. Para ser un hotel de cuatro estrellas es ridículo. El sitio web del hotel dice que es un hotel de estilo clásico tradicional pero la verdad es que es muy anticuado. Además, el restaurante no abre al mediodía. Después de un viaje de cinco horas tengo mucha hambre pero la recepcionista me dice que el restaurante no abrirá hasta las ocho y media de la noche. No estoy contento. Este hotel, no lo recomendaría.

(a) ¿Cómo se llama el hotel?
(b) ¿Dónde está?
(c) ¿Por qué está enfadado Jorge?
(d) ¿Cuánto tiempo duró el viaje de Jorge?
(e) ¿A qué hora abre el restaurante?

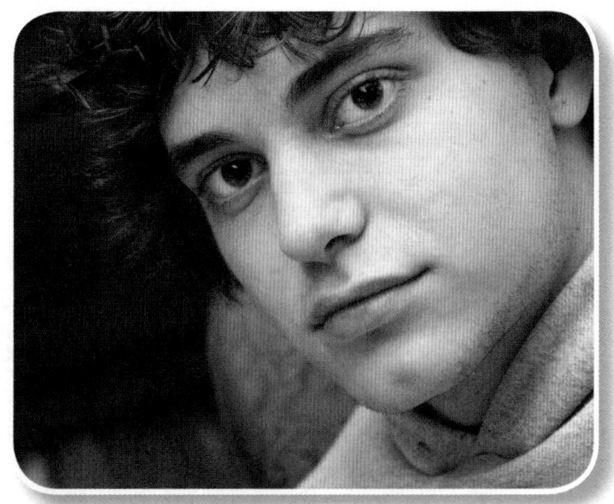

anticuado = *old-fashioned*
ACABAR de + infinitivo = *to have just . . .*
Acabo de llegar = *I have just arrived*
Acabamos de comer = *We have just eaten*

7.1 (G) Los sentimientos

In his post on Tripadvisor, Jorge uses the phrase *estoy enfadado*, and later he writes *no estoy contento*. ¿Y tú? ¿Cómo estás?

Estoy . . .

feliz
happy

triste
sad

cansado/a
tired

preocupado/a
worried

enfadado/a
angry

orgulloso/a
proud

enfermo/a
sick

emocionado/a
excited

nervioso/a
nervous

enamorado/a
in love

ocupado/a
busy

aburrido/a
bored

de buen humor
in a good mood

de mal humor
in a bad mood

7.1 (H) ¿Y tú? ¿Cómo estás? Preguntale a un compañero / una compañera de clase. *And you? How are you feeling? Ask a classmate.*

- We use ESTAR with feelings and moods.
  How you feel or where you are, always use the verb ESTAR.
- Adjectives always agree in gender and in number with the noun they modify.

Pablo está contento	Raquel está content**a**	Están content**os**	Están content**as**
Pablo no está triste	Raquel no está triste	No están triste**s**	No están triste**s**
Pablo está feliz	Raquel está feliz	Están feli**ces**	Están feli**ces**

Lee los ejemplos de arriba y completa las reglas de concordancia de los adjetivos.
Study the sentences above and fill in the rules for the agreement of adjectives.

- Adjectives ending in –*o* are made feminine by changing –*o* to ______________ .
- Adjectives are made plural by adding ______________ .
- Adjectives ending in –*z* are made plural by changing –*z* to ______________ .
- Adjectives ending in –*e* do not change to make them ______________ .

7.1 (I) ¿Cómo están? Rellena los espacios con la forma correcta del adjetivo. *How are they feeling? Fill in the blanks with the correct form of the adjective.*

(a) Maria está ______________. (contento)
(b) Gerardo y Mateo están ______________ . (alegre)
(c) Las chicas están ______________ . (cansado)
(d) Mi padre está ______________ . (triste)
(e) Maite está ______________ . (aburrido)
(f) Los chicos están ______________ . (preocupado)
(g) Mis hermanos están ______________ . (feliz)
(h) ¿Tus primas están ______________ ? (enfermo)
(i) Mi tía está ______________ . (nervioso)
(j) Paula está muy ______________ . (feliz)

7.1 (J) Haz el crucigrama con los sentimientos. *Fill in the crossword with the feelings.*

Rellena en tu diario de aprendizaje las palabras clave de la sección 7.1.
Fill in the keywords for section 7.1 in your learning diary.

Página 81

7.2 ¿Qué hiciste durante las vacaciones?

7.2 (A) 1 Lee el blog de Andrea. *Read Andrea's blog.*

Pasé el verano pasado con mis abuelos en Galicia. Me alojé en su piso en Raxó, un pueblo pesquero en la playa. Pasé todos los días en la playa. Tomé el sol, comí helados y nadé en el mar. Conocí a un chico muy guapo que se llama Tomás y a su hermana gemela Susana. Pasamos mucho tiempo juntos en la playa. Una noche cené en su casa y después salí de fiesta con ellos. Fuimos a una discoteca. ¡Lo pasé bomba! Otra noche comí en un chiringuito con mis abuelos y fuimos a ver una hoguera a la playa para celebrar la fiesta de San Juan. Raxó es un pueblo de encanto y me gusta mucho pasar el verano allí. Tengo muchas ganas de volver este año.

¡QUÉ CURIOSO! *Chiringuitos* are beachside bars found all along the coast in Spain. They sell refreshments, snacks and simple meals. The *Fiesta de San Juan* is the 23rd of June and marks the first day of the summer holidays for most schoolchildren in Spain. It is celebrated with bonfires (*hogueras*).

Look at the verbs Andrea uses in her blog on the previous page; many of them are formed using a past tense called *el pretérito indefinido.*

2 Rellena los espacios con los verbos del blog en pretérito indefinido. *Fill in the blanks below using verbs in the preterite that you find in the blog.*

	Infinitivo	**Pretérito indefinido**	
Los verbos en –AR	PASAR (*to spend*)	Pasé	(*I spent*)
	TOMAR (*to take*)	Tomé	(*I took*)
	NADAR (*to swim*)	nadé	(*I swam*)
	CENAR (*to have dinner*)	Cené	(*I had dinner*)
	ALOJARSE (*to stay*)		(*I stayed*)
Los verbos en –ER e –IR	COMER (*to eat*)	comí	(*I ate*)
	CONOCER (*to meet*)	conocí	(*I met*)
	SALIR (*to go out*)	salí	(*I went out*)

How do you think you would translate 'I spoke', 'I drank', 'I lived', 'I got up'? Figure it out using the verb endings from above.

HABLAR (*to speak*)	Hablé	(*I spoke*)
BEBER (*to drink*)	Bebí	(*I drank*)
VIVIR (*to live*)	viví	(*I lived*)
LEVANTARSE (*to get up*)		(*I got up*)

7.2 (B) El pretérito indefinido – verbos regulares

Regular verbs all follow a pattern. You have already discovered the pattern for the *yo* form of verbs in the *pretérito indefinido.* Study the charts below to figure out the pattern and fill in the verbs CANTAR, BAILAR, BEBER and SALIR in the *pretérito indefinido.*

Los verbos en -AR	HABLAR (*to speak*)	NADAR (*to swim*)	CANTAR (*to sing*)	BAILAR (*to dance*)
yo	habl**é**	nad**é**	Canté	Bailé
tú	habl**aste**	nad**aste**	Cantaste	Bailaste
él / ella / usted	habl**ó**	nad**ó**	Cantó	Bailó
nosotros / nosotras	habl**amos**	nad**amos**	Cantamor	Bailamos
vosotros / vosotras	habl**asteis**	nad**asteis**	Cantasteis	Bailasteis
ellos / ellas / ustedes	habl**aron**	nad**aron**	Cantaron	Bailaron

Los verbos en –ER e -IR	COMER *(to eat)*	VIVIR *(to live)*	BEBER *(to drink)*	SALIR *(to go out)*
yo	comí	viví	Bebí	Salí
tú	com**iste**	viv**iste**	Bebiste	Saliste
él / ella / usted	com**ió**	viv**ió**	bebió	Salió
nosotros / nosotras	com**imos**	viv**imos**	Bebimos	Salimos
vosotros / vosotras	com**isteis**	viv**isteis**	Bebisteis	Salisteis
ellos / ellas / ustedes	com**ieron**	viv**ieron**	Bebieron	Salieron

To make a verb negative in the *pretérito indefinido*, we simply put *no* before it.

Comí *I ate* → No comí *I didn't eat*

To ask a question in el *pretérito indefinido*, we simply put question marks before and after the statement.

Hablaste *You spoke* → ¿Hablaste? *Did you speak?*

Reflexive verbs in the *pretérito indefinido* are formed in the same way as in the present and the future tenses – with reflexive pronouns.

Me levanté *I got up* → Se duchó *He had a shower*

Página 74

7.2 (C) Rellena el pretérito indefinido de los verbos regulares en tu diario de aprendizaje.
Fill in the preterite of the verbs in your learning diary.

7.2 (D) Rellena los espacios con el pretérito indefinido del verbo entre paréntesis. *Fill in the blanks with the preterite of the verb in brackets.*

(a) Mis padres ________________ (trabajar) en Francia.
(b) Yo no ________________ (comprar) mucha ropa.
(c) ¿Vosotras ________________ (escribir) los correos electrónicos?
(d) ¿Usted ________________ (salir) con David anoche?
(e) ¿Tú ________________ (hablar) con la directora ayer?
(f) Yolanda y Enrique ________________ (aprender) los verbos.
(g) Yo no ________________ (levantarse) temprano ayer.
(h) Irene ________________ (comer) toda la pizza.
(i) Miriam y yo no ________________ (beber) la limonada.
(j) ¿Ustedes ________________ (viajar) a Venezuela?
(k) Ella ________________ (lavarse) en el cuarto de baño.
(l) Yo ________________ (vivir) en Londres.
(m) Él ________________ (afeitarse) la semana pasada.
(n) Carlos no ________________ (estudiar) en la universidad.
(ñ) Nosotros ________________ (abrir) las ventanas.

7.2 (E) Hablamos del pasado

ayer	*yesterday*
anoche	*last night*
anteayer	*the day before yesterday*
el lunes pasado	*last Monday*
el sábado pasado por la mañana	*last Saturday morning*
el domingo pasado por la tarde	*last Sunday evening*
el fin de semana pasado	*last weekend*
la semana pasada	*last week*
el verano pasado	*last summer*
el año pasado	*last year*
hace tres días	*three days ago*
hace una semana	*a week ago*

7.2 (F) Une las frases con las imágenes. *Match the sentences with the images.*

(a) Me levanté a las siete.
(b) Me acosté muy tarde anoche.
(c) Me afeité antes de ir a la oficina ayer.
(d) Me peiné en el cuarto de baño.
(e) El sábado pasado me maquillé antes de salir.
(f) Me relajé el martes por la tarde.

1

2

3

4

5

6

7.2 (G) ¿Qué hiciste el verano pasado? Lee el blog y rellena los espacios con la forma correcta de los verbos entre paréntesis. *What did you do last summer? Read the blog and fill in the blanks with the correct form of the verbs in brackets.*

El verano pasado fui de vacaciones a Francia con mi familia. Nosotros (a) ________________ (pasar) dos semanas en un camping cerca de Perpignan en el sur de Francia. Yo (b) ________________ (conocer) a muchos jóvenes de mi edad y (c) ________________ (divertirse) mucho. Yo hice muchas actividades, por ejemplo, (d) ________________ (nadar) en la piscina, (e) ________________ (visitar) un castillo medieval y (f) ________________ (comer) platos franceses en los restaurantes. Un día mi padre (g) ________________ (comprar) entradas para ir a un parque acuático y fue genial. Mi hermano pequeño (h) ________________ (jugar) al fútbol con los chicos pequeños del camping y mi madre (i) ________________ (comprar) unos recuerdos y mucha ropa nueva en un mercado cerca del camping. Fueron unas vacaciones inolvidables 😀

ir **de** vacaciones = *to go on holidays*
recuerdos = *souvenirs*

7.2 (H) Lee los blogs. *Read the blogs.*

El verano pasado no fui de vacaciones porque mis padres **tuvieron** que trabajar. Me quedé en casa en Sligo, pero salí mucho con mis amigos. **Fuimos** al cine, jugamos al tenis y conocimos a unas chicas en una discoteca. **Tuvimos** suerte porque hizo buen tiempo e **hicimos** surf en la playa de cerca de mi casa.

En agosto del verano pasado **fui** de vacaciones a España con mi madre y mi padrastro. Pasamos una semana en un apartamento de Fuengirola, en la Costa del Sol. **Hizo** mucho calor así que fui a la piscina y tomé el sol. Me relajé mucho y leí dos novelas. ¡Lo pasé bomba!

El verano pasado mis amigos **fueron** en el mes de junio a un colegio irlandés en Galway y yo **tuve** que ir con mi hermana mayor a un colegio en Donegal. No me gustó al principio pero luego lo pasé genial. Conocí a mucha gente guay en Donegal.

1 Contesta en español. *Answer in Spanish.*

(a) ¿Quién fue a España?
(b) ¿Quién hizo surf?
(c) ¿Quién fue a un colegio irlandés?
(d) ¿Dónde vive James?
(e) ¿Qué hizo Elaine en Fuengirola?
(f) ¿Con quién fue Jack a Donegal?

2 Rellena los verbos irregulares con las palabras en negrilla de los blogs de arriba. *Fill in the verbs with the words in bold in the blogs above.*

El pretérito indefinido	IR *(to go)*	HACER *(to do)*/make	TENER *(to have)*
yo	fui	hice	Tuve
tú	fuiste	hiciste	tuviste
él / ella / usted	fue	Hizo	tuvo
nosotros / nosotras	fuimos	hicimos	Tuvimos
vosotros / vosotras	fuisteis	hicisteis	tuvisteis
ellos / ellas / ustedes	fueron	hicieron	Tuvieron

7.2 (I) El pretérito indefinido de los verbos iregulares

El pretérito indefinido	ANDAR *(to walk)*	ESTAR *(to be)*	SER *(to be)*
yo	anduve	estuve	fui
tú	anduviste	estuviste	fuiste
él / ella / usted	anduvo	estuvo	fue
nosotros / nosotras	anduvimos	estuvimos	fuimos
vosotros / vosotras	anduvisteis	estuvisteis	fuisteis
ellos / ellas / ustedes	anduvieron	estuvieron	fueron

El pretérito indefinido	DECIR *(to say)*	DAR *(to give)*	VER *(to see)*
yo	dije	di	vi
tú	dijiste	diste	viste
él / ella / usted	dijo	dio	vio
nosotros / nosotras	dijimos	dimos	vimos
vosotros / vosotras	dijisteis	disteis	visteis
ellos / ellas / ustedes	dijeron	dieron	vieron

El pretérito indefinido	VENIR *(to come)*	QUERER *(to want)*	PONER *(to put)*
yo	vine	quise	puse
tú	viniste	quisiste	pusiste
él / ella / usted	vino	quiso	puso
nosotros / nosotras	vinimos	quisimos	pusimos
vosotros / vosotras	vinisteis	quisisteis	pusisteis
ellos / ellas / ustedes	vinieron	quisieron	pusieron

El pretérito indefinido	PODER *(to be able to)*	LEER *(to read)*	SABER *(to know)*
yo	pude	leí	supe
tú	pudiste	leíste	supiste
él / ella / usted	pudo	leyó	supo
nosotros / nosotras	pudimos	leímos	supimos
vosotros / vosotras	pudisteis	leísteis	supisteis
ellos / ellas / ustedes	pudieron	leyeron	supieron

Which two irregular verbs are exactly the same in the *pretérito indefinido*?

Página 74

7.2 (J) Rellena la tabla con el pretérito indefinido de los verbos irregulares en tu diario de aprendizaje. *In your learning diary, fill in the verb charts with the preterite tense of the irregular verbs.*

7.2 (K) Rellena los espacios con el pretérito indefinido de los verbos entre paréntesis. *Fill in the blanks with the preterite of the verbs in brackets.*

(a) Yo ________________ (ir) a Inglaterra el verano pasado.
(b) Mis hermanos ________________ (hacer) footing en el parque la semana pasada.
(c) ¿Tú ________________ (ver) la nueva película de Kristen Stewart ayer?
(d) El lunes pasado nosotras ________________ (dar) flores a nuestra profesora.
(e) Enrique ________________ (decir) la verdad.
(f) Pilar y yo ________________ (estar) en Salamanca en julio.
(g) Ellos ________________ (venir) a la fiesta de cumpleaños de Antonio.
(h) Yo ________________ (hacer) surf en la playa.
(i) ¿Vosotros ________________ (ir) a Ibiza el mes pasado?
(j) Leticia ________________ (ser) azafata antes de jubilarse.

7.2 (L) ¿Cómo se dice . . . ? Escribe las frases en español. *How do you say . . . ? Write the sentences in Spanish.*

(a) Last summer I went to an Irish college.
(b) In July I did an exchange with a Spanish girl.
(c) We went on holidays to Spain last year.
(d) My brother went to a summer camp.
(e) I went to the beach, I swam in the sea and I went surfing.
(f) They went camping in the mountains.
(g) We ate in restaurants and bought souvenirs.
(h) It was sunny and warm.

Student CD 2 Track 3

7.2 (M) ¿Qué hicieron el verano pasado? Escucha y rellena el cuadro *What did they do last summer? Listen and fill in the chart.*

	¿Qué hizo?	¿Cuándo?
(a) Blanca	*Fue de vacaciones a Italia*	*En agosto*
(b) Rubén		
(c) Nerea		
(d) Jaime		
(e) Rocío		
(f) Manuel		

7.2 (N) Los verbos que terminan con –GAR, –CAR o –ZAR

Think back to the endings for the *pretérito indefinido* of –AR verbs. The *yo* form always ends in *–é*, for example *tomé, bailé, canté, miré, desayuné*. Verbs ending in –GAR and –CAR, such as JUGAR (to play) and SACAR (to take out), have the hard G and C sounds that we listened to on page 10. If we replace the –AR with *é* (to form the *yo* form of the *pretérito indefinido*) this would change the sound of the consonant from a hard G or C to a soft G or C. So how can we keep the hard sounds?

- Verbs ending in –GAR, change –GAR to –gué.
  - JUGAR → yo jug**u**é
  - LLEGAR → yo lleg**u**é
- Verbs ending in –CAR, change –CAR to –qué.
  - BUSCAR → yo bus**qu**é
  - SACAR → yo sa**qu**é

These spelling changes occur in the *yo* form of these verbs only; the rest of the verb conjugates as normal (*jugaste, jugó, jugamos . . .*).

- Verbs ending in –ZAR also have an unusual *yo* form in the *pretérito indefinido*.
  - EMPEZAR → yo empe**c**é

Jugué al voleibol ayer.

Llegué a las diez.

Busqué información en línea.

Página 75

7.2 (Ñ) Rellena el pretérito indefinido de los verbos que terminan en –CAR, –GAR, y –ZAR en tu diario de aprendizaje. *Fill in the preterite of the verbs ending in –CAR, –GAR and –ZAR in your learning diary.*

Mira la presentación en PowerPoint 'Unidad 7 (a)' sobre el pretérito indefinido. *Watch the PowerPoint presentation 'Unidad 7 (a)' on the preterite tense.*

7.2 (O) Practiquemos el pretérito indefinido. *Let's practise the preterite tense.*

1 Une los pronombres personales con la forma del verbo correspondiente. *Match the personal pronouns with the corresponding verb form.*

(a)	Vosotros	**1**	llegaron
(b)	Yo	**2**	empezamos
(c)	Ellas	**3**	comió
(d)	Tú	**4**	vivisteis
(e)	Él	**5**	compraste
(f)	Nosotros	**6**	jugué

2 Completa el cuadro con los infinitivos de los siguientes verbos. *Fill in the table with the infinitives of the following verbs.*

(a)	saqué	
(b)	empecé	
(c)	jugué	
(d)	puse	
(e)	vine	
(f)	estuve	
(g)	leí	
(h)	pude	
(i)	quise	
(j)	dije	

7.2 (P) Une las preguntas con las respuestas. *Match the questions with the answers.*

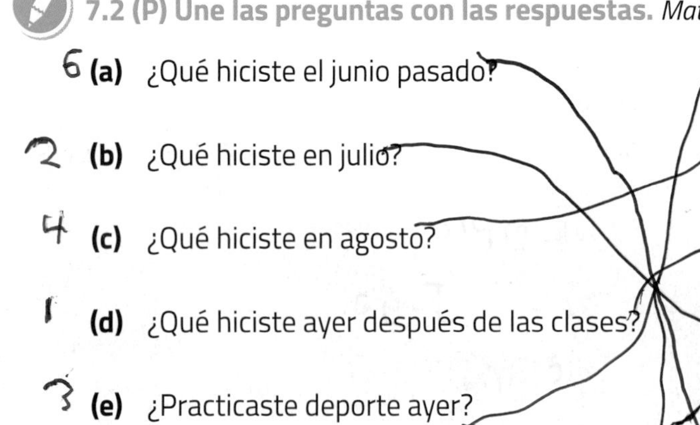

(a) ¿Qué hiciste el junio pasado?
(b) ¿Qué hiciste en julio?
(c) ¿Qué hiciste en agosto?
(d) ¿Qué hiciste ayer después de las clases?
(e) ¿Practicaste deporte ayer?
(f) ¿Viste algo en la tele ayer por la tarde?
(g) ¿Qué cenaste anoche?
(h) ¿A qué hora te acostaste anoche?

1 Pues volví a casa, hice mis deberes y cené con mi madre.
2 Pasé una semana en España con mi madre y mi hermano.
3 Ayer no, pero esta tarde tengo un partido de fútbol.
4 Fui a Kerry a visitar a mis abuelos durante el mes de agosto.
5 Me acosté a eso de las once.
6 En junio fui a un colegio irlandés en Galway con unos compañeros de clase.
7 Cené pollo asado con patatas, guisantes y zanahorias.
8 Sí. Después de la cena vi una película de acción en Netflix.

Student CD 2 Track 4

7.2 (Q) Escucha la conversación y verifica tus respuestas del ejercicio 7.2 (P). *Listen to the conversation and check your answers to 7.2 (P).*

Página 76

7.2 (R) ¡Vamos a hablar! Prepara tus respuestas en tu diario de aprendizaje usando frases completas. *Let's talk! Prepare your answers in your learning diary, using full sentences.*

7.2 (S) Entrevista a un compañero / una compañera con las preguntas de abajo. Graba la entrevista, escúchala con tu compañero / compañera y decidid cuáles son las preguntas más difíciles y por qué. *Interview a classmate with the questions below. Record the interview, listen back with your classmate and decide which questions are most difficult and why.*

(a) ¿Qué hiciste el junio pasado?
(b) ¿Qué hiciste en julio?
(c) ¿Qué hiciste en agosto?
(d) ¿Qué hiciste ayer después de las clases?
(e) ¿Practicaste deporte ayer?
(f) ¿Viste algo en la tele ayer por la tarde?
(g) ¿Qué cenaste anoche?
(h) ¿A qué hora te acostaste anoche?

Watch the video 'Unidad 7' as an example.

Página 77

7.2 (T) Escribe un blog en tu diario de aprendizaje sobre lo que hiciste el verano pasado. *Write a blog about what you did last summer in your learning diary.*

Rellena en tu diario de aprendizaje las palabras clave de la sección 7.2.
Fill in the keywords for section 7.2 in your learning diary.

Página 81

7.3 Vacaciones por el mundo hispano

7.3 (A) Las comunidades autónomas de España

Al principio de esta unidad Andrea dijo que suele pasar sus vacaciones de verano en Galicia. España está dividida en diecisiete comunidades autónomas. Galicia es una de estas comunidades. Cada comunidad tiene su propio gobierno regional que mantiene sus hospitales, colegios, institutos y otros servicios públicos. Mira el mapa de las diecisiete comunidades autónomas.

El famoso Camino de Santiago termina en la catedral de Santiago de Compostela. Cada año, el Camino lleva a miles de turistas a Galicia.

Hay más de 500 bodegas en La Rioja.

En Barcelona se puede ver la impresionante arquitectura de Gaudí.

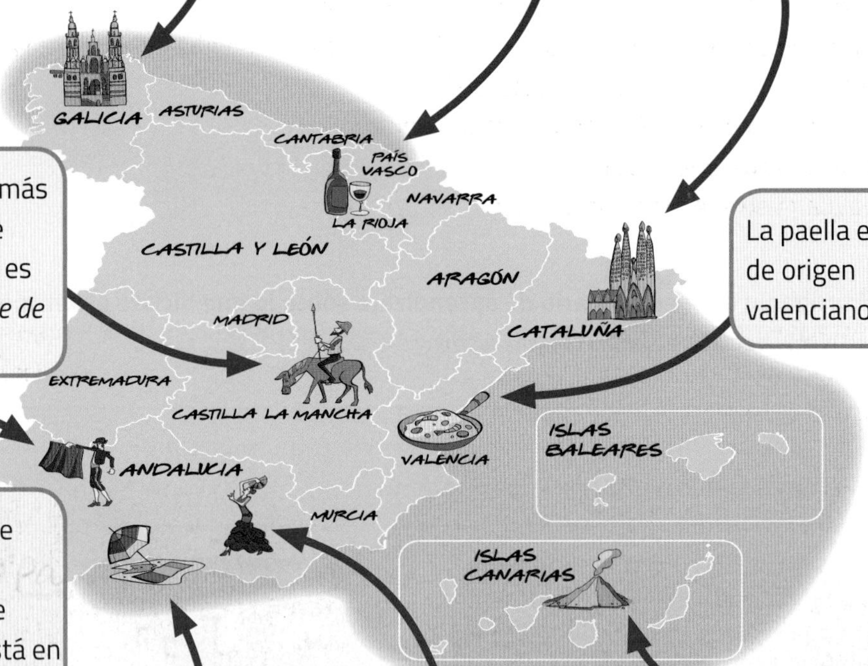

GALICIA
ASTURIAS
CANTABRIA
PAÍS VASCO
NAVARRA
LA RIOJA
CASTILLA Y LEÓN
ARAGÓN
CATALUÑA
MADRID
EXTREMADURA
CASTILLA LA MANCHA
VALENCIA
ISLAS BALEARES
ANDALUCÍA
MURCIA
ISLAS CANARIAS

La novela más famosa de Cervantes es *Don Quijote de la Mancha.*

La paella es de origen valenciano.

La plaza de toros más antigua de España está en Sevilla. Data del año 1758.

Las largas playas, el buen clima y los centros turísticos de la Costa del Sol como Marbella, Fuengirola y Torremolinos atraen a visitantes de todas partes.

En las cuevas de Sacromonte en Granada se ven espectáculos de flamenco cada noche.

El volcán Teide, ubicado en Tenerife, es la montaña más alta de toda España. Mide 3,718 metros de altura.

1 Rellena los espacios. *Fill in the blanks.*

(a) Hay dieciete comunidades autónomas en España.
(b) Tenerife es una de las Islas Canarias.
(c) La Riaja es una región conocida por su vino.
(d) Murcia es una región en la costa mediterránea entre Andalucía y Valencia.
(e) La montaña más alta de España es el Teide.
(f) La plaza de toros de Sevilla data del año 1758.
(g) Santiago de Compostela está en la región de Galicia.
(h) Torremolinos está en andalucia.

2 Contesta en inglés. *Answer in English.*

(a) Name the architect associated with Barcelona. Gaudī
(b) Barcelona is the capital of which region of Spain? cataluna
(c) Where exactly does the Camino de Santiago end? Galcia
(d) In which region would you find the tourist resorts of Marbella and Fuengirola? andulucia
(e) Which dish is associated with Valencia? Paella
(f) Who wrote the novel *Don Quijote de la Mancha*? cervantes
(g) How high is Mount Teide? 3,718m
(h) What can you see in the Sacramonte caves in Granada? Flamenco at night

Página 78

7.3 (B) Trabajad en parejas. Buscad información sobre una de las comunidades autónomas de España y escribid lo que encontréis en tu diario de aprendizaje. *Work in pairs. Research a region of Spain and fill in the information in your learning diary.*

7.3 (C) Lee el email de Michael y rellena los espacios con los verbos de abajo. *Read the email from Michael and fill in the blanks with the verbs below.*

fui, fuiste, fue, fuimos, hice, hizo, hicimos, comimos, visitamos, viajamos, nos alojamos, vino, alquiló, estoy, está

De:	michaelryan123@hotmail.com
A:	joaquingf@yahoo.es

Hola Joaquín:

¿Cómo estás? Espero que estés bien. Gracias por tu email. Siento no haberte escrito antes pero (a) ________ bastante ocupado en el cole ahora.

¿Cómo pasaste el verano? Yo (b) ________ de vacaciones a España con mi familia. Mi hermana mayor Róisín no (c) ________ con nosotros. Ella (d) ________ a trabajar a los Estados Unidos con sus amigas de la universidad. (e) ________ en un apartamento en el pueblo de Cambrils que (f) ________ en la Costa Dorada. Fuimos una semana en julio. Cambrils está a unos diez minutos del aeropuerto de Reus así que (g) ________ en avión desde Cork a Reus. Mi padre (h) ________ un coche en el aeropuerto pero no lo usamos mucho. Pasamos todo el tiempo en la playa de Cambrils porque (i) ________ sol e hizo mucho calor. Un día mi hermano Seán y yo (j) ________ un curso de vela en el puerto de Cambrils. Fue la primera vez que (k) ________ vela y la verdad es que no me gustó mucho. Otro día (l) ________ en coche a Barcelona. Me sorprendió ver tantas señales en catalán por la carretera. Por la mañana visitamos el Parque Güell y la catedral de la Sagrada Familia y por la tarde (m) ________ el estadio Camp Nou y su museo de fútbol. (n) ________ en la terraza de un restaurante en Las Ramblas. El día en Barcelona fue el mejor día de mis vacaciones. ¡Lo pasamos genial! Te enviaré unas fotos por Snapchat.

¿(ñ) ________ de vacaciones con tu familia? Escríbeme pronto.

Michael

! Hacer vela = navegar

1 Contesta en español. *Answer in Spanish.*

(a) ¿Adónde fue Michael de vacaciones?
(b) ¿Cuándo fue de vacaciones?
(c) ¿Qué tiempo hizo en España?
(d) ¿Qué hicieron Seán y Michael un día?
(e) ¿Qué hizo Michael en Barcelona? Menciona tres cosas.

2 Contesta en inglés. *Answer in English.*

(a) Where did Róisín go for the summer? Why did she go there?
(b) Where did Michael's family fly from and to?
(c) What did Michael's father do at the airport?
(d) What surprised Michael on the road?
(e) Which day does he say was the best day of his holidays?

7.3 (D) Los idiomas regionales

Michael mentions the Catalan language in his email to Joaquín. Catalan, spoken in Catalonia, is one of four regional co-official languages in Spain – meaning that in the region where they are spoken they share the status of official language with Spanish. The other three co-official languages in Spain are Galician, Basque and Aranese. Galician is a language spoken in the region of Galicia. It is similar to Portuguese. Basque is spoken in the Basque Country (both in Northern Spain and Southwestern France), while Aranese is only spoken in the Val d'Aran, a small area close to the Spanish border with France. Aranese was made the third official language of Catalonia in 2010. Catalan is the most widely spoken of the regional languages, because in addition to being spoken in Catalonia (including the South of France along the Mediterranean coast near the Pyrenees), it is also spoken in Valencia, the Balearic Islands, Andorra (where it is the sole official language) and Alghero (a city on the island of Sardinia).

Look at these common words and phrases in the different official languages of Spain. Which languages are similar? Which are totally different? Which phrases would you recognise without a translation? Discuss in pairs.

Español	Catalán (Català)	Gallego (Galego)	Vasco (Euskera)	Arenés	*English*
Hola	Hola	Ola	Kaixo	Adiu	*Hello*
Buenos días	Bon día	Bos días	Egun on	Bon jorn	*Good morning*
No entiendo	No ho entenc	Non entendo	Ez dut ulertzen	Ne compreni pas	*I don't understand*
Gracias	Graciès / Mercès	Grazas	Eskerrik asko	Merci	*Thank you*
Adiós	Adéu	Adeus	Agur	A Diu siats	*Goodbye*
Me llamo . . .	Em dic . . .	Chámome . . .	Nire izena . . . da	Que m'apèri . . .	*My name is . . .*
Enero	Gener	Xaneiro	Urtarilla	Gèr	*January*

7.3 (E) Lee el folleto y contesta a las preguntas. *Read the brochure and answer the questions.*

5 DESTINOS DE ARGENTINA PARA UNAS VACACIONES INOLVIDABLES

Argentina es el país más visitado de todo Sudamérica y en Argentina hay sitios turísticos y actividades para todos los gustos.

1 Bariloche

Una ciudad rodeada de montañas cubiertas de nieve, lagos cristalinos y bosques milenarios, Bariloche es un centro de aventura y actividad. En cualquier temporada hay cosas que hacer. En invierno las estaciones de esquí están llenas de gente. Ven con toda tu familia para aprender a esquiar o a hacer snowboard, mientras los niños pequeños hacen muñecos de nieve. En verano hay más aventura y se puede hacer senderismo, parapente, escalada en las montañas o kayak, buceo y pesca en los lagos.

2 Tierra del Fuego

Aquí se encuentra el fin del mundo. Encontrarás increíbles paisajes, glaciares, parques nacionales y podrás ir de crucero por Patagonia. Experimentarás la naturaleza como nunca lo has hecho antes. Desde los cruceros se ven pingüinos, aves marinas y las montañas cubiertas de nieve. Ushuaia, la capital de Patagonia, es el punto de salida de los cruceros a la Antártida.

3 Mendoza

A los amantes de la buena comida les encantaría Mendoza. Aquí se pueden encontrar restaurantes de alta calidad y más de 130 bodegas abiertas al turismo que ofrecen multitud de actividades. Puedes hacer tu propio vino, descubrir cuales son los secretos de un buen vino, recorrer a caballo o en bicicleta los viñedos, o simplemente comer o tomar una copa.

4 Cataratas del Iguazú

Las cataratas del Iguazú son una de las siete maravillas naturales del mundo. Forman una frontera natural entre Brasil, Paraguay y Argentina. En el parque nacional de Iguazú se puede coger un barco para ver las cataratas desde el agua. También hay rutas por el lado argentino y el brasileño para descubrir la belleza de las cataratas a pie.

5 Buenos Aires

Un viaje a Argentina no estaría completo sin una visita a Buenos Aires. Una ciudad de cultura con una gran cantidad de museos, bibliotecas, cines y teatros. Buenos Aires destaca por su riqueza cultural. La ciudad es conocida mundialmente por el tango y se pueden ver espectáculos de tango por todas partes, sobre todo en los bares, discotecas y restaurantes.

1 Contesta en español. *Answer in Spanish.*

(a) Menciona tres actividades que se pueden hacer en las montañas de Bariloche en verano.
(b) ¿Cómo se llama la capital de Patagonia?
(c) Menciona tres actividades que se pueden hacer en Mendoza.
(d) ¿La cataratas de Iguazú forman una frontera entre Argentina y qué otros países?
(e) ¿Qué tipo de baile es popular en Buenos Aires?

2 Contesta en inglés. *Answer in English.*

(a) Name three activities available on the lakes in Bariloche.
(b) What can you see from the cruises around Patagonia?
(c) According to the text, who would especially like Mendoza?
(d) Name two ways in which you can view the Iguazú Falls.
(e) Name four types of cultural attraction in Buenos Aires.

3 ¿Cómo se dice en español? Busca las palabras siguientes en el texto. *How do you say it in Spanish? Find the following words in the text.*

(a) a cruise
(b) penguins
(c) a waterfall
(d) a border
(e) a show

4 Nombra el lugar. *Name the place.*

(a) Where you can make your own wine
(b) Where you can see one of the seven natural wonders of the world
(c) Where you can take a cruise to the Antarctic
(d) Where you can see shows in bars, restaurants and discos
(e) Where all the family can take part in outdoor activities

Student CD 2 Track 5

7.3 (F) 1 Joaquín recibe un correo electrónico de Lucía. Escucha y rellena los espacios. *Joaquín gets an email from Lucía. Listen and fill in the blanks.*

De:	lucíaperu.21@hotmail.com
A:	joaquingf@yahoo.es
Asunto:	Saludos desde Perú
Fecha:	19 de septiembre

Querido Joaquín:

Siento no haberte escrito antes. El (a) verano fue genial. Mis (b) amigos y yo fuimos a Machu Picchu. ¿Lo conoces? Es una antigua fortaleza construida por los Incas en el siglo XV. Está situada en las (c) montanas, a unos 130 kilómetros de Cuzco en Perú. Mis amigos y yo cogimos un (d) vuelo desde Lima a Cuzco y pasamos tres noches en la casa de los (e) tíos de mi amiga Raquel. Después de tres días, tomamos un (f) brain a Machu Picchu. El tío de Raquel vino con nosotros. Es profesor de (g) estudia, por eso le interesa mucho organizar excursiones a sitios históricos para Raquel y sus amigas. El viaje en el tren fue (h) Fenomenal había vistas a las montañas por un lado y al (i) río por otro lado, pero las vistas más increíbles fueron las de Machu Picchu. ¿Ya has visto las fotos que colgué en Instagram? Sigue a mi amiga Raquel en Instagram para ver más fotos de nuestro viaje. Pasamos todo el día en Machu Picchu y volvimos a Cuzco por la tarde. Desafortunadamente, perdí la (j) Mochila, con mi cartera, mi (k) móvil y mi cámara. Creo que la dejé en el tren pero cuando llamé a la estación me dijeron que no la encontraron. ¡Qué mala suerte! Mis padres se (l) enfardaton conmigo. Me quedé tres días más con los tíos de Raquel y tuvieron que prestarme dinero. Cuzco es una ciudad histórica con bonitas plazas y restaurantes típicos. Fuimos de compras al mercado de San Pedro. Raquel compró (m) ropa nueva y unos regalos para su madre.

¿Y tú? ¿Qué hiciste durante el verano? Mándame unas fotos por Whatsapp.

Besos,

Lucía

2 Lee el el correo electrónico otra vez y contesta a las preguntas en inglés. *Read the email again and answer the questions in English.*

* **(a)** What exactly is Machu Picchu? a fort in the mountains
(b) Where is it situated? in the mountains
(c) What is Raquel's uncle's job? histors professer
(d) What did Lucía lose on the train? Give full details. bag full of things
(e) What did Raquel buy in the market? clothes
(f) What do you think the word siglo means? centary

Student CD 2 Track 6

7.3 (G) Carlos habla sobre sus vacaciones en Cuba. Escucha y contesta a las preguntas en inglés. *Carlos talks about his holidays in Cuba. Listen and answer the questions in English.*

(a) When did Carlos travel to Cuba?
(b) Who did he go with?
(c) What was the weather like?
(d) Where did he stay?
(e) Name three activities he did.
(f) What did he do in Havana?
(g) Name three items he bought in the market.
(h) Who did he meet in the hotel pool?

Rellena en tu diario de aprendizaje las palabras clave de la sección 7.3.
Fill in the keywords for section 7.3 in your learning diary.

Página 82

7.4 El fin de semana pasado

7.4 (A) ¿Qué hiciste el fin de semana pasado?

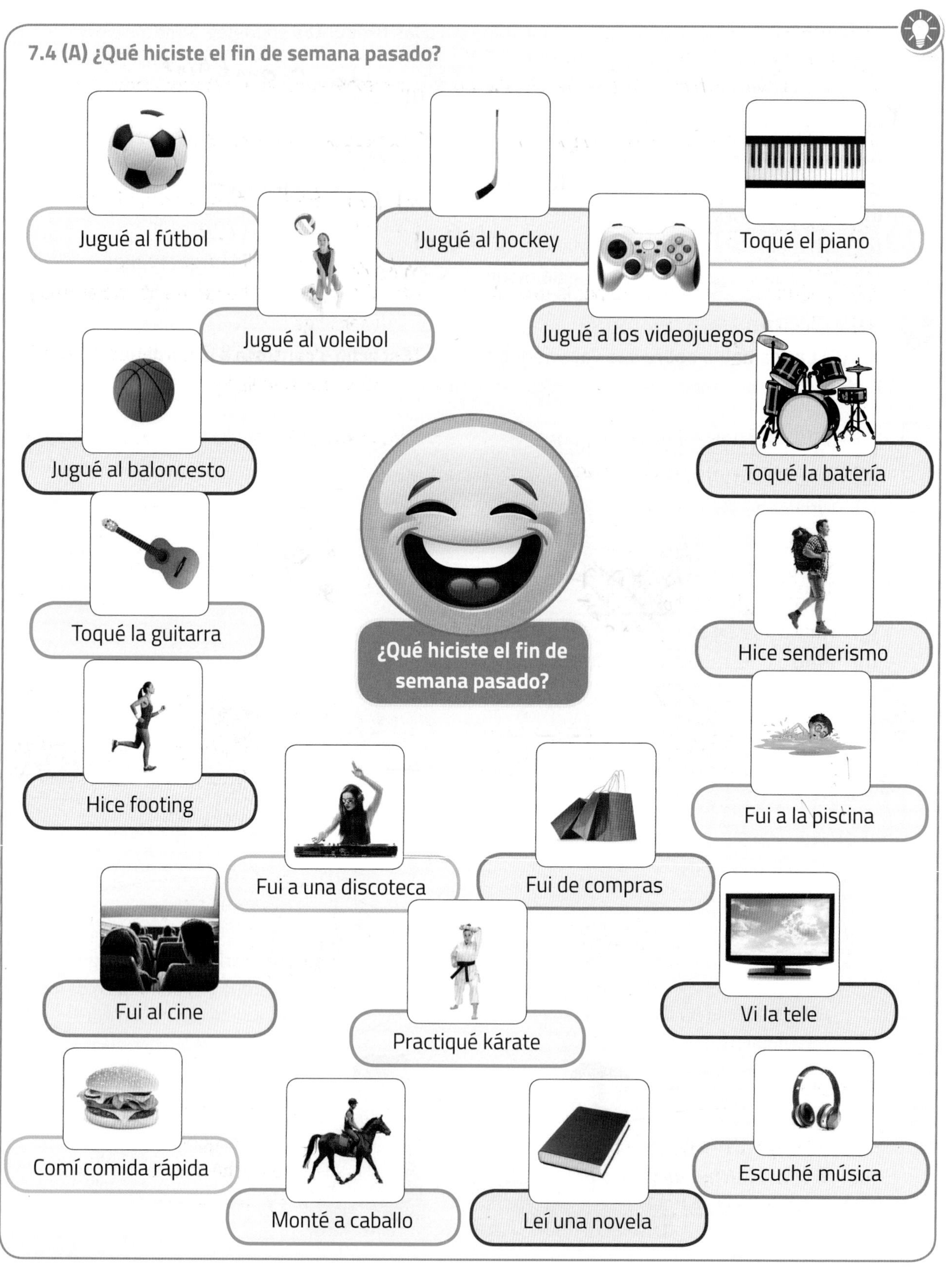

Student CD 2 Track 7

7.4 (B) ¿Qué hiciste el fin de semana pasado? Escucha las conversaciones y contesta a las preguntas. *What did you do last weekend? Listen to the conversations and answer the questions.*

1 Contesta en español. *Answer in Spanish.*

(a) ¿Qué hizo Elena el sábado?
(b) ¿Qué compró?
(c) ¿Cuándo fue al parque?
(d) ¿Dónde cenó el domingo por la tarde?
(e) ¿Qué tomó para la cena?

2 Contesta en inglés. *Answer in English.*

(a) What did Raúl do on Friday night?
(b) Who did he go with?
(c) At what time did he get home?
(d) What time did he get up at on Saturday morning?
(e) What did he do on Saturday afternoon? (Give full details.)

7.4 (C) ¿Qué hicieron María y Joaquín el fin de semana pasado? Explícaselo a tu compañero/a.
What did María and Joaquín do last weekend? Tell your partner.

Ejemplo:

María jugó al baloncesto el fin de semana pasado

Joaquín escuchó música

7.4 (D) ¿Qué hiciste el fin de semana pasado? Preguntale a un compañero / una compañera de clase y rellena el cuadro en español. *What did you do at the weekend? Ask a classmate and fill in the table in Spanish.*

	Yo . . .	Mi compañero/a . . .
El viernes por la noche		
El sábado por la mañana		
El sábado por la tarde		
El sábado por la noche		
El domingo por la mañana		
El domingo por la tarde		
El domingo por la noche		

7.4 (E) Lee el blog de Rubén y contesta a las preguntas. *Read Rubén's blog and answer the questions.*

@rubéngf

En julio pasé un fin de semana en el Festival Internacional de Benicàssim. Es un gran festival de música que tiene lugar cada verano en la Costa del Azahar. Fui con mi novia Sara, su hermano Jorge y mi amigo Álvaro. ¡Lo pasamos bomba! Cantaron todos mis grupos y cantantes favoritos: The Weekend, James Vincent McMorrow, Major Lazer y Kendrick Lamar. Dormimos en una tienda de campaña. Hizo muchísimo calor así que no dormí muy bien en la tienda. Lo que más me gustó fue el ambiente. Conocí a mucha gente guay. Seguro que iré a Benicàssim de nuevo el año que viene. Sígueme en Snapchat para ver más fotos. @rubengf

1 Estudiemos los verbos. *Let's study the verbs.*

(a) Subraya todos los verbos del blog en el pretérito indefinido. *Underline all the verbs from the blog in the* pretérito indefinido. with who

(b) Identifica un verbo en el pretérito indefinido que se refiera a 'mí'. *Give an example of a verb in the 'yo' form of the* pretérito indefinido. Dormí

(c) Identifica un verbo en el pretérito indefinido que se refiera a 'nosotros'. *Give an example of a verb in the 'nosotros' form of the* pretérito indefinido. Dormimos

(d) Identifica un verbo en el pretérito indefinido que se refiera a 'ellos'. *Give an example of a verb in the 'ellos' form of the* pretérito indefinido. Cantaron

(e) Identifica un verbo en el pretérito indefinido que se refiera a 'él'. *Give an example of a verb in the 'él' form of the* pretérito indefinido. Pasé?

(f) Identifica un verbo en el futuro. *Give an example of a verb in the future tense.* Iré

2 Contesta a las preguntas en español. *Answer the questions in Spanish.*

- **(a)** ¿Cuándo fue Rubén a Benicàssim?
- **(b)** ¿Qué es el Festival Internacional de Benicàssim?
- **(c)** ¿Con quién fue Rubén al festival?
- **(d)** Menciona tres cantantes o grupos que tocaron en el festival.
- **(e)** ¿Por qué no durmió bien en la tienda?
- **(f)** Busca la frase '*What I liked most was the atmosphere*'.
- **(g)** Busca la frase '*I met lots of cool people*'.
- **(h)** Busca la frase '*Follow me on Snapchat*'.

7.4 (F) Los verbos que cambian de raíz

In Rubén's blog he writes '*no dormí muy bien*'. Dormir is a stem-changing verb and Rubén uses it in the *pretérito indefinido*. Remember, stem-changing verbs have a vowel change in the PRESENT TENSE. This vowel change occurs in a boot-shaped pattern

CERRAR (present tense)

cierro	cerramos
cierras	cerráis
cierra	cierran

ENTENDER (present tense)

entiendo	entendemos
entiendes	entendéis
entiende	entienden

DORMIR (present tense)

duermo	dormimos
duermes	dormís
duerme	duermen

In the *pretérito indefinido*, verbs ending in –AR and –ER have no vowel change.

CERRAR	ENTENDER
cerré	entendí
cerraste	entendiste
cerró	entendió
cerramos	entendimos
cerrasteis	entendisteis
cerraron	entendieron

However verbs ending in –IR change for *él / ella / usted* and for *ellos / ellas / ustedes* only (*o* changes to *u*, or *e* changes to *i*).

DORMIR	PREFERIR
dormí	preferí
dormiste	preferiste
d**u**rmió	pref**i**rió
dormimos	preferimos
dormisteis	preferisteis
d**u**rmieron	pref**i**rieron

7.4 (G) Rellena los espacios con el pretérito indefinido de los verbos entre paréntesis.
Fill in the blanks with the preterite of the stem-changing verbs in brackets.

(a) Yo ________________ (dormir) en un hotel anoche.
(b) Él no ________________ (poder) venir al festival el verano pasado.
(c) Vosotras ________________ (preferir) ir en tren.
(d) ¿Tú no ________________ (cerrar) la puerta ayer?
(e) Nosotros ________________ (entender) la pregunta.
(f) Mis amigos no ________________ (dormir) muy bien anoche.
(g) Enrique y yo ________________ (volver) a las diez ayer.
(h) Álvaro ________________ (perder) el partido de tenis.
(i) Yo no ________________ (entender) el mensaje
(j) Ellas ________________ (jugar) al fútbol el sábado pasado.

7.4 (H) En el festival

una parrilla
una tienda de campaña
un escenario
unas botas de agua
un saco de dormir

7.4 (I) Festival de música de Murcia. Lee el póster y contesta a las preguntas en inglés.
Murcia music festival. Read the poster and answer the questions in English.

FESTIVAL DE MÚSICA DE MURCIA.

VIERNES, SÁBADO, DOMINGO DEL 4 AL 6 DE AGOSTO.

ED SHEERAN, HARRY STYLES, ABRAHAM MATEO

Y MÁS DE CINCUENTA GRUPOS Y CANTANTES EN CUATRO ESCENARIOS.
ENTRADAS DESDE 50€ AL DÍA.
ZONA ACAMPADA GRATUITA CON LA COMPRA DE UN ABONO DE TRES DÍAS.

¿QUÉ NECESITO?

- ENTRADA IMPRESA
- DNI / PASAPORTE
- TIENDA DE CAMPAÑA

¿CÓMO LLEGAR?

AVIÓN: EL AEROPUERTO MÁS CERCANO (MURCIA) ESTÁ A CATORCE KILOMETROS DEL FESTIVAL.
AUTOBUSES: MURCIA ESTÁ CONECTADA POR UNA RED DE AUTOBUSES CON TODA ESPAÑA
TREN: EL SERVICIO DE TRENES RENFE OFRECE VARIAS RUTAS PARA QUE NO TE PIERDAS EL FESTIVAL

(a) On what days and dates will the festival take place? Friday Saterday Sunday
(b) How many performers will play at the festival? 50
(c) How many stages are there at the festival? 4
(d) How much does a one-day ticket cost? 50
(e) What is free with a three-day ticket? camping spot
(f) What three items are essential to bring? Ticket, ID, Tent
(g) Name three ways of getting to the festival. Bus, train, car

Student CD 2 Track 8

7.4 (J) Pilar hace la maleta para ir al Festival Internacional de Benicàssim. Escucha y completa la lista de lo que lleva. *Pilar is packing for the Benicàssim festival. Listen and fill in the list of what she is bringing.*

1 ______	6 ______
2 ______	7 ______
3 ______	8 ______
4 ______	9 ______
5 ______	10 ______

7.4 (K) Lee el blog de Marta y contesta a las preguntas en español. *Read Marta's blog and answer the questions in Spanish.*

Hola amigos. Este finde he ido al zoológico de Madrid. Fui con mi hermano Carlos y su novia Blanca. Quedamos enfrente de la tienda Zara en Gran Vía y cogimos el metro a Casa de Campo, un parque muy grande no lejos del centro de Madrid, donde está situado el zoo. La entrada fue bastante cara (23 euros 😱) pero Blanca me dijo que es más barato comprar las entradas en línea. Vale la pena ir porque se pueden ver muchos animales. Vimos un elefante, unas jirafas, unas cebras, un rinoceronte, un hipopótamo, unos pingüinos, un oso, un lobo, un león, dos tigres, dos cocodrilos y mis favoritos, los monos. Al mediodía comimos bocadillos y patatas fritas en el restaurante del zoo. Por la tarde dimos un paseo por el acuario donde hay un montón de peces exóticos, delfínes y un tiburón. Estaba muy cansada después del dia pero lo pasamos genial.

> *finde* is short for *fin de semana*

(a) ¿Dónde ha ido Marta este fin de semana?
(b) ¿Con quién fue?
(c) ¿Cómo viajaron a Casa de Campo?
(d) ¿Qué es Casa de Campo?
(e) ¿Cuánto costó una entrada al zoo?
(f) ¿Qué animales vieron?
(g) ¿Qué comieron al mediodía?
(h) ¿Qué vieron por la tarde?

7.4 (L) Etiqueta los animales con las palabras del blog de Marta. *Label the animals with words from Marta's blog.*

En el zoo

1 rinoceronte
2 lobo
3 elefante
4 oso
5 león
6 delfines
7 cocodrilos
8 jirafas
9 monos
10 hipopótamo
11 tiburón
12 pingüinos
13 tigres
14 cebras

Student CD 2 Track 9

7.4 (M) Escucha y repite los nombres de los animales. *Listen and repeat the animals.*

Mira la presentación en PowerPoint 'Unidad 7 (b)' sobre los animales. *Watch the PowerPoint presentation 'Unidad 7 (b)' on animals.*

7.4 (N) Haz el crucigrama con los animales. *Fill in the crossword with the animals.*

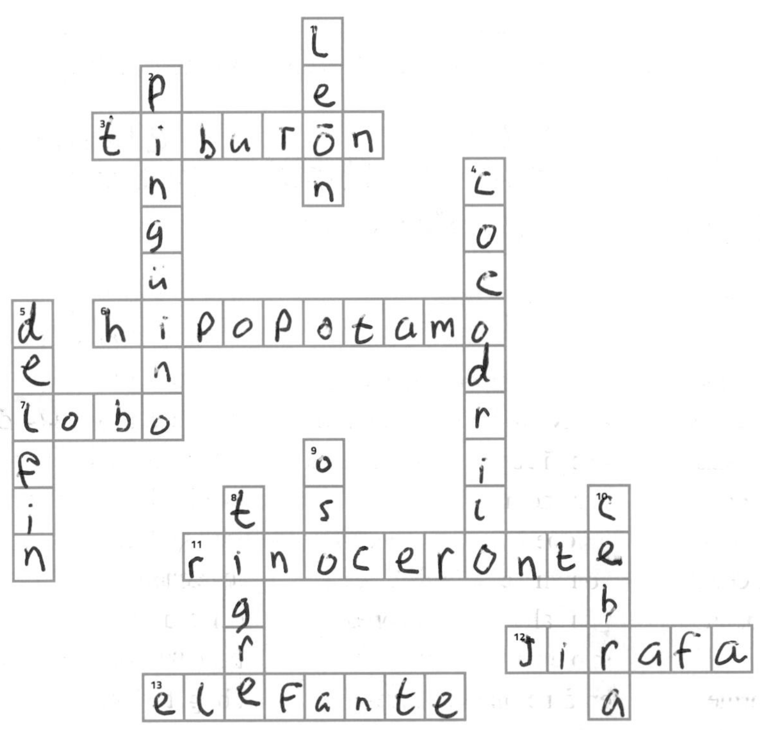

Horizontales

3 

11 

6 

12 

7 

13 

Verticales

1 

5 

2 

8 

4 

9 

10 

Rellena en tu diario de aprendizaje las palabras clave de la sección 7.4.
Fill in the keywords for section 7.4 in your learning diary.

Página 83

7.5 ¡Practicamos!

7.5 (A) Lee el artículo sobre el número de días de vacaciones y contesta a las preguntas.
Read the article about the number of days off in different countries, and answer the questions.

Los 22 días de vacaciones de España, por debajo de los de los franceses o los alemanes

Francia y Finlandia son los países del mundo que más vacaciones anuales pagadas ofrecen a sus trabajadores, con una media de 30 días hábiles, frente a los 22 días de España o los 24 de Alemania, según un estudio elaborado por Trabajando.com y Universia.

En general, el informe señala que los empleados europeos son los que más se benefician de vacaciones retribuidas, entre los que destacan los de países como el Reino Unido (28 días), Italia (26), Dinamarca, Austria, Suecia y Eslovaquia (25).

Si se tienen en cuenta los festivos o fines de semana, España se sitúa ligeramente por encima de la media europea (28 días naturales), con un periodo de 30 días naturales de vacaciones, si bien el número varía en función del convenio colectivo aplicable. Por encima de los 20 días hábiles se sitúan también Alemania y Holanda (24), Portugal (22) y Noruega (21). Entre los Estados europeos con menos días de vacaciones anuales se encuentran Bélgica, Grecia, Hungría, Chipre, Lituania, Irlanda y Macedonia, todos ellos con una media de 20.

Por otro lado, los países analizados que ofrecen menos días de descanso a sus empleados son China, con 5 días hábiles, donde las vacaciones no son obligatorias, y México, con 6 días, aunque se aumenta dos días por cada año trabajado hasta un máximo de 12 días. A estos le siguen Estados Unidos y Japón, en los que el periodo de descanso dura una media de 10 días hábiles.

1 Contesta en español. *Answer in Spanish.*

(a) ¿Cuáles son los dos países que ofrecen más vacaciones anuales pagadas a sus trabajadores?
(b) ¿Cuántos días de vacaciones ofrece Italia a sus empleados?
(c) ¿Cuántos días de vacaciones ofrece China a sus empleados?
(d) ¿Cuáles son los dos países que ofrecen diez días de vacaciones?

2 Contesta en inglés. *Answer in English.*

(a) How many days' holidays are workers in the United Kingdom entitled to per year?
(b) Which four countries offer twenty-five days' holidays to workers?
(c) Which two countries offer twenty-four days' holidays to workers?
(d) Name four countries that offer an average of twenty days' holidays to workers.

Teacher CD Track 10

7.5 (B) ¿Cómo están? Escucha las conversaciones y completa el cuadro en inglés. *How are they? Listen to the conversations and fill in the chart in English.*

	Name	How is he / she feeling?	Why
1	Pilar		
2	Santiago		
3	Rocío		
4	Miguel		
5	Irene		
6	Tomás		

7.5 (C) Lee el sitio web sobre el turismo en España y contesta a las preguntas. *Read the website about tourism in Spain and answer the questions.*

VACACIONES DE VERANO EN ESPAÑA

Pasar un verano en España es una experiencia que tienes que vivir al menos una vez en la vida. Además de playas, en España hay opciones para todos los gustos y los bolsillos. Si hablamos de fiestas populares, durante esta época se celebran algunas tan famosas como las de San Fermín o la Tomatina. Si prefieres bailar al ritmo de festivales, también encontrarás muchos conocidos a nivel internacional. Y por supuesto, los amantes de la marcha no se pueden perder las noches de Ibiza. A la hora de comer, prueba a pedir algún plato fresquito como la sopa fría llamada gazpacho. Aprovecha, además, que buena parte de los locales ponen terrazas al aire libre.

* **Aragón**, en el noreste de España, te propone un viaje activo y emocionante para descubrir un paisaje natural único.

* La ciudad de **Barcelona** es perfecta para tomar unas copas mirando al Mediterráneo, pasear por sus calles o cenar en cualquiera de sus restaurantes.

* El verano es la ocasión perfecta para disfrutar del fondo marino del Mediterráneo. Las **Islas Baleares** son uno de los lugares preferidos por los amantes del buceo desde hace décadas.

* **Ibiza**. (Baleares) Las noches de Ibiza son inolvidables y por eso cada año miles de personas acuden a la isla para disfrutarlas. Te divertirás en algunos de los mejores clubes del planeta.

* Si te gusta navegar, España es un destino que te encantará por muchas razones. Por el buen tiempo y la diversidad de entornos que ofrece su costa

tomar una copa = *to go for a drink*

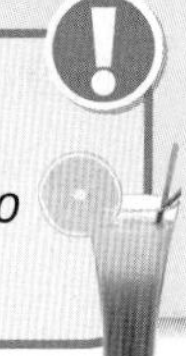

1 Contesta en español. *Answer in Spanish.*

(a) ¿Cuáles son las dos fiestas populares mencionadas en el sitio web?

(b) ¿Qué plato típico de España se menciona en el sitio web?

(c) ¿Qué comunidad autónoma es buena para los viajes activos en un paisaje natural?

(d) ¿Se recomienda ir a las Islas Baleares para practicar qué deporte?

2 Contesta en inglés. *Answer in English.*

(a) Where is Aragón?

(b) Name two things that are suggested to do in Barcelona.

(c) Where can you find some of the best nightclubs in the world?

(d) Which sport is mentioned in the last paragraph?

Página 79

7.5 (D) Colorea las banderas de las comunidades autónomas de España en tu diario de aprendizaje. *Colour in the flags of the regions of Spain in your learning diary.*

7.5 (E) Completa el cuadro con los infinitivos de los verbos siguientes. *Fill in the table with the infinitives of the following verbs.*

jugué	*jugar*	dijeron		busqué	
vinieron		leyó		estuvisteis	
puso		saqué		supe	
bebimos		diste		vi	
cenaste		tuvo		empecé	

7.5 (F) Rellena los espacios con el pretérito indefinido de los verbos entre paréntesis. *Fill in the blanks with the preterite of the verbs in brackets.*

(a) Mi padrastro ______________ (ir) a Salamanca ayer.

(b) El domingo pasado nosotros ______________ (cenar) en un restaurante chino.

(c) Nosotras ______________ (estar) en Alemania el verano pasado.

(d) Yo ______________ (hacer) footing en el parque con Maite ayer.

(e) El fin de semana pasado mis hermanas ______________ (ir) de compras.

(f) Mi abuela ______________ (ser) profesora de matemáticas.

(g) ¿Tú ______________ (tener) que ir a la farmacia?

(h) ¿Vosotros ______________ (hacer) los deberes anoche?

(i) Yo ______________ (jugar) al baloncesto en el polideportivo ayer.

(j) Irene ______________ (beber) toda la leche.

(k) ¿Tú ______________ (dar) las flores a tu madre?

(l) Ellas ______________ (levantarse) temprano ayer por la mañana.

(m) El sábado pasado vosotras ______________ (perder) el partido.

(n) Yo ______________ (sacar) muchas fotos en el zoo la semana pasada.

(ñ) Ayer tu prima ______________ (dormir) muy bien.

(o) Daniel y yo ______________ (salir) el viernes pasado.

(p) ¿Tú ______________ (acostarse) tarde anoche?

(q) Alba y Alejandro no ______________ (poder) venir a la fiesta.

7.5 (G) Lee el anuncio y contesta a las preguntas en inglés. *Read the advertisement and answer the questions in English.*

FESTIVAL DE MÚSICA DE CÁDIZ

PLAZA ASDRÚBAL

25° ANIVERSARIO ¡CELEBRAMOS UN CUARTO DE SIGLO!

CUATRO DÍAS DE DIVERSIDAD MUSICAL CON JAZZ, ROCK, POP Y FLAMENCO.

DEL 12 AL 15 DE SEPTIEMBRE

ENTRADAS DESDE 10€

APROVECHA:

50% DE DESCUENTO A MAESTROS, ESTUDIANTES, TERCERA EDAD Y PERSONAS CON DISCAPACIDAD.

PROHIBIDO ENTRAR CON MOCHILAS GRANDES, CÁMARAS FOTOGRÁFICAS, BEBIDAS ALCOHÓLICAS O BOTELLAS DE CRISTAL.

#FESTIVALDEMUSICACADIZ

WWW.FACEBOOK.COM/FESTIVALDEMUSICACADIZ

(a) In what Spanish city is this music festival taking place?
(b) Name four styles of music that can be heard at the festival.
(c) When is the festival happening?
(d) What is the starting price for tickets?
(e) Name two groups of people who can receive a 50% discount.
(f) Name three items that are forbidden to bring into the festival.

7.5 (H) Escribe las frases siguientes en español. *Write the following sentences in Spanish.*

(a) Last summer I went on holidays to Wexford.
(b) I went to the beach and I played volleyball.
(c) We met very nice people.
(d) My parents ate in an Italian restaurant last night.
(e) Yesterday my brother went shopping and he bought videogames.
(f) I listened to music and I watched a film last Saturday.
(g) What did you do last weekend?
(h) I played the piano and I read magazines.

7.5 (I) Andrea escribe a su abuela. Lee el email y contesta a las preguntas. *Andrea writes to her grandmother. Read the email and answer the questions.*

De:	andreaagr10@gmail.com
A:	conchaaguilarvigo@terra.es

Querida yaya:

¿Qué tal por ahí? Estoy muy cansada después de un fin de semana lleno de actividades. El viernes después de las clases quedé con mamá en el centro de la ciudad. Fuimos de compras. Mamá compró un vestido, una chaqueta y una falda y yo compré zapatos deportivos. Más tarde cenamos en un restaurante italiano. Mamá tomó espaguetis con salsa carbonara y yo comí una pizza vegetariana. Los postres estuvieron riquísimos. Mamá tomó una tarta de queso y yo una crema catalana. ¡Qué bueno!

El sábado por la mañana no tuve partido de baloncesto así que me quedé en la cama hasta tarde. Al mediodía quedé con Joaquín y María y fuimos a la casa de Raúl, un compañero de clase, para hacer los deberes juntos. Después de hacer los deberes jugamos al fútbol en el parque cerca del piso de Raúl y jugamos a videojuegos. El sábado por la noche fuimos juntos a una discoteca light. Llegué a casa bastante tarde el sábado por la noche.

Hoy domingo por la mañana, he ido a misa con mamá. Después de misa comimos chocolate con churros en una churrería de enfrente de la iglesia. Por la tarde fui con María a ver una película en Cines Dreams. Cogí el metro y quedé con María enfrente del cine. Vimos una comedia romántica. Esta noche María ha venido a nuestro piso para cenar con mamá y conmigo. Cenamos huevos fritos con patatas fritas y ensalada. María ha vuelto a casa ahora y voy a acostarme pronto. Estoy muy cansada.

¿Qué has hecho este finde? ¿Fuiste al cine con yayo?

Escríbeme pronto.

Besitos,
Andrea

1 Contesta en español. *Answer in Spanish.*

(a) ¿Qué hizo Andrea el viernes por la tarde?
(b) ¿Dónde cenaron Andrea y su madre el viernes por la tarde?
(c) ¿Qué hizo Andrea el sábado por la mañana?
(d) ¿Quién es Raúl?
(e) ¿Qué hicieron Andrea y sus amigos el sábado por la noche?
(f) ¿Adónde fueron Andrea y María el domingo por la tarde?
(g) ¿Qué tomaron María, Andrea y su madre de cena el domingo?
(h) ¿Cómo se puede decir *nana* y *granddad* en español? Busca las palabras en el email.

2 Contesta en inglés. *Answer in English.*

(a) What did Andrea's mother buy on Friday evening?
(b) What did Andrea buy?
(c) What did they order for dinner (name both main courses and desserts).
(d) What did Andrea and her friends do on Saturday afternoon?
(e) Where did Andrea go on Sunday morning?
(f) How did Andrea get to the cinema on Sunday?
(g) What type of film did she go to see with María?
(h) At the end of the email what does Andrea say she is going to do soon?

Página 80

7.5 (J) Escribe un correo electrónico a Andrea en tu diario de aprendizaje sobre lo que hiciste el fin de semana pasado. *Write an email to Andrea in your learning diary about what you did last weekend.*

7.5 (K) Pon los animales en orden y búscalos en la sopa de letras. *Put the animals in order and find them in the wordsearch.*

(a) moon — mono
(b) cidocolor — cocodrilo
(c) getir — tigre
(d) nóle — león
(e) üpoining — pingüino
(f) ipoopmathó — hipopótamo
(g) rootenricen — rinoceronte
(h) brace — cebra
(i) jafari — jirafa
(j) feetlane — elefante

ñ	r	a	s	e	v	g	h	j	u	k	l	p	b
j	i	v	b	e	l	e	f	a	n	t	e	i	n
i	n	é	a	s	ñ	g	r	i	j	h	k	h	m
r	o	c	r	j	k	b	k	l	o	p	g	g	j
a	c	e	o	t	e	m	l	s	c	v	b	ü	y
f	e	t	g	c	g	b	e	n	m	j	h	i	é
a	r	h	i	p	o	p	ó	t	a	m	o	n	á
h	o	s	d	g	b	d	n	c	j	k	l	o	d
j	n	g	h	b	r	g	r	t	h	j	k	ó	h
k	t	e	r	t	y	e	l	i	ñ	t	h	j	u
n	e	w	e	r	h	k	l	l	l	f	g	h	o
m	r	f	g	h	j	u	h	f	m	o	n	o	p

7.5 (L) ¿Cómo se dice en español? Escribe en tu cuaderno las frases siguientes en español. *Write the following sentences in Spanish in your copy.*

(a) I have just returned from Spain.
(b) My mother is angry because I didn't go shopping with her.
(c) They saw bears, tigers, elephants and a shark at the zoo.
(d) I am very happy because I am going on holidays to France tomorrow.
(e) My parents are very proud because my sister won the match.
(f) Last summer we rented an apartment at the beach.
(g) They stayed in a luxurious hotel beside a lake last weekend.
(h) Carlos went camping in the mountains last week.

Rellena en tu diario de aprendizaje las palabras clave de la sección 7.5.
Fill in the keywords for section 7.5 in your learning diary.

Página 83

Unidad 7 ¡Ponte a prueba!

Página 84
Ordena tus conocimientos de la gramática de la Unidad 7 en tu diario de aprendizaje. *Sort your knowledge of the grammar in Unit 7 in your learning diary.*

Página 84
En tu diario de aprendizaje, reflexiona sobre lo que has aprendido en esta unidad. *In your learning diary, write your thoughts on what you have learned in this unit.*

¿Qué he aprendido en la Unidad 7?	🙂	😐	☹️
I can identify specific information in texts related to holidays and summer activities			
I can follow conversations about what people did last summer			
I can follow conversations about what people did last weekend			
I can understand conversations about how people are feeling			
I can read simple advertisements for holiday accommodation			
I can read blogs describing holidays			
I can follow basic travel reviews			
I can understand the main information given in brochures for holiday destinations			
I can read simple blogs about weekend activities			
I can identify specific information in posters for music festivals			
I can say what I did last weekend			
I can name animals typically seen in a zoo			

¿Qué he aprendido en la Unidad 7?	🙂	😐	☹️
I can maintain a conversation about holiday destinations and types of accommodation			
I can ask someone how they are feeling			
I can say how I am feeling			
I can ask someone about what they did last summer			
I can orally describe what I did last summer			
I can write a blog about what I did last summer			
I can write an email about what I did last weekend			
I can write sentences in the *pretérito indefinido*			
I can use the *pretérito indefinido* of regular and irregular verbs to discuss things I did in the past			
I can recognise the seventeen autonomous communities of Spain			
I can identify the four regional co-official languages that are spoken in Spain			
I recognise the flags of the seventeen autonomous communities of Spain			
I can say at least five interesting facts about one of the autonomous communities of Spain.			

Revision
Go to **www.edco.ie/quepasa2** for interactive activities and quizzes based on this unit.

A test for Unidad 7 is available in the Teacher's Resource Book.

El taller de expresión

Go to **www.edco.ie/quepasa2** for interactive activities and quizzes based on this unit.

By the end of this unit you will be able to:

- Give your opinion on different poems

- Write fictional stories
- Write an acrostic poem
- Create a WANTED poster
- Write a rap or song
- Use connecting words to write longer sentences
- Play word games

- Follow simple fictional stories
- Understand radio and television advertisements
- Source advertisements for *El Gordo* online
- Follow a news report about a robbery
- Source a song online and follow its lyrics

- Read simple poems
- Read a variety of simple fictional stories
- Read WANTED posters

- Create a video advertisement
- Create word clouds to revise keywords
- Make a movie of a well-known fairy tale

- Identify and correctly pronounce rhyming pairs
- Narrate a video advertisement
- Identify at least three facts about *El Gordo*

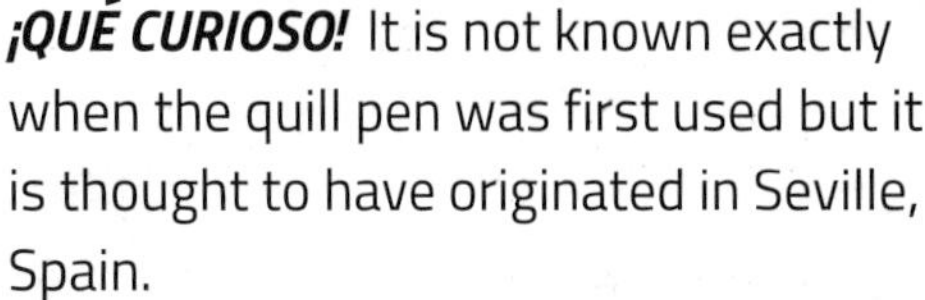

¡QUÉ CURIOSO! It is not known exactly when the quill pen was first used but it is thought to have originated in Seville, Spain.

The title of this unit means 'The Creative Writing Workshop'. Writing creatively in a language other than your native language can be challenging. Brainstorm in groups what techniques or strategies you could use to help you to create a story, poem or song in Spanish.

Página 85
Apunta tus ideas en tu diario de aprendizaje. *Note your ideas in your learning diary.*

8.1 Juegos de palabra

8.1 (A) Lee la viñeta y contesta a las preguntas. *Read the comic strip and answer the questions.*

En la clase de lengua castellana y literatura . . .

- **(a)** What competition is taking place in the school this term?
- **(b)** What is the prize for the overall winner?
- **(c)** What do the students have to do to enter?
- **(d)** What does the teacher say they will do in class to prepare for the competition?
- **(e)** Find the words meaning 'a competition', 'prizes', 'the winner' and the verb 'to win'.
- **(f)** Find the words meaning 'an essay', 'a poem', 'a play' and 'word games'.
- **(g)** Find two ways of saying 'wow'.
- **(h)** Find a synonym for *¡genial!*

8.1 (B) La fuga de vocales. Escribe las vocales que faltan para hacer palabras que ya conoces. *Fill in the missing vowels to make words you know.*

ASIGNATURAS

(a) G _ _ g r _ f _ _
(b) M _ t _ m _ t _ c _ s
(c) _ n g l _ s
(d) _ d _ c _ c _ _ n f _ s _ c _
(e) Q _ _ m _ c _

ROPA

(a) _ l _ m p _ r m _ _ b l _
(b) l _ c h _ q _ _ t _
(c) _ l p _ n t _ l _ n
(d) l _ s v _ q _ _ r _ s
(e) l _ b _ f _ n d _

FRUTA

(a) l _ m _ n z _ n _
(b) _ l _ l b _ r _ c _ q _ _
(c) _ l m _ l _ c _ t _ n
(d) l _ c _ r _ _ l _
(e) _ l p l _ t _ n _

MUEBLES

(a) _ l s _ l l _ n
(b) _ l _ s p _ j _
(c) l _ l _ m p _ r _
(d) l _ b _ ñ _ r _
(e) _ l _ r m _ r _ _

PARIENTES

(a) l _ s _ b r _ n _
(b) _ l _ b _ _ l _
(c) l _ t _ _
(d) _ l p _ d r _ s t r _
(e) l _ s h _ j _ s

SENTIMIENTOS

(a) _ n f _ d _ d _
(b) f _ l _ z
(c) _ r g _ l l _ s _
(d) t r _ s t _
(e) _ n f _ r m _

8.1 (C) Empareja los contrarios con la ayuda de un diccionario. *Match the opposites with the help of a dictionary.*

1	abierto	(a)	detrás
2	caliente	(b)	joven
3	delante	(c)	corto
4	feliz	(d)	ligero
5	viejo	(e)	frío
6	gordo	(f)	limpio
7	largo	(g)	difícil
8	pesado	(h)	cerrado
9	sucio	(i)	delgado
10	fácil	(j)	triste

1	
2	
3	
4	
5	
6	
7	
8	
9	
10	

 **8.1 (D) 1 ¿Cuál es el intruso?** *Pick the odd one out.*

(a) LIBRO: la página, la parrilla, el forro, las palabras, el autor
(b) CUARTO DE BAÑO: el espejo, la ducha, el aseo, la bañera, la cama
(c) COCHE: el volante, la rueda, el neumático, el buceo, la gasolina
(d) MARCAS ESPAÑOLAS: Zara, Mango, H+M, Stradivarius, Desigual
(e) TIEMPO: el horno, el viento, la tormenta, el pronóstico, la escarcha
(f) ROPA: los vaqueros, el ciervo, las sandalias, los guantes, la camiseta
(g) PLAYA: la toalla, la gaviota, la tumbona, el mono, la arena
(h) CASA: el salón, el techo, la ventana, el desván, la reina
(i) VERDURAS: la naranja, la zanahoria, el pepino, los guisantes, las setas
(j) EDIFICIOS: la comisaría, el ayuntamiento, la cascada, la iglesia, la plaza de toros

2 Ahora añade una palabra a cada categoría de arriba. *Now add a word to each category above.*

Ejemplo: (a) LIBRO: la página, el forro, las palabras, el autor, *la librería*.

3 Haz tus propias listas para un compañero / una compañera de clase con las categorías de abajo. *Make your own lists for 'odd one out' for a classmate, using the categories below.*

(a) INSTITUTO: la regla, francés, el museo
(b) CARNE: el cerdo, el cordero, la piña
(c) DEPORTES: Fútbol, esquí
(d) AEROPUERTO: el avión,

 **8.1 (E) Rellena los espacios con una palabra adecuada.** *Fill in the blanks with an appropriate word.*

(a) Tengo mucha sed. Necesito una ________________.
(b) Mi casa está al lado del instituto así que vengo al instituto ________________.
(c) Voy a cortar el pan con el ________________.
(d) Para sacar buenas notas en los exámenes se debe ________________ mucho.
(e) Esta noche vamos a ir a un restaurante para ________________.
(f) Antes de conducir un coche es necesario ponerse el ________________.
(g) Mi primo es el hijo de mis ________________.
(h) Soy muy deportista. Me encanta ________________ al baloncesto.
(i) Ayer ________________ una chaqueta nueva en Zara.
(j) Se debe ________________ el teléfono móvil en clase.

Creo que voy a escribir un poema para el concurso. Quizás un acróstico.

Un acróstico es un poema en el que las letras iniciales de cada oración forman una palabra al leerlas en sentido vertical.

8.1 (F) Lee los acrósticos. *Read the acrostic poems.*

Alta entre las nubes

Vuela libre y veloz

El alma de los cielos

Perdón, señor visitante

Este es mi territorio

Rincón para jugar

Rincón para dormir

O rincón para ladrar

El *poema* is masculine, even though it ends in *–a*. Words ending in *–ema*, *–ama* and *–ima*, such as *problema, tema, sistema, poema, programa, crucigrama, clima*, are all masculine. These words originate from Greek.

Página 85

8.1 (G) Escribe un poema acróstico en tu diario de aprendizaje. *Write an acrostic poem in your learning diary.*

 **8.1 (H) Lee el poema y contesta a las preguntas en inglés.** *Read the poem and answer the questions in English.*

Mi abuela es un hada

Mi abuela Mariana,
tiene una cana,
cana canariera.

Mi abuela Mariana,
me cuenta los cuentos
siempre a su manera

Yo la quiero mucho
yo la quiero tanto . . .
Me ducha, me peina
y me lleva al campo

Me enseña canciones,
me ayuda a estudiar,
dice poesías,
solemos jugar.

Luego por la noche
mi abuela me vela,
un cuento me cuenta
y cuando me duermo,
me apaga la vela
Mariana mi abuela.

Mi abuela Mariana,
de paja el sombrero,
el traje de pana,
mi abuela Mariana
no parece abuela,
me parece un hada.

Gloria Fuertes

(a) What is the relationship between Mariana and the narrator of this poem?

(b) Name four things Mariana does for the narrator.

(c) Identify two pieces of clothing mentioned in the poem.

(d) Find two verbs in the infinitive form in the poem.

(e) Find two stem-changing verbs in the present tense.

8.1 (I) Lee el poema y etiqueta la imagen con las palabras en negrilla. *Read the poem and label the image with the words in bold.*

Mi cara

En mi **cara** redondita
tengo **ojos** y nariz,
y también una boquita
para hablar y para reír.

Con mis ojos veo todo
con **la nariz** hago achís,
con mi **boca** como como
palomitas de maíz

Gloria Fuertes

8.1 (J) De los cuatro poemas que habéis leído ¿Cuál es vuestro favorito? Hablad en grupos y decidid cuál preferís y por qué. *Of the four poems you have read, which is your favourite? Talk in groups and decide which one you prefer and why.*

Prefiero este poema porque . . .
. . . me hace reír
. . . me hace feliz
. . . es fácil
. . . es divertido

No me gusta este poema porque . . .
. . . es un poco tonto
. . . no lo entiendo
. . . es aburrido
. . . no me interesa la poesía

8.1 (K) Lee el blog de Javier y contesta a las preguntas. *Read Javier's blog and answer the questions.*

¡Hola a todos!
¿Os gusta leer? Pues a mí me encanta. Leo de todo – revistas, novelas, tebeos, poemas, obras de teatro y, por supuesto, blogs. Lo que más me gusta leer es una buena novela de fantasia o de ciencia ficción. He leído todos los libros de la serie *Los juegos del hambre* y todos los de *Harry Potter* pero mi libro favorito es un clásico de Bram Stoker que se títula *Drácula*. He leído este libro cuatro veces y cada vez me chifla leerlo. En el insti mi asignatura favorita es Lengua Castellana y Literatura porque cada trimestre estudiamos obras diferentes y el profesor es muy bueno. Me encanta descubrir los personajes y el argumento de un buen libro. Prefiero leer una historia que verla en una película porque creo que la versión en pantalla siempre pierde algo. Lo que me cuesta es escribir. Es difícil crear personajes y desarrollar un argumento pero intento escribir cada fin de semana porque en el futuro me gustaría ser escritor de libros de ciencia ficción.

un personaje = *a character*
el argumento = *the plot*

1 Contesta en inglés. *Answer in English.*

(a) Mention five types of things that Javier likes to read.
(b) Name two well-known series of books that he has read.
(c) What does he find difficult about writing?
(d) How often does he try to write?

2 Contesta en español. *Answer in Spanish.*

(a) ¿Qué tipo de novelas le gustan a Javier?
(b) ¿Cuál es su libro favorito?
(c) ¿Por qué le gusta la asignatura de Lengua y Literatura?
(d) ¿Qué le gustaría ser en el futuro?

Página 86

8.1 (L) ¡Vamos a hablar! Prepara tus respuestas en tu diario de aprendizaje usando frases completas. *Let's talk! Prepare your answers in your learning diary, using full sentences.*

8.1 (M) 1 Entrevista a un compañero / una compañera con las preguntas de abajo. Graba la entrevista. *Interview a classmate with the questions below. Record the interview.*

(a) ¿Tienes un poema favorito? ¿Cómo se titula?
(b) ¿Qué novela estás leyendo en la clase de inglés?
(c) ¿De qué trata la novela?
(d) ¿Qué tipo de libros te gusta leer?
(e) ¿Has leído los libros de Harry Potter?
(f) ¿Prefieres leer libros electrónicos o libros normales?
(g) ¿Lees tebeos y revistas?
(h) ¿Cuál fue el último libro que leíste?

Watch the video 'Unidad 8' as an example.

2 Escuchad las entrevistas en grupos y discutid sobre las dificultades comunes que habeis tenido. *Listen back to the interviews in groups and discuss what difficulties you all have in common.*

Criterios de éxito:

- Decide which verbs were most difficult to use
- Decide which words or phrases were difficult to express

Rellena en tu diario de aprendizaje las palabras clave de la sección 8.1.
Fill in the keywords for section 8.1 in your learning diary.

Página 90

8.2 La escritura creativa

8.2 (A) El profesor les da una serie de palabras a los alumnos para ayudarles a escribir un cuento. Conecta cada palabra del primer grupo con su traducción del segundo grupo. *The teacher gives the students a word cloud to help them to write a story. Match each word in the first word cloud with its translation in the second word cloud.*

(4) la fábrica
(8) dos hombres
(7) el médico
(6) grave
(9) una chica de dieciséis años
(1) la herida
(2) la furgoneta
(5) chocó contra
(3) el caballo
(10) la autopista

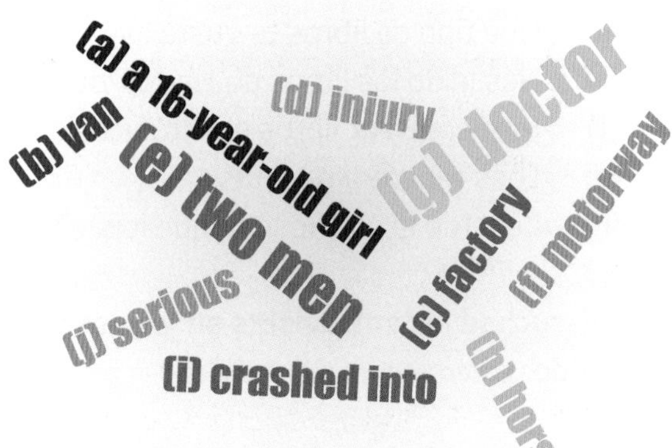

1	2	3	4	5	6	7	8	9	10

8.2 (B) Trabajad en grupos de tres o cuatro personas. Escribid una historia con TODAS las palabras de 8.2 (A). Compartid vuestras historias con el resto de la clase. *Work in groups of three or four people. Write a story with ALL the words from 8.2 (A). Share your stories with the class.*

8.2 (C) Trabajad en parejas. Poned las frases en orden para escribir una historia. *Work in pairs. Put the sentences in order to write a story.*

(a) autobús del instituto. De camino al instituto el autobús tuvo un
(b) coche y le llevó a Juan al instituto. Hizo el examen y sacó una buena
(c) El lunes pasado Juan se levantó temprano porque tenía que hacer un
(d) padre para darle las gracias.
(e) pinchazo y todos los pasajeros tuvieron que bajar. Juan estaba muy
(f) nota. Al oír el resultado Juan le compró un regalo a su
(g) examen. Desayunó muy poco y salió para coger el
(h) preocupado y por eso llamó a su padre. Su padre estaba en la oficina pero fue en

8.2 (D) Inserta los espacios y los puntos para hacer una historia. *Insert spaces and full stops to make a story.*

Elfindesemanapasadofueelmejordemividapasétodoelfindesemanaen Dublínelviernesporlatardecogíeltrendesde CorkconmimadreymihermananosalojamosenunpequeñohotelenelcentrodelaciudadelsábadoporlamañanafuimosdecomprasalacalleGraftonyporlatardecogimoselautobústurísticoquenosllevóportodalaciudadcenamosenunrestaurantechinoylopasamosgenialeldomingofuimosalestadioCrokeParkparaverelpartidodefútbolentreCorkyDublínfueunpartidomuyemocionantellenodeacciónperoganóCorkfueunfindesemanainolvidable.

8.2 (E) Escribir frases más largas

When we are writing stories, it is nice to use linking words to create long sentences rather than writing a series of short sentences. Here are some of the most frequently used linking words, which you can use in your writing to create longer sentences.

y	*and*	mientras	*while*
o	*or*	cuando	*when*
pero	*but*	como	*as*
porque	*because*	entonces	*then*
así que	*so*	sin embargo	*however*
por eso	*therefore*	también	*too / also*

Ejemplos:

- *Suelo ir a la playa los sábados* ***pero*** *hoy está lloviendo* ***así que*** *voy a quedarme en casa.*
- *Saqué buenas notas en los exámenes* ***por eso*** *mi madre me compró un videojuego nuevo* ***y también*** *me compró unas zapatillas de deporte.*

8.2 (F) Forma una frase larga con las dos frases de abajo y una de las palabras del recuado.
Join the two short sentences with one of the words below to make one long sentence.

y, por eso, pero, cuando, mientras, o, así que, porque, entonces, como, sin embargo, también

Ejemplo: Juego al tenis. Hace buen tiempo.
Juego al tenis ***cuando*** *hace buen tiempo.*

(a) Me gusta la carne. No me gusta el pescado.
(b) Voy a la biblioteca. Necesito un diccionario.
(c) En su familia todos son delgados. Él es gordito.
(d) Haz el ejercicio. La profesora estará enfadada.
(e) Su padre se llama Jorge. Su madre se llama Leticia.
(f) Necesito pan. Voy al supermercado.

8.2 (G) El profesor les da otra serie de palabras a los alumnos. Conecta cada frase del primer grupo con su traducción del segundo grupo. *The teacher gives the students another word cloud. Match each phrase in the first word cloud with its translation in the second word cloud.*

(2) la gente hizo cola
(3) un bocadillo de queso
(7) botellas de agua
(8) tres horas
(6) el vuelo estaba retrasado
(1) una mujer embarazada
(4) se desmayó
(9) el mostrador de facturación
(5) ¡qué desastre!
(10) hizo tanto calor

(j) he/she fainted
(d) what a disaster!
(i) a cheese sandwich
(f) bottles of water
(g) people queued up
(a) three hours
(e) a pregnant woman
(c) the check-in desk
(b) it was so hot
(h) the flight was delayed

1	2	3	4	5	6	7	8	9	10

Página 87
8.2 (H) Escribid una historia con TODAS las palabras de 8.2 (G) en vuestro diario de aprendizaje. *Write a story with ALL the words from 8.2 (G) in your learning diary.*

Student CD 2 Track 10

8.2 (I) 1 Carlos cuenta un cuento ilustrado. Escucha y sigue las imágenes. *Carlos narrates a picture sequence. Listen and follow the images.*

2 Escucha otra vez y traduce las siguientes palabras. *Listen again and translate the following words.*

(a) I was terrified
(b) A monster
(c) A ghost
(d) A martian
(e) She is a joker

Página 88

8.2 (J) Narra la historia ilustrado en tu diario de aprendizaje. *Narrate the picture sequence in your learning diary.*

8.2 (K) Andrea piensa en escribir un cuento de terror. Describe un monstruo. Lee su descripción. *Andrea is thinking about writing a horror story. She describes a monster. Read her description.*

Este monstruo es espantoso. Va a aterrorizar a todo el mundo. Tiene los ojos rojos, el pelo verde y la nariz enorme. Tiene tres brazos y en la boca tiene dientes como los de un vampiro. Huele a calcetines apestosos.

Página 89

8.2 (L) En tu diario de aprendizaje, dibuja y describe un monstruo. *Describe and illustrate a monster in your learning diary*

Rellena en tu diario de aprendizaje las palabras clave de la sección 8.2.
Fill in the keywords for section 8.2 in your learning diary.

Página 90

8.3 El poder de un póster

8.3 (A) Los grupos de palabras *Word clouds*

Hacer grupos de palabras puede ser una buena manera de aprender vocabulario. Para hacer un grupo de palabras tenemos que pensar en todo el vocabulario relacionado con un tema y saber como se deletrean las palabras. Una vez hecho el grupo se puede poner en un lugar destacado del aula como refuerzo visual.

There are many websites where you can make your word cloud for free:

- **wordart.com**
- **wordle.net**
- **wordcloud.com**

8.3 (B) Haz un grupo de palabras para repasar un tema de vocabulario. *Make a word cloud to revise a topic of vocabulary.*

Criterios de éxito:

- Choose one of the following topics: *Los saludos, la familia, las mascotas, los animales, las asignaturas, el colegio, el aula, la casa, los muebles, la comida, los deportes, los pasatiempos, el transporte, los países, las ciudades de España, el aeropuerto, el restaurante, la fruta, las verduras, las tiendas, los edificios, la ropa, el tiempo, la playa*
- Brainstorm the vocabulary you know associated with that topic
- Check your spellings
- Create a word cloud online
- Print it out and display it in your classroom

8.3 (C) Las palabras en la publicidad *Words in advertising*

La publicidad nos hace comprar cosas. Para convencernos de comprar un producto, la publicidad tiene que ser muy descriptiva. Antes de crear un anuncio, los publicistas piensan en la mayor cantidad de ideas, palabras o expresiones que se pueden usar para describir el producto de manera positiva y atractiva.

Lee las ideas y une las descripciones con los productos. *Read the brainstorming ideas and match the descriptions with the products.*

(1) Buen sabor, muy rico, con zumo de limones y naranjas, disfrútala heladita, cero calorías, sin azúcar, energía para tu cuerpo, para deportistas, con vitaminas C y E.

(2) Superequipado, tecnología para disfrutar, tracción 4x4 gratis, dirección asistida, luces diurnas, aire acondicionado, alarma, spoiler deportivo, emisiones por debajo de los 120gr/km

(3) Protección para toda la familia, sabor menta, aliento fresco, fuertes y blancos, elimina las bacterias, protección anticaries, 12 horas de protección, una sonrisa más blanca, contra la sensibilidad

Los productos

(a) Pasta de dientes ___3___

(b) Una bebida ___1___

(c) Un coche todo terreno ___2___

8.3 (D) Trabajad en parejas. Haced un anuncio para un producto de vuestra elección. *Work in pairs. Make an advertisement for a product of your choice.*

Criterios de éxito:

- Choose any product or service
- Brainstorm words or phrases to describe it – you may use a dictionary
- Make a poster advertisement, using those words and phrases

Student CD 2 Track 11

8.3 (E) Escucha los anuncios publicitarios y rellena la tabla en inglés. *Listen to the advertisements and fill in the table in English.*

	Product	Description	Price	Where can you buy it?
(a)	Perfume	lemon smell		Online
(b)	[illegible]	Samsung 16GB	199	www.castmobile.es
(c)	book	Scary		
(d)	Music	CD		

8.3 (F) Lee los anuncios y contesta a las preguntas. *Read the advertisements and answer the questions.*

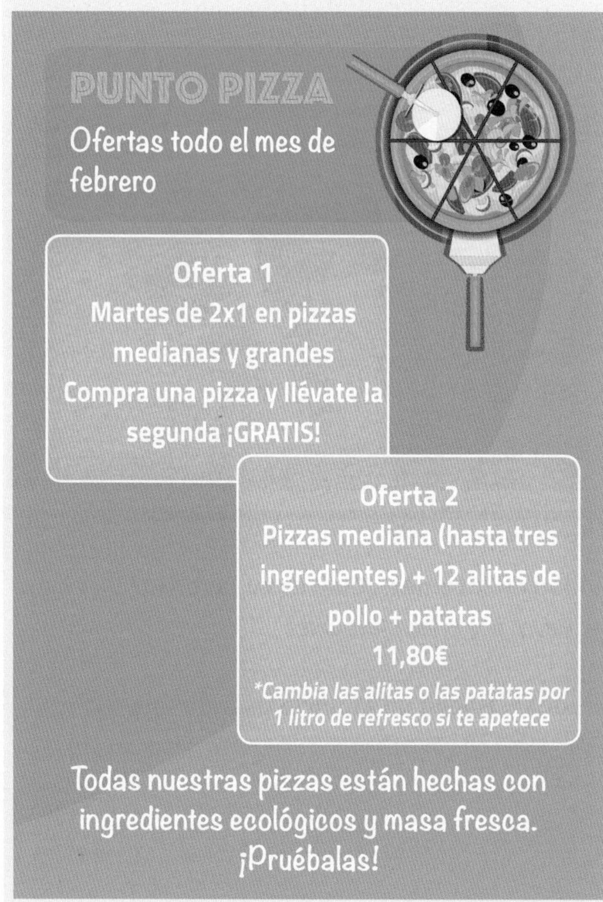

1 Contesta en inglés. *Answer in English.*

(a) What is the second special offer at the pizzeria?

(b) According to the text at the bottom of the advertisement, what are all the pizzas made with?

(c) Name four features of the laptop on offer.

(d) When is the special offer on the laptop available?

2 Contesta en español. *Answer in Spanish.*

(a) ¿En qué mes se hacen esas ofertas en la pizzería?

(b) ¿En qué día se pueden comprar dos pizzas por una?

(c) ¿Cuánto cuesto el portátil?

(d) ¿Dónde está la tienda de electrodomésticos?

¡QUÉ CURIOSO! *La Lotería de Navidad*, the Christmas lottery, is the biggest lottery in the world, with a total prize fund of around 2.5 billion euro! It has been running since 1812 making it the second-longest running lottery in the world. Every year, the draw takes place on the 22nd of December and is televised in Spain. Pupils from the San Ildefonso school in Madrid draw the winning numbers and sing the results.

The top prize (known as *El Gordo*) is usually worth several million euros, but many others share the total prize fund, with thousands of smaller prizes to be won too. The television advertisements for *El Gordo* are well-known for their creativity and the 2015 advertisement won an award at Cannes Lions International Festival of Creativity.

8.3 (G) Mira dos anuncios de La Lotería de Navidad en internet. ¿Cuál es tu favorito? *Watch two advertisements for the Spanish Christmas lottery online. Which one is your favourite?*

8.3 (H) Trabajad en grupos de tres o cuatro personas. Haced un anuncio usando una tableta o teléfono inteligente. *Work in groups of three or four. Make an advertisement using a tablet or smartphone.*

Criterios de éxito:

- Choose any product or service
- Brainstorm words or phrases to describe it – you may use a dictionary
- Write a short script for your advertisement
- Think of what props you can bring in to enhance your advertisement
- Film your advertisement with a tablet or smartphone
- One group member may record; all other group members must say something in Spanish
- Share your advertisement with your classmates via a share site or social media

8.3 (I) 1 Se busca: un ladrón. Lee el cartel en la página opuesta y contesta a las preguntas en español. *Wanted: thief. Read the poster opposite and answer the questions in Spanish.*

(a) ¿Cómo se llama el ladrón?
(b) ¿Cómo es?
(c) ¿Cuántos años tiene?
(d) ¿Qué robó?
(e) ¿Cómo se dice *thief* en español?

2 Busca las siguientes palabras o frases en el texto. *Find the following words or phrases in the text.*

(a) bald
(b) very skinny
(c) a freckly face
(d) a scar on his forehead
(e) a reward

Página 89

8.3 (J) Haz un cartel de Se Busca en tu diario de aprendizaje. *Make a WANTED poster in your learning diary.*

Student CD 2 Track 12

8.3 (K) Un robo en la joyería. Escucha y contesta a las preguntas en español. *A robbery in the jewellery shop. Listen and answer the questions in Spanish.*

(a) ¿Cuándo tuvo lugar el robo?
(b) ¿Dónde está la joyería?
(c) ¿Cómo entró el ladrón en la tienda?
(d) ¿Qué robó?
(e) ¿Quién descubrió el robo?
(f) ¿Como es el ladrón?

Rellena en tu diario de aprendizaje las palabra clave de la sección 8.3.
Fill in the keywords for section 8.3 in your learning diary.

Página 91

8.4 Las canciones

A mí no me interesa tanto la literatura. Creo que escribiré una canción para el concurso de escritura creativa. Será difícil escribir la letra.

8.4 (A) 1 Busca en internet la canción 'Cuando' de Nicole, escúchala y rellena los espacios con los verbos de la lista. *Find the song 'Cuando' by Nicole online, listen to it and fill in the blanks with the verbs in the list.*

me agarré, buscaste, tropecé, volvimos, se fue, pensaste, supo, busqué, me acordé, conocí, miraste, supe, fuiste, me callé, empezó (x2)

CUANDO – Nicole

Cuando yo te (a) conocī ______ no (b) supe ______
ni qué decir y (c) me callē ______
Me (d) miraste ______ y (e) tropecé ______ y
de tu mano fuerte (f) me ~~callé agarré~~
agarrē ______ que yo no (g) me acordé ______
pero ese instante nunca (h) se fue ______
ESTRIBILLO
Y todo (i) empezō ______ a cobrar sentido frente a frente tu y yo el sol avanza el cielo aclara Nada es casual el fulgor de nuestro encuentro vuelve a brillar cada vez que te vuelvo a mirar

Nos (j) volvimos ______ a encontrar
siempre (k) fuiste ______ mucho más que una ilusión
me (l) ______ y te (m) ______
el tiempo
(n) ______ darnos la razón hay cosas que no pierden valor cuando hay certeza sin condición
ESTRIBILLO
Y todo (ñ) empezō ______ a cobrar sentido frente a frente tu y yo el sol avanza el cielo aclara nada es casual el fulgor de nuestro encuentro vuelve a brillar cada vez que te vuelvo a mirar

2 Trabajad en parejas.
Work in pairs.

- **(a)** Look at all the verbs you filled in. What tense are they all in.
- **(b)** From the list of verbs you filled in, which nine are forms of –AR verbs?
- **(c)** Which two are –ER verbs?
- **(d)** Which four are irregular verbs?

Muy a menudo las letras de una canción o las palabras de un poema riman. Mira el segundo verso de la canción de arriba: ilusion, razón, comisión. Todas estas palabras riman.

8.4 (B) Une las palabras del primer grupo que rimen con las del segundo grupo. *Match the words from the first cloud with the rhyming words in the second cloud.*

1 el toro
12 el conejo
8 la fresa
7 el pato
15 la rana
5 la cuna
14 el ratón
2 la galleta
13 la estrella
9 la pelota
10 el anillo
11 el hueso
6 el avión
4 la aguja
3 la piña

(f) el queso
(ñ) el camión
(m) el gato
(a) la mesa
(h) el limón
(d) la campana
(n) el loro
(i) la bruja
(b) la luna
(g) la bota
(k) el martillo
(l) la botella
(c) el espejo
(e) la paleta
(j) la niña

1	2	3	4	5	6	7	8	9	10	11	12	13	14	15

Teacher CD Track 11

8.4 (C) Escucha, repite y corrige tus respuestas. *Listen, repeat and correct your answers.*

Teacher CD Track 12

8.4 (D) Escucha y rellena con la palabra que rime. *Listen and fill in the rhyming word.*

(a) la sopa ____________
(b) la rama ____________
(c) la taza ____________
(d) hoy ____________
(e) la abeja ____________

(f) el mago ____________
(g) la manta ____________
(h) la araña ____________
(i) el traje ____________
(j) la sonrisa ____________

8.4 (E) Trabajad en parejas. Escribid una canción o un rap sobre uno de los siguientes temas usando palabras que rimen. *Work in pairs. Write a song or a rap about one of the following themes using words that rhyme.*

- Los números
- Las mascotas
- Mi casa
- El colegio
- La comida

8.4 (F) En el ejercicio 8.4 (A) escuchaste una canción de Nicole. ¿Quién es Nicole? Lee el texto y contesta a las preguntas. *In exercise 8.4 (A) you listened to a song by Nicole, but who is Nicole? Read the text and answer the questions.*

Nicole es una cantante de pop chilena. Nació el 19 de enero de 1977 en Santiago de Chile. De niña hacía actividades musicales en el colegio y participó en obras de teatro. Fuera del colegio estudiaba ballet clásico en una academia de baile y hacía anuncios publicitarios en la televisión. En 1987 ganó un programa de talento. En 1989 con solo doce años lanzó su primer disco. Cinco años más tarde fue a España a grabar su nuevo álbum *Esperando Nada.* El disco obtuvo triple disco de platino por ventas en Chile. Durante su carrerra Nicole ha seguido teniendo éxito y ganando premios. Su canción 'Despiértame' obtuvo el premio MTV al mejor video femenino y el álbum *Viaje Infinitivo* fue nominado al Latin Grammy como mejor disco pop femenino. En 2015 tomó parte en *The Voice Chile*. Fue vocal coach y jurado con Luis Fonsi y Franco Simone. Ahora está promocionando su nuevo álbum de estudio *Panal*, el séptimo de su carrera.

LANZAR = *to launch*
GRABAR = *to record*

Contesta en español con frases completas. *Answer in Spanish with full sentences.*

(a) ¿De dónde es Nicole?
(b) ¿Cuándo es su cumpleaños?
(c) ¿En qué año ganó un concurso en la televisión?
(d) ¿Qué hizo en 1989?
(e) ¿Dónde grabó el album *Esperando Nada*?
(f) ¿Cómo se titula su álbum que fue nominado al Latin Grammy?
(g) ¿Cómo se llaman los otros jurados en *The Voice Chile*?
(h) ¿Cuántos álbums de estudio tiene según el texto?

Rellena en tu diario de aprendizaje las palabras clave de la sección 8.4.
Fill in the keywords for section 8.4 in your learning diary.

Página 91

8.5 ¡Practicamos!

8.5 (A) Lee la historia y elige la forma correcta de los verbos. *Read the story and choose the correct form of the verbs.*

El sábado pasado yo **(a)** (fui / fue) a un concierto de Abraham Mateo con mi amiga Yolanda. Nosotras **(b)** (compremos / compramos) las entradas en línea hace dos meses. El sábado por la tarde Yolanda y yo **(c)** (cogemos / cogimos) un autobús desde nuestro pueblo Saltillo, a la ciudad de Monterrey. **(d)** (Llegamos / Lleguemos) a Monterrey a las siete de la tarde y **(e)** (comemos / comimos) tacos en una taquería de cerca de la estación de autobuses. Luego **(f)** (andamos / anduvimos) hasta el Estadio Universitario, donde **(g)** (tuve / tuvo) lugar el concierto. **(h)** (Vimos / Vemos) a unos amigos de Saltillo en el concierto y **(i)** (bailamos / bailaron) con ellos. Ellos **(j)** (vinimos / vinieron) en coche y después del concierto nosotras **(k)** (volvimos / volvieron) en coche con ellos. Cuando yo **(l)** (llego / llegué) a casa **(m)** (comí / comó) una pizza con mi hermano y **(n)** (me acosté / me acostó). ¡Qué sábado tan divertido!

8.5 (B) Escribe una historia con uno de los siguientes títulos. *Write an imaginative story with one of the following titles.*

- El mejor día de mi vida
- El accidente
- El monstruo de mi barrio
- La chica guapa de Venezuela
- El fantasma en mi casa
- El partido de fútbol

Teacher CD Track 13

8.5 (C) Dos robos en la ciudad de Madrid. Escucha y contesta a las preguntas en inglés. *WANTED: Two robberies in Madrid. Listen and answer the questions in English.*

1

(a) Where did the first robbery occur?
(b) What items were stolen?
(c) How did the thieves escape?
(d) How are the thieves described? (Give three details.)
(e) What reward has been offered?
(f) What phone number should you call if you have information?

2

(a) When did the second robbery occur?
(b) Where did it occur?
(c) How did the thief break in?
(d) What was stolen?
(e) What is the estimated value of the stolen goods?
(f) What did the thief leave behind?

8.5 (D) 1 Une los títulos de los cuentos en español con su equivalente en inglés. *Match the titles of the fairy tales with their title in English.*

(a)	Los tres cerditos	**1**	Goldilocks and the Three Bears
(b)	Caperucita roja	**2**	Beauty and the Beast
(c)	Ricitos de oro y los tres osos	**3**	Snow White and the Seven Dwarfs
(d)	El patito feo	**4**	Puss in Boots
(e)	La bella y la bestia	**5**	Sleeping Beauty
(f)	Cenicienta	**6**	The Three Little Pigs
(g)	El gato con botas	**7**	Jack and the Beanstalk
(h)	Blancanieves y los siete enanitos	**8**	Cinderella
(i)	Juan y los frijoles mágicos	**9**	Little Red Riding Hood
(j)	La bella durmiente	**10**	The Ugly Duckling

2 Hablad en parejas y contestad a las preguntas en inglés. *Discuss in pairs and answer these questions in English.*

(a) How did you figure out which titles matched up? What strategies did you use to figure them out?

(b) Consider the use of capital letters in the book titles. How do the Spanish titles differ from the English?

A duckling is a *patito*. This comes from *pato*, meaning duck. In Spanish if we add *–ito* (or *–ita*, *–itos*, *–itas*) to a word, it conveys a sense of being small. For example, a puppy is *un perrito* and a kitten is *un gatito*, from *perro* and *gato*. This diminutive form is also used to show affection, for example *abuelita* can be used to refer to your grandmother – but it doesn't mean that she is short!

8.5 (E) Trabajad en grupos de tres o cuatro personas. Haced una película corta de un cuento infantil. *Work in groups of three or four. Make a short movie of a fairy tale.*

Criterios de éxito:

- Choose a well-known fairy tale, such as one listed above
- Brainstorm words or phrases to write a short script for a movie of the story
- Think of what props you can bring in to enhance your movie
- Film your movie with a tablet or smartphone
- One group member may record; all other group members must say something in Spanish
- Share your movie with your class via a share site or social media

8.5 (F) Haz el crucigrama con las palabras de la sección 8.4. *Fill in the crossword with the vocabulary from section 8.4.*

Horizontales

4 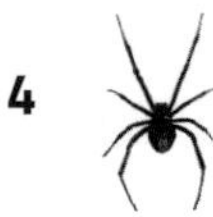 7   8  9  10  

8.5 (G) Forma una frase larga con las dos frases de abajo y una de las palabras del recuado. *Join the two short sentences with one of the words below to make one long sentence.*

y, por eso, pero, cuando, mientras, o, así que, porque, entonces, como, sin embargo, también

Ejemplo: Me gusta la carne. No me gusta el pescado.
*Me gusta la carne **pero** no me gusta el pescado.*

(a) Jaime va a la playa. Hace sol.
(b) Mi madre necesita leche. Va al supermercado.
(c) Tengo que estudiar. No voy a la discoteca.
(d) Tenemos que entrenar. Perderemos el partido.
(e) Sus hermanos son altos. Ella es baja.
(f) Quiero sacar buenas notas. Estudio mucho.

Rellena en tu diario de aprendizaje las palabra clave de la sección 8.5.
Fill in the keywords for section 8.5 in your learning diary.

 Página 91

Unidad 8 ¡Ponte a prueba!

Página 92

Ordena tus conocimientos de la gramática de la Unidad 8 en tu diario de aprendizaje. *Sort your knowledge of the grammar in Unit 8 in your learning diary.*

Página 92

En tu diario de aprendizaje, reflexiona sobre lo que has aprendido en esta unidad. *In your learning diary, write your thoughts on what you have learned in this unit.*

¿Qué he aprendido en la Unidad 8?	🙂	😐	☹️
I can follow simple fictional stories			
I can understand radio and television advertisements			
I can source advertisements for *El Gordo* online			
I can follow a simple news report about a robbery			
I can source a song online and follow its lyrics			
I can read simple poems			
I can read a variety of simple fictional stories			
I can read WANTED posters			
I can identify and correctly pronounce rhyming pairs			
I can give my opinion on different poems			
I can write fictional stories			
I can write an acrostic poem			
I can make a WANTED poster			
I can write a rap or a song			
I can use connecting words to write longer sentences			
I can play word games			
I can create a video advertisement			
I can create word clouds to revise keywords			
I can make a movie of a well-known fairy tale			
I can identify at least three facts about *El Gordo*			

Revision

Go to **www.edco.ie/quepasa2** for interactive activities and quizzes based on this unit.

A test for Unidad 8 is available in the Teacher's Resource Book.

¡Vamos de fiesta!

Go to **www.edco.ie/quepasa2** for interactive activities and quizzes based on this unit.

By the end of this unit you will be able to:

- Name typical party food items
- Describe a party scene

- Express what you could do this weekend using the conditional
- Compare and contrast Christmas traditions in Ireland with those in Spanish-speaking countries
- Write text messages inviting friends to social events

- Write an email inviting a friend to stay with you
- Write a shopping list for a party
- Write greeting cards
- Make a Christmas card
- Write an email describing how you spend Christmas
- Use the conditional tense to invite people to social events

- Identify 'false friends'
- Follow conversations inviting people to social occasions

- Listen to a Mexican birthday song
- Listen to a traditional Spanish Christmas carol
- Understand invitations to social events

- Read about *quinceañera* parties
- Read greeting cards
- Follow a recipe for *turrón* – a typical Christmas treat in Spain
- Create a playlist of Spanish songs

- Investigate Christmas traditions in Spanish-speaking countries

- Sing 'Happy Birthday' in Spanish
- Recognise regional varieties of the 'Happy Birthday' song
- Understand the Mexican tradition of the *quinceañera*
- Understand the tradition of celebrating the *Santo*

¡QUÉ CURIOSO! Over 80% of the population of Hispanic countries are Roman Catholic, meaning Christmas is always a big celebration in Spanish-speaking countries.

The title of this unit means 'Let's party!' What words or phrases do you already know on the topic of celebrations? What words or phrases might be useful when planning a party?

Página 93

Apunta tus ideas en tu diario de aprendizaje. *Note your ideas in your learning diary.*

9.1 ¿Quieres venir?

9.1 (A) Lee la viñeta y contesta a las preguntas en español. *Read the comic strip and answer the questions in Spanish.*

- **(a)** ¿Cuándo va Andrea a dar una fiesta?
- **(b)** ¿Qué celebra?
- **(c)** ¿Por qué no invita a mucha gente a la fiesta?
- **(d)** ¿Qué va a hacer María para ayudarle?
- **(e)** ¿Qué va a hacer Joaquín?
- **(f)** Find five infinitives in the comic strip.
- **(g)** Find three examples of the future tense formed using the verb IR.
- **(h)** Find three other examples of the future tense.

9.1 (B) 1 Andrea envía mensages de texto para invitar a sus amigos a la fiesta. Lee los mensajes y contesta a las preguntas en español. *Andrea sends text messages inviting her friends to the party. Read the messages and answer the questions in Spanish.*

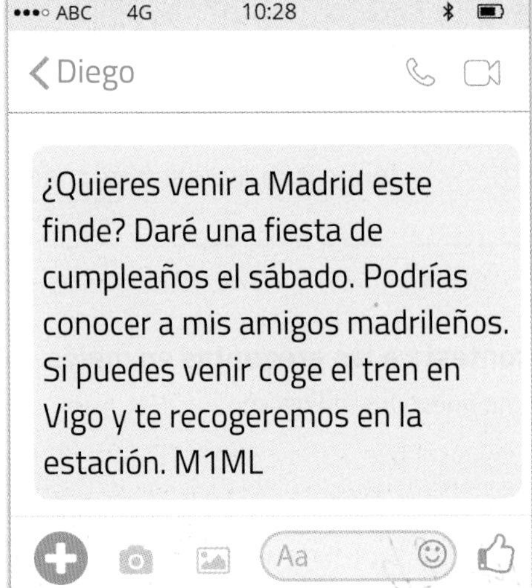

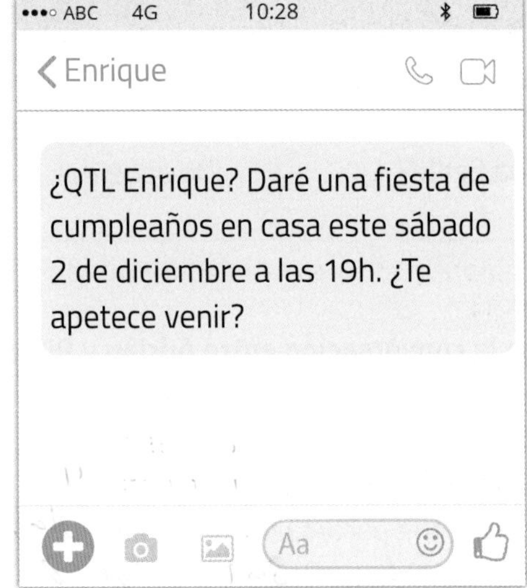

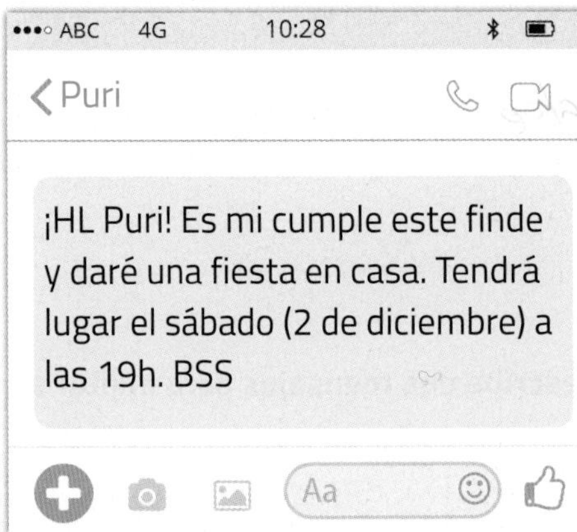

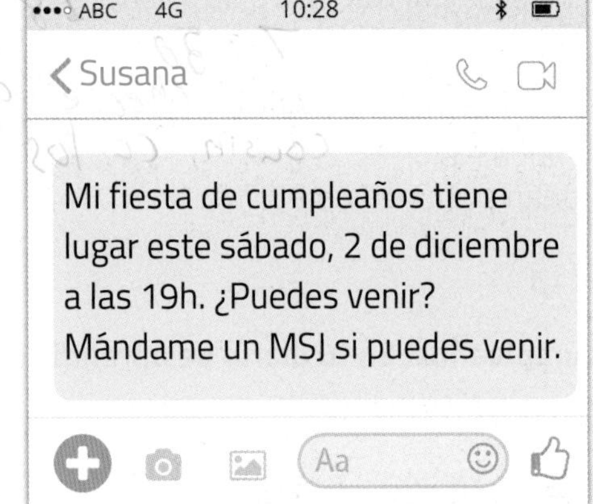

(a) ¿Qué día será la fiesta?
(b) ¿En qué fecha será la fiesta?
(c) ¿Quién vive en Vigo?
(d) ¿Dónde tendrá lugar la fiesta?
(e) ¿Cómo se dice *you could meet my friends* en español?
(f) ¿Cómo se dice *we'll meet you at the station* en español?
(g) ¿Qué significa madrileños?

2 Une la abreviatura con las palabras completas a las que se refieren. *Match the abbreviations with the whole words.*

(a) cumple
(b) finde
(c) QTL
(d) M1ML
(e) BSS
(f) MSJ

1 ¿Qué tal?
2 Besos
3 Fin de semana
4 Mensaje
5 Cumpleaños
6 Mándame un mensaje luego

¿Quieres ir a una fiesta?	¡Vale!	Lo siento, no puedo ir.
¿Te gustaría ir a una fiesta?	¡Perfecto!	No me apetece ir.
¿Vamos a una fiesta?	¡Sí, por supuesto!	No puedo, estoy enfermo.
¿Te apetece ir a una fiesta?	¡De acuerdo!	Tengo que ayudar a mi madre.

Student CD 2 Track 13

9.1 (C) Escucha la conversación entre Adrián y Pilar y contesta a las preguntas en inglés.
Listen to the conversation between Adrián and Pilar and answer the questions in English.

(a) Why is Adrián having a party? birthday
(b) On what day is the party taking place? Friday
(c) What is Adrián's address? San antonio 14 2b
(d) Which bus stops near Adrian's apartment? 28
(e) At what time is the party? 7:30
(f) What does Pilar suggest bringing? cheese cake
(g) Who is bringing a guitar? Cousin carlos
(h) What is Adrián's phone number?

Página 94

9.1 (D) Es tu cumpleaños. En tu diario de aprendizaje escribe dos mensajes para invitar a tus amigos. *It's your birthday. In your learning diary, write messages to invite your friends.*

9.1 (E) Las canciones de cumpleaños *Birthday songs*

We all know the tune to sing 'Happy Birthday' and in Spanish the song is sung to the same tune. However, the lyrics differ depending on which Spanish-speaking country you are in.

Letra de 'Cumpleaños Feliz' en España:	Letra de 'Cumpleaños Feliz' en Colombia:	Letra de 'Cumpleaños Feliz' en Argentina:
Cumpleaños feliz Cumpleaños feliz Te deseamos todos Cumpleaños feliz	Cumpleaños feliz. Te deseamos a ti Cumpleaños (NOMBRE), Cumpleaños feliz.	Que los cumplas feliz. Que los cumplas feliz Que los cumplas (NOMBRE), Que los cumplas feliz.

9.1 (F) Elige una de las canciones de arriba y cántala con tus compañeros. *Choose one of the songs above and sing it with your class.*

Next time it is a classmate's birthday, you can all sing 'Cumpleaños Feliz'!

In Mexico it is more common to sing the traditional birthday song 'Las mañanitas' to the birthday boy or girl.

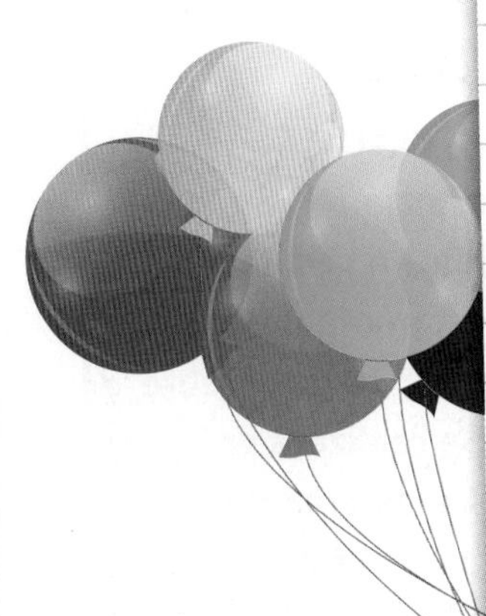

Letra de 'Las mañanitas':

Estas son las mañanitas que cantaba el rey David
Hoy por ser día de tu santo te las cantamos a ti.
Despierta mi bien despierta, mira que ya amaneció
Ya los pajaritos cantan, la luna ya se metió.
Qué linda está la mañana en que vengo a saludarte
venimos todos con gusto y placer a felicitarte.
El día en que tu naciste nacieron todas las flores
y en la pila del bautismo cantaron los ruiseñores.
Ya viene amaneciendo, ya la luz el día nos dio.
Levántate de mañana mira que ya amaneció.

9.1 (G) Busca la canción 'Las mañanitas' en internet y escuchála. *Find the song 'Las mañanitas' online and listen to it.*

9.1 (H) Lee las invitaciones y contesta a las preguntas en español. *Read the invitations and answer the questions in Spanish.*

1 Elige la respuesta correcta. *Choose the correct answer.*

(a) ¿Quién cumplirá ocho años?
(Raúl / Diego / Julia / Pilar)

(b) ¿Qué día es la fiesta de Pilar?
(jueves / viernes / sábado / domingo)

(c) ¿En qué fecha es la fiesta de Raúl?
(3 de abril / 14 de agosto / 27 de junio / 30 de octubre)

(d) ¿Dónde tendrá lugar la fiesta de Julia?
(C/Señor Escobedo / Avenida Luis Rocafort / Calle Miramar / C/Laredo)

(e) ¿A qué hora será la fiesta de Pilar?
(a las 18 hrs / a las 10:30 hrs / a las 22 hrs / a las 15 hrs)

2 ¿Cómo se dice en español? Busca las expresiones en las invitaciones. *How do you say it in Spanish? Find the phrases in the invitations.*

(a) A fancy-dress party
(b) I'm inviting you to my party
(c) Don't miss it!

REPASO

Los meses

enero	julio
febrero	agosto
marzo	septiembre
abril	octubre
mayo	noviembre
junio	diciembre

Los días de la semana

lunes
martes
miércoles
jueves
viernes
sábado
domingo

Student CD 2 Track 14

9.1 (I) ¿Cuándo es la fiesta? Escucha y rellena el cuadro con los días y las fechas de las fiestas.
When is the party? Listen and fill in the blanks with the days and dates of the parties.

		Día	Fecha
(a)	La fiesta de graduación	domingo	
(b)	El cumple de Carlos	sábado	
(c)	La quinceañera de Yolanda	viernes	
(d)	La boda de Miguel y Laura	sábado	5th of March
(e)	La fiesta de fin de curso	domingo	

¡QUÉ CURIOSO! *Una quinceañera* is a girl turning fifteen years old. In Latin America, this coming of age for girls is marked with a large party, known as *la quince* (similar to a sweet-sixteen party in some English-speaking countries). The tradition of *quince* parties is most common in Mexico, where parties can be very elaborate celebrations.

9.1 (J) Lee el texto y contesta a las preguntas en español. *Read the text and answer the questions in Spanish.*

Así fue la fiesta de quinceaños más cara de todo el mundo

Maya Henry es de San Antonio, Texas y ya puede presumir de que tuvo la fiesta de quinceaños más impresionante de todas.

Hay fiestas de cumpleaños muy costosas . . . ¡y está la fiesta de Maya Henry! Y es que los padres de esta adolescente pagaron más de 6 millones de dólares para celebrar sus 15 años, un festejo que sin duda nunca olvidará.

Maya vive en San Antonio, Texas y es hija de Thomas J Henry, un prestigioso abogado de la ciudad, quien alquiló un lugar de 55 mil metros cuadrados, para celebrar sus quince años. El espacio fue decorado con cerezos de más de 9 metros, montañas de flores, fuentes y mariposas de plástico suspendidas en el techo.

Para su look, Maya usó un vestido de Rolando Santana creado especialmente para ella, además de ser maquillada por Patrick Ta, make-up artist de Kim Kardashian, y fotografiada por Donna Newman, que ha sido la fotógrafa de personalidades como Michelle Obama y Matt Damon.

Las sorpresas no terminaron ahí, pues contrataron a un grupo de mariachis y a cantantes como Nick Jonas y Pitbull, quienes cobraron 200 mil dólares y un millón respectivamente, según TMZ.

Tanto los 600 asistentes de la fiesta como Maya disfrutaron del show privado y, al final, la quinceañera pudo platicar y tomarse fotos con sus ídolos musicales.

Fuente: Quien.com

ASISTIR = *to attend*
asistentes = *attendees*
Asistir is an example of a false friend. Read more about *falsos amigos* on page 328.

(a) ¿Cómo se llama la chica que celebró su fiesta de quinceañera?
(b) ¿Cuántos dólares pagaron sus padres por la fiesta?
(c) ¿Dónde vive la quinceañera?
(d) ¿Cómo se llama su padre?
(e) ¿Cómo decoraron el espacio para la fiesta?
(f) ¿Quién creó su vestido?
(g) ¿Qué hizo Patrick Ta?
(h) ¿Qué hizo Donna Newman?
(i) Menciona dos cantantes que cantaron en la fiesta.
(j) ¿Cuántas personas asistieron a la fiesta?

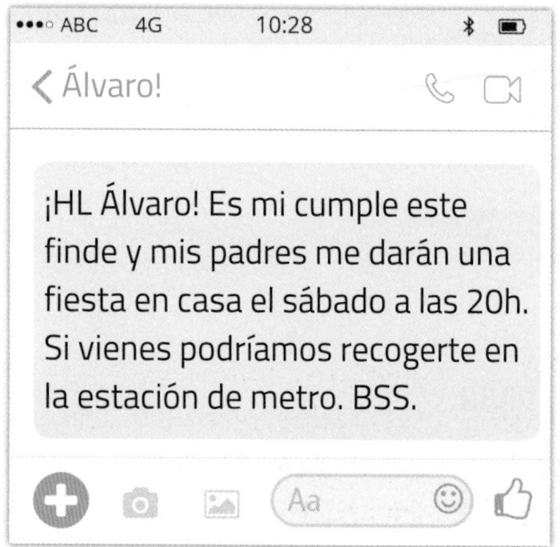

9.1 (K) Invitas a tus amigos a algunos eventos. Escribe los mensajes de texto en tu cuaderno. *You are inviting your friends to different events. Write the text messages in your copy.*

(a) Your birthday party. Saturday 8pm. Your house.
(b) A football match. Sunday 3pm. Croke park.
(c) An Ed Sheeran concert. Friday 4th May. Pairc Ui Chaoimh. Travel by train.
(d) A surf competition. This weekend. Bundoran. Stay in your cousin's house.

Rellena en tu diario de aprendizaje las palabras clave de la sección 9.1.
Fill in the keywords for section 9.1 in your learning diary.

Página 101

9.2 El condicional

9.2 (A) El condicional

Look back at the Whatsapp message to Álvaro on the previous page. The phrase *podríamos recogerte en la estación* (we could meet you at the station) uses a verb tense known as *el condicional* (the conditional). *El condicional* expresses what somebody would or could do.

Ejemplos:

Iría al cine pero no tengo dinero — *I would go to the cinema but I don't have money*

Me gustaría comprar esta camiseta — *I would like to buy this t-shirt*

To form *el condicional* we simply add the following endings to the infinitive of the verb:

–ía	–íamos
–ías	–íais
–ía	–ían

HABL**AR**	COM**ER**	VIV**IR**
hablar**ía**	comer**ía**	vivir**ía**
hablar**ías**	comer**ías**	vivir**ías**
hablar**ía**	comer**ía**	vivir**ía**
hablar**íamos**	comer**íamos**	vivir**íamos**
hablar**íais**	comer**íais**	vivir**íais**
hablar**ían**	comer**ían**	vivir**ían**

Ejemplos:

¿Te **gustaría** venir a la fiesta? — *Would you like to come to the party?*

Dijo que **estaría** en casa — *He said he would be at home*

Sería interesante viajar a Asia — *It would be interesting to travel to Asia*

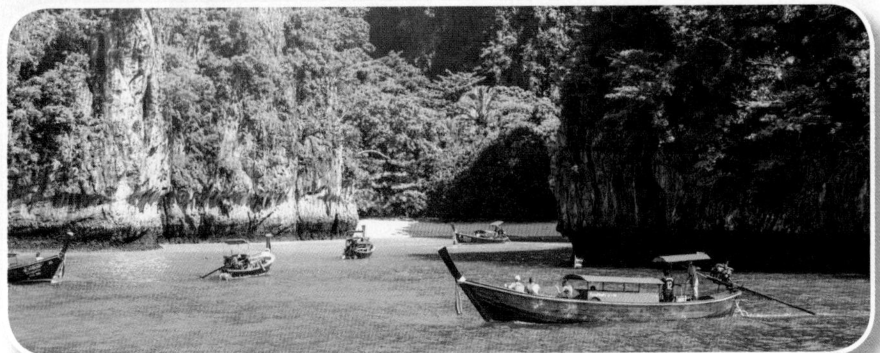

There are twelve verbs that have irregular stems in the conditional. The endings are exactly the same as for the regular verbs opposite, but these twelve verbs have irregular stems. They are the same irregular stems as in the future tense.

Infinitivo	**Inglés**	**Futuro**	**Condicional**
CABER	*to fit*	yo **cabr**é	yo cabría
DECIR	*to say*	yo **dir**é	yo diría
HABER	*to have*	yo **habr**é	yo habría
HACER	*to do*	yo **har**é	yo haría
PODER	*to be able to*	yo **podr**é	yo podría
PONER	*to put*	yo **pondr**é	yo pondría
QUERER	*to like*	yo **querr**é	yo querría
SABER	*to know*	yo **sabr**é	yo sabría
SALIR	*to go out*	yo **saldr**é	yo saldría
TENER	*to have*	yo **tendr**é	yo tendría
VALER	*to be worth*	yo **valdr**é	yo valdría
VENIR	*to come*	yo **vendr**é	yo vendría

Ejemplos:

Yo **haría** los deberes pero no tengo tiempo — *I would do my homework but I don't have time*

Podríamos alquilar bicicletas mañana — *We could rent bicycles tomorrow*

Mira la presentación en PowerPoint 'Unidad 9 (a)' sobre el condicional. *Watch the PowerPoint presentation 'Unidad 9 (a)' on the conditional.*

9.2 (B) Rellena los espacios con el condicional de los verbos entre paréntesis. *Fill in the blanks with the conditional of the verbs in brackets.*

(a) Nosotros ____________________ (ir) de vacaciones pero tenemos que trabajar este verano.
(b) Yo ____________________ (poder) hacer el examen esta semana.
(c) Jorge ____________________ (salir) con Maite pero Maite ya tiene novio.
(d) Vosotros ____________________ (hacer) más ejercicios.
(e) Me ____________________ (gustar) viajar a todos los países del mundo.
(f) ¿Tú ____________________ (comer) una pizza entera?
(g) Ana no ____________________ (hablar) con la directora.
(h) Mis amigos ____________________ (vivir) en Málaga porque les encanta la playa.
(i) ¿Vosotros ____________________ (venir) a la fiesta el día de mi cumple?
(j) Yo ____________________ (poder) recogerte en el aeropuerto.

9.2 (C) Escribe las siguientes frases en español. *Write the following sentences in Spanish.*

- **(a)** Would you like to go to the cinema?
- **(b)** We could pick you up at the train station.
- **(c)** I would like to go to Spain next year.
- **(d)** Would they come to the disco with us?
- **(e)** He would buy the runners but he doesn't have much money.
- **(f)** Would you prefer to live in the city or the countryside?
- **(g)** She would make a cake for the party.

9.2 (D) 1 ¿Qué podríamos hacer este fin de semana? Habla con un compañero / una compañera y usa las imágenes para construir frases. *What could we do this weekend? Speak to a partner using the images to make sentences.*

(a) 

Podríamos jugar al fútbol

(b) 

(c) 

(d) 

(e) 

(f) 

(g) 

(h) 

(i) 

2 Ahora escribe ocho frases con la información de arriba. *Now write eight sentences using the information above.*

Ejemplos: (a) *Podríamos jugar al fútbol el sábado.*

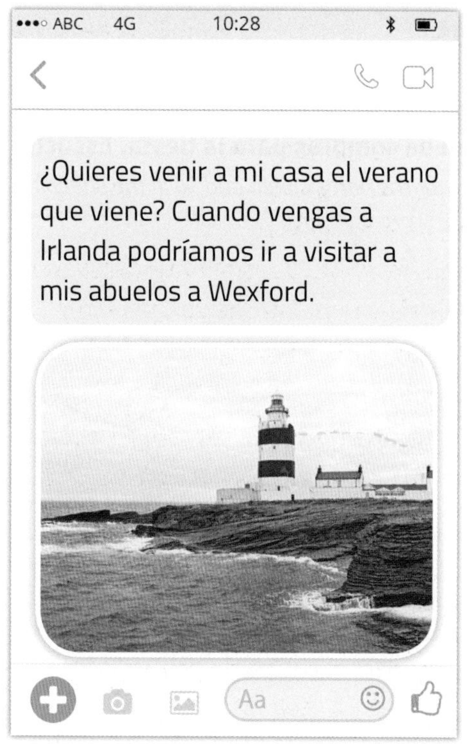

9.2 (E) El subjuntivo

The text message above uses an unusual construction known as *el subjuntivo* (the subjunctive). You will learn more about this construction at a later stage; for now it is good to know the following phrases, which you might use if you are organising an exchange with a Spanish student or inviting a Spanish friend to your home.

Cuando vengas a Irlanda podríamos + infinitivo	*When you come to Ireland we could . . .*
Cuando vaya a España podríamos + infinitivo	*When I go to Spain we could . . .*

Ejemplos:
Cuando vengas a Irlanda podríamos hacer surf en Lahinch
¿Cuando vaya a España podríamos visitar el Museo del Prado?

Página 95

9.2 (F) En tu diario de aprendizaje, escribe un correo electrónico a Andrea. *Write an email to Andrea in your learning diary.*

Rellena en tu diario de aprendizaje las palabras clave de la sección 9.2.
Fill in the keywords for section 9.2 in your learning diary.

Página 101

9.3 Vamos de compras

Student CD 2 Track 15

9.3 (A) Andrea y María van de compras para la fiesta. Escucha y completa la lista de la compra.

Andrea and María go shopping for the party. Listen and fill in the shopping list.

1 2 botellas de limonada	6
2	7
3	8
4	9
5	10

Student CD 2 Track 16

9.3 (B) Escucha y etiqueta la comida de la cesta de Andrea con las palabras de abajo. *Listen and label the food in Andrea's shopping basket with the words below.*

las patatas onduladas, las pipas, el bizcocho, los globos, el chicle, las palomitas, las galletas, las gominolas, los chupachups, la limonada, los gusanitos

1

2

3

4

5

11

6

10

9

8

7

 **9.3 (C) Escucha otra vez y repite.** *Listen again and repeat.*

 **9.3 (D) Rellena el crucigrama.** *Fill in the crossword.*

Horizontales

3 

8 

6 

9 

Verticales

1  

5 

2 

7 

4 

9.3 (E) Pon las palabras en orden y búscalas en la sopa de letras. Todos son comida de fiesta. *Put the words in order and find them in the wordsearch. All the words are party foods.*

(a) chicbozo _ _ _ _ _ _ _ _

(b) sippa _ _ _ _ _

(c) milasapot _ _ _ _ _ _ _ _ _

(d) talagels _ _ _ _ _ _ _ _

(e) snosugiat _ _ _ _ _ _ _ _ _

(f) sanomogil _ _ _ _ _ _ _ _ _

(g) otanpadasdutalsa _ _ _ _ _ _ _ _ _ _ _ _ _ _ _ _

(h) daniloma _ _ _ _ _ _ _ _

(i) shuppacuhc _ _ _ _ _ _ _ _ _ _

a	q	a	c	v	b	m	g	r	g	p
g	o	m	i	n	o	l	a	s	j	a
d	l	b	r	t	y	u	l	y	u	t
f	l	i	d	b	n	m	l	h	k	a
v	o	z	m	i	o	p	e	g	p	t
b	s	c	f	o	a	f	t	f	a	a
h	d	o	g	á	n	g	a	v	l	s
y	e	c	h	e	o	a	s	n	o	o
j	s	h	j	d	p	é	d	m	m	n
k	a	o	k	h	m	i	s	a	i	d
l	l	ó	l	f	j	a	p	x	t	u
ó	d	e	m	g	h	c	b	a	a	l
c	h	u	p	a	c	h	u	p	s	a
é	i	w	d	f	h	j	m	k	p	d
d	c	x	c	v	y	h	j	k	l	a
f	h	g	u	s	a	n	i	t	o	s
g	a	k	e	c	v	n	h	j	é	e

9.3 (F) Imagina que es tu cumpleaños y darás una fiesta. ¿Qué comida comprarías? Escribe tu lista de la compra. *Imagine it is your birthday and you are having a party. What food would you buy? Write your shopping list.*

Student CD 2 Track 17

9.3 (G) Joaquín y María hablan de lo que van a regalarle a Andrea. Escucha la conversación y contesta a las preguntas en español. *Joaquín and María discuss what present to buy for Andrea. Listen to the conversation and answer the questions in Spanish.*

(a) ¿Cuándo van de compras?

(b) ¿Qué le interesa mucho a Andrea?

(c) ¿Qué idea de regalo tiene María?

(d) ¿Cuánto costará más o menos?

(e) ¿Qué piensa Joaquín de la idea?

(f) ¿Qué deciden comprar?

(g) ¿Dónde van a quedar?

(h) ¿A qué hora quedarán?

La tradición del Santo

It was a tradition in Spain for friends and family to not only wish each other *Feliz Cumpleaños*, but also to wish one another *Feliz Santo. El Santo* refers to your Saint's day. Spanish newborns were traditionally named after saints, so you would celebrate your birthday and your Saint's name day. For example, if you were born on the 25th of October and were named Julio, you would be wished *Feliz Cumpleaños* on the 25th of October and *Feliz Santo* on the 12th of April (Saint Julio's Day). Nowadays the *Santo* is not really celebrated, but schoolchildren might bring sweets to share with their classmates on their *Santo*.

9.3 (H) Andrea escribe un correo electrónico a su abuela. Lee el correo electrónico y contesta a las preguntas en español en la página siguiente. *Andrea writes an email to her grandmother. Read the email and answer the questions overleaf in Spanish.*

De:	andreaagr10@gmail.com
A:	conchaaguilarvigo@terra.es
Asunto:	¡Fiesta!
Fecha:	1 de diciembre

Querida abuela:

Ya estamos en diciembre 😀. Mañana daré una fiesta de cumpleaños. Estoy muy emocionada. He invitado a todos mis amigos del instituto y mis mejores amigos vendrán de Galicia. Van a llegar mañana por la tarde y mamá les recogerá. María y Joaquín me ayudaron a preparar todo para la fiesta. María y yo fuimos al supermercado esta tarde y compramos toda la comida y los refrescos. Joaquín hizo una lista de canciones en Spotify y también traerá su guitarra.

Esta mañana mamá me regaló un vestido nuevo y un par de zapatos negros. Los llevaré mañana a la fiesta. Estoy un poco nerviosa porque mis amigos del insti no han venido a nuestro piso antes y no sé si se llevarán bien con mis amigos gallegos. Pero son simpáticos todos así que vamos a pasarlo bomba.

Bueno tengo mucho sueño 😴. Me voy a dormir. Necesitaré energía para mañana. Te enviaré unas fotos de la fiesta por Whatsapp.

Muchos besos,

Andrea

(a) ¿Cuándo llegarán los amigos gallegos de Andrea?
(b) ¿Qué hizo María para ayudar?
(c) ¿Qué traerá Joaquín a la fiesta?
(d) ¿Qué regalo recibió Andrea de su madre?
(e) ¿Por qué está Andrea nerviosa?
(f) Busca en el correo electrónico ocho verbos en el futuro.
(g) Busca cuatro verbos en el pretérito indefinido.
(h) Busca un verbo en el pretérito perfecto.

Rellena en tu diario de aprendizaje las palabras clave de la sección 9.3.
Fill in the keywords for section 9.3 in your learning diary.

Página 101

9.4 Preparando la fiesta

9.4 (A) Andrea pone la comida en la mesa. Etiqueta la imagen con las palabras de abajo. *Andrea puts the food out on the table. Label the image with the words below.*

fresas con nata, tenedores, servilletas, tarta de cumpleaños, palomitas, bizcocho, gominolas, vasos de plástico, chupachups, patatas fritas

9.4 (B) Joaquín hace una lista de canciones para la fiesta. Relaciona la canción con el grupo o cantante, Búscalas en Internet. *Joaquín makes a playlist for the party. Match the song with the group or singer. Look them up online.*

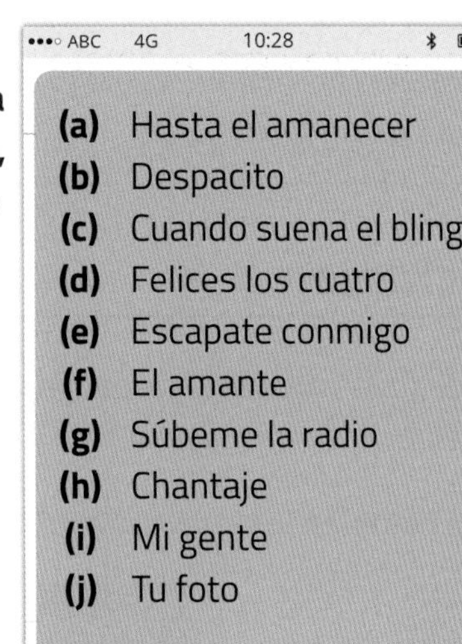

••••○ ABC 4G 10:28

(a) Hasta el amanecer
(b) Despacito
(c) Cuando suena el bling
(d) Felices los cuatro
(e) Escapate conmigo
(f) El amante
(g) Súbeme la radio
(h) Chantaje
(i) Mi gente
(j) Tu foto

••••○ ABC 4G 10:28

1 Enrique Iglesias
2 Nicky Jam
3 Ozuna
4 J Balvin
5 Wisin y Ozuna
6 Shakira
7 Luis Fonsi, Daddy Yankee y Justin Bieber
8 Nicky Jam
9 Maluma
10 Fuego

Página 96

9.4 (C) Busca cinco canciones en español que te gusten y completa la lista de canciones en tu diario de aprendizaje. *Find five Spanish-language songs that you like and fill in your playlist in your learning diary.*

9.4 (D) La fiesta. Describe lo que ves en la imagen. *Describe what you see in the image.*

Criterios de éxito:

- ¿Qué se ve en primer plano y en segundo plano?
- ¿Qué se ve a la izquierda y a la derecha de la imagen?
- ¿Cómo es la gente? ¿Qué ropa lleva?

Rellena en tu diario de aprendizaje las palabras clave de la sección 9.4.
Fill in the keywords for section 9.4 in your learning diary.

Página 102

9.5 Las tarjetas de felicitación

En el mundo hispano, como en Irlanda, es bastante común enviar y recibir tarjetas de felicitación para los cumples, la Navidad, y otras celebraciones importantes.

9.5 (A) 1 Lee las tarjetas de cumpleaños. *Read the birthday cards.*

Espero que hoy tengas una buena combinación de risas, amor y alegría

Feliz cumpleaños

¡Que tengas un hermoso día lleno de alegría y un año maravilloso!

Feliz cumpleaños

2 ¿Cómo se dice? Busca las expresiones siguientes en las tarjetas. *Find the following expressions in the cards.*

(a) Happy Birthday!
(b) Enjoy your day
(c) Best wishes from the bottom of my heart
(d) Have a great day full of happiness
(e) I hope you have a good combination of laughter, love and happiness

Página 96

9.5 (B) En tu diario de aprendizaje diseña una tarjeta de cumpleaños para un amigo o un familiar. *In your learning diary, design a birthday card for a friend or family member.*

9.5 (C) Lee las tarjetas de San Valentín. *Read the Valentine's Day cards.*

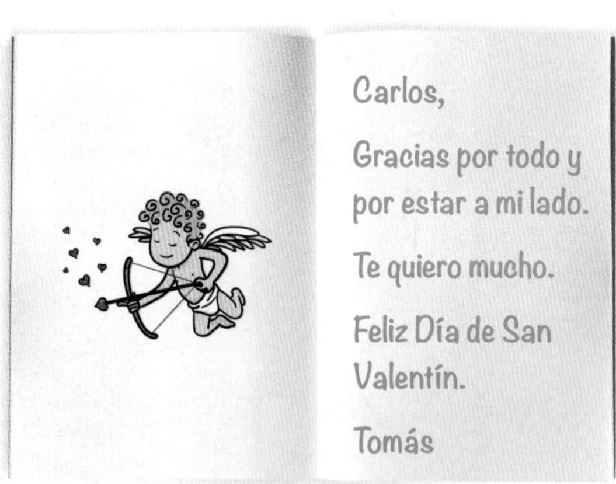

1 Contesta en inglés. *Answer in English.*

(a) Who describes their valentine as their best friend?
(b) Who describes their valentine as an angel?
(c) Who thanks their valentine for being at their side?

2 ¿Cómo se dice? Busca las expresiones en las tarjetas. *How do you say it? Find the phrases in the cards.*

(a) Happy St Valentine's Day!
(b) I love you
(c) My heart is yours

9.5 (D) ¡Feliz Navidad!

9.5 (E) Conecta las tarjetas con las frases. *Match the cards with the expressions.*

(a)  **(b)**  **(c)**

(d)  **(e)**  **(f)**

1	¡Buena suerte!	____	**4**	Feliz Navidad	a
2	Feliz año nuevo	f	**5**	Te quiero mucho	____
3	¡Felicidades!	____	**6**	Feliz veinte cumpleaños	d

Página 97

9.5 (F) En tu diario de aprendizaje, rellena con un mensaje adecuado cada tarjeta de felicitación. *Fill in appropriate messages on the greeting cards in your learning diary.*

9.5 (G) Haz una tarjeta de Navidad en español para un compañero / una compañera de clase. Decora el aula con todas las tarjetas de la clase. *Make a Christmas card for a classmate. Decorate the classroom with the cards from your class.*

Criterios de éxito:

- Design your card with an appropriate image or images
- Include a caption in Spanish
- Write a short message in Spanish inside

Rellena en tu diario de aprendizaje las palabras clave de la sección 9.5.
Fill in the keywords for section 9.5 in your learning diary.

Página 102

9.6 La Navidad en España

9.6 (A) La Navidad en España

A mediados de noviembre los centros comerciales empiezan a decorar las tiendas y poner villancicos y otra música de Navidad. Para muchos españoles el 22 de diciembre marca el comenizo de la Navidad. Es el día de la Lotería de Navidad – una de las loterías más grandes del mundo.

El 24 de diciembre es la Nochebuena. Los españoles suelen hacer una cena con la famila. Diferentes regiones tienen su cena típica, pero la mayoría de la gente come marisco, pescado o cordero. El postre consiste en turrón o polvorones (galletas de almendras y mazapán). A medianoche los católicos asisten a la Misa del Gallo y algunos jóvenes salen para celebrar la Navidad con sus amigos. La mayoría de los pueblos españoles ponen un belén. La tradición de Papá Noel es más popular ahora por la influencia de la cultura estadounidense pero la verdadera tradición española es que los niños reciban sus regalos de los Reyes Magos el 6 de enero así que el 25 de diciembre es un día más relajado en España.

El Roscón de Reyes

El 28 de diciembre es el día de los Santos Inocentes. Es como *April Fool's Day* en Irlanda. La gente se gasta bromas entre ellos. El 31 de diciembre se llama la Nochevieja. En esa fecha es tradición llevar ropa interior de color rojo y comer doce uvas a medianoche.

El día 5 de enero se asiste a la cabalgata de los Reyes Magos por las calles de los pueblos. Los Reyes llegan tirando caramelos a los niños. Esa noche los niños dejan sus zapatos en el balcón para los Reyes y paja para los camellos de los Reyes. La mañana del 6 de enero los niños reciben los regalos de los Reyes y los adultos se hacen los regalos entre ellos. El desayuno típico del 6 de enero es el Roscón de Reyes, un bollo que lleva dentro una figurita navideña de plástico. Los niños pasan el día jugando con sus nuevos juguetes.

Así es la Navidad en España.

Los Reyes Magos

1 Completa las frases con la información del texto de arriba. *Complete the sentences with information from the text opposite.*

(a) El veinticuatro de diciembre se llama __________________.
(b) Un postre típico de Navidad es __________________.
(c) A medianoche los católicos van a la __________________.
(d) El día de los Santos Inocentes es el veintiocho de __________________.
(e) El 31 de diciembre se llama __________________.
(f) Es tradicional llevar ropa de color __________________ para celebrar el Año Nuevo.
(g) A medianoche en Nochevieja, la gente come __________________.
(h) Los niños dejan __________________ en el balcón la noche del cinco de enero.
(i) Los niños reciben regalos de los Reyes Magos el __________________ de enero.
(j) El Roscón de Reyes es un __________________.

2 Contesta en inglés. *Answer in English.*

(a) What happens on the 22nd of December?
(b) Name three things Spanish people often eat for dinner on the 24th of December.
(c) Why is the tradition of Santa Claus becoming popular in Spain?
(d) What happens on the 5th of January?
(e) Who typically brings gifts to children at Christmas?
(f) What do you think the word *villancicos*, in the first paragraph, means?

Mira la presentación en PowerPoint 'Unidad 9 (b)' sobre la navidad en España.
Watch the PowerPoint presentation 'Unidad 9 (b)' on Christmas in Spain.

¡QUÉ CURIOSO! *¿Belén, belén o Belén?* The word *belén* (with a small 'b') refers to a crib or nativity scene. *Belén* (with a capital 'B') is the word for Bethlehem. *Belén* is also a popular name for a girl!

 **9.6 (B) Lee la receta de turrón y contesta a las preguntas en español.** *Read the recipe for turrón and answer the questions in Spanish.*

Turrón de Jijona

Receta fácil

INGREDIENTES

Para la elaboración del famoso turrón de Jijona necesitaremos

- 100 g de miel
- 600 g de almendra tostada molida (sin pieles). La mejor es la marcona.
- 150 g de azúcar glas

ELABORACIÓN

1 Tostamos las almendras crudas un poquito en una sartén sin aceite, removiendo sin parar y con mucho cuidado de que no se quemen, solo hay que esperar que tomen un poco de color. Las trituramos todo lo posible en la batidora, aunque a mí me gusta que queden algunos trocitos más gruesos para encontrarlos en el turrón. Si compras almendra molida tiene que ser ya tostada o tostarla de la misma manera sin que llegue a quemarse.

2 Calentamos la miel en una cazuela hasta que espese un poquito cuidando de que no se queme ni agarre. Cuando oscurezca y espese añadimos el azúcar y removemos hasta que se forme una pasta. Añadimos las almendras y removemos con mucha fuerza hasta que todo se integre y se forme una pasta espesa.

3 Ponemos esa pasta en un molde forrado de film transparente o papel de horno engrasado con aceite de girasol y dejamos enfriar. Cubrimos con peso para que las almendras suelten su aceite y el turrón se compacte y ponemos en un recipiente mayor que recoja la grasa que va soltando el turrón. Al día siguiente eliminamos esa grasa y cubrimos con un poco de miel derretida para que se le de color de cobertura y lo aísle un poco.

(a) ¿Cuáles son los ingredientes?
(b) ¿La receta es difícil o no?
(c) ¿Cómo se dice *frying pan* en español? Busca la palabra en el primer paso.
(d) ¿Cómo se dice *saucepan* en español? Busca la palabra en el segundo paso.
(e) ¿Cómo se dice *sunflower oil* en español? Busca la palabra en el tercer paso.
(f) Busca dos infinitivos de verbos en –AR en el primer paso.
(g) Busca el presente de un verbo en –AR en el segundo paso.
(h) Busca el presente de un verbo en –ER en el tercer paso.
(i) Busca el presente de un verbo en –IR en el tercer paso.

9.6 (C) Identifica los objetos y pon las letras resaltadas en orden para revelar una palabra asociada con la Navidad. *Identify the items and put the highlighted letters in order to reveal a word associated with Christmas.*

_ _ _ _ _ _ _

_ _ _ _ _ _ _ _ _ _ _
_ _ _ _ _ _ _

_ _ _ _ _

_ _ _ _ _ _ _ _ _ _ _

_ _ _ _ _ _ _
_ _ _ _ _ _ _

_ _ _ _ _ _ _ _

_ _ _ _ _

_ _ _ _ _ _

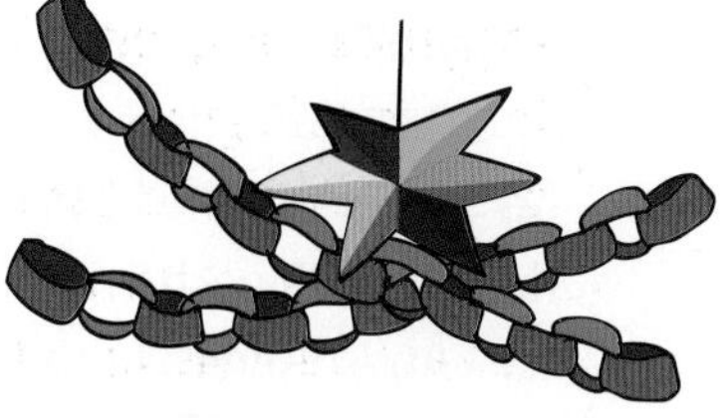

_ _ _ _ _ _ _ _ _ _ _ _ _ _ _

La palabra escondida es: ______________________________

9.6 (D) 1 Busca el villancico tradicional 'Los peces en el río' en Internet. Escúchalo y rellena los espacios con las palabras que faltan. *Find the traditional carol 'Los peces en el río' online. Listen to it and fill in the blanks with the missing words.*

La virgen se está peinando entre (a) __________________ y
(b) __________________
Los (c) __________________ son de (d) __________________,
el peine de plata fina
Pero mira como beben los peces en el río
Pero mira como beben por ver al Dios nacido
Beben y beben y vuelven a (e) __________________
Los peces en el río por ver al Dios nacer

La virgen está (f) __________________ y tendiendo en el romero
Los angelitos (g) __________________ y el romero florecido
Pero mira como beben los peces en el río
Pero mira como beben por ver al Dios nacido
Beben y beben y vuelven a (h) __________________
Los peces en el río por ver al Dios nacer

La virgen está lavando con un poquito jabón
Se le picaron las manos, manos de mi (i) __________________
Pero mira como beben los peces en el río
Pero mira como beben por ver al Dios nacido
Beben y beben y vuelven a (j) __________________
Los peces en el río por ver al Dios nacer

2 Identifica en el villancico. *Find the following in the Christmas carol.*

(a) A verb in the infinitive form: __________________
(b) An –ER verb in the present tense: __________________
(c) An –AR verb in the present continuous tense: __________________
(d) A stem-changing verb in the present tense: __________________
(e) An –AR verb in the preterite tense: __________________
(f) A diminutive form of a noun: __________________
(g) A feminine singular noun: __________________
(h) A masculine plural noun: __________________

9.6 (E) Lee el texto: La Navidad en Colombia. *Read the text: Christmas in Colombia.*

El ajiaco *los tamales*

En Colombia la Navidad comienza el siete de diciembre cuando los colombianos celebran la Noche de las velitas. En esta fecha las familias se reúnen para encender velitas enfrente de sus casas para que la Virgen María bendiga sus casas. Por toda Colombia se ven fuegos artificiales en el cielo y luces en las calles.

Durante los nueve días previos a Navidad los colombianos se reúnen con familiares y amigos para cantar villancicos, comer platos tradicionales o rezar alrededor del belén. Esta tradición se llama la 'Novena de Aguinaldos'.

El último día de la Novena es la Nochebuena, el veinticuatro de diciembre. Ese día las familias cenan juntas y se intercambian felicitaciones. La cena tradicional de la Nochebuena en Colombia consiste en pollo, tamales, patatas y ajiaco – una sopa de patatas, maíz y pollo con hierbas de los Andes. Se sirve el ajiaco con aguacate y arroz. Después de la cena algunas familias van a misa. A medianoche, el niño Dios trae los regalos a los niños. Los niños más grandes suelen recibir sus regalos despiertos mientras los más pequeños los reciben la mañana siguiente.

La Nochevieja es como en España – la gente bebe champán y come doce uvas para tener suerte durante el nuevo año.

1 Conecta los días con las descripciones. *Match the days with the descriptions.*

(a) El siete de diciembre
(b) Los nueve días antes de Navidad
(c) El veinticuatro de diciembre
(d) El veinticinco de diciembre
(e) El treinta y uno de diciembre

1 Las familias cenan pollo, tamales y patatas.
2 Los colombianos comen doce uvas.
3 La gente enciende velas enfrente de sus casas.
4 Los niños pequeños reciben sus regalos.
5 Se llaman la Novena de Aguinaldos.

2 Contesta en español. *Answer in Spanish.*

(a) ¿Cuándo comienza la Navidad en Colombia?
(b) ¿Qué hacen los colombianos durante la Novena de Aguinaldos?
(c) ¿En qué consiste la cena tradicional de la Nochebuena?
(d) ¿Qué es el ajiaco?
(e) ¿De quién reciben los niños los regalos?

3 ¿Cómo se dice? Busca las palabras en el texto. *Find the words in the text.*

(a) fireworks
(b) the sky
(c) to pray
(d) God
(e) champagne

Página 98

9.6 (F) Investiga las tradiciones de Navidad en otro país hispanohablante y rellena la información en tu diario de aprendizaje. *Research Christmas traditions in another Spanish-speaking country and fill in the information in your learning diary.*

9.6 (G) En grupos de tres o cuatro personas comparad la Navidad en países hispanohablantes con la Navidad en Irlanda. ¿Cuáles son las similitudes y las diferencias? *In groups of three or four, compare Christmas in Spanish-speaking countries to Christmas in Ireland. What are the similarities and differences?*

Los niños reciben los regalos del Papá Noel en Irlanda, de los Reyes Magos en España y del niño Dios en Colombia.

Los colombianos comen tamales y ajiaco, los españoles comen mariscos y cordero, pero la mayoría de irlandeses comen pavo con patatas y legumbres.

Página 98

9.6 (H) Anotad vuestras ideas en vuestros diarios de aprendizaje. *Note your ideas in your learning diary.*

9.6 (I) Los niños abren sus regalos de Navidad. Lee los bocadillos. *Children open their Christmas presents. Read the speech bubbles.*

9.6 (J) Lee los consejos para mantenerse sano durante la Navidad y contesta a las preguntas.
Read the advice for staying healthy during Christmas and answer the questions.

CONSEJOS SANOS PARA DISFRUTAR DE ESTAS NAVIDADES

- Combine raciones equilibradas, no se salte ninguna comida y evite repetir.
- Todas las bebidas hidratan, es importante consumir agua, refrescos o zumos durante el día.

- Durante estos días puede disfrutar del azúcar, o de alimentos endulzados con edulcorantes no calóricos.

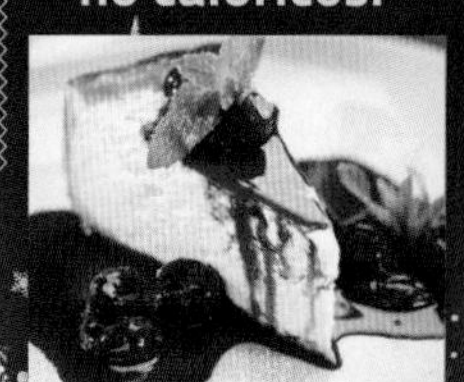

- La actividad física ayuda a mejorar la digestión. Hacer 30 minutos de ejercicio físico 5 veces a la semana es esencial.

(a) What drinks are recommended?
(b) What is the advantage of physical exercise, according to the text?
(c) How much exercise is advised?
(d) Find the phrase meaning 'Don't skip any meal'.

9.6 (K) Falsos amigos

In the previous exercise we discovered that *salte* does not mean 'to add salt', but rather 'to skip' or 'jump' (from the verb SALTAR). SALTAR is an example of a false friend – a word that looks and sounds like a word in English, but which actually has a very different meaning. You already know that *fábrica* does not mean 'fabric' and that *una carpeta* is not a carpet. Let's take a look at some other *falsos amigos*.

Español	Inglés		Inglés	Español
CONSTIPADO	a cold	⇨	CONSTIPATED	estreñido
ARGUMENTO	plot	⇨	ARGUMENT	discusión
LARGO	long	⇨	LARGE	grande
EMBARAZADA	pregnant	⇨	EMBARRASSED	avergonzado/a
ASISTIR	to attend	⇨	TO ASSIST	ayudar
ROPA	clothes	⇨	ROPE	cuerda
SENSIBLE	sensitive	⇨	SENSIBLE	sensato
LENTILLA	contact lens	⇨	LENTIL	lenteja

Student CD 2 Track 18

9.6 (L) Escucha los anuncios y contesta a las preguntas en español. *Listen to the advertisements and answer the questions in Spanish.*

1

(a) ¿Cuántos productos están de rebajas?
(b) ¿Hasta qué fecha hay rebajas?
(c) Menciona tres marcas vendidas en esta tienda.
(d) ¿En qué calle está ubicada?
(e) ¿En qué ciudad está la tienda?
(f) ¿Cuál es la dirección de su sitio web?

2

(a) ¿Cuándo empezaron rebajas?
(b) ¿Cuándo terminarán las rebajas?
(c) Menciona tres productos vendidos en esta tienda.
(d) ¿Cuál es la oferta en su tienda online?
(e) ¿Qué producto está recomendado para los amantes del deporte?
(f) ¿Cuál es la dirección de su sitio web?

Página 99

9.6 (M) En tu diario de aprendizaje, escribe un email a Andrea. Cuéntale cómo es la Navidad en Irlanda. *In your learning diary, write an email to Andrea. Explain to her what Christmas is like in Ireland.*

Rellena en tu diario de aprendizaje las palabras clave de la sección 9.6.
Fill in the keywords for section 9.6 in your learning diary.

Página 103

9.7 ¡Practicamos!

9.7 (A) Una entrevista con Mohammad. Empareja las preguntas con las respuestas. *An interview with Mohammad. Match the questions with the corresponding answers.*

(a) ¿Cuándo es tu cumpleaños? 6
(b) ¿En qué año naciste? ___
(c) ¿Qué sueles hacer para celebrar tu cumpleaños? ___
(d) ¿Qué te regalaron tus amigos y tus familiares en tu cumpleaños el año pasado? ___
(e) ¿Qué regalo te gustaría recibir? ___
(f) ¿Dónde sueles pasar la Navidad? ___
(g) ¿Qué haces el Día de Navidad? ___
(h) ¿Cómo es la cena típica en tu familia el Día de Navidad? ___
(i) ¿Cómo celebras el Año Nuevo? ___

1 A mi madre le gusta cocinar pero no cenamos pavo el Día de Navidad. Preferimos cordero con verduras y arroz. No es muy típico de Irlanda pero mis padres son de Paquistán, por eso cenamos platos asiáticos.
2 Suelo cenar con mi familia en un restaurante el día de mi cumpleaños y el fin de semana siguiente doy una fiesta en casa. Normalmente invito a algunos amigos, pedimos pizza a domicilio y escuchamos música o vemos una película.
3 Todos los años hay fuegos artificiales en mi pueblo a medianoche. Suelo salir a verlos con mi familia y unos amigos.
4 El año pasado mis padres me regalaron una bicicleta y mi hermana me compró una camiseta de fútbol. Mis amigos no suelen comprarme regalos pero Álvaro, mi mejor amigo, me compró el videojuego que quería.
5 Suelo pasar la Navidad en casa. Me encanta tener dos semanas de vacaciones en el cole.
6 Mi cumpleaños es el catorce de marzo.
7 Pues no hacemos mucho porque mi familia no es católica así que no celebramos la Navidad. Somos musulmanes y para nosotros la Navidad no es muy importante. Pero como nadie trabaja el Día de Navidad solemos cenar juntos y ver películas en la tele.
8 Me gustaría recibir un iPad pero sé que las tabletas cuestan mucho.
9 Nací en el dos mil siete.

Teacher CD Track 14

9.7 (B) Escucha a Mohammad y corrige tus respuestas. *Listen to Mohammad and correct your answers.*

Student CD 2 Track 19

9.7 (C) Escucha la entrevista con Emily y rellena las respuestas en español. *Listen to the interview with Emily and fill in the answers in Spanish.*

(a)	¿Cuándo es su cumpleaños?	
(b)	¿En qué año nació?	
(c)	¿Qué suele hacer para celebrar su cumpleaños?	
(d)	¿Qué le regalaron sus amigos y familiares en su cumpleaños?	
(e)	¿Qué regalo le gustaría recibir?	
(f)	¿Dónde suele pasar la Navidad?	
(g)	¿Qué hace el Día de Navidad?	
(h)	¿Cómo es la cena típica en su familia el Día de Navidad?	
(i)	¿Cómo celebra el Año Nuevo?	

Página 100

9.7 (D) ¡Vamos a hablar! Prepara tus respuestas en tu diario de aprendizaje usando frases completas. *Let's talk! Prepare your answers in your learning diary using full sentences.*

9.7 (E) 1 Entrevista a un compañero / una compañera con las preguntas de abajo y graba la entrevista. *Interview a classmate with the questions below and record the interview.*

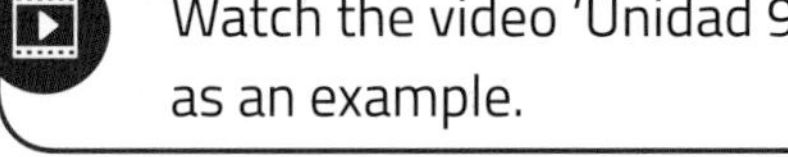

Watch the video 'Unidad 9' as an example.

- **(a)** ¿Cuándo es tu cumpleaños?
- **(b)** ¿En qué año naciste?
- **(c)** ¿Qué sueles hacer para celebrar tu cumpleaños?
- **(d)** ¿Qué te regalaron tus amigos y tus familiares en tu cumpleaños el año pasado?
- **(e)** ¿Qué regalo te gustaría recibir?
- **(f)** ¿Dónde sueles pasar la Navidad?
- **(g)** ¿Qué haces el Día de Navidad?
- **(h)** ¿Cómo es la cena típica en tu familia el Día de Navidad?
- **(i)** ¿Sueles hacer algo para celebrar el Año Nuevo?

2 Escuchad las entrevistas en grupos de tres o cuatro. *Listen back to your interviews in groups of three or four.*

- Identify two questions the group found easy to answer
- Identify two common areas of difficulty (think of verb endings, vocabulary, gender, etc.)

9.7 (F) Lee el texto y contesta a las preguntas. *Read the text and answer the questions.*

La fiesta de 15 años más grande de México

La fiesta de 15 años de una chica es un evento importante en la agenda de las familias mexicanas, pero la celebración de los 15 años de Rubí Ibarra perdió totalmente el control. Se volvió viral y se conoció por todo México, y más de 1,3 millones de personas dijeron que asistirían a la fiesta.

En diciembre de 2016, Crescencio Ibarra, el padre de Rubí, grabó un vídeo para invitar a sus amigos y familiares a la fiesta de quince años de su hija en el estado de San Luis Potosí.

"Hola, ¿qué tal?. Los invitamos este 26 de diciembre a los 15 años de nuestra hija Rubí Ibarra García, en la comunidad de La Joya . . . Quedan todos cordialmente invitados" decía Crescencio en el vídeo. La grabación fue colocada originalmente en una página pública de Facebook pero el vídeo se propagó viralmente en redes sociales y la invitación abierta fue compartida casi 900.000 veces.

La página del padre de Rubí recibió mensajes desde los Estados Unidos, Rumanía, Guatemala y El Salvador.

Mientras mucha gente se reía, Rubí se angustiaba ante la posibilidad de tener que cancelar la fiesta. Rubí es del municipio de Villa de Guadalupe, un pueblo de 10.000 habitantes en San Luis Potosí y el poblado rural La Joya, donde tuvo lugar su fiesta, tiene solo unos 200 habitantes. Las autoridades temían que no fuera posible hacer una fiesta con tantos asistentes en un pueblito tan pequeño, pero Crescencio no pensó en cancelar la celebración.

Ante la posible llegada de tantos invitados inesperados, las autoridades organizaron un plan de seguridad que incluía policía, bomberos y protección civil. La fiesta creó tanto revuelo en México que la línea aérea Interjet ofreció un 30% de descuento para vuelos a San Luis Potosí y las agencias de viajes ofrecieron paquetes para los asistentes a la fiesta de Rubí.

Al final no fueron a la fiesta los 1.300.000 invitados previstos, pero los miles de asistentes que fueron la convirtieron en la quince más grande de México.

1 Contesta en español. *Answer in Spanish.*

(a) ¿Cómo se llama la chica que cumplió quince años?
(b) ¿Cuándo es su cumpleaños?
(c) ¿Quién es Crescencio Ibarra?
(d) ¿De dónde es exactamente? (Pueblo, estado y país)
(e) ¿Cuántos habitantes tiene La Joya?

2 Contesta en inglés. *Answer in English.*

(a) How did so many people find out about the party?
(b) How many people said they would attend?
(c) Name three different countries from which Rubí's father received messages.
(d) How did the authorities help with the party?
(e) What did Interjet offer?

9.7 (G) La fiesta de tus sueños. ¿Qué harías? Pregunta a un compañero / una compañera.
The party of your dreams! What would you do? Ask a classmate.
Imagine that the tradition of the *quinceañera* exists in Ireland. Ask your classmate what he / she would do if his / her family were organising a massive fifteenth birthday party.

(a) ¿A quién invitarías?
(b) ¿Dónde tendría lugar la fiesta?
(c) ¿Qué grupo o cantantes tocarían?
(d) ¿Qué comida servirías?
(e) ¿Qué regalos te gustaría recibir?

9.7 (H) ¿Qué harías? Escribe frases en español para contestar a las preguntas. *What would you do? Write sentences to answer the questions in Spanish.*

(a) ¿Qué harías si fueras el director de tu instituto? ¿Qué cambiarías?

Cambiaría el uniforme. No me gusta el color verde. ¡Qué asco!

(b) ¿Qué harías si fueras el presidente de Irlanda?

Organizaría más actividades para los jóvenes. No hay mucho que hacer en mi pueblo.

(c) ¿Qué harías si ganaras la lotería?

Viajaría a Australia y le compraría un Porsche a mi padre.

(d) ¿Qué comprarías si tus padres te dan €1000?

Compraría un iPad o un ordenador portátil.

9.7 (I) Haz el crucigrama. *Fill in the crossword.*

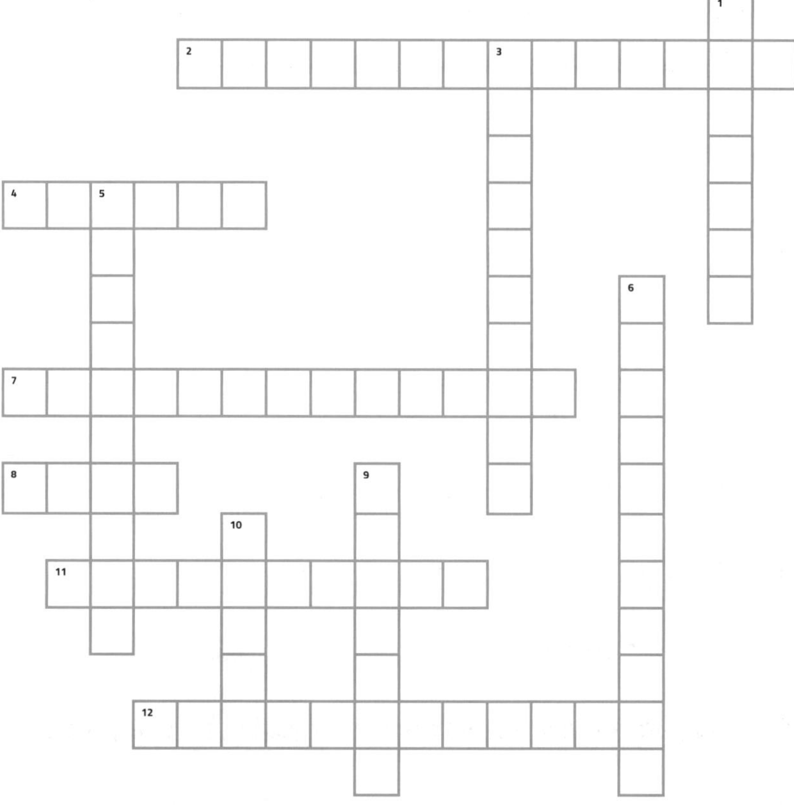

Horizontales

2 Una decoración grande de color verde que se pone en la casa durante el mes de diciembre
4 Un postre típico de Navidad
7 Desayuno típico que se come el seis de enero
8 Fruta que tradicionalmente se come la Nochevieja
11 *New Year's Eve* en español
12 Lo que celebran los católicos el veinticuatro de diciembre a medianoche

Verticales

1 Los niños dejan estos en los balcones el cinco de enero
3 *Christmas Eve* en español
5 Tres hombres que llegan en camellos el seis de enero
6 Canciones tradicionales que se cantan durante las Navidades
9 Los seres pequeños que ayudan a Papá Noel
10 Animales que suelen acompañar a Papá Noel

9.7 (J) Rellena los espacios con el condicional de los verbos entre paréntesis. *Fill in the blanks with the conditional of the verbs in brackets.*

(a) Mis tíos ________________ (ir) de vacaciones pero mi tía está enferma.
(b) ¿Tú ________________ (poder) venir conmigo?
(c) Yo ________________ (salir) con Miguel pero no quiere salir conmigo.
(d) Paula ________________ (hacer) más trabajo que yo.
(e) ¿Vosotros ________________ (viajar) a Australia?
(f) ¿Ellos ________________ (comer) una tarta entera?
(g) Yo no ________________ (hablar) con el profesor de música.
(h) Nosotros ________________ (vivir) en Sevilla porque nos encanta el sol.
(i) ¿Él ________________ (venir) a mi fiesta de cumpleaños?
(j) Mis padres ________________ (poder) recogerte en la estación.

9.7 (K) Escribe las siguientes frases en español. *Write the following sentences in Spanish.*

(a) Would you like to go to the beach?
(b) We could pick you up at the airport.
(c) I would like to go out with Elena.
(d) Would you come to the cinema with us?
(e) I would buy that jacket but it's very expensive.
(f) Would he eat breakfast very early?
(g) They would do their homework but it's very difficult.
(h) If it is sunny, she could play in the garden.

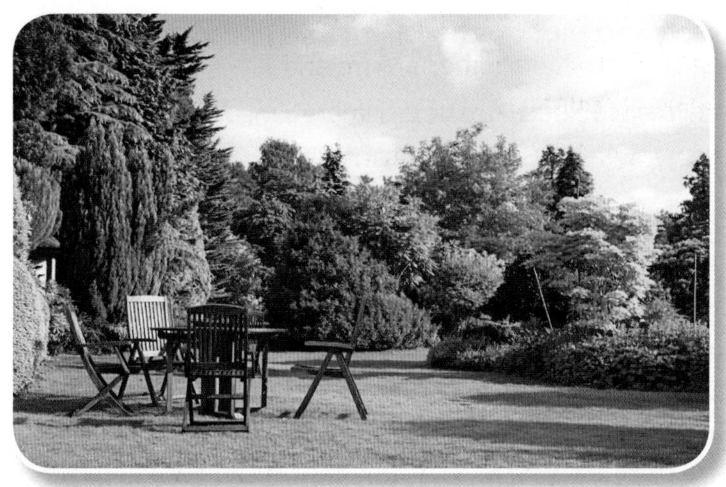

Unidad 9 ¡Ponte a prueba!

Página 104
Ordena tus conocimientos de la gramática de la Unidad 9 en tu diario de aprendizaje. *Sort your knowledge of the grammar in Unit 9 in your learning diary.*

Página 104
En tu diario de aprendizaje, reflexiona sobre lo que has aprendido en esta unidad. *In your learning diary, write your thoughts on what you have learned in this unit.*

¿Qué he aprendido en la Unidad 9?	🙂	😐	☹️
I can follow conversations inviting people to social occasions			
I can recognise birthday songs from different Spanish-speaking countries			
I can recognise some traditional Spanish Christmas carols			
I can understand invitations to social events			
I can read greeting cards			
I can follow simple recipes, such as a recipe for *turrón*			
I can name typical party food items with accurate pronunciation			
I can describe a party scene			
I can express what I could do this weekend			
I can have a conversation about the party of my dreams			
I can compare and contrast Christmas traditions in Ireland with those in Spanish-speaking countries			
I can write text messages inviting friends to social events			
I can write an email inviting a friend to stay with me			

¿Qué he aprendido en la Unidad 9?	🙂	😐	☹️
I can write a shopping list of things to buy for a party			
I can write greeting cards such as birthday and St Valentine's cards			
I can make a Christmas card			
I can write an email describing how I spend Christmas			
I can use the conditional tense to express what I would or could do			
I can identify 'false friends' in vocabulary lists			
I can create a playlist of Spanish songs			
I can carry out research online through Spanish			
I can sing 'Happy Birthday' in Spanish			
I recognise regional varieties of the 'Happy Birthday' song			
I understand the Mexican tradition of the *quinceañera*			
I understand the tradition of celebrating the *Santo*			
I can describe Christmas traditions in the Spanish-speaking world			

Revision
Go to **www.edco.ie/quepasa2** for interactive activities and quizzes based on this unit.

A test for Unidad 9 is available in the Teacher's Resource Book.

Una cita con el médico

Go to **www.edco.ie/quepasa2** for interactive activities and quizzes based on this unit.

By the end of this unit you will be able to:

- Name parts of the body and pronounce them accurately

- Call a doctor's office to make an appointment
- Explain symptoms of illness or injury to a doctor
- Perform a role-play set in a doctor's surgery
- Ask for items at a pharmacy

- Write an email to a travel agency to book a ski trip
- Write a role-play set in a pharmacy
- Write a narrative based on a picture story

- Use the verb DOLER
- Describe things in the past using *el imperfecto*
- Understand the basic difference between *el pretérito indefinido* and *el imperfecto*

- Understand telephone bookings with travel agencies and tourist accommodation
- Follow conversations at a doctor's surgery and at a pharmacy
- Identify specific information in conversations about health

- Read brochures for ski trips
- Read blogs and newspaper articles about accidents and injuries
- Understand posters offering health or medical advice
- Understand posters advertising products in a pharmacy

- Research the ski resorts of the Spanish-speaking world
- Create a set of online flashcards to learn vocabulary on the topic of health
- Record an interview with a classmate about what they used to do when they were younger

- Describe the tradition of the *Ratoncito Pérez*
- Identify some of the ski resorts in the Spanish-speaking world

¡QUÉ CURIOSO! The Andes in South America are the longest mountain range on Earth with over 7,000 kilometres of continuous mountains. The Andes offer around 2,500 kilometres of ski areas – more than any other mountain range in the world. Add that to the fact that it is ALWAYS snowing somewhere in South America and you can see why the Andes are an increasingly popular ski destination.

The title of this unit means 'A doctor's appointment'. What vocabulary or phrases do you think you will learn in this unit? What words do you already know that might be useful to talk about injuries or health?

Página 105

Apunta tus ideas en tu diario de aprendizaje. *Note your ideas in your learning diary.*

10.1 El viaje a la estación de esquí

10.1 (A) Lee la viñeta. *Read the comic strip.*

¿Os gustaría ir a esquiar este fin de semana?

Sí. ¡Me encantaría! ¿Vamos a Navacerrada?

¡Exacto! Podríamos ir temprano el sábado por la mañana y volver tarde el domingo por la noche.

Buscaré un hotel o un hostal después de la cena.

Contesta en inglés. *Answer in English.*

(a) When does Joaquín's father suggest going skiing?
(b) What is the name of the nearest ski resort to their home?
(c) For what night will they book accommodation?
(d) When exactly do they plan on returning home?
(e) Who is going to look up accommodation?

10.1 (B) La madre de Joaquín hace una reserva en un hostal para la familia. Lee el email y rellena los espacios con las palabras de abajo. *Joaquín's mother reserves a guesthouse. Read the email and fill in the blanks with the words below.*

camas, somos, precio, asunto, desayuno, cinco, reserva, reservar, saluda, este

De:	anafr1976@gmail.com
A:	info@hostalmaya.com
(a) __________________:	Una reserva

Muy señores míos:

Les escribo para hacer una reserva en su hostal para (b) __________________ sábado. (c) __________________ una familia de (d) __________________ personas, tres adultos y dos niños. Quisiera (e) __________________ dos habitaciones, una habitación doble con dos (f) __________________ individuales y una habitación familiar, para una noche. Le ruego me confirme la (g) __________________ por email y que me envíe el (h) __________________ para una estancia de una noche con (i) __________________.

Le (j) __________________ atentamente,

Ana Fernández Reyes

Student CD 2 Track 20

10.1 (C) La madre de Joaquín llama al hostal. Escucha y contesta a las preguntas.
Joaquín's mother calls the guesthouse. Listen and answer the questions.

1 Contesta en inglés. *Answer in English.*

(a) When did she receive the confirmation email from the guesthouse?
(b) What does the price of the room include?
(c) At what time is breakfast served?
(d) Why does the receptionist say the family is lucky?

2 Contesta en español. *Answer in Spanish.*

(a) ¿A qué distancia está la estación de esquí del hostal?
(b) ¿Qué servicio ofrece el hostal por las mañanas?
(c) ¿Cuánto cuesta el servicio?
(d) ¿A qué hora cenará la familia el sábado?

10.1 (D) Lee el folleto y contesta a las preguntas. *Read the brochure and answer the questions.*

Astún

Astún es hoy uno de los principales centros invernales del país, está situada en el Pirineo Aragonés (España) de el término municipal de Jaca. Dispone de 42 km de pistas esquiables y a su alrededor se ha creado un resort para atender a los clientes con hoteles, restaurantes, tiendas de equipo especializado, alquiler de material, etcétera. Tambien ha sido sede de importantes eventos y competiciones deportivas de carácter tanto nacional como internacional. La privilegiada orientación de Astún (ubicada en un valle transversal al eje pirenaico) la protege bien de las corrientes de viento y su espléndida orografía (todas las laderas están cubiertas de praderas de hierba natural) garatiza la calidad de la nieve desde el principio de la temporada. Asimismo, la estación cuenta con pistas de todos los niveles de dificultad y trazados aptos para todo tipo de esquiadores que pueden disfrutar desde cualquier cima del valle de descensos a través de un paisaje de gran belleza. En Astún ningún esquiador se siente perdido puesto que todos los descensos confluyen en la gran plataforma que forma el núcleo de la Estación.

2 noches alojamiento + 2 días de forfait desde **90€**

5 noches alojamiento + 4 días de forfait desde **170€**

5 noches alojamiento + 4 días de forfait + alquiler de material desde **180€**

1 Contesta en español. *Answer in Spanish.*

(a) ¿Dónde está situdado Astún?
(b) ¿Cuántos kilómetros de pistas esquiables hay?
(c) ¿Cuál es el precio de cinco días de alojamiento con cuatro días de forfait?
(d) ¿Qué incluye el precio de €180?

2 ¿Verdadero o falso? *True or false?*

(a) Astún está situada en Sierra Nevada en Andalucía.
(b) Hay servicios como hoteles y restaurantes en Astún.
(c) En Astún, hay pistas de todos los niveles de dificultad.
(d) Dos días de alojamiento y dos días de forfait cuestan ochenta euros.

3 ¿Cómo se dice en español? *How do you say it in Spanish?*

(a) ski slope
(b) ski lift pass
(c) a skier
(d) equipment rental

Página 105

10.1 (E) En tu diario de aprendizaje, escribe un email a la agencia de viajes para reservar el viaje promocionado en el póster de abajo. *In your learning diary, write an email to the travel agency to book the ski trip advertised in the poster below.*

VIAJES MARÍA CRISTINA

PROMOCIÓN

FEBRERO SIERRA NEVADA

Precio especial 530€ ¡Mejor precio garantizado!

Niños gratis

Fechas disponibles:
- 4–11 de febrero
- 12–19 de febrero
- 20–27 de febrero

Incluido:
- 7 noches de alojamiento en un hotel 3*
- 6 días de forfait
- Alquiler de material
- Curso de esquí o snowboard (6 días, 2 horas al día)
- Desayuno y cena

No incluido:
- Transporte a la montaña
- Actividades apre-ski – la estación ofrece motos de nieve, patinaje, trineos de perros y centros termales

WWW.VIAJESMARIACRISTINA.ES TLF: 958 29 74 00 32

Student CD 2 Track 21

10.1 (F) Escucha la conversación de la agencia de viajes y contesta a las preguntas en español. *Listen to the conversation in the travel agency and answer the questions in Spanish.*

(a) ¿Adónde quiere ir el cliente?
(b) ¿Cuándo quiere viajar?
(c) ¿Cuánto cuesta el primer viaje que ofrece la agente de viajes?
(d) ¿Por qué no está contento el cliente con la oferta?
(e) ¿Con quién viajará el cliente?
(f) ¿Cuánto cuesta la oferta familiar por persona?
(g) ¿Qué incluye el precio?
(h) ¿Cómo se llama el cliente?
(i) ¿Cuál es su número de tarjeta de crédito?
(j) ¿Cuál es su dirección de email?

10.1 (G) ¿Dónde están estas estaciones de esquí? Búscalas en Internet y pon los nombres en la columna adecuada. *Where are these ski resorts? Look them up online and sort them into the correct columns.*

La Parva, Penitentes, El Colorado, Benasque, La Molina, Valle Nevado, Catedral, Baqueira-Beret, Formigal, Chapelco, Las Leñas, Portillo

España	Argentina	Chile

10.1 (H) Vamos a esquiar. Etiqueta el material con las palabras de abajo. *Label the equipment with the words below.*

1 ______

2 ______

3 ______

4 ______

5 ______

6 ______

7 ______

8 ______

9 ______

10 ______

ABC 4G 10:28

Instantpic

@joaquingf

Joaquín_123 #navacerrada #nieve #esquiar #hermanos #sábado

las gafas de ski, la mochila, los esquíes, el casco, los guantes, el teleférico, las botas de esquiar, la tabla de snowboard, el gorro, los palos de esquí

Rellena en tu diario de aprendizaje las palabras clave de la sección 10.1.
Fill in the keywords for section 10.1 in your learning diary.

Página 112

10.2 El accidente

10.2 (A) Lee el blog de Joaquín y contesta a las preguntas en español. *Read Joaquín's blog and answer the questions in Spanish.*

@joaquingf

¡Hola a todos! Estoy aquí en Puerto de Navacerrada con mi familia. Hemos venido muy temprano esta mañana en coche. Nos alojamos en un hostal a 700 metros del teleférico que sube a la estación de esquí. Es un gran finde para esquiar. Me dijeron que estuvo nevando aquí toda la semana así que la montaña está cubierta de nieve en polvo. Hoy hace mucho sol – no hay ni una nube en el cielo. Pasé la mañana esquiando con mis padres y mi hermana Susana. Mi hermano Rubén prefiere hacer snowboard y se fue al snowpark donde hay saltos y tubos, pero quedamos todos al mediodía en una cafetería al lado de la tienda de alquiler de material. Comimos bocadillos y compartimos una ración de patatas bravas y una ensalada mixta. Por la tarde Susana y yo fuimos a una clase particular de esquí. A las cuatro bajamos en el teleférico y vinimos al hostal para relajarnos. Vamos a cenar en el restaurante aquí, dentro de poco. Tengo mucho sueño después de un día de tanta actividad pero tengo ganas de subir a la montaña mañana. Mañana intentaré hacer snowboard con Rubén .

(a) ¿Cómo viajó la familia a Navacerrada?
(b) ¿Qué tiempo hizo hoy?
(c) ¿Con quién esquió Joaquín por la mañana?
(d) ¿Qué hizo Rubén?
(e) ¿Qué comió la familia al mediodía?
(f) ¿Dónde comieron?
(g) ¿Qué hizo Joaquín por la tarde?
(h) ¿A qué hora bajó la familia de la montaña?
(i) ¿Cómo se siente Joaquín ahora?
(j) ¿Qué hará mañana?

Página 106

10.2 (B) En tu diario de aprendizaje escribe en tu blog sobre lo que hiciste hoy. *In your learning diary, write your blog about what you did today.*

10.2 (C) Lee la viñeta y contesta a las preguntas. *Read the comic strip and answer the questions.*

¿Te gusta hacer snowboard?

Sí pero creo que es más difícil que esquiar.

¡Ay!

¿Qué te pasa?

¿Qué pasó? ¿Estás bien?

Me caí y me duele la pierna.

No te preocupes Joaquín. Llamo a mamá y a papá.

Llama a una ambulancia. ¡No puedo ponerme de pie!

1 Contesta en inglés. *Answer in English.*

(a) According to Joaquín, which is easier – skiing or snowboarding?
(b) Who is Rubén going to call when Joaquín falls?
(c) Who would Joaquín prefer him to call?

2 Contesta en español. *Answer in Spanish.*

(a) ¿Cómo se dice *Ouch!* en español?
(b) ¿Cómo se dice *I fell and my leg hurts* en español?
(c) ¿Cómo se dice *I can't stand up!*?

En España, como en todos los países de Europa, para llamar a los servicios de emergencia hay que marcar 112. En la mayoría de los países hispanohablantes de América, hay que marcar 911 cómo en los Estados Unidos.

Student CD 2 Track 22

10.2 (D) Rubén llama a los servicios de emergencia. Escucha la conversación y rellena los espacios con las palabras que faltan. *Rubén calls the emergency services. Listen to the conversation and fill in the blanks with the missing words.*

La operadora: Servicios de emergencia. ¿Le puedo (a) ____________________?

Rubén: Necesitamos una (b) ____________________.

La operadora: ¿Qué (c) ____________________?

Rubén: Mi hermano se ha caído mientras hacía (d) ____________________. No puede ponerse en pie. Creo que se ha roto una pierna o un tobillo. No sé.

La operadora: Vale tranquilo. Y usted ¿Cómo se (e) ____________________?

Rubén: Soy Rubén García Fernández y mi hermano se llama Joaquín.

La operadora: ¿Me puede decir dónde (f) ____________________ exactamente?

Rubén: Estamos en la estación de esquí Puerto de Navacerrada en la provincia de Madrid. Estamos en el Snowpark.

La operadora: Vale. La ambulancia no puede subir a la montaña pero lo que puedo hacer es (g) ____________________ al servicio de primeros auxilios de Navacerrada. Pueden ayudar a su hermano a bajar de la montaña al pueblo y ahí encontrarán la ambulancia para trasladarles al (h) ____________________ más cercano.

Rubén: Gracias. (i) ____________________ entonces a que lleguen primeros auxilios.

La operadora: Muy bien. ¿Cuál es su número de teléfono?

Rubén: Es el (j) ____________________.

La operadora: Por favor espere con su hermano, siga hablando con él y primeros auxilios estarán con ustedes dentro de poco.

Rubén: Muchas gracias.

10.2 (E) Joaquín llega al hospital. Lee el formulario que tiene que rellenar. *Joaquín arrives at the hospital. Read the form he has to fill in.*

HOSPITAL UNIVERSITARIO RAMÓN Y CAJAL

Nombre:	Joaquín
Apellidos:	García Fernández
Dirección:	C/Tambre 35 1°B, 28002, Madrid, España
Número de contacto:	677 815 902
Correo electrónico:	Joaquin.gf@yahoo.es
Nombre de médico:	Dr. Ortiz
Dirección:	C/ San Blas 77, 28002 Madrid.
Alergias:	Ninguna
Enfermedades:	Ninguna
Medicamentos:	Ninguno
Diagnóstico:	Pierna izquierda rota.
Tratamiento:	Escayola en la pierna rota durante seis semanas. Analgésicos durante cinco días. Reposo absoluto en cama durante cinco días. Caminar con muletas después.

Firma de paciente: Joaquín Garcia Fernández

Firma de padre (para pacientes menores de edad): Ana Fernández Reyes

1 Contesta en inglés. *Answer in English.*

(a) Which leg did Joaquín break?
(b) For how long will he have to wear a cast?
(c) For how long will Joaquín have to take painkillers and stay in bed?

2 Contesta en español. *Answer in Spanish.*

(a) ¿Cómo se dice *cast* en español?
(b) ¿Cómo se dice *painkillers* en español?
(c) ¿Cómo se dice *crutches* en español?

Página 107

10.2 (F) En tu diario de aprendizaje, rellena el formulario del hospital. *Fill in the form for the hospital in your learning diary.*

Mira la radiografía Joaquín, se ve una fractura en la tibia. Tendrás que quedarte en cama durante cinco días y luego aprendarás a caminar con las muletas. El sexto día tienes que ir a tu médico de familia para hacerte una revision. ¿Vale?

10.2 (G) Lee el blog de Joaquín y contesta a las preguntas. *Read Joaquín's blog and answer the questions.*

@joaquingf

¡Que día tan malo! Esta mañana subí al snowpark en el teleférico con Rubén. Rubén me dijo que hacer snowboard es fácil - ¡Eso es mentira! No podía hacerlo sin caerme. Al bajar una pista con Rubén me caí y me he roto la pierna izquierda. ¡Cómo me duele! Tuve que ir al hospital en ambulancia. Mi madre estaba muy preocupada al oír que estaba en el hospital. Vino con mi padre en seguida. Rubén se quedó en el hostal con Susana. Los médicos sacaron una radiografía para confirmar que la pierna está rota. El médico dijo que tengo que quedarme en cama seis días y llevar una escayola durante seis semanas. ¡Qué mala suerte! La final de la copa de fútbol será en tres semanas y no podré jugar. ¡No lo puedo creer, después de tanto entrenamiento! Es la primera vez que nuestro equipo ha alcanzado la final de la copa. El entrenador estará enfadado cuando se entere de lo que pasó. Lo peor de todo es que mis padres dicen que tengo que ir al instituto. Yo pensaba que podría quedarme en casa pero mi padre dice que después de los seis días en cama me va a llevar al insti en coche todas las mañanas. Estoy harto del dolor y de no poder moverme.

1 Contesta en inglés. *Answer in English.*

- **(a)** How did Joaquín's mother feel when she heard he was in hospital?
- **(b)** Who did she travel to the hospital with?
- **(c)** Why is Joaquín feeling particularly unlucky?
- **(d)** How many times have the team reached the final before?
- **(e)** How will his coach feel when he hears the news?
- **(f)** How will Joaquín get to school in the morning?

2 ¿Cómo se dice? Busca las expresiones en el blog. *Find the phrases in the blog.*

- **(a)** What a bad day!
- **(b)** That's a lie!
- **(c)** Immediately / straight away
- **(d)** Such bad luck!
- **(e)** The worst thing of all is . . .
- **(f)** I'm fed up

Rellena en tu diario de aprendizaje las palabras clave de la sección 10.2.
Fill in the keywords for section 10.2 in your learning diary.

Página 112

10.3 El cuerpo

El médico le dijo a Joaquín que se había roto la pierna. Si vas a viajar a un país hispanohablante, es importante saber las partes del cuerpo en español por si acaso tienes que ir al médico o al hospital.

10.3 (A) El cuerpo

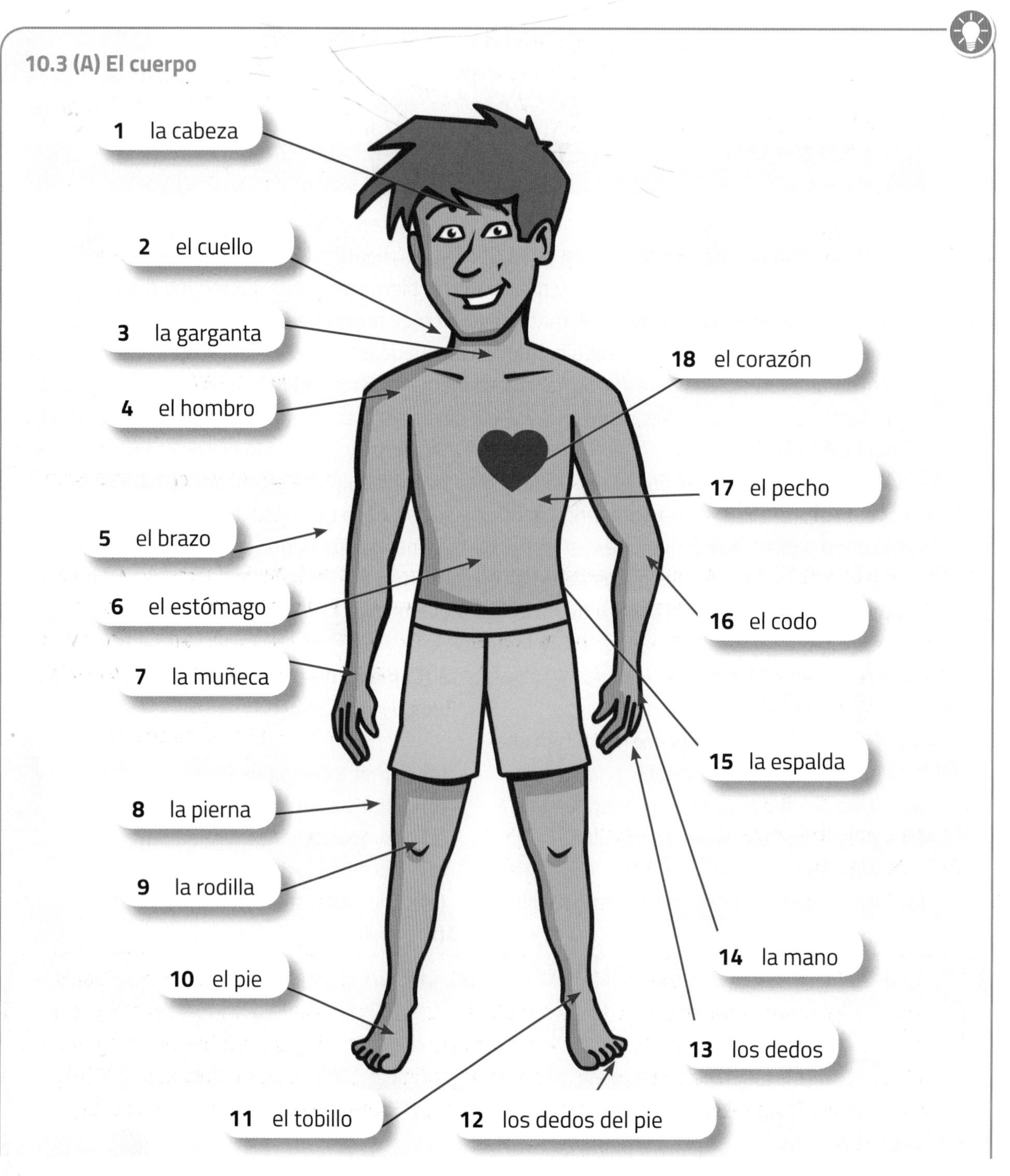

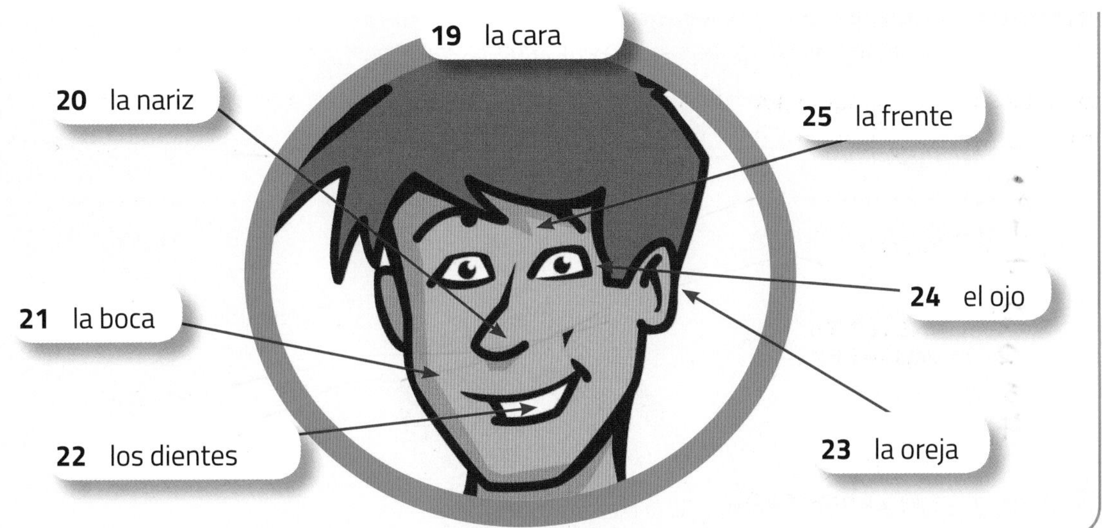

Student CD 2 Track 23

10.3 (B) Escucha las partes del cuerpo y repite. *Listen to the parts of the body and repeat.*

10.3 (C) No se usa pronombres posesivos con partes del cuerpo. *In Spanish we do not use possessive pronouns with parts of the body.*

When Joaquín fell, he said *'Me duele la pierna',* literally 'the leg hurts', not 'my leg hurts' as we might say in English. Joaquín uses the definite article instead of the possessive pronoun. This is common practice when talking about parts of the body in Spanish. You have seen this rule before when you learned to describe yourself. Think back to how you would describe your hair or eyes. *Tengo* ***el*** *pelo rubio y* ***los*** *ojos marrones.*
Consider these further examples, all of which use the definite article instead of a possessive pronoun:

Me estoy peinando **el** pelo	*I'm brushing my hair*
¿Te duelen **los** pies?	*Do your feet hurt?*

¡QUÉ CURIOSO! Similar to the tradition of the tooth fairy in Ireland, in Spain and other Spanish-speaking countries, when a child loses a tooth a small mouse called *Ratoncito Pérez* leaves a surprise under their pillow. There was even a movie made starring this tooth-collecting mouse! *El ratón Pérez* is an animated comedy made in Argentina in 2006. It was followed in 2008 by the sequel *El ratón Peréz 2*. You can find the trailers for these movies online and watch them with your class.

10.3 (D) Una la ropa y las joyas con las partes del cuerpe en las que se llevan. *Match the clothes and the jewellery with the corresponding parts of the body.*

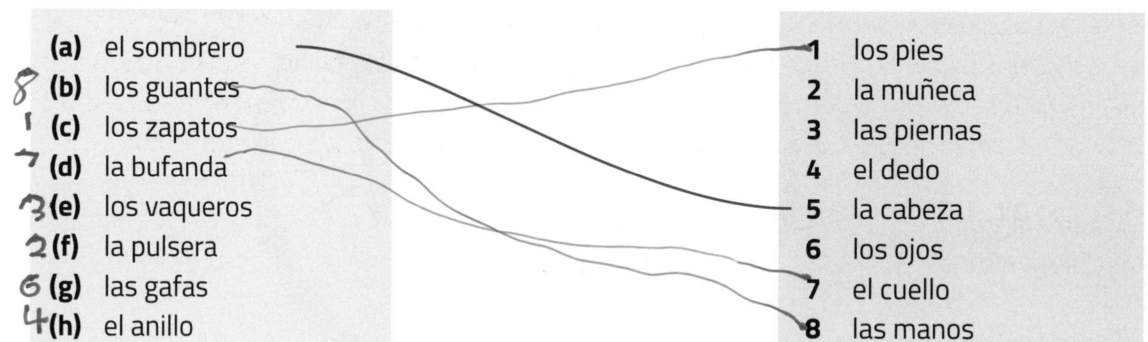

(a) el sombrero	**1** los pies
(b) los guantes	**2** la muñeca
(c) los zapatos	**3** las piernas
(d) la bufanda	**4** el dedo
(e) los vaqueros	**5** la cabeza
(f) la pulsera	**6** los ojos
(g) las gafas	**7** el cuello
(h) el anillo	**8** las manos

10.3 (E) Haz el crucigrama. *Fill in the crossword.*

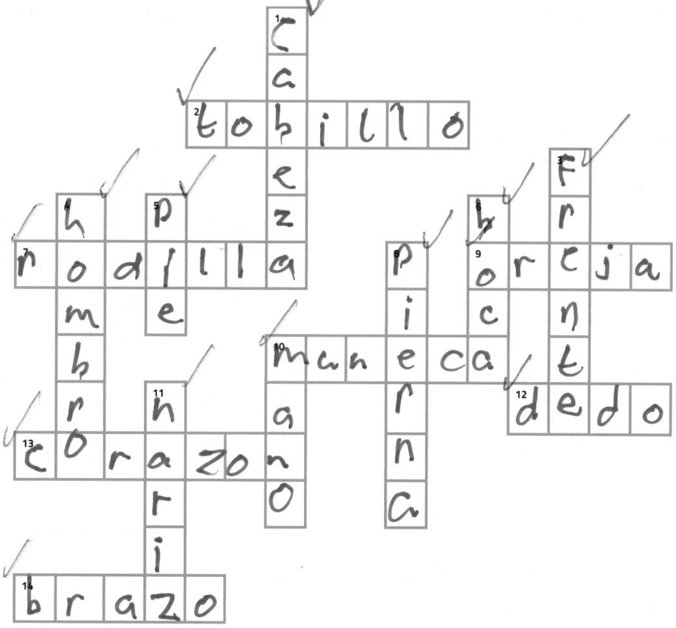

Horizontales

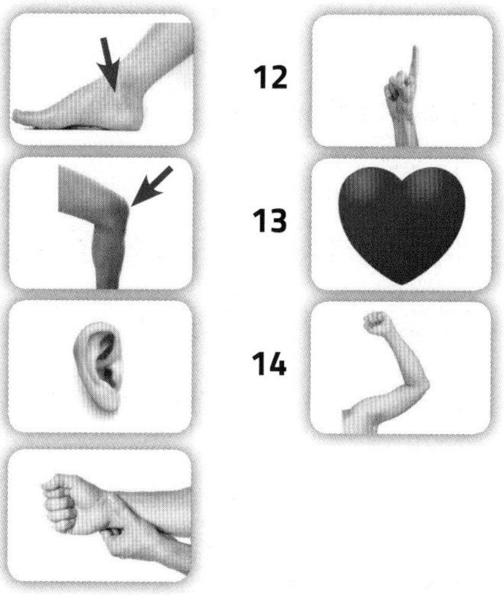

2

7

9

10

12

13

14

Verticales

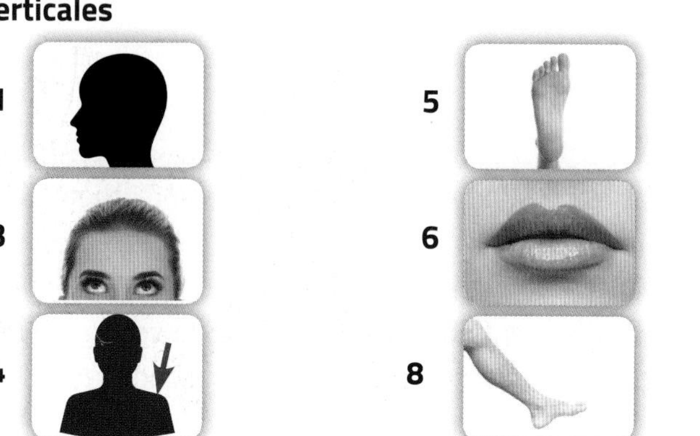

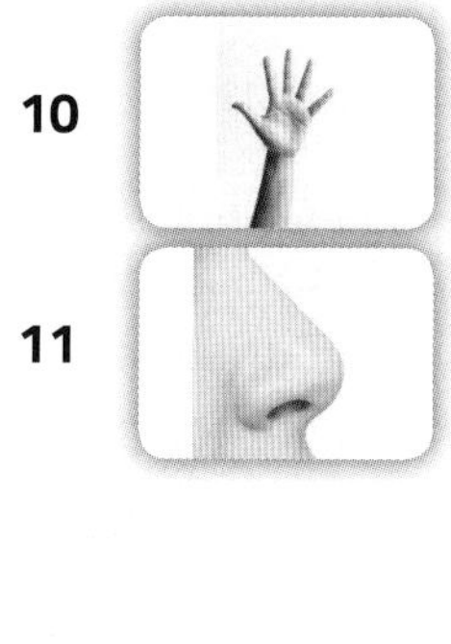

10.3 (F) ¿Me duele o me duelen?

When Joaquín told Rubén *Me duele la pierna*, he was using a form of the verb DOLER. DOLER is a stem-changing verb so it changes *o* to *ue*, but it is also a verb that works just like GUSTAR and ENCANTAR. So, in the present tense we can either say *me duele* or *me duelen*. When do you think you should use *me duele* and when should you use *me duelen*? Look at these examples:

Me duele la cabeza	*I've a headache*
Me duelen los pies	*My feet are sore*

Use **me duele** before ________________________________.
Use **me duelen** before ________________________________.

Like GUSTAR and ENCANTAR, we use the pronouns *me, te, le, nos, os, les* with the verb DOLER to show by whom the pain is felt.

Le duele el estómago	*He has a stomach ache*
¿Te duelen las manos?	*Are your hands sore?*

Like GUSTAR and ENCANTAR, if we name a person before DOLER, we put *a* before the name.

¿**A** tu madre le duele la cabeza?	*Does your mother have a headache?*
A Miguel le duelen los pies	*Miguel has sore feet*

Mira la presentación en PowerPoint 'Unidad 10 (a)' sobre el cuerpo.
Watch the PowerPoint presentation 'Unidad 10 (a)' on the body.

10.3 (G) Elige la respuesta correcta. *Choose the correct answer.*

(a) Me (duele / duelen) los pies.
(b) ¿Te (duele / duelen) la cabeza?
(c) A Joaquín le (duele / duelen) la pierna.
(d) Me (duele / duelen) los dedos.
(e) ¿Os (duele / duelen) el estómago?
(f) Les (duele / duelen) la garganta.
(g) ¿Te (duele / duelen) el brazo?
(h) A Alba le (duele / duelen) las manos.
(i) Me (duele / duelen) la oreja.
(j) Le (duele / duelen) la muñeca.

10.3 (H) Escribe una frase para describir lo que te duele en cada imagen. *Write a sentence for each illustration to say what is hurting you.*

(a) *Me duele la rodilla.* **(b)** ______ **(c)** ______ **(d)** ______

(e) ______ **(f)** ______ **(g)** ______ **(h)** ______

(i) ______ **(j)** ______

10.3 (I) Busca en internet la canción infantil 'Cabeza, hombros, rodillas, pies' y escúchala con tus compañeros de clase. *Find the children's song 'Cabeza, hombros, rodillas, pies' (Heads, shoulders, knees and toes) online and sing along with your classmates!*

10.3 (J) Pon los nombres de las partes del cuerpo en orden y búscalas en la sopa de letras.
Unscramble the words for parts of the body and find them in the wordsearch

(a) rainep _ _ _ _ _ _
(b) zobar _ _ _ _ _
(c) tanragga _ _ _ _ _ _ _ _
(d) cazabe _ _ _ _ _ _
(e) góomates _ _ _ _ _ _ _ _
(f) zorócan _ _ _ _ _ _ _
(g) emucañ _ _ _ _ _ _
(h) broomh _ _ _ _ _ _
(i) jareo _ _ _ _ _
(j) leclou _ _ _ _ _ _
(k) pedalsa _ _ _ _ _ _ _
(l) bootill _ _ _ _ _ _ _

a	s	d	f	c	v	h	j	k	m	u	ñ	e	c	a	l
g	v	e	s	p	a	l	d	a	g	h	j	e	u	h	t
a	b	e	d	c	f	b	y	h	n	j	u	i	e	n	o
r	c	x	d	r	g	n	e	j	k	l	h	r	l	m	b
g	z	o	i	k	g	b	n	z	k	l	o	ó	l	j	i
a	o	c	r	p	i	e	r	n	a	y	m	r	o	u	l
n	r	v	f	a	s	e	d	a	d	h	b	ñ	e	t	l
t	a	b	j	g	z	b	h	j	z	h	r	x	c	j	o
a	z	n	e	s	t	ó	m	a	g	o	o	g	h	j	a
c	ó	m	z	e	r	t	n	c	o	r	b	a	h	n	g

10.3 (K) Unos modismos con las partes del cuerpo

SPANISH IDIOM	LITERAL TRANSLATION	MEANING
No pegar ojo	To not paste an eye	*To not sleep a wink*
Hablar por los codos	To talk through your elbows	*To talk till you're blue in the face*
Estar hasta las narices	To be up to the noses	*To be fed up*
Echar una mano a alguien	To throw a hand to someone	*To lend a hand to someone*
Poner al mal tiempo, buena cara	To put to bad weather, a good face	*To look on the bright side*

Ejemplos:

Estoy hasta las narices de mi profesor de historia

Estoy muy cansado porque anoche no pegué ojo

Adrián habla por los codos

Student CD 2 Track 24

10.3 (L) Escucha las conversaciones y contesta a las preguntas. *Listen to the conversations and answer the questions.*

1 Cristina. Rellena los espacios. *Fill in the blanks.*

Recepcionista: Consulta del Doctor Martínez Barrios ¿Dígame?
Cristina: Buenos días. Quiero una (a) __________________ con el médico por favor.
Recepcionista: Bueno esta mañana está bastante (b) __________________ pero hay un espacio libre a las (c) __________________ esta tarde.
Cristina: A las (d) __________________ no puedo ir. Tengo que cuidar a mi hermana (e) __________________ hasta las (f) __________________. ¿Es posible algo más (g) __________________?
Recepcionista: Sí por supuesto. ¿Podría venir a las seis o a las seis y media?
Cristina: Sí. Puedo ir a las (h) __________________.
Recepcionista: Vale. ¿Su nombre por favor?
Cristina: Soy Cristina Velázquez Núñez.
Recepcionista: ¿Y su número de teléfono?
Cristina: Es el (i) __________________.
Recepcionista: Bueno le esperamos a las seis.
Cristina: Gracias. (j) __________________.

2 Sergio. Contesta en inglés. *Answer in English.*

(a) Why does Sergio need an appointment with the doctor?
(b) When can he get an appointment?
(c) Spell his surname.
(d) What is his mobile number?

3 Elena. Contesta en español. *Answer in Spanish.*

(a) ¿Por qué necesita una cita con el médico?
(b) ¿Por qué no puede tener una cita esta tarde?
(c) ¿Cuándo será la cita?
(d) ¿Cuál es su apellido?
(e) ¿Cuál es su número de teléfono?

4 Carlos. Contesta en español. *Answer in Spanish.*

(a) ¿Por qué necesita una cita con el médico?
(b) ¿Cuándo será la cita?
(c) ¿Cuál es su apellido?
(d) ¿Cuál es su número de teléfono?

Página 108

10.3 (M) 1 Imagina que necesitas una cita con el médico. En tu diario de aprendizaje, escribe una conversación con un compañero / una compañera de clase. Una persona es el / la recepcionista, la otra es el / la paciente. *Imagine that you need to make a doctor's appointment. In your learning diary, write a role-play with a classmate. One of you is the receptionist and the other is the patient.*

2 Haz una dramatización de la conversación con tu compañero/a. *Perform the role-play with your classmate.*

Rellena en tu diario de aprendizaje las palabras clave de la sección 10.3.
Fill in the keywords for section 10.3 in your learning diary.

Página 113

10.4 En la consulta

Después de cinco días en cama Joaquín va a su médico de familia para hacerse una revisión. La médico verifica que no le duele la pierna y que no hay inflamación. Mientras, en la sala de espera encuentra a su amigo Ignacio que también tiene una cita con la médico.

10.4 (A) En la sala de espera. Lee la viñeta. *In the waiting room. Read the comic strip.*

¡Hola Joaquín! ¿Qué te ha pasado?

¡Hola Ignacio! Me he roto la pierna.

¡Ay! ¿Cómo te rompiste la pierna?

El sábado pasado hice snowboard con Rubén y me caí.

¿Y tú? ¿Estás enfermo?

Sí. Me duele la cabeza y la garganta.

¿Ignacio Cruz?

Soy yo. Hasta luego Joaquín.

¡Hasta luego!

Student CD 2 Track 25

10.4 (B) Escucha y lee la conversación entre la médico e Ignacio y contesta a las preguntas.
Listen and read the conversation between the doctor and Ignacio and answer the questions.

Médico: Buenos días Ignacio. Siéntate.
Ignacio: Buenos días.
Médico: ¿En qué te puedo ayudar?
Ignacio: Bueno no me siento bien. Tengo dolor de cabeza y me duele la garganta.
Médico: ¿Tienes tos? ¿Te duelen los oídos?
Ignacio: No, no tengo tos. Tampoco me duelen los oídos, pero de repente me entra frío y al instante siguiente calor.
Médico: Tienes fiebre. ¿Cuándo empezaste a encontrarte mal?
Ignacio: Ayer por la tarde. Me acosté temprano y dormí bastante bien pero esta mañana todavía me encuentro muy cansado y no tengo mucho apetito.
Médico: Pues no tienes gripe pero estás resfriado. Como no tienes gripe, no te voy a recetar antibióticos, pero metete en la cama dos días y toma una aspirina cada seis horas para bajarte la fiebre.
Ignacio: Vale. ¿Necesito una receta para las aspirinas?
Médico: No. Las puedes comprar en la farmacia sin receta.
Ignacio: Bueno.
Médico: Toma bebidas calientes y vuelve a verme en tres días si no has mejorado.
Ignacio: Bueno. Gracias.
Médico: De nada. Adiós.

1 Contesta en inglés. *Answer in English.*

(a) What is wrong with Ignacio? Describe all his symptoms.
(b) When did he start to feel sick?
(c) Does the doctor prescribe antibiotics?
(d) What advice does the doctor give him?

2 Busca las siguientes expresiones en la viñeta. *Find the following phrases in the comic strip.*

(a) I don't feel well
(b) I don't have a cough
(c) A high temperature
(d) You don't have the flu
(e) I haven't much appetite
(f) Antibotics
(g) Aspirin
(h) A prescription

10.4 (C) Estoy enfermo

Tengo fiebre

Tengo náuseas

Tengo tos

No me siento bien

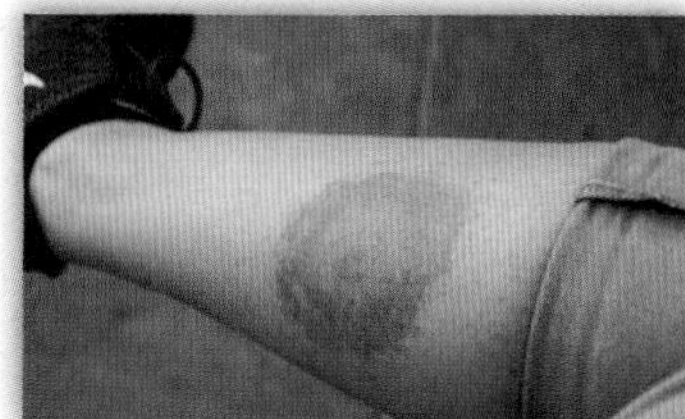
Tengo un sarpullido

Estoy resfriado

Estoy quemado por el sol

Tengo gripe

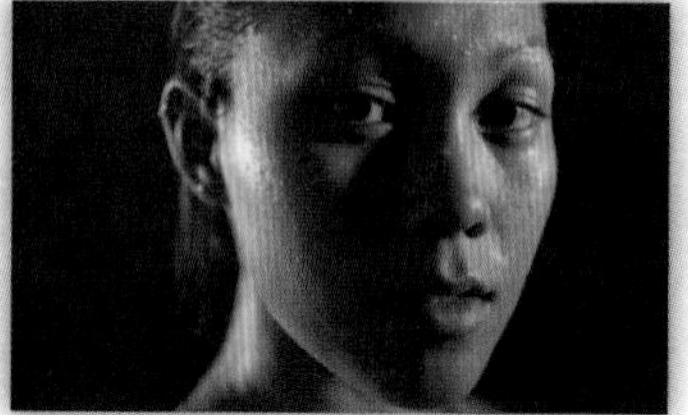
Estoy sudando

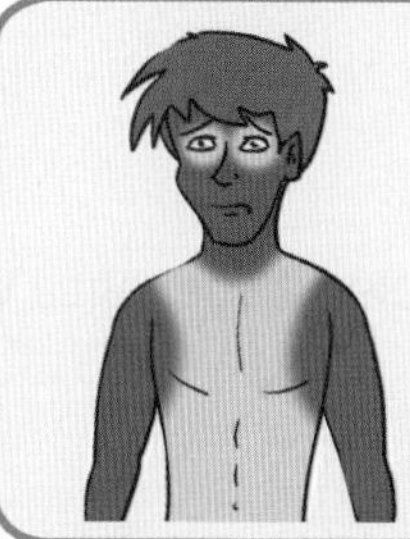

Don't forget that adjectives must agree with the person they describe.

← Está **quemado** por el sol

Está **quemada** por el sol →

10.4 (D) Algunos verbos útiles para hablar de la salud

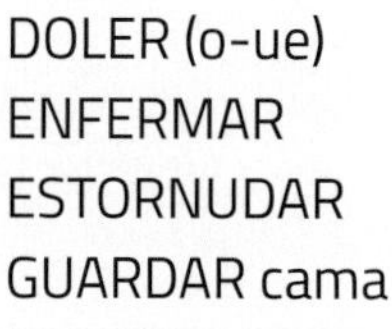

DOLER (o-ue)	*to have pain*	RESFRIARSE	*to catch a cold*
ENFERMAR	*to get sick*	MEJORARSE	*to get better*
ESTORNUDAR	*to sneeze*	SENTIRSE (e-ie) bien / mal	*to feel good / bad*
GUARDAR cama	*to stay in bed*	SER alérgico/a	*to be allergic*
RECUPERARSE	*to recover*	TOSER	*to cough*

10.4 (E) Crea tarjetas educativas en internet para aprender el vocabulario nuevo de la sección 10.4. *Make a set of online flashcards to learn the new vocabulary from section 10.4.*

Student CD 2 Track 26

10.4 (F) Escucha las conversaciones en la consulta y rellena la tabla en español con los síntomas de los pacientes y los consejos del médico. *Listen to the conversations at the doctor's surgery and fill in the chart in Spanish with the patient's symptoms and the doctor's advice.*

		Síntomas	Consejos y tratamiento
(a)	CARLOS		
(b)	YOLANDA		
(c)	AMAIA		
(d)	IVÁN		

10.4 (G) Conecta las preguntas con las respuestas. *Match the questions with the answers.*

(a) ¿Qué le pasa? 7
(b) ¿Cuándo empezó a sentirse mal? ____
(c) ¿Tiene otros síntomas? ____
(d) Tiene la gripe. ¿Es alérgico a algo? ____
(e) Bueno voy a recetarle antibióticos. ¿Tiene apetito? ____
(f) Puede ser que esté un poco deshidratado. ¿Bebe mucha agua? ____
(g) Sería mejor evitar el café y beber más agua. ¿Vale? ____
(h) Tiene que tomar dos pastillas cada ocho horas durante seis días, comer bien, beber agua y descansar. ¿De acuerdo? ____

1 Sí. Tengo tos y estornudo mucho.
2 Pues no como mucho pero tengo mucha sed.
3 Vale. Intentaré beber más agua.
4 Hace dos días.
5 De acuerdo, gracias.
6 Agua no. Prefiero tomar café.
7 Tengo nauseas. Me duele el estómago y la cabeza y me encuentro débil.
8 No soy alérgico a nada.

Teacher CD Track 15

10.4 (H) Escucha la conversación y corrige tus respuestas. *Listen to the dialogue and correct your answers.*

Página 108

10.4 (I) 1 Imagina que estás en la consulta médica. En tu diario de aprendizaje escribe una conversación con un compañero / una compañera de clase. Una persona es el médico / la médico, la otra es el / la paciente. *Imagine that you are in the doctor's surgery. In your learning diary, write a role-play with a classmate. One of you is the doctor and the other is the patient.*

2 Haz una dramatización de la conversación con tu compañero/a. *Perform the role-play with your classmate.*

10.4 (J) Lee los consejos para disfrutar del sol y contesta a las preguntas. *Read the advice on how to enjoy the sun safely and answer the questions.*

Contesta en inglés. *Answer in English.*

(a) Between what hours is it recommended to avoid the sun?
(b) What is said about sunscreen? (Give full details.)
(c) What accessories are you recommended to wear?
(d) What advice is given regarding drinks? (Give full details.)
(e) What advice is given regarding children and babies?

Rellena en tu diario de aprendizaje las palabras clave de la sección 10.4.
Fill in the keywords for section 10.4 in your learning diary.

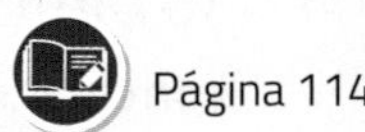

Página 114

10.5 En la farmacia

Student CD 2 Track 27

10.5 (A) Escucha y etiqueta la imagen con las palabras de abajo. *Listen and label the image with the words below.*

el inhalador, el jarabe para la tos, el protector solar, el cepillo para el pelo, la venda, la receta, la crema, los antibióticos, las gotas para los ojos, las pastillas, las tiritas, las aspirinas

Student CD 2 Track 28

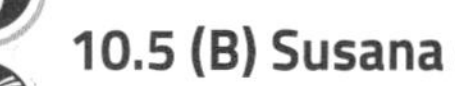

10.5 (B) Susana está en la farmacia. Escucha y lee la conversación y contesta a las preguntas en español. *Susana is at the pharmacy. Listen and read the conversation and answer the questions in Spanish.*

Farmacéutico: Buenos días.
Susana: Buenos días.
Farmacéutico: ¿Le puedo ayudar?
Susana: Sí. Tengo una receta, son antibióticos.
Farmacéutico: A ver . . . vale. ¿Puede esperar cinco minutos por favor?
Susana: Claro.

. . . Cinco minutos después . . .

Farmacéutico: Aquí tiene los antibióticos. Tiene que tomar dos pastillas tres veces al día, o sea, cada ocho horas.
Susana: Vale.
Farmacéutico: ¿Algo más?
Susana: Necesito unas tiritas y tambien pasta de dientes.
Farmacéutico: Bueno. Aquí tiene todo. Son once euros con treinta y cuatro por favor.
Susana: Gracias.
Farmacéutico: De nada. Adiós.

(a) ¿Qué compra Susana? Menciona todo lo que compra.
(b) ¿Cuánto tiempo tiene que esperar?
(c) ¿Cuántas veces al día tiene que tomar los antibióticos?
(d) ¿Cuál es el precio total?

Student CD 2 Track 29

10.5 (C) Escucha más conversaciones en la farmacia y rellena la tabla. *Listen to more conversations at the pharmacy and fill in the table.*

	Productos	Precio total
Susana	*antibióticos, tiritas, pasta de dientes*	*€11.34*
(a) Diego		
(b) Nora		
(c) Mikel		
(d) Javier		

10.5 (D) ¿Qué compran? Escribe una frase para describir lo que compra cada persona. *What are they buying? Write a sentence to describe what each person is buying.*

Ejemplo: <u>*Carlos compra unas pastillas y un inhalador.*</u>

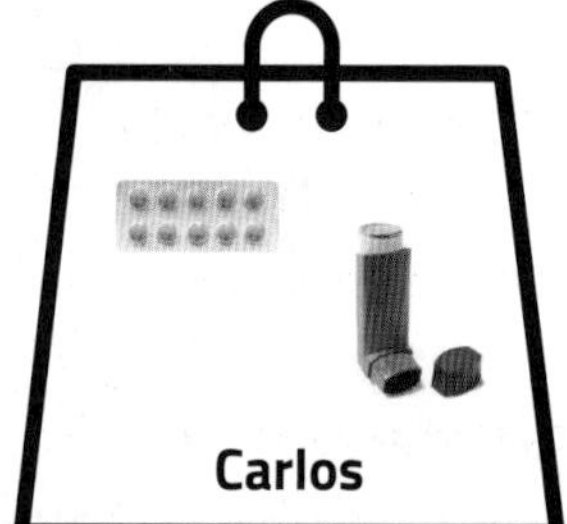

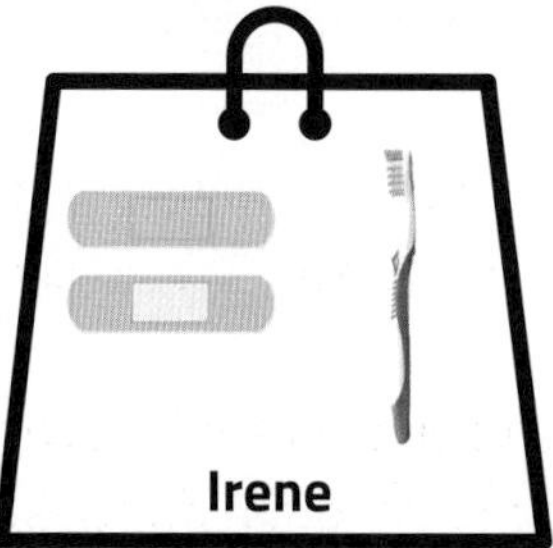

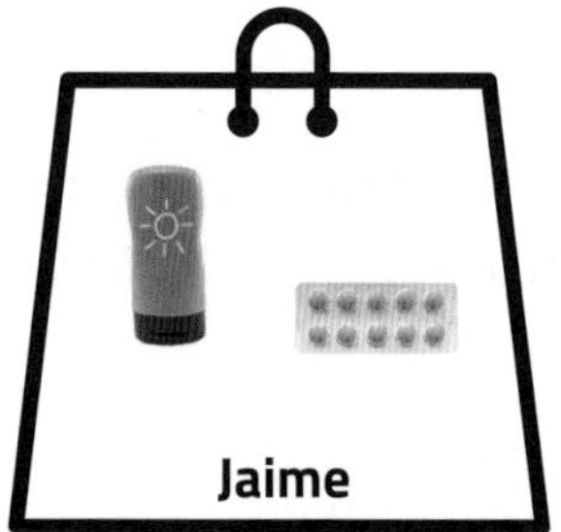

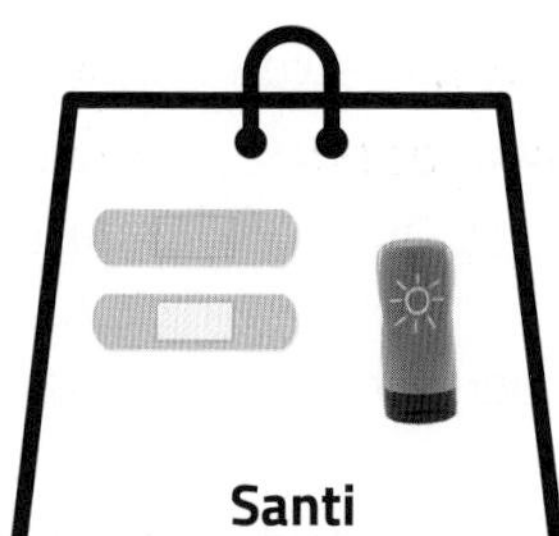

10.5 (E) Lee el póster y contesta a las preguntas. *Read the poster and answer the questions.*

OFERTAS MES DE FEBRERO – TOP MARCAS AL MEJOR PRECIO
FARMACIA ROSÁRIO
C/ Laredo 45, Zaragoza.

¡DESCÁRGATE LA APP Y LLÉVATE 5€ GRATIS!

Todos los tintes Nutrisse 4€

Champú Fructis. 2 por 5€

Crema Nivea. 30% de ahorro

Papel higiénico. 8 pzas X 3.50€

Jabón Palmolive. Precio más bajo 1€

Desodorante Nivea. 2 por 8€

Cremas solares hasta 60% de descuento

Repelente de insectos extra fuerte ~~11.20€~~ 6.50€

Nivea crema de manos 60ml ~~9.95€~~ 3.25€

Tiritas. Paquete de 30 x 3€

Pasta de dientes Colgate. 25% de ahorro.

COMPRA EN LA APP Y LLEVATE LA CESTA GRATIS

¿Verdadero o falso? *True or false?*

(a) La crema de manos cuesta tres euros con veinticinco.
(b) Las ofertas son para el mes de octubre.
(c) Hay un descuento de treinta por ciento en la crema Nivea.
(d) El jabón cuesta 2€.
(e) Hay un descuento de veinte por ciento en la pasta de dientes.
(f) Recibes cinco euros de regalo si descargas la app de la tienda.
(g) Un repelente de insectos y un paquete de tiritas cuesta 9.50€ en total.
(h) La farmacia está en la ciudad de Valladolid.

Página 109

10.5 (F) 1 Imagina que estás en la farmacia. En tu diario de aprendizaje, escribe una conversación con un compañero / una compañera de clase. Una persona es el farmacéutico, la otra es el cliente. *Imagine that you are in the pharmacy. In your learning diary, write a role-play with a classmate. One of you is the pharmacist and the other is the customer.*

2 Haz una dramatización de la conversación con tu compañero/a. *Perform the role-play with your classmate.*

10.5 (G) Haz el crucigrama. *Fill in the crossword.*

1 3 4 2 5 6 7 8 9 10 11 12

Verticales

1

2

3

4

6

9

Horizontales

5

8

11

7

10

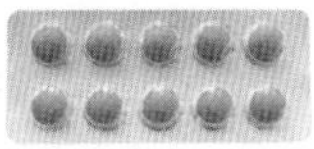

12

Rellena en tu diario de aprendizaje las palabras clave de la sección 10.5.
Fill in the keywords for section 10.5 in your learning diary.

Página 115

10.6 El imperfecto

10.6 (A) Joaquín escribe un email a Lucía, su amiga por correspondencia. Lee el email y contesta a las preguntas. *Joaquín writes an email to his pen pal Lucía. Read the email and answer the questions.*

De:	Joaquin.gf@yahoo.es
A:	lucíaperu.21@yahoo.es
Asunto:	¡Estoy harto!

Querida Lucía:

¿Cómo estás? Siento no haberte escrito antes, no vas a creer lo que me pasó.

Hace tres semanas fui a la estación de esquí de Navacerrada con mi familia. Mi hermano Rubén hacía snowboard y yo decidí probarlo para pasar un día con él. El día empezó bien. Hacía muy bien tiempo y yo estaba entusiasmado de hacer snowboard. He colgado unas fotos en Instagram. Échales un vistazo.

Mientras mis padres esquiaban con mi hermana, Rubén y yo fuimos al snowpark para hacer snowboard. De repente me caí y me rompí la pierna. Tuve que ir al hospital en ambulancia y pasar el resto del día en el hospital. Los médicos me dejaron salir a las siete y media de la tarde y volvimos en seguida a casa.

Me dolía mucho los primeros días y estaba muy cansado del dolor pero ahora no duele mucho. El problema es que me cuesta moverme con las muletas. Es muy difícil así que no salgo mucho. Estoy harto de estar en casa. No hay nada que hacer. Todos mis amigos irán a una discoteca este sábado y yo no podré ir. Estoy muy aburrido.

¿Y tú? ¿Qué noticias tienes? Bueno, me voy a cenar.

Escríbeme pronto.

Saludos,

Joaquín

1 Contesta en inglés. *Answer in English.*

(a) How long does Joaquín say it has been since his family went on their ski trip?
(b) What was the weather like when Joaquín and Rubén went snowboarding?
(c) Where does Joaquín recommend that Lucía check out his photos?
(d) What were Joaquín's parents and sister doing when Joaquín fell?

2 Contesta en español. *Answer in Spanish.*

(a) ¿A qué hora salió del hospital?
(b) ¿Qué problema tiene Joaquín ahora?
(c) ¿Cómo se siente Joaquín?
(d) ¿Adónde van los amigos de Joaquín este sábado?

3 ¿Verdadero o falso? *True or false?*

(a) A Joaquín ahora le duele mucho la pierna.
(b) Joaquín encuentra difícil moverse con muletas.
(c) Joaquín irá a una discoteca este fin de semana.
(d) A Joaquín no le gusta pasar todo el tiempo en casa.

4 ¿Cómo se dice en español? Busca las expresiones siguientes en el correo electrónico. *How do you say it in Spanish? Find the phrases in the email.*

(a) Check them out
(b) Suddenly
(c) I find it hard to move
(d) I'm fed up

10.6 (B) El imperfecto

You might have noticed some unusual verb forms in Joaquín's email to Lucía.

yo **estaba** entusiasmado — *I was excited*
mis padres **esquiaban** — *My parents were skiing*
estaba muy cansado — *I was very tired*

Rubén **hacía** snowboard — *Rubén was snowboarding*
Hacía muy bien tiempo — *The weather was very nice*
Me dolía mucho — *It was hurting me a lot*

These verbs are all in a tense called *el imperfecto*, the imperfect. *El imperfecto* is a past tense with two sets of endings, one for –AR verbs and one for both –ER and –IR verbs. Try to figure out the pattern of endings and fill in the tables below.

LOS VERBOS EN -AR				
	CANT**AR**	ESQUI**AR**	HABL**AR**	ESCUCH**AR**
yo	cant**aba**	esqui**aba**		
tú	cant**abas**			
él / ella / usted	cant**aba**			
nosotros/as	cant**ábamos**	esqui**ábamos**		
vosotros/as	cant**abais**			
ellos / ellas / ustedes	cant**aban**	esqui**aban**		

LOS VERBOS EN –ER e –IR				
	COM**ER**	HAC**ER**	SAL**IR**	VIV**IR**
yo	com**ía**	hac**ía**		
tú	com**ías**			
él / ella / usted	com**ía**			
nosotros/as	com**íamos**	hac**íamos**		
vosotros/as	com**íais**			
ellos / ellas / ustedes	com**ían**	hac**ían**		

There are just three irregular verbs in the imperfect: SER, IR and VER.

	SER	IR	VER
yo	era	iba	veía
tú	eras	ibas	veías
él / ella / usted	era	iba	veía
nosotros/as	**é**ramos	**í**bamos	veíamos
vosotros/as	erais	ibais	veíais
ellos / ellas / ustedes	eran	iban	veían

Página 110

10.6 (C) En tu diario de aprendizaje, rellena los cuadros con los verbos en el imperfecto. *Fill in the imperfect verb charts in your learning diary.*

10.6 (D) Usando el imperfecto

El imperfecto is used in the following ways:

1 To describe actions that were carried out repeatedly or habitually in the past (things that you used to do).

Jugaba al fútbol todos los sábados	*I used to play football every Saturday*
Cuando era niña iba a la playa	*When I was a child, I used to go to the beach*
Mis padres veían muchas películas	*My parents used to watch a lot of movies*

2 To describe feelings, emotions or conditions in the past and to give descriptions in the past that set the scene (such as describing the weather).

Ella estaba muy cansada	*She was very tired*
Nosotros estábamos enfermos	*We were sick*
Hacía sol	*It was sunny*

3 To say the day, date, time or a person's age in the past.

Eran las seis de la tarde	*It was 6:00 pm*
Cuando tenía once años . . .	*When I was eleven . . .*
Cuando era joven . . .	*When I was young . . .*

4 To describe actions that were in progress in the past (in English we form this structure with was / were + *ing* – I was doing, he was skiing).

Juan cenaba cuando llegué	*Juan was eating dinner when I arrived*
Veía la tele cuando sonó el teléfono	*I was watching TV when the phone rang*
Ana salió mientras yo desayunaba	*Ana left while I was having breakfast*

Look at the examples in point 4 above. When a past action in progress is interrupted by another action, the action being interrupted is in *el imperfecto* and the interrupting action is in *el pretérito perfecto.*

10.6 (E) Rellena los espacios con el imperfecto de los verbos entre paréntesis. *Fill in the blanks with the imperfect form of the verbs in brackets.*

(a) Yo ________________ (hablar) con el profesor cuando entró la directora.
(b) Nosotras ________________ (comer) en su restaurante a menudo.
(c) ¿Tú ________________ (ir) a la piscina cuando eras joven?
(d) Marta ________________ (vivir) en Andalucía.
(e) Los chicos ________________ (jugar) al baloncesto pero ahora no tienen tiempo.
(f) ¿Cuando erais niños vosotros ________________ (ver) dibujos animados?
(g) ________________ (hacer) mucho calor.
(h) Cuando yo ________________ (tener) ocho años fui a los Estados Unidos.
(i) Ella ________________ (salir) con Pablo todos los fines de semana.
(j) Isabel y yo ________________ (ir) a la playa cada verano.

Mira la presentación en PowerPoint 'Unidad 10 (b)' sobre el imperfecto. *Watch the PowerPoint presentation 'Unidad 10 (b)' on the imperfect.*

10.6 (F) Escribe las siguientes frases en español. *Write the following sentences in Spanish.*

(a) I used to play tennis with Thomas. *Jugaba al tenis con Tomás.*
(b) When she was young, she used to go to the beach.
(c) It was sunny and it was warm.
(d) We used to go to the cinema every Saturday.
(e) Jorge was sick and he was very tired.
(f) My parents used to live in Buenos Aires.
(g) When I was ten years old, I played football every Friday.
(h) His mother was not happy.
(i) When I was a child, I watched cartoons every day.
(j) They used to play the guitar but now they don't have time.

Página 110

10.6 (G) En tu diario de aprendizaje, compara tu vida de ahora con tu vida de cuando tenías ocho años. *In your learning diary, compare your life now to your life when you were eight years old.*

Cuando tenía ocho años	Ahora
Jugaba al fútbol	*Juego al rugby*
Veía dibujos animados	*Veo películas de acción*

Student CD 2 Track 30

10.6 (H) Escucha la entrevista con María y rellena sus respuestas. *Listen to the interview with María and fill in her answers.*

Cuándo eras niña . . .		
(a)	¿Qué hacías los fines de semana?	
(b)	¿A qué jugabas?	
(c)	¿Qué programas de televisión veías?	
(d)	¿Qué comías?	
(e)	¿Qué leías?	
(f)	¿Adónde ibas?	

Página 111

10.6 (I) ¡Vamos a hablar! Prepara tus respuestas en tu diario de aprendizaje usando frases completas. *Let's talk! Prepare your answers in your learning diary, using full sentences.*

10.6 (J) Entrevista a un compañero / una compañera con las preguntas de abajo. Graba la entrevista. Escuchad las entrevistas en grupos de cuatro, decidid cuáles son las dos preguntas más fáciles e identificad dos de las dificultades que todos habéis tenido. *Interview a classmate with the questions below. Record the interview. Listen back to your interviews in groups of four and decide which two questions were easiest to answer, and identify two common difficulties.*

Cuándo eras niño/a . . .

- **(a)** ¿Qué hacías los fines de semana?
- **(b)** ¿A qué jugabas?
- **(c)** ¿Qué programas de televisión veías?
- **(d)** ¿Qué comías?
- **(e)** ¿Qué leías?
- **(f)** ¿Adónde ibas?

Watch the video 'Unidad 10' as an example.

10.6 (K) ¿Pretérito o imperfecto?

Sometimes when referring to the past it can be tricky to know whether to use *el pretérito indefinido* or to use *el imperfecto*. Use the infographic below to help you to remember which past tense to use.

EL PRETÉRITO INDEFINIDO

–AR	–ER/–IR
–é	–í
–aste	–iste
–ó	–ió
–amos	–imos
–asteis	–isteis
–aron	–ieron

Completed single actions in the past

Adverbs that indicate *el pretérito indefinido*

- ayer
- anteayer
- anoche
- el otro día
- la semana pasada
- el mes pasado
- el año pasado
- hace dos días
- el sábado pasado

EL IMPERFECTO

–AR	–ER/–IR
–aba	–ía
–abas	–ías
–aba	–ía
–ábamos	–íamos
–abais	–íais
–aban	–ían

- Repeated past ('used to')
- Progressive past ('was' / 'were' + *ing*)
- Past description – emotions, feelings, conditions, weather
- Time, date, day, age

Adverbs that indicate *el imperfecto*

- a menudo
- a veces
- cada día
- cada semana
- cada mes
- cada año
- con frecuencia
- de vez en cuando
- frecuentemente
- mucho
- siempre
- todos los días
- todas las semanas
- todo el tiempo
- cada verano
- cada fin de semana
- mientras

Ejemplos:

Fui al cine el sábado pasado	*I went to the cinema last Saturday*
Iba al cine mucho cuando era joven	*I went to the cinema a lot when I was young*
Jugué al fútbol el viernes pasado	*I played football last Friday*
Jugaba al fútbol de vez en cuando	*I used to play football from time to time*
Anoche vi la tele y comí una pizza	*Last night I watched TV and I ate a pizza*
Anoche veía la tele cuando entró mamá	*Last night I was watching TV when Mum came in*

10.6 (L) Lee la historia. *Read the story.*

Cuando era niño cada año en el mes de julio iba a visitar a mis tíos. Vivían en una granja en el campo bastante lejos de mi casa. Mi hermano mayor y yo siempre teníamos que pasar tres horas en el autobús para llegar a su casa. Me gustaba ir a la casa de mis tíos porque tenían muchos animales y yo siempre ayudaba con las vacas y las ovejas y les daba de comer a los perros y a los gatos. Una noche, cuando yo tenía seis años pasó algo terrible. Un lobo entró en la granja. Mi hermano y yo lo vimos desde la ventana. Era grande y teníamos miedo. Mi tío y mi hermano salieron a asustar al lobo pero era demasiado tarde. Encontraron dos ovejas muertas. El resto del verano yo no quise salir de la casa porque tenía mucho miedo del lobo. Hoy todavía tengo miedo de los lobos.

Trabajad en parejas. *Work in pairs.*

(a) Subraya trece verbos en el imperfecto.
(b) Subraya cinco verbos en el pretérito indefinido.
(c) Identifica un verbo en el presente.
(d) Identifica seis infinitivos de verbos.

10.6 (M) Elige el verbo correcto en cada frase. *Choose the correct verb in each sentence.*

(a) (Fuimos / íbamos) a la playa ayer.
(b) Mis padres (comieron / comían) en un restaurante anoche.
(c) Yo (comí / comía) hamburguesas de vez en cuando.
(d) Nosotros (hicimos / hacíamos) snowboard cuando (fuimos / éramos) jóvenes.
(e) Adrián (jugó / jugaba) un partido de fútbol el sábado pasado.
(f) Ellos (vieron / veían) muchas películas el fin de semana pasado.
(g) Mientras ella (cenó / cenaba), su padre (entró / entraba).
(h) Yo (hice / hacía) ejercicio cada día.
(i) Mi madre siempre (preparó / preparaba) el desayuno.
(j) Cuando Isabel (tuvo / tenía) catorce años (fue / era) alta y delgada.

10.6 (N) Escribe las frases en español. *Write the sentences in Spanish.*

(a) I went to a match last weekend.
(b) I used to go to matches every weekend.
(c) We were watching a film when the phone rang.
(d) We watched a film in Jorge's house last night.
(e) He made a chocolate cake yesterday.
(f) He made chocolate cake from time to time.
(g) Alejandra and Mikel used to speak to their grandmother every day.
(h) They spoke to their grandmother last month.

Rellena en tu diario de aprendizaje las palabras clave de la sección 10.6.
Fill in the keywords for section 10.6 in your learning diary.

Página 115

10.7 ¡Practicamos!

10.7 (A) Rellena los espacios con las palabras de abajo. *Fill in the blanks with the words below.*

las muletas, la cita, el casco, las tiritas, la bufanda, el champú, la receta, los guantes, el jarabe, los dedos

(a) Lo llevo en la cabeza para esquiar o montar en bicicleta: ____________________
(b) Protegen las manos cuando hace frío: ____________________
(c) Si te rompes la pierna las necesitarás para moverte: ____________________
(d) Un producto para lavarse el pelo: ____________________
(e) La llevas en el cuello: ____________________
(f) Lo necesitas si tienes tos: ____________________
(g) El médico te da una para comprar medicamentos: ____________________
(h) Hay cinco en cada mano: ____________________
(i) Para ver al médico hay que hacer una: ____________________
(j) Las puedes comprar en la farmacia: ____________________

10.7 (B) Etiqueta las partes del cuerpo. *Label the parts of the body.*

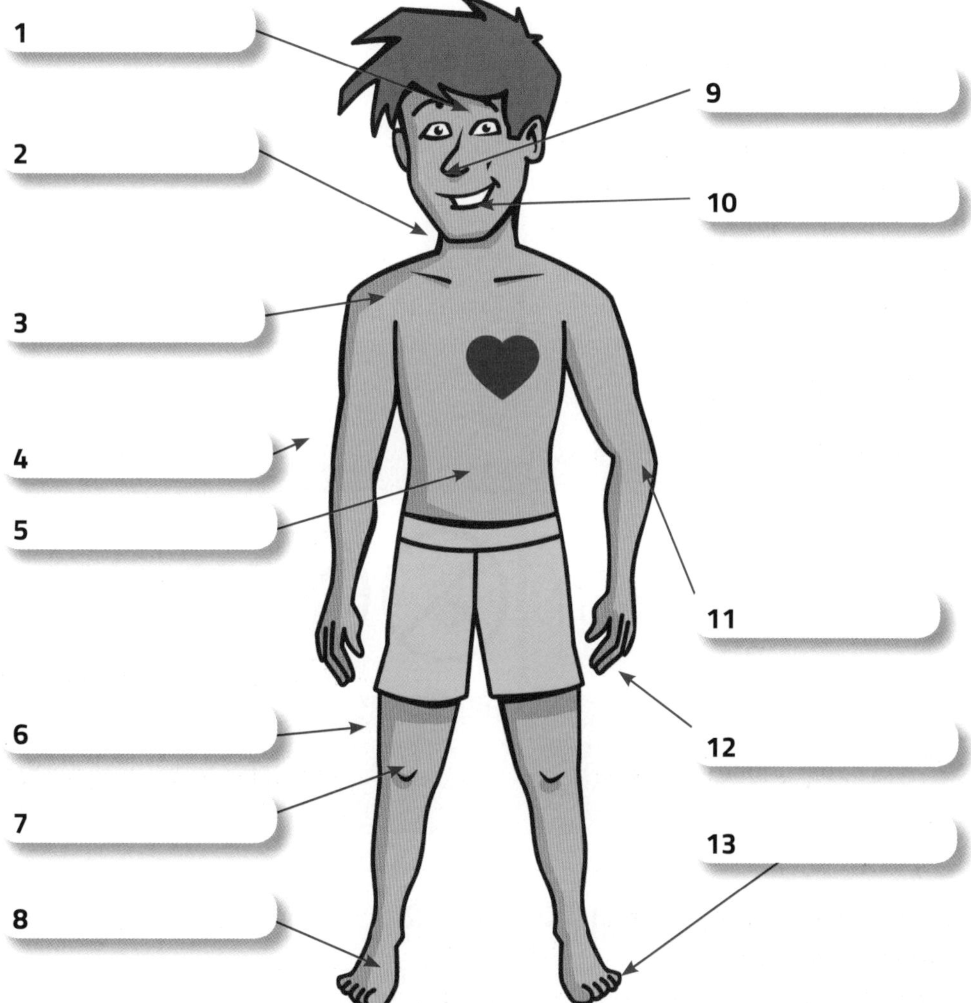

10.7 (C) ¿Cómo se dice en español? Escribe las frases en tu cuaderno. *How do you say it in Spanish? Write the sentences in your copy.*

(a) I have a headache.
(b) My feet are sore.
(c) She has a stomach ache.
(d) Do your ears hurt?
(e) I have a sore throat and a high temperature.
(f) They are tired and they have no appetite.
(g) I have a sore back and I need aspirin.
(h) My mother bought plasters and cream at the pharmacy.
(i) Elena wants to buy shampoo and eye drops.
(j) Do you have a prescription?

10.7 (D) Lee los posters y contesta a las preguntas en inglés. *Read the posters and answer the questions in English.*

1

(a) What should you do when coughing or sneezing?

(b) What are the two pieces of advice given regarding washing your hands?

(c) What advice is given regarding food, drink and cutlery?

(d) Find the Spanish word meaning 'cutlery'.

2 Describe four symptoms of respiratory infection in children, according to the poster.

10.7 (E) Lee el artículo y contesta a las preguntas. *Read the article and answer the questions.*

Dos muertos y dos heridos en un accidente de tráfico en la autopista sur de Tenerife.

Dos personas han muerto y dos han resultado heridas en un accidente de tráfico este martes 15 de abril en la autopista del sur de Tenerife. El servicio de urgencias 112 ha informado que sobre las 11:10 horas una furgoneta chocó con un coche a la altura del municipo de Arafo. Los muertos son el conductor de la furgoneta, un hombre de veintitrés años, y una mujer de veinticinco años que viajaba en el coche. Los heridos que quedaron atrapados en el coche, han sido trasladados al Hospital San Juan de Díos. La conductora del coche, una mujer de veinte años, se ha roto el hombro y la espalda y un joven pasajero de quince años sufrió fracturas múltiples en los brazos y lesiones en la cabeza. La policía sigue investigando la causa del accidente pero cree que el conductor de la furgoneta conducía bajo los efectos del alcohol.

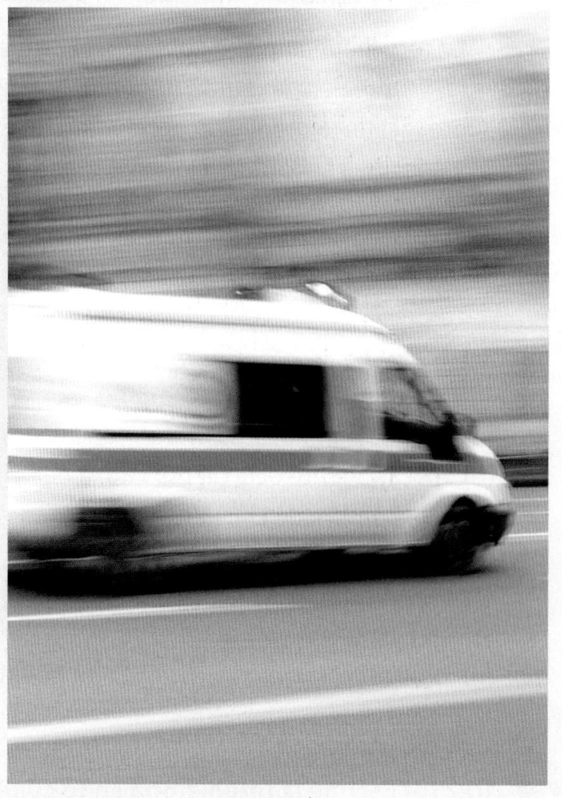

1 Contesta en inglés. *Answer in English.*

(a) What vehicles were involved in the accident?
(b) What is known about the people who died?
(c) Describe the injuries suffered by the injured woman and boy.
(d) What do police believe to be the cause of the accident?

2 Contesta en español. *Answer in Spanish.*

(a) ¿Cuando ocurrió el accidente? (día, fecha, hora)
(b) ¿Dónde ocurrió el accidente?
(c) ¿Dónde están los heridos ahora?
(d) ¿Cuántos años tiene la mujer herida?

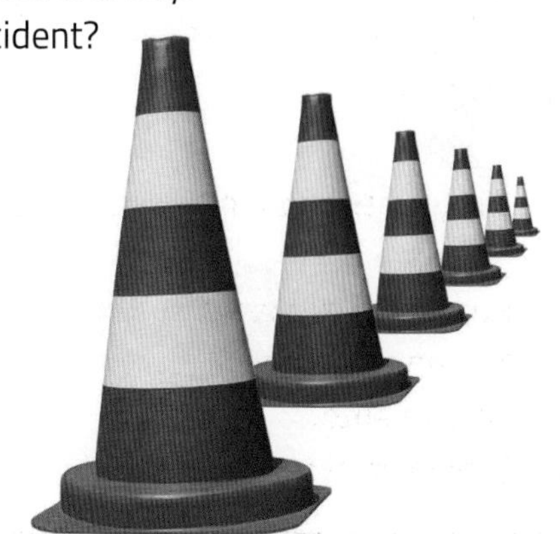

10.7 (F) Lee el anuncio y rellena los espacios con las palabras de abajo. *Read the notice and fill in the blanks with the words below.*

Se recomendó no circular por las carretas de montaña debido a un intenso temporal de nieve que dejó las rutas A14, A15 y N92 blancas y con una capa de hielo. El hielo ya ha provocado al menos un accidente entre Esquel y Trevelin, en el cual un chileno de cincuenta y dos años se rompió el tobillo cuando su camión chocó contra un árbol. Los bomberos recomendaron no usar la ruta Esquel – Trevelin y circular por otras rutas solo en casos de emergencia.

Chile, bomberos, herido, hielo, nieve, camión, chocó

(a) Se recomienda no conducir en las montañas por causa de la ________________.

(b) Un accidente ocurrió por causa del ________________.

(c) Un hombre de cincuenta y dos años está ________________.

(d) El hombre conducía un ________________.

(e) El hombre es de ________________.

(f) Su vehículo ________________ contra un árbol.

(g) Los ________________ dicen que no se debe salir en coche.

10.7 (G) Escribe la fotohistoria en tu cuaderno. *Write the photo story in your copy.*

Criterios de éxito:

- Write the story in the past tense
- Write at least two sentences per image

10.7 (H) Rellena los espacios con el imperfecto de los verbos entre paréntesis. *Fill in the blanks with the imperfect form of the verbs in brackets.*

(a) Mi hermano ____________________ (jugar) al golf pero ahora no tiene tiempo.
(b) ¿Vosotros ____________________ (vivir) en Inglaterra?
(c) Ellos ____________________ (lavar) el coche cuando sonó el teléfono.
(d) ¿Tú ____________________ (comer) mucha carne?
(e) Cuando yo ____________________ (ser) joven jugaba mucho al tenis.
(f) Las chicas ____________________ (ver) la tele cada día.
(g) Jorge ____________________ (correr) cuando se cayó.
(h) Nosotras ____________________ (ir) a la playa muy a menudo.
(i) Yo ____________________ (beber) zumo de manzana cada mañana.
(j) Alba y yo ____________________ (hablar) por teléfono todos los sábados.

10.7 (I) Escribe una pregunta para cada respuesta de abajo. *Write one question for each answer below. Be careful – there can be more than one possiblilty.*

Ejemplo: *Me caí. ¿Te caíste? ¿Qué pasó? ¿Por qué estás en el suelo?*

(a) Me duele la garganta y tengo tos.
(b) Me he roto el tobillo.
(c) No. No me duelen los oídos.
(d) Iba a la playa cada verano.
(e) Veía la tele cuando llegó Pablo.
(f) Leía tebeos cuando era niño.

Rellena en tu diario de aprendizaje las palabras clave de la sección 10.7.
Fill in the keywords for section 10.7 in your learning diary.

Página 115

Unidad 10 ¡Ponte a prueba!

Página 116

Ordena tus conocimientos de gramática de la Unidad 10 en tu diario de aprendizaje. *Sort your knowledge of the grammar in Unit 10 in your learning diary.*

Página 116

En tu diario de aprendizaje, reflexiona sobre lo que has aprendido en esta unidad. *In your learning diary, write your thoughts on what you have learned in this unit.*

A test for Unidad 10 is available in the Teacher's Resource Book.

¿Qué he aprendido en la Unidad 10?	🙂	😐	☹️
I can follow conversations at a doctor's surgery			
I can follow conversations at the pharmacy			
I can identify specific information in conversations about health			
I can read brochures for ski trips			
I can read blogs and newspaper articles about accidents and injuries			
I can understand posters offering health or medical advice			
I can understand posters advertising products in a pharmacy			
I can name parts of the body and pronounce them accurately			
I can call a doctor's office to make an appointment			
I can explain symptoms of illness or injury to a doctor			
I can perform a role-play set in a doctor's surgery			
I can ask for items at a pharmacy			
I can write a role-play set in a pharmacy			
I can write a narrative following a picture story			
I can use the verb DOLER			
I can describe things in the past using *el imperfecto*			
I can understand the basic difference between *el pretérito indefinido* and *el imperfecto*			
I can create a set of online flashcards to learn vocabulary on the topic of health			
I can record an interview with a classmate about what they used to do when they were younger			
I can describe the tradition of the *Ratóncito Pérez*			
I can identify some of the ski resorts in the Spanish-speaking world			

Revision

Go to **www.edco.ie/quepasa2** for interactive activities and quizzes based on this unit

¡Nos ponemos a trabajar!

Go to **www.edco.ie/quepasa2** for interactive activities and quizzes based on this unit.

By the end of this unit you will be able to:

- Pronounce vocabulary for household chores accurately
- Name different jobs and professions with accurate pronunciation
- Make a presentation about a Hispanic company

- Discuss household chores and give your opinion of them
- Have a conversation about pocket money
- Express what you would like to be in the future and say why

- Write negative sentences
- Create a job advertisement for a newspaper or website
- Write an email applying for a part-time job
- Fill in an application form for a part-time job
- Write your CV
- Write a blog about your working day

- Use negative expressions such as *nunca, nadie, ninguno, ni*
- Use direct object pronouns

- Follow conversations about household chores
- Identify specific information in conversations about pocket money
- Follow a job interview
- Understand dialogues about different jobs and careers

- Understand articles and texts about chores
- Follow a text about what young people spend money on
- Understand simple job advertisements
- Understand information given in job application forms and CVs

- Research the currencies used in different Spanish-speaking countries
- Research a Hispanic company and create a presentation about it

- Understand the tradition of the *siesta*
- Recognise large Hispanic businesses and banks

¡QUÉ CURIOSO! The working day in many offices and businesses in Spain is 9:00 am–2:00 pm and then 4:30/5:00 pm–8:00 pm. The tradition of a long break or *siesta* in the middle of the day is still in place. However, many Spaniards are calling for a 9:00 am–5:00 pm working day similar to the rest of Europe. Catalonia was the first region to vote in favour of this change.

The title of this unit means 'Let's get to work!' Do you know any vocabulary to describe jobs? You can probably remember *médico* and *profesor*, but can you remember any more?

Página 117

Apunta tus ideas en tu diario de aprendizaje. *Note your ideas in your learning diary.*

11.1 Las tareas domésticas

11.1 (A) Lee la viñeta. *Read the comic strip.*

¿Queréis venir a mi casa para merendar?

No puedo. Tengo que ir a casa para ayudar a mi madre.

¿Qué tienes que hacer?

Planchar.

¡Qué aburrido! ¿No puedes hacerlo mañana?

No. Tiene que ser hoy, pero no me importa hacerlo. Mi madre me da veinte euros cada semana por hacer las tareas domésticas.

Eso no está nada mal. Mis padres me dan solo diez euros a la semana.

Sí pero no tienes que planchar ¿verdad?

Planchar no, pero limpio el cuarto de baño todos los fines de semana y tengo que quitar la mesa después de la cena cada noche.

Contesta en inglés. *Answer in English.*

(a) Why can Andrea not go to Joaquín's house?
(b) How much money does Andrea get for doing chores at home?
(c) How much pocket money does Joaquín get each week?
(d) What chores does Joaquín do to help out at home?

11.1 (B) Empareja las expresiones con las imágenes y después escucha – 11.1 (C) – para corregir tus respuestas. *Match the phrases with the images and then listen – 11.1 (C) – to correct your answers.*

cortar el césped, pasear al perro, quitar la mesa, pasar la aspiradora, barrer el suelo, tirar la basura, planchar, poner los platos en el lavaplatos, dar de comer a las mascotas, arreglar el dormitorio, limpiar la cocina, poner la mesa, hacer la cama, cocinar, lavar la ropa / hacer la colada

Las tareas domésticas

1 Cocinar

2 __________

3 __________

4 __________

5 __________

6 __________

7 Pasar la aspiradora

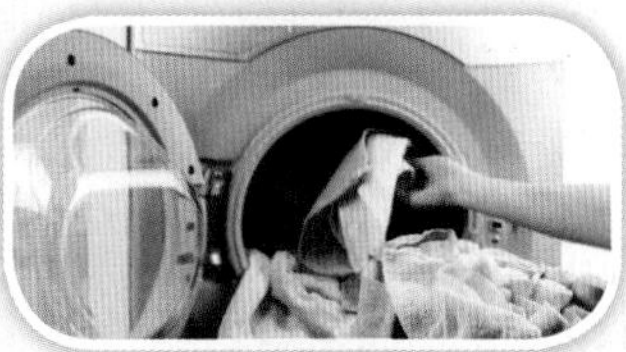

8 __________

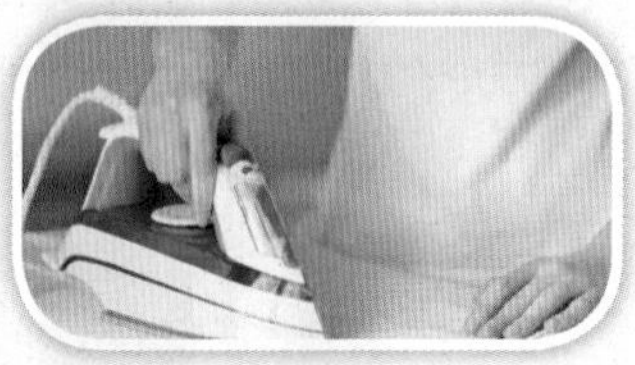

9 __________

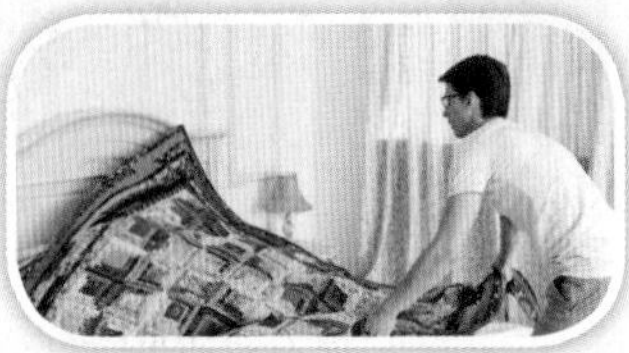

10 __________

11 __________

12 __________

13 __________

14 __________

15 __________

Student CD 2 Track 31

11.1 (C) Escucha y repite las tareas domésticas. *Listen and repeat the chores.*

11.1 (D) Una encuesta sobre las tareas domésticas *A survey about chores*

En la clase de matemáticas Andrea y sus compañeros hacen una encuesta sobre las tareas domésticas. Mira el gráfico de barras con los resultados de la encuesta.

¿Qué haces para ayudar en casa?

26
24
22
20
18
16
14
12
10
8
6
4
2
0

hago la cama
arreglo el dormitorio
cocino
plancho
paseo al perro
tiro la basura
pongo la mesa
quito la mesa

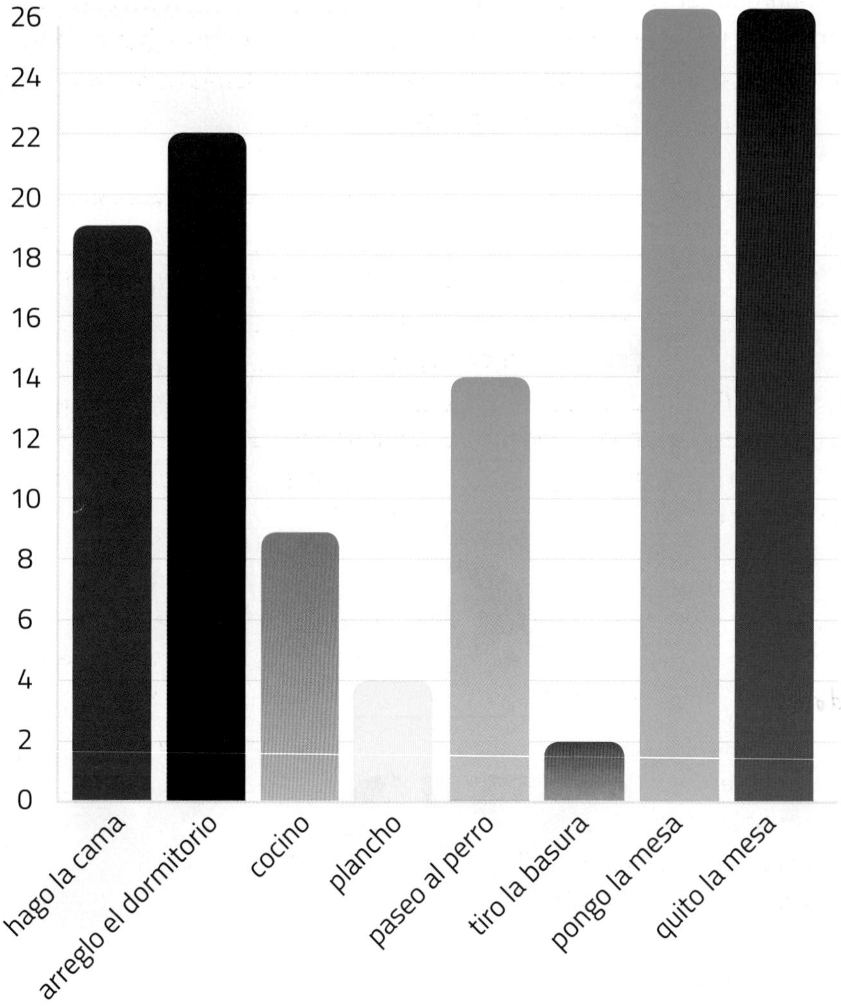

- **hago la cama** – 19 personas
- **arreglo el dormitorio** – 22 personas
- **cocino** – 9 personas
- **plancho** – 4 personas
- **paseo al perro** – 14 personas
- **tiro la basura** – 2 personas
- **pongo la mesa** – 26 personas
- **quito la mesa** – 26 personas

1 Haz una encuesta en tu clase con la misma pregunta: ¿Qué haces para ayudar en casa? *Carry out a survey of your class with the same question: 'What do you do to help out at home?'*

2 Dibuja un gráfico de barras con los resultados. *Draw a bar chart with the results.*

Student CD 2 Track 32

11.1 (E) María y Joaquín hablan de lo que hacen para ayudar en casa. Escucha y rellena los espacios, luego contesta a las preguntas. *María and Joaquín talk about what they do to help out at home. Listen and fill in the blanks; then answer the questions.*

María: Pues a mí no me gusta mucho hacer las tareas de la casa pero ayudo (a) ____________________. Todos los días hago la (b) ____________ antes de ir al instituto y los (c) ____________ por la tarde paso la aspiradora por el piso. La verdad es que no hago mucho durante la semana porque tengo que hacer los (d) ____________ pero los fines de semana echo una mano. Los sábados saco a pasear al perro al parque y los domingos suelo ayudar a mi padre a preparar la cena. Después de la cena pongo los platos en el lavavajillas. Lo que no me gusta hacer es (e) ____________________. ¡Qué asco!

Joaquín: Mis padres me dan diez euros a la semana por limpiar el cuarto de baño los fines de semana. Todas las noches (f) ____________________ antes de la cena y quito la mesa después. Mi hermano Rubén me ayuda a poner los platos en el lavaplatos. No me gusta (g) ____________________ ____________ ni planchar pero tengo (h) ____________ porque mi madre suele (i) ____________________. Lo que más me molesta es que mi hermana menor no ayuda nunca en casa. Creo que está muy mimada. Cuando yo tenía (j) ____________ años ya pasaba la aspiradora o barría el suelo pero ella no hace nada. ¡No es justo!

1 Contesta en español. *Answer in Spanish.*

(a) ¿Qué hace María para ayudar en casa? Menciona cuatro tareas que hace.
(b) ¿Adónde va a pasear al perro?
(c) ¿Qué es lo que no le gusta hacer a María?
(d) ¿Qué es lo que no le gusta hacer a Joaquín?
(e) ¿Quién lava la ropa en la casa de Joaquín?

> *Lavavajillas* can mean 'dishwasher' and 'washing-up liquid'.

2 Contesta en inglés. *Answer in English.*

(a) Why does María not do many chores during the week?
(b) Which member of María's family cooks on Sunday?
(c) What does Rubén do every evening?
(d) Why does Joaquín think his sister is spoiled?
(e) What did Joaquín used to do to help out when he was thirteen years old?

 **11.1 (F) Lee el artículo y contesta a las preguntas en español.** *Read the article and answer the questions in Spanish.*

Un robot que hace las tareas domésticas

Desde hace dos meses el ingeniero uruguayo Federico Andrade trabaja con un equipo de expertos mexicanos para competir en RoboCup, el torneo de robótica más importante del mundo. Están desarrollando un robot, "Justina", que sabe cargar las bolsas del supermercado, poner la mesa para el desayuno, llevar los platos y limpiar la mesa. Comienza así: Justina pregunta "Quieres desayunar" y si el dueño se sienta a la mesa el robot le menciona las opciones del menú. Luego sabe elegir los productos, coger los alimentos y colocarlos en la mesa con los utensilios. Al final dice

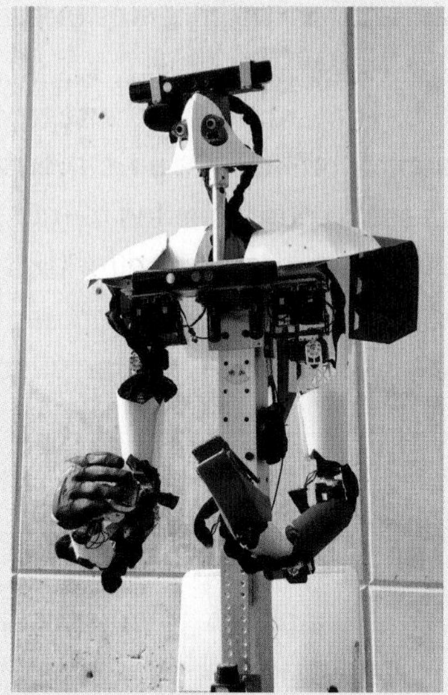

"Que aproveche".

"Lo más difícil para Justina es limpiar la mesa. Es súper difícil" cuenta Andrade desde México, donde trabaja junto a investigadores de la Universidad Nacional Autónoma de México (UNAM).

Siete personas trabajan diez horas al día para preparar al robot para el torneo en la ciudad de Nagoya, Japón. El robot pesa cincuenta kilos y tiene diez motores en cada brazo. Cuenta con sensores que permiten interactuar sin control remoto. "Justina tiene mucha matemática atrás", dijó Andrade.

El proyecto requiere de miles de dólares. Los veinte motores de los brazos cuestan quinientos dólares cada uno y los cuatro motores más para que se mueva, cuestan cuatro mil dólares. ¿Los pagarías tú para no tener que hacer las tareas domésticas?

1 Contesta en español. *Answer in Spanish.*

(a) ¿De dónde es Federico Andrade?

(b) ¿De qué nacionalidad son los expertos con quién trabaja?

(c) ¿Cómo se llama el robot?

(d) ¿Cuántos motores tiene en los brazos?

(e) ¿Cuánto cuestan los motores de los brazos?

2 Contesta en inglés. *Answer in English.*

(a) For how long has Fedrico Andrade been preparing the robot?

(b) What chores can the robot do?

(c) What chore does the robot find most difficult?

(d) Where are Andrade and his team working?

(e) Where will the RoboCup competition take place?

3 ¿A qué se refieren estos números del texto? Conecta los números con las letras. *What do these numbers from the text refer to? Match the numbers with the letters.*

10	**(a)**	Number of months that Federico Andrade has been developing the robot
20	**(b)**	Number of people preparing the robot for the tournament
4.000	**(c)**	Number of hours that the team work per day
500	**(d)**	Number of kilos that the robot weighs
4	**(e)**	Number of motors in both arms
2	**(f)**	Number of dollars that each motor in the arms cost
50	**(g)**	Number of motors needed to move the robot
7	**(h)**	Number of dollars needed for the motors that make the robot move

11.1 (G) 1 ¿Qué le gusta hacer a Javier para ayudar en casa? ¿Qué no le gusta hacer? Díselo a tu compañero/a. *What does Javier like to do and not like to do? Tell a partner.*

2 Ahora escribe ocho frases en tu cuaderno para explicar lo que le gusta y no le gusta hacer a Javier. *Now write eight sentences in your copy explaining what Javier likes and doesn't like to do.*

11.1 (H) Rellena el cuadro con las expresiones en el pasado, el presente y el futuro. *Fill in the chart with the phrases in the past, present and future.*

	Ayer	Hoy	Mañana
(a)	*Corté el césped*	Corto el césped	*Cortaré el césped*
(b)		Paso la aspiradora	
(c)		Barro el suelo	
(d)		Arreglo mi dormitorio	
(e)		Pongo la mesa	
(f)		Hago la cama	
(g)		Lavo la ropa	
(h)		Tiro la basura	
(i)		Pongo los platos en el lavavajillas	
(j)		Doy de comer a las mascotas	

Student CD 2 Track 33

11.1 (I) Escucha y etiqueta la imagen. *Listen and label the image.*

Artículos de limpieza

la escoba, la esponja, el detergente, la aspiradora, el cubo, el recogedor, el cepillo, el trapo, el tendedero, la fregona, el plumero, el lavavajillas, la plancha

¡Hola! Soy Bob Esponja.

1 ______________________
2 ______________________
3 ______________________
4 ______________________
5 ______________________
6 ______________________
7 ______________________
8 ______________________
9 ______________________
10 ______________________
11 ______________________
12 ______________________
13 ______________________

11.1 (J) Escucha otra vez y repite las palabras. *Listen again and repeat the words.*

11.1 (K) Haz el crucigrama. *Fill in the crossword.*

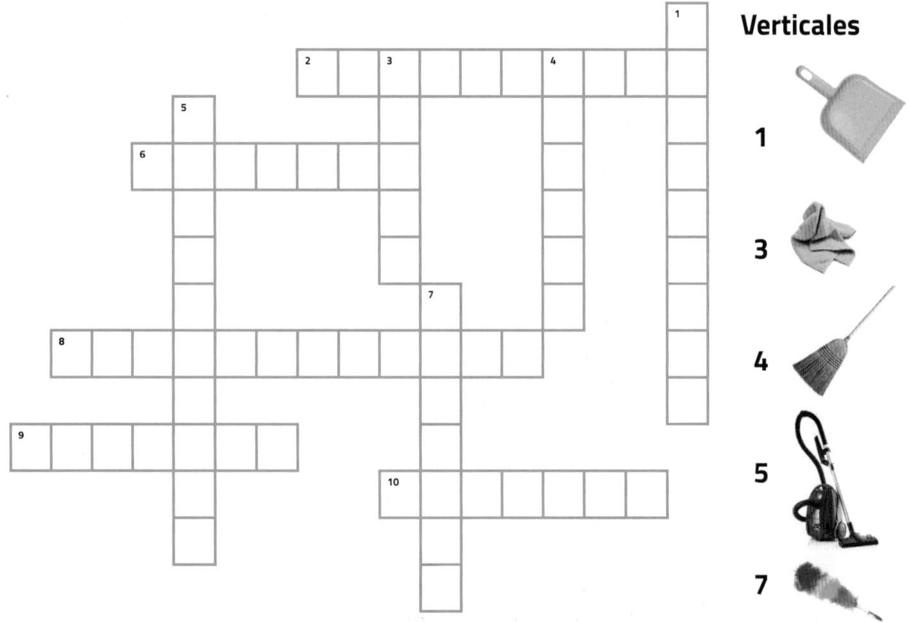

Verticales

1

3

4

5

7

Horizontales

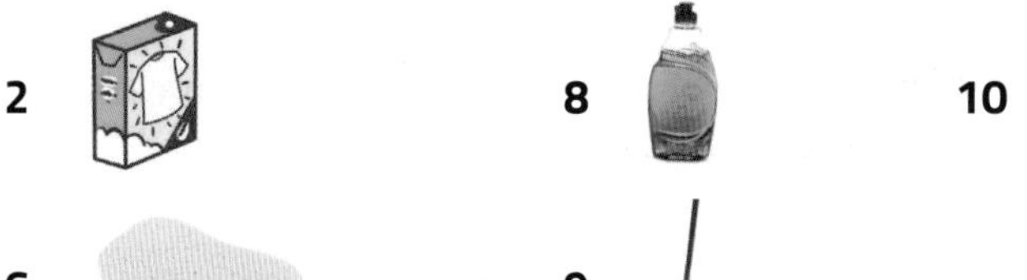

2

8

10

6

9

Rellena en tu diario de aprendizaje las palabras clave de la sección 11.1.
Fill in the keywords for section 11.1 in your learning diary.

Página 123

11.2 La paga

En la viñeta del ejercicio 11.1 (A) Joaquín dice que recibe diez euros a la semana de sus padres. Ese tipo de dinero que los jóvenes suelen recibir cada semana o cada mes de sus padres se llama la paga. ¿Y tú? ¿Recibes paga de tus padres? ¿La gastas o la ahorras?

> la paga = *pocket money*
> gastar = *to spend*
> ahorrar = *to save*

11.2 (A) ¿Recibes mucha paga? ¿En qué gastas el dinero? Escribe frases para describir lo que esta gente hace con la paga. *Do you get much pocket money? What do you spend the money on? Write sentences to describe what these people do with their money.*

Example: *Sergio recibe diez euros a la semana. Gasta el dinero en dulces y tebeos.*

(a) Sergio: 10€ **(b)** Raquel: 12€ **(c)** Adrián: 15€ **(d)** Irene: 10€

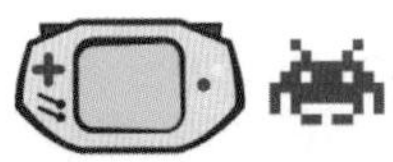

(e) Carlos: 20€ **(f)** Ana: 10€ **(g)** Jaime: 15€ **(h)** Belén: 20€

Student CD 2 Track 34

11.2 (B) ¿Recibes paga? ¿En qué gastas el dinero? Escucha y completa la tabla en español. *Do you get pocket money? What do you spend the money on? Listen and fill in the table in Spanish.*

1

Laura: ¿Recibes una paga semanal Juan?
Juan: Sí. Mi madre me da veinte euros a la semana.
Laura: ¿Ahorras algo?
Juan: No. No ahorro nada.
Laura: ¿En qué gastas el dinero?
Juan: En entradas para el cine, palomitas y refrescos.

	¿Cuánto recibe?	¿Ahorra algo?	¿En qué gasta el dinero?
1 Juan	*20 euros*	*nada*	*entradas para el cine, palomitas, refrescos*
2 Diego			
3 Elena			
4 Julia			
5 Raúl			

11.2 (C) Frases negativas

In the previous exercise you heard the sentence *No ahorro nada*, literally 'I don't save nothing', but this is the Spanish way to say 'I don't save anything'. Unlike in English, using a double negative is acceptable in Spanish. Study the following list of negative words.

Afirmativo			Negativo	
algo	*something*	⇨	nada	*nothing*
alguien	*someone*	⇨	nadie	*nobody*
alguno*	*some / any*	⇨	ninguno**	*none*
siempre	*always*	⇨	nunca	*never*
también	*also*	⇨	tampoco	*neither*
O . . . o . . .	*either . . . or . . .*	⇨	ni . . . ni . . .	*neither . . . nor . . .*

The negative words above can be used alone before the verb or they can be used after the verb in a double negative by placing *no* before the verb.

Nadie viene a la fiesta — *Nobody is coming to the party*
No viene **nadie** a la fiesta — *Nobody is coming to the party*

Nunca veo a Maite — *I never see Maite*
No veo **nunca** a Maite — *I never see Maite*

Ni Ana **ni** Pablo van al partido — *Neither Ana nor Pablo is going to the match*
No van **ni** Ana **ni** Pablo al partido — *Neither Ana nor Pablo is going to the match*

* *Alguno* agrees in gender and number with the noun it modifies, and it shortens to *algún* before masculine singular nouns.

Algun**as** chic**as** quieren ir — *Some girls want to go*
Algun**os** chic**os** van al parque — *Some boys are going to the park*
¿Tienes **algún** libro? — *Do you have any books?*

** *Ninguno* agrees in gender with the noun it modifies, and it shortens to *ningún* before masculine singular nouns.

No tengo **ningún** libro — *I have no books*

Mira la presentación en PowerPoint 'Unidad 11 (a)' sobre expresiones negativas. *Watch the PowerPoint presentation 'Unidad 11 (a)' on negative expressions.*

11.2 (D) Clasifica las palabras de abajo en el espacio adecuado. *Classify the words below into the appropriate space.*

alguno, nadie, ningún, tampoco, algo, nunca, siempre, no, también, ninguna, nada, alguien, ni, algún

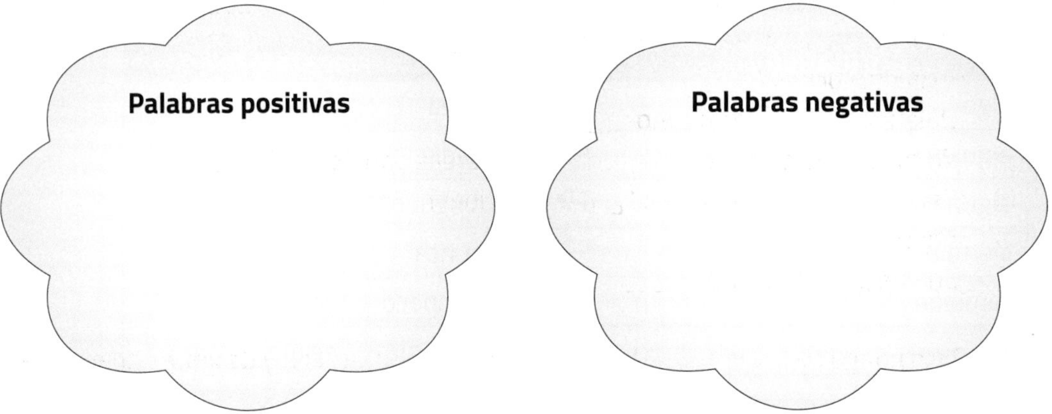

11.2 (E) Rellena los espacios con las palabras de abajo. *Fill in the blanks with the words below.*

nada, nada, nadie, nadie, ni, ni, ninguna, ningún, nunca, nunca, tampoco

(a) No hay ________________ chica en la clase de arte.
(b) ________________ he estado en los Estados Unidos.
(c) Esta clase es difícil. No entiendo ________________.
(d) No viene ________________ a la fiesta.
(e) No tengo ________________ libro.
(f) No bebo ________________ té ________________ café.
(g) Mi hermano no tiene coche y yo no tengo coche ________________.
(h) ________________ quiere salir conmigo.
(i) Mis padres no van ________________ al teatro.
(j) El título de la película no tiene ________________ que ver con la trama.

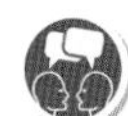

11.2 (F) Mira la imagen y haz las preguntas a un compañero / una compañera. *Look at the image and ask a classmate the questions.*

(a) ¿Hay alguien nadando en el mar?
(b) ¿Hay barcos o yates en el mar?
(c) ¿Hay alguien jugando al tenis en la playa?
(d) ¿Hay algún perro en la imagen?
(e) ¿Hay alguna gaviota en el cielo?

11.2 (G) Empareja las preguntas con las respuestas. *Match the questions with the corresponding answers.*

(a) ¿Ayudas en casa con las tareas domésticas? _1_
(b) ¿Qué haces para ayudar entre semana? ___
(c) ¿Qué sueles hacer los fines de semana para ayudar en casa? ___
(d) ¿Hay alguna tarea que no te gusta hacer? ___
(e) ¿Te gusta cocinar? ___
(f) ¿Quién ordena tu dormitorio? ___
(g) ¿En tu casa quién hace la mayoría de las tareas domésticas? ___
(h) ¿Recibes una paga semanal? ¿Cuánto recibes? ___
(i) ¿Ahorras algo? ___
(j) ¿En qué gastas el dinero? ___

1 Pues pongo los platos en el lavavajillas después de la cena y de vez en cuando saco a pasear al perro.
2 Odio limpiar la cocina. ¡Qué aburrido!
3 Intento ahorrar cinco euros cada semana.
4 Mis padres comparten las tareas. Mis hermanos y yo no hacemos mucho. Echamos una mano a veces pero mis padres hacen la mayoría del trabajo.
5 Los sábados lo ordeno yo.
6 Sí. Mis padres me dan 15 € a la semana.
7 No ayudo mucho porque después del instituto voy al entrenamiento de fútbol y más tarde tengo que hacer los deberes, así que no tengo tiempo para hacer tareas entre semana.
8 Sí pero no cocino muy bien. Sé hacer espaguetis y tortillas pero eso es todo.
9 Compro chicles y dulces y entradas para la discoteca.
10 Los sábados ordeno mi dormitorio y paso la aspiradora. Los domingos ayudo a preparar la cena.

Teacher CD Track 16

11.2 (H) Escucha y corrige tus respuestas. *Listen and correct your answers.*

Página 118

11.2 (I) ¡Vamos a hablar! Prepara tus respuestas en tu diario de aprendizaje usando frases completas. *Let's talk! Prepare your answers in your learning diary, using full sentences.*

11.2 (J) Entrevista a un compañero / una compañera con las preguntas de abajo. *Interview a classmate with the questions below.*

- **(a)** ¿Ayudas mucho en casa con las tareas domésticas?
- **(b)** ¿Qué haces para ayudar?
- **(c)** ¿Qué sueles hacer los fines de semana para ayudar?
- **(d)** ¿Hay alguna tarea que no te gusta hacer?
- **(e)** ¿Te gusta cocinar?
- **(f)** ¿Quién limpia tu dormitorio?
- **(g)** ¿En tu casa quién hace la mayoría de las tareas domésticas?
- **(h)** ¿Recibes una paga semanal? ¿Cuánto recibes?
- **(i)** ¿Ahorras algo?
- **(j)** ¿En qué gastas el dinero?

Watch the video 'Unidad 11' as an example.

Criterios de éxito:

- Record the interviews and listen back in groups of three or four
- Identify two questions everybody found easy to answer
- Identify two common areas of difficulty (think of verb endings, vocabulary, gender, etc.)

11.2 (K) ¿De qué país son las monedas? Busca estas monedas en internet y emparejalas con los países correspondientes. *What countries are these currencies from? Look up the currencies online and match them with the corresponding countries.*

- **(a)** Boliviano
- **(b)** Corona
- **(c)** Libra
- **(d)** Peso
- **(e)** Dólar
- **(f)** Rupia
- **(g)** Bolivar
- **(h)** Rand
- **(i)** Euro
- **(j)** Yen
- **(k)** Rublo
- **(l)** Franco suizo

1. Reino Unido
2. Japón
3. Suiza
4. Venezuela
5. Rusia
6. Bolivia
7. Suecia
8. Irlanda
9. México
10. Sudáfrica
11. Estados Unidos
12. India

(a)	(b)	(c)	(d)	(e)	(f)	(g)	(h)	(i)	(j)	(k)	(l)

Los bancos del mundo hispano

España

Bankia
BBVA
Caixabank
Santander

Hispanoamérica

Banamex
Banorte
Bancolombia
Banco de Bogotá
Banco Estado
Banco de Chile
Itau CorpBanca
Banco de Crédito del Perú

 **11.2 (L) Lee el texto y contesta a las preguntas.** *Read the text and answer the questions.*

Los jóvenes gastan la mitad de su dinero en comida

Los jóvenes de entre 12 y 17 años gastan la mitad del dinero que reciben a la semana para comprar comida. Así lo determinó un estudio realizadó por UBA, Universiadad de Buenos Aires.

Tras la alimentación, gastan el 30% del dinero en los pasajes de autobús o de metro, los pequeños gastos escolares y las recargas de móvil. La encuesta encontró también que en nueve de casa diez casos son los padres quienes les dan el dinero a los adolescentes.

El estudio se realizó entre 900 adolescentes de institutos públicos y colegios privados de Buenos Aires.

En cuanto a la comida, los jóvenes prefieren comer en restaurantes de comida rápida porque resultan de bajo costo y su ambiente relajado atrae a grupos de amigos. La encuesta reveló que ocho de cada diez jóvenes van al menos una vez a un restaurante de comida rápida.

Julia López Vergara, jefa de la investigación, admite que resulta lógica la visita a cadenas de comida rápida debido a que son lugares accesibles para su bolsillo y les permiten quedar con sus amigos en un espacio seguro y tranquilo.

Contesta en español. *Answer in Spanish.*

(a) ¿El estudio se realizó entre jóvenes de qué edad?
(b) ¿Dónde se realizó el estudio?
(c) ¿En qué gastan los jóvenes la mitad del dinero que reciben?
(d) Menciona dos cosas más en las que gastan dinero, según la encuesta.
(e) ¿Cuántos jóvenes tomaron parte en el estudio?
(f) ¿En qué tipo de restaurantes prefieren comer los adolescentes? ¿Por qué?

Jorge is broke!

Rellena en tu diario de aprendizaje las palabras clave de la sección 11.2.
Fill in the keywords for section 11.2 in your learning diary.

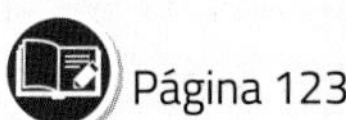

11.3 Los pronombres de objeto directo

11.3 (A) Los pronombres de objeto directo

Look at what María said to Joaquín in the conversation above:
Tu padre ***la*** *dejó en la mesa* Your dad left **it** on the table.

In this sentence *padre* is the subject, *dejó* is the verb and *la* is what is known as a direct object pronoun. Direct object pronouns replace the direct object in a sentence. In the example above, *la* is replacing *la cartera*. So instead of saying 'your dad left **your wallet** on the table', María is saying 'your dad left **it** on the table'. To fully understand this we need to understand what a direct object is. Consider the following sentences:

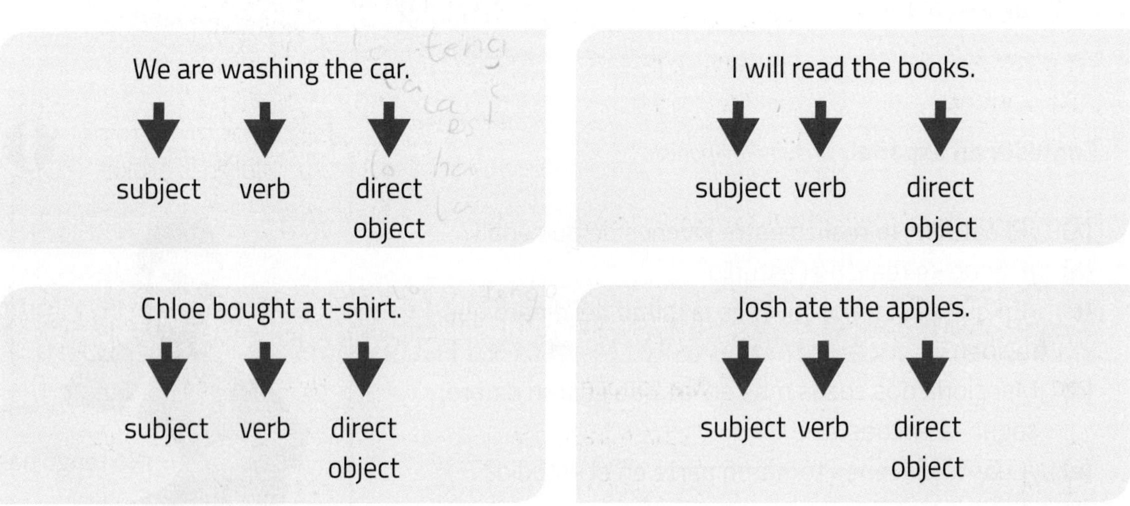

The **subject** is always doing the action of the verb.
The **verb** is the action word.
The **direct object** follows the action verb and has the action of the verb done to it.

Now let's look at the same sentences in Spanish:
Nosotros lavamos **el coche**.
Chloe compró **una camiseta**.
Yo leeré **los libros**.
Josh comió **las manzanas**.

Here are the same sentences with direct object pronouns replacing the direct objects:

Nosotros **lo** lavamos	*We are washing **it***
Chloe **la** compró	*Chloe bought **it***
Yo **los** leeré	*I will read **them***
Josh **las** comió	*Josh ate **them***

lo replaces a masculine singular noun
la replaces a feminine singular noun
los replaces a masculine plural noun
las replaces a feminine plural noun

A direct object pronoun is always placed BEFORE the verb, except with infinitives, present participles (*–ando*, *–iendo*) and affirmative imperatives (orders / commands).

Ejemplos:

Abro **la ventana**	*I open **the window***
La abro	*I open **it***
La abrí	*I opened **it***
La abriré	*I will open **it***
Estoy abriéndo**la**	*I am opening **it***
Quiero abrir**la**	*I want to open **it***
Ábre**la**!	*Open **it**!*

Here is a complete list of direct object pronouns:

Probombres de objecto directo	Ejemplos	Inglés
me	**Me** conoce	*He knows **me***
te	Están mirándo**te**	*They are looking at **you***
lo / la	**Lo** compré	*I bought **it***
nos	**Nos** llamó ayer	*She called **us** yesterday*
os	**Os** vi anoche	*I saw **you** last night*
los / las	Miguel **los** tiene	*Miguel has **them***

Mira la presentación en PowerPoint 'Unidad 11 (b)' sobre pronombres de objeto directo. *Watch the PowerPoint presentation 'Unidad 11 (b)' on direct object pronouns.*

11.3 (B) Reescribe las frases sustituyendo el sustantivo en cursiva por un pronombre de objeto directo. *Rewrite the sentences, replacing the noun in italics with a direct object pronoun.*

Ejemplo: He leído *la novela.* ***La** he leído.*

(a) Mi hermano vende *su bicicleta.* la Mi hermano vende
(b) La niña ha bebido *el zumo.* La niña ha lo bebido
(c) Abre *la puerta* por favor. Abre la por favor
(d) Mi abuelo come *los caramelos.* ______
(e) Hemos comprado *un regalo* para Lucía. Hemos la comprado para Lucía
(f) Mañana comprará *las fresas.* Las mañana comprará
(g) Envié *el correo electrónico* a Nora. ______
(h) No he visto *sus libros.* No he los visto
(i) Estamos comiendo *la pizza.* La estamos comiendo
(j) Yo quiero comprar *el gorro.* Yo quiero lo comprar

11.3 (C) Escribe frases para contestar a las preguntas. *Write sentences to answer the questions.*

(a) ¿Has visto la nueva película de Jennifer Lawrence? *Sí **la** he visto*
(b) ¿Tienes mi estuche? *Sí,* lo tengo
(c) ¿Conoces a mi prima? *No,* la conoces
(d) ¿Estás buscando la cámara? *Sí,* la estoy buscando
(e) ¿Ha vendido el coche? *Sí,* lo ha vendido
(f) ¿Has leído la novela? *No,* la he leído
(g) ¿Sabes el vocabulario? *Sí,* lo se
(h) ¿Tienes mi bolígrafo? *No,* lo tengo

Rellena en tu diario de aprendizaje las palabras clave de la sección 11.3.
Fill in the keywords for section 11.3 in your learning diary.

Página 124

11.4 Los empleos

 **11.4 (A) Lee la viñeta.** *Read the comic strip.*

¿Qué vais a hacer durante las vacaciones de verano?

Voy a buscar un empleo a tiempo parcial. ¡No tengo pasta!

¿Qué tipo de trabajo quieres?

Me gustaría un trabajo de camarera.

A mí no me gustaría ser camarero. El horario es demasiado largo y hay que estar todo el día de pie.

Me gustaría trabajar en una boutique para conseguir descuentos en ropa.

Sí. Eso sería muy chulo.

Contesta en inglés. *Answer in English.*

(a) What type of job is Andrea going to look for during the summer?
(b) Why would Joaquín not like this type of job?
(c) Where would María like to work?
(d) Why would she like this job?

11.4 (B) Los empleos

el abogado
la abogada

el actor
la actriz

el arquitecto
la arquitecta

el artista
la artista

el auxiliar de vuelo
la auxiliar de vuelo

el bombero
la bombera

el cantante
la cantante

el contable
la contable

el dependiente
la dependienta

el dentista
la dentista

el electricista
la electricista

el enfermero
la enfermera

el farmacéutico
la farmacéutica

el fontanero
la fontanera

el granjero
la granjera

el ingeniero
la ingeniera

el mecánico
la mecánica

el modelo
la modelo

el peluquero
la peluquera

el periodista
la periodista

el piloto
la piloto

el recepcionista
la recepcionista

el secretario
la secretaria

el socorrista
la socorrista

el veterinario
la veterinaria

To say a person's profession, we do not use the article *un* or *una* to translate 'a'.

Mi padre es fontanero	*My dad is a plumber*
Mi madre es periodista	*My mum is a journalist*

11.4 (C) Haz el crucigrama. *Fill in the crossword.*

Verticales

1 Trabajo en un avión. Sirvo comida y bebidas a los pasajeros.
2 Vendo medicinas y productos como tiritas y jarabes.
3 Trabajo en el hospital. Cuido de gente enferma.
4 Apago fuegos e incendios.
7 Trabajo en una zapatería. Atiendo a los clientes.
9 Trabajo en un restaurante. Sirvo los platos a los clientes.
10 Trabajo en una granja, en el campo.

Horizontales

3 Estudio en la Facultad de Letras.
5 Soy diseñador de edificios. Mi héroe es Antonio Gaudí.
6 Curo a animales enfermos.
8 Trabajo en un garaje. Reparo coches, furgonetas y camiones.
11 Trabajo en el mundo de la moda.
12 Enseño en un instituto.
13 Escribo artículos en revistas y en internet.
14 Trabajo en el teatro y actúo en películas.
15 Corto y arreglo el pelo a la gente.

11.4 (D) Lee los anuncios y contesta a las preguntas. *Read the advertisements and answer the questions.*

www.nuevotrabajo.com

Ofertas de empleo

Contable con experiencia

Restaurante necesita contable con más de dos años de experiencia en contabilidad y con muy buenas notas académicas. Contrato inicial a media jornada. Interesados envíen curriculum con foto a adwesbn@gmail.com

Técnico de uñas

Nails Studio, selecciona personal manicuristas y técnicas en acrílico y gel para Argüelles, Aluche y Fuenlabrada. Requisitos mínimos: Tener experiencia minima de un año en un puesto similar, ser una persona organizada, seria, responsable y con don de gentes. Imprescindible tener capacidad para aprender. Manda un email con tu CV a nailsstudio@gmail.com y te llamamos para organizar una entrevista.

Socorristas para Málaga, Fuengirola y Benalmádena

Se necesitan socorristas con titulación para Málaga, Fuengirola y Benalmádena. Enviar curriculum con copia de diplomas a mayday@socorristas.es

Buscamos periodistas musicales

Buscamos amantes de la música y el periodismo, para sitio web de Rock, Indie y Heavy y programa de radio. Jornada completa. Para más información rogamos mande su CV al email de abajo y nos pondremos en contacto con ustedes para una entrevista. recursoshumanos@radiorock.com

Ingeniero de energía eléctrica

Se busca ingeniero de energía eléctrica para nuevo proyecto de empresa comercializadora de energía. Ubicada en Valencia. Puesto estable con contrato desde el primer día. Para más información preguntar por Nuria Robles Ramirez.
Tel. 960 285 18 42

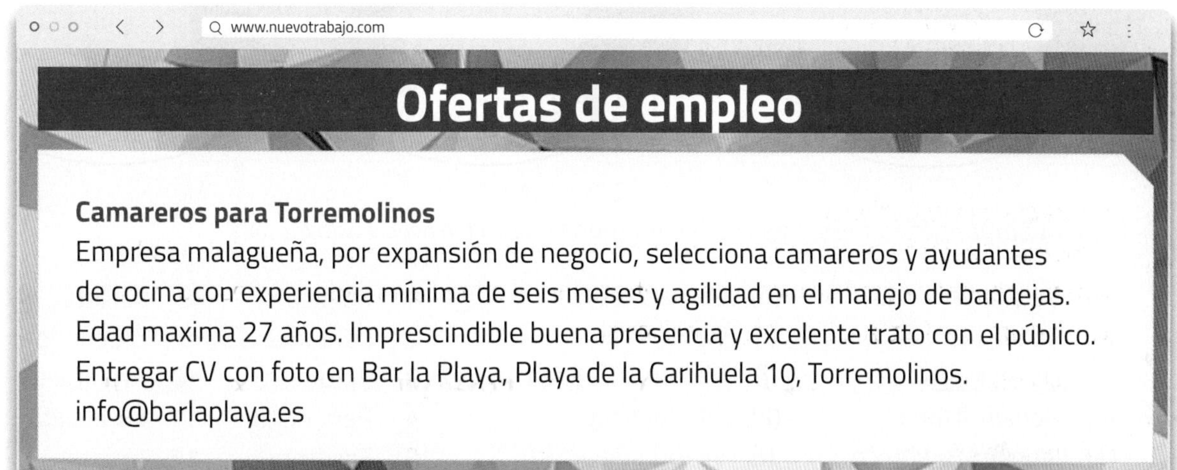
www.nuevotrabajo.com

Ofertas de empleo

Camareros para Torremolinos
Empresa malagueña, por expansión de negocio, selecciona camareros y ayudantes de cocina con experiencia mínima de seis meses y agilidad en el manejo de bandejas. Edad maxima 27 años. Imprescindible buena presencia y excelente trato con el público. Entregar CV con foto en Bar la Playa, Playa de la Carihuela 10, Torremolinos.
info@barlaplaya.es

1 Contesta en inglés. *Answer in English.*

(a) What type of business is looking for an accountant?
(b) What are the minimum requirements for the nail technician job?
(c) What is the job on offer in Málaga, Fuengirola and Benalmádena?
(d) What is the music journalist needed for?
(e) What number should you call to enquire about the job of electrical engineer?
(f) What are the requirements for the position of waiter in Torremolinos?

2 Contesta en español. *Answer in Spanish.*

(a) ¿Cuántos años de experiencia necesita el contable?
(b) ¿Cómo se llaman los tres barrios madrileños que buscan técnicos de uñas?
(c) ¿Cuántos años de experiencia se necesitan para el puesto de técnico de uñas?
(d) ¿Qué tipos de música se mencionan en el anuncio de periodista?
(e) ¿Para dónde es el empleo de ingeniero de energia eléctrica?
(f) ¿Cómo se llama el bar que busca camareros?

Página 119

11.4 (E) En tu diario de aprendizaje haz un anuncio de empleo. *Make a job advertisement in your learning diary.*

11.4 (F) Empereja las personas con los empleos. *Match the people with the jobs.*

(a) Serena Williams
(b) Kendall Jenner
(c) Lionel Messi
(d) Donald Trump
(e) Jennifer Lawrence
(f) Conor McGregor
(g) Antonio Gaudí
(h) Leonardo DiCaprio
(i) Pablo Picasso
(j) Miriam O'Callaghan
(k) J.K. Rowling
(l) Victoria Beckham
(m) Katie Taylor
(n) Justin Bieber

1 Político
2 Cantante
3 Actor
4 Periodista
5 Escritora
6 Actriz
7 Boxeadora
8 Tenista
9 Diseñadora
10 Arquitecto
11 Futbolista
12 Artista
13 Modelo
14 Luchador

(a)	(b)	(c)	(d)	(e)	(f)	(g)	(h)	(i)	(j)	(k)	(l)	(m)	(n)
8	13	11	1	6	14	10	3	12	4	5	9	7	2

11.4 (G) ¿Qué te gustaría ser? ¿Por qué? Lee las opiniones y contesta a las preguntas. *What would you like to be? Why? Read the opinions and answer the questions.*

Miguel: Me gustaría ser auxiliar de vuelo porque quiero viajar. Sería difícil levantarme muy temprano y trabajar los fines de semana pero valdría la pena porque tendría la oportunidad de descubrir otras culturas.

Nuria: Me gustaría ser médico porque es un trabajo variado y quiero ayudar a otras personas. Otra ventaja es que el salario es muy bueno. Tendré que estudiar durante muchos años y trabajar muchas horas al día.

Carlos: Me gustaría ser profesor porque quiero trabajar con niños y no quiero estar todo el día en una oficina. Otra ventaja de ser profesor es que los profes no trabajan durante el verano. Así podría ir a visitar a mis primos a los Estados Unidos todos los años.

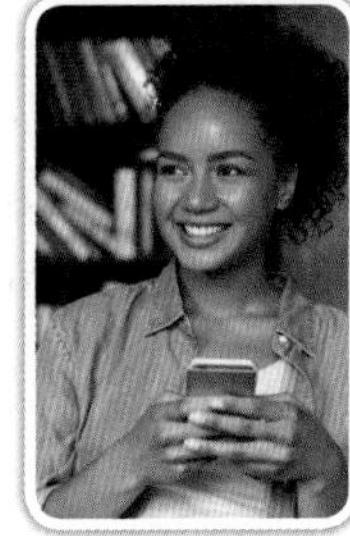

Maite: Mi madre es enfermera. No me gustaría ser enfermera porque el horario es muy largo, el salario es bastante bajo y no me gustaría estar todo el día de pie. Yo preferiría ser actriz. Me parece mucho más divertido.

1 Contesta en inglés. *Answer in English.*

una ventaja = *an advantage*
una desventaja = *a disadvantage*

(a) What does Miguel want to be? Why?
(b) Why does Nuria want to be a doctor?
(c) What does Carlos want to be? Why?
(d) Why does Maite not want to be a nurse?

2 Contesta en español. *Answer in Spanish.*

(a) ¿Cuáles son las desventajas de ser médico, según Nuria?
(b) ¿Dónde viven los primos de Carlos?
(c) En la familia de Maite ¿quién es enfermera?
(d) ¿Qué le gustaría ser a Maite?

11.4 (H) ¿Qué te gustaría ser en el futuro? ¿Por qué? Hablad en grupos de tres o cuatro personas. *What would you like to be in the future? Why? Speak in groups of three or four people.*

Es un trabajo variado
El salario es muy bueno
Quiero ayudar a otras personas
Quiero trabajar con niños

El horario es muy largo
El salario es bastante bajo
No me gustaría estar todo el día de pie
No quiero estar todo el día en una oficina

¡QUÉ CURIOSO!

Las marcas hispánicas

Spain and the countries of the Spanish-speaking world are home to a number of successful international companies that you might recognise. These companies employ thousands of people globally and rep resent some of the world's biggest brands. Amancio Ortega from Spain (founder of Inditex and Zara clothing) and Carlos Slim from Mexico (founder of América Móvil and Grupo Carso) are amongst the most successful business people in the world.

11.4 (I) ¿Reconoces estas marcas hispánicas? Empereja las empresas con los productos.
Do you recognise these Hispanic brands? Match the businesses with the products.

(a) 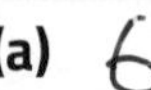 **(b)** **(c)**

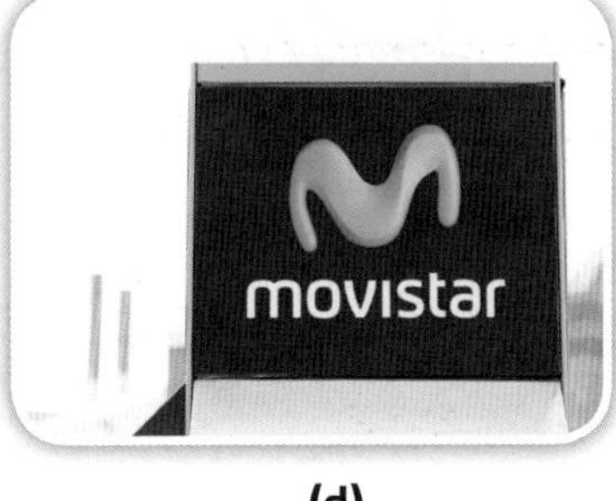

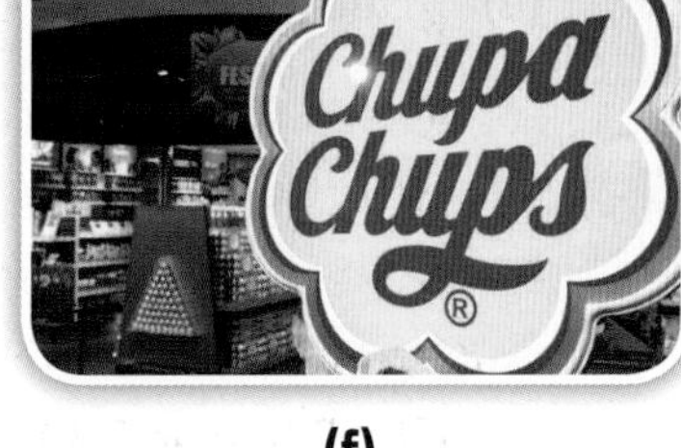

(d) **(e)** **(f)**

1 Teléfonos
2 Dulces
3 Grandes almacenes
4 Ropa
5 Relojes
6 Coches

11.4 (J) 1 Trabajad en parejas. Buscad información sobre una empresa hispánica.
Work in pairs. Research a Hispanic business.

Criterios de éxito:
Find out:
- Who founded the company and when?
- Where is the company based?
- How many employees work for this company?
- What does the company do?
- Make a slideshow including images of the company logo and / or products
- Include some text in Spanish

2 Presentadla en frente de vuestros compañeros de clase. *Present it to your classmates.*

Rellena en tu diario de aprendizaje las palabras clave de la sección 11.4.
Fill in the keywords for section 11.4 in your learning diary.

Página 124

11.5 La entrevista

11.5 (A) Andrea envia su curriculum a un restaurante. Lee el email y contesta a las preguntas en español. *Andrea sends her CV to a restaurant. Read the email and answer the questions in Spanish.*

De:	andreaagr10@gmail.com
A:	arodríguez@lafincadesusana.com

Estimada Señora Rodríguez:

Le escribo en respuesta a su anuncio del sitio web www.milanuncios.com del día 2 de abril en el que piden camareros.

Actualmente soy una estudiante de 4° de ESO en Instituto Las Lomas pero el curso terminará el 29 de junio. El trabajo temporal que ofrece usted para el verano, sería perfecto para mí porque estaré libre hasta mediados de septiembre.

Aunque no tengo mucha experiencia, me considero adecuada para enfrentarme a las responsabilidades del puesto. Tengo buena presencia y excelente trato con el público. Tengo un alto nivel de inglés y me llevo bien con todo el mundo. Me gustaría tener la oportunidad de conversar con usted en una entrevista.

Adjunto un curriculum, una foto reciente y una referencia de la directora de mi instituto.

Le saluda atentamente

Andrea Aguilar Ruíz

1 Contesta en español. *Answer in Spanish.*

(a) ¿Qué tipo de trabajo busca Andrea?
(b) ¿Qué curso escolar estudia Andrea?
(c) ¿En qué fecha empiezan sus vacaciones escolares?
(d) ¿Por qué cree Andrea que es apropriada para el trabajo?
(e) ¿Qué idioma extranjero habla Andrea?
(f) ¿Cuáles son los documentos que incluye con su correo electrónico?

2 Busca estas expresiones en el correo electrónico de arriba. *Find the following phrases in the email above.*

(a) I'm writing in response to your advertisement for waiters.
(b) I will be free until mid-September.
(c) Although I don't have much experience . . .
(d) I think I am suited to the duties of the job.
(e) I'm well presented and good with customers.
(f) I've a good level of English and I get on well with people.
(g) I'd love to have the opportunity to talk to you in an interview.
(h) I've enclosed my CV, a recent photo and a reference from my school principal.

11.5 (B) María envía su curriculum a una boutique. Lee el correo electrónico y rellena los espacios con las palabras de abajo. *María sends her CV to a boutique. Read the email and fill in the blanks with the words below.*

abril, anuncio, atentamente, curriculum, dependienta, entrevista, estimado, moda, organizada, trabajar

De:	mariaprz05@gmail.com
A:	info@modalia.com
Asunto:	Puesto de dependienta
Fecha:	05 de abril

(a) __________________ Señor Gómez:

Le escribo en respuesta a su (b) __________________ para el puesto de dependienta que aparece en el sitio web www.neuvotrabajo.com el día 4 de (c) __________________.

Me gustaría (d) __________________ en una tienda de ropa porque me interesa mucho la (e) __________________. Tengo experiencia como (f) __________________ porque mi tía tenía una zapatería y el verano pasado le ayudé todo el mes de julio. Soy (g) __________________, seria, responsable y tengo la capacidad de aprender.

Estoy en 4° de ESO y estaré disponible para trabajar desde el 30 de junio. Me gustaría tener la oportunidad de conversar con usted en una (h) __________________. Puedo asistir a una entrevista cualquier sábado o entre semana a partir de las 17h.

Adjunto un (i) __________________ y una foto reciente.

En espera de sus noticias,

Le saluda (j) __________________,

María Soto Martín

Página 119

11.5 (C) Un restaurante busca camareros y estás buscando un trabajo de verano. En tu diario de aprendizaje, escribe un email al jefe.
A restaurant is looking for waiters and you are looking for a summer job. In your learning diary, write an email to the boss.

11.5 (D) Lee el curriculum de Joaquín y contesta a las preguntas en la página siguiente. *Read Joaquín's CV and answer the questions overleaf.*

DATOS PERSONALES

- **Nombre:** Joaquín García Fernández
- **Lugar y fecha de nacimiento:** Madrid, 21 de septiembre de 2004
- **Nacionalidad:** Española
- **Dirección**: Calle Tambre 35 1° B, 28002, Madrid
- **Teléfonos de contacto:** 677 81 59 02
- **Correo electrónico:** Joaquin.gf@yahoo.es

FORMACIÓN ACADÉMICA

4° de ESO

Asignaturas: Lengua Castellana y Literatura, Matemáticas, Geografía e Historia, Inglés, Educación Física, Religión, Biología y Geología, Física y Química

IDIOMAS

Inglés nivel avanzado oral y escrito. Certificado avanzado de Cork Language School

INFORMÁTICA

Conocimiento a nivel de usario de Microsoft Office (Word, Excel, PowerPoint)

EXPERIENCIA LABORAL

- Camarero (julio y agosto del año pasado, media jornada) Café Bar Basilio, Plaza de Santa Ana, Madrid
- Trabajo de canguro cuidando a mis primas con frecuencia (dos niñas de siete y cinco años)

OTROS DATOS DE INTERÉS

- Disponible a partir del 30 de junio
- Socio de Olimpic de las Tablas Club de Fútbol desde hace seis años
- Toco la guitarra

(a) ¿Cuándo es el cumpleaños de Joaquín?
(b) ¿Dónde vive? (exactamente)
(c) Menciona cinco asignaturas que estudia en el instituto.
(d) ¿Dónde estudió inglés?
(e) ¿Qué hizo el verano pasado?
(f) ¿Cuántos años tienen sus primas?
(g) ¿Desde hace cuántos años juega en su club de fútbol?
(h) ¿Qué instrumento toca?

11.5 (E) Empereja los títulos con la información. *Match the headings with the information.*

(a) DATOS PERSONALES	**1** Hablo inglés y francés – nivel alto
(b) FORMACIÓN ACADÉMICA	**2** Trabajaba de canguro cada sábado
(c) IDIOMAS	**3** 4° de ESO. Certificado en lengua francesa
(d) INFORMÁTICA	**4** Carné de conducir. Socia de un coro clásico
(e) EXPERIENCIA LABORAL	**5** Tel: 721 44 93 12
(f) OTROS DATOS DE INTERÉS	**6** Conocimiento a nivel de usario de Microsoft Office

Página 120

11.5 (F) En tu diario de aprendizaje, escribe tu currículum. *Write your CV in your learning diary.*

11.5 (G) Lee el formulario de solicitud que María tiene que enviar a la boutique antes de su entrevista. *Read the application form that the boutique sends to María to fill in before her interview.*

FORMULARIO DE SOLICITUD DE EMPLEO – MODALIA BOUTIQUE

INFORMACIÓN PERSONAL

APELLIDO (primer):	APELLIDO (segundo):	NOMBRE:	D.N.I:
Soto	Martín	María	48266027R

DOMICILIO:

CIUDAD:	CALLE:	N°	PISO:	PUERTA:	COD. POSTAL:
Madrid	Galileo	66	5°	Dcha	28010

TELÉFONO:	ESTADO CIVIL:	SEXO:	FECHA NACIMIENTO:	LUGAR NACIMIENTO:	NACIONALIDAD:
712892391	Soltera	Mujer	17 junio 2005	Madrid	Española

DATOS PROFESIONALES

PUESTO QUE SE SOLICITA: Dependienta

¿CUÁNTAS HORAS SEMANALES PUEDE TRABAJAR?
Preferiría tiempo parcial (20 horas), pero estoy disponible todos los días.

EMPLEO DESEADO:
Tiempo completo ☐ Tiempo parcial ☐ Tiempo completo o parcial ☑

¿CUÁNDO ESTÁ DISPONIBLE PARA COMENZAR A TRABAJAR?
30 de junio

DÍAS DISPONIBLES PARA TRABAJAR:
Lunes ☑ Martes ☑ Miércoles ☑ Jueves ☑
Viernes ☑ Sábado ☑ Domingo ☑ Sin Preferencia ☐

EXPERIENCIA EN ESTA PROFESIÓN:
Pasé un mes trabajando en una zapatería el verano pasado. Ayudé a los clientes, contesté al teléfono, ayudé con la limpieza de la tienda y el control de stock

FORMACIÓN ACADÉMICA

TIPO DE INSTITUCIÓN:	NOMBRE Y DIRECCIÓN DE LA INSTITUCIÓN:	CANTIDAD DE AÑOS COMPLETADOS:	TÍTULO:
I.E.S.	I.E.S. Las Lomas, Calle López 32, Madrid	4°	E.S.O.

OTRA INFORMACIÓN:
Tengo un alto nivel de francés e inglés. Soy responsable y sociable.

¿Verdadero o falso? *True or false?*

(a) María vive en la Calle Constancia.
(b) Su nombre completo es María Soto Martín
(c) Vive en el quinto piso.
(d) Su cumpleaños es el dieciocho de junio.
(e) María está disponible para trabajar todos los días.
(f) Pasó dos meses trabajando en una zapatería el año pasado.
(g) Su instituto se llama Las Lomas.
(h) María habla alemán.

Página 121

11.5 (H) En tu diario de aprendizaje rellena el formulario para el puesto de camarero. *In your learning diary, fill in the form for the job of waiter.*

Student CD 2 Track 35

11.5 (I) Andrea va a una entrevista. Escucha y rellena los espacios. *Andrea attends an interview. Listen and fill in the blanks.*

Señora Rodríguez:	Hola Andrea. Siéntate. Me llamo Sara Rodríguez y soy la dueña del restaurante.
Andrea:	Mucho gusto.
Señora Rodríguez:	¿Cuántos años tienes?
Andrea:	Tengo (a) ________________ años.
Señora Rodríguez:	¿Has trabajado (b)________________ vez en un restaurante?
Andrea:	Pues no, pero puedo (c) ________________. En el instituto siempre saco muy buenas (d) ________________. Soy (e) ________________ y responsable.
Señora Rodríguez:	Vale. ¿Hablas otros (f) ________________?
Andrea:	Sí. Hablo muy bien inglés. Estudio inglés desde hace (g) ________________ años.
Señora Rodríguez:	Eso es interesante. Vienen muchos (h) ________________ a nuestro restaurante y los (i) ________________ no hablan inglés. ¿Cuántas horas semanales puedes trabajar?
Andrea:	No quiero trabajar a tiempo completo. Me gustaría un trabajo a tiempo parcial, unas (j) ________________ horas a la semana más o menos.
Señora Rodríguez:	¡Perfecto! El puesto que ofrecemos es a tiempo parcial. ¿Estás disponible todos los días? El restaurante está abierto toda la semana.
Andrea:	Sí podría trabajar cualquier día de lunes a (k) ________________.
Señora Rodríguez:	Bueno. Lo que voy a hacer es ofrecerte un fin de semana a prueba y si todo va bien podemos hablar del trabajo de (l) ________________.
Andrea:	Muy bien. Muchas gracias.
Señora Rodríguez:	¿Puedes venir este sábado al (m) ________________?
Andrea:	Sí claro. Muchas gracias por la oportunidad.

11.5 (J) Luis hace una entrevista. Escribe las preguntas para estas respuestas. *Luis does an interview. Write questions for these answers.*

(a) Me llamo Luis Ramiro Hernández.
(b) Tengo dieciséis años.
(c) Soy mexicano.
(d) Sí. Tengo dos años de experiencia en una panadería.
(e) Estoy disponible desde el cuatro de julio.
(f) Puedo trabajar de lunes a viernes.
(g) Preferiría un trabajo a tiempo completo.
(h) Sí. Hablo inglés y un poco de francés.
(i) Soy una persona de confianza, trabajador, y maduro.
(j) Es el 658 22 83 17.

Student CD 2 Track 36

11.5 (K) Estos cuatro jóvenes hablan de su trabajo a tiempo parcial. Escucha y rellena la tabla en inglés. *These four young people describe their part-time jobs. Listen and fill in the table in English.*

	Job	Location of job	Tasks	Salary earned
Carlos				
Yolanda				
Iker				
Valentina				

11.5 (L) Javier describe su trabajo. Lee el texto y contesta a las preguntas en la página siguiente. *Javier describes his job. Read the text and answer the questions overleaf.*

Me llamo Javier. Desde hace ocho años, soy auxiliar de vuelo para la aerolínea española Iberia. Después del instituto pasé unos meses sin empleo y no sabía qué hacer. Un día estaba en la casa de mis padres cuando vi un anuncio en el periódico. Iberia buscaba azafatas. Rellené el formulario de solicitud en línea y adjunté mi curriculum. Tuve que hacer una entrevista y me invitaron a un curso intensivo de entrenamiento. Pasé seis semanas haciendo el curso y luego cogí mi primer vuelo como auxiliar de Madrid a Málaga. El primer año solo hice rutas nacionales pero el segundo año empecé a hacer rutas internacionales. Hace dos años empecé las rutas transatlánticas y me encantan. Cada semana estoy en un país diferente. Iberia vuela a Caracas, Buenos Aires, Quito, Nueva York, Lima, Bogotá, Chicago, Los Ángeles y muchos más lugares interesantes. Ya he visto casi todas las grandes ciudades de América. Lo que más me gusta de mi trabajo es poder viajar por todo el mundo y ver otras culturas. Lo que no me gusta es el uniforme que tengo que llevar y que a veces tengo que levantarme muy temprano. Siempre he querido ver el mundo y en este sentido mi trabajo es perfecto para mí. Me encanta mi empleo.

1 Contesta en español. *Answer in Spanish.*

- **(a)** Busca un sinónimo de auxiliar de vuelo
- **(b)** Busca un sinónimo de trabajo
- **(c)** Busca tres ejemplos de verbos en el pretérito indefinido
- **(d)** Busca dos ejemplos de verbos en el imperfecto
- **(e)** Busca dos ejemplos de verbos en el pretérito perfecto

2 Contesta en inglés. *Answer in English.*

- **(a)** For how long has Javier worked for Iberia?
- **(b)** Where was Javier when he saw the job advertised?
- **(c)** Describe exactly what he had to do to get the job (full details).
- **(d)** When did Javier begin flying transatlantic routes?
- **(e)** What does Javier say he likes AND doesn't like about his job?

Rellena en tu diario de aprendizaje las palabras clave de la sección 11.5.
Fill in the keywords for section 11.5 in your learning diary.

Página 125

11.6 ¡Practicamos!

11.6 (A) ¿Qué hace Elena para ayudar en casa? Escribe una frase para cada imagen. *What does Elena do to help out at home? Write a sentence for each image.*

(a) *Pone la mesa*

(b) ____________ **(c)** ____________ **(d)** ____________

(e) ____________ **(f)** ____________ **(g)** ____________ **(h)** ____________

11.6 (B) Samuel necesita dinero. Lee el texto y contesta a las preguntas. *Samuel needs money. Read the text and answer the questions.*

Samuel	**¡Hola a todos! Necesito ideas. Mi madre me da 10 € a la semana pero no es suficiente para mis gastos. He intentado buscar un trabajo de verano pero no he encontrado nada. ¿Cómo puedo ganar dinero este verano? Samuel, 15 años**
Irene	Samuel, ¿te gustan los animales? Lo que podrías hacer es pasear a los perros de tus vecinos. Yo lo hago para mis vecinos y me dan 5 euros. Voy con tres perros a la vez, pasamos media hora en el parque y gano 15 euros. Si lo hago cinco días a la semana son 75 euros a la semana. Irene
Miguel	¿Haces tareas en casa? Dile a tu madre que vas a hacer todas las tareas y a lo mejor te paga más. Mi hermana hace la plancha y pasa la aspiradora y mis padres le dan 8 € la hora. Yo limpio el cuarto de baño y tiro la basura. No me gusta pero yo también necesito el dinero. Miguel
Valentina	Podrías hacer de canguro si hay niños pequeños en tu barrio. Yo lo hago para mis primos. Mis tíos salen los sábados por la noche y me pagan 30 € por cuidar de sus tres hijos. Debes poner un anuncio por tu barrio para avisar a tus vecinos de que estás disponible. Valentina
Carlos	Cada sábado yo lavo coches en la urbanización donde vivo. Solo necesitas una esponja y lavavajillas. Es un trabajo duro pero no hago más de dos o tres coches al día y me dan entre ocho y diez euros por coche. Lo ahorro para comprar una moto el año que viene Carlos

1 Conecta la tarea con la persona según los consejos de arriba. *Match the person with the chore according to the posts above.*

(a) Hacer de canguro	**1** Irene
(b) Pasear a los perros	**2** Carlos
(c) Pasar la aspiradora	**3** Miguel
(d) Lavar coches	**4** Valentina
(e) Tirar la basura	**5** La hermana de Miguel

2 Contesta en español. *Answer in Spanish.*

(a) ¿Adónde va Irene con los perros?
(b) ¿Cuánto recibe la hermana de Miguel por hacer las tareas?
(c) ¿Cuándo trabaja Valentina de canguro?
(d) Según Carlos ¿cuáles son los artículos de limpieza necesarios para lavar coches?
(e) ¿Qué hace Carlos con el dinero que gana?

11.6 (C) Escribe estas frases negativas en español. *Write the negative sentences in Spanish.*

(a) Nobody went to the match yesterday.
(b) I have never seen that film.
(c) She has no money.
(d) We drink neither tea nor coffee.
(e) They saw nobody in the park last night.
(f) He has never been to France.
(g) Jorge has no idea.
(h) Neither Cillian nor Daniel came to my house.

11.6 (D) Alejandro envía su curriculum a una peluquería. Rellena los espacios con las palabras de abajo. *Alejandro sends his CV to a hair salon. Fill in the blanks with the words below.*

Londres, cuarenta, adjunto, periódico, gustaría, años, respuesta, hace, saluda, serio

De:	alecruzh@gmail.com
A:	peluquerorafa@hotmail.com

Estimado Señor Pérez:

Le escribo en (a) ________________ a su anuncio para peluquero del (b) ________________ El País del día 21 de septiembre.

Soy peluquero con tres (c) ________________ de experiencia en un salón de belleza de Alicante donde hago cortes, secado, tintes, tratamientos y extensiones. Me gradué en peluquería, grado profesional (d) ________________ cuatro años. Hice las prácticas en (e) ________________. Me interesaría trabajar en su peluquería para poder seguir desarrollando mi carrera profesional.

Busco un trabajo a jornada completa de (f) ________________ horas semanales. Tengo disponabilidad completa. Soy (g) ________________ y educado y de buen trato con el público. Me (h) ________________ tener la oportunidad de conversar con usted en una entrevista.

(i) ________________ un curriculum, una foto reciente y una referencia de la peluquería Koupas de Alicante.

Le (j) ________________ atentamente

Alejandro Cruz Hernández

11.6 (E) Busca diez profesiones en la sopa de letras. *Find ten professions in the wordsearch.*

a	s	v	b	d	h	t	f	d	v	n	k	g	t	i	o
ó	a	d	p	e	l	u	q	u	e	r	o	r	n	r	g
d	d	u	g	n	d	s	d	r	y	u	i	a	p	e	n
f	f	f	x	t	f	k	l	é	d	s	h	n	l	c	h
v	a	x	r	i	g	f	g	h	j	k	n	j	k	e	y
g	r	s	f	s	l	é	r	t	u	i	j	e	j	p	t
j	t	w	v	t	p	i	l	o	t	o	v	r	h	c	e
k	i	e	h	a	w	e	a	y	a	s	d	o	g	i	s
l	s	r	n	s	d	f	g	r	a	s	d	f	g	o	f
í	t	t	m	h	j	k	e	s	d	a	z	x	c	n	h
p	a	h	d	l	o	b	w	a	s	e	e	r	t	i	j
y	k	n	i	y	m	k	f	r	g	h	v	i	k	s	k
f	s	o	c	o	r	r	i	s	t	a	f	u	r	t	o
d	j	u	b	á	d	c	v	g	h	j	k	l	e	a	é
s	k	i	r	f	g	t	y	j	k	k	l	ó	s	l	p
a	s	r	g	h	j	k	f	o	n	t	a	n	e	r	o

11.6 (F) Reescribe las frases sustituyendo el sustantivo en cursiva por un pronombre de objeto directo. *Rewrite the sentences replacing the noun in italics with a direct object pronoun.*

Ejemplo: He leído *la novela.* ***La** he leído.*

(a) Envié *la carta* a mi abuela. ____________________
(b) Yolanda ha comido *los plátanos.* ____________________
(c) Cierra *la ventana* por favor. ____________________
(d) Jorge llevó *el perro* a pasear. ____________________
(e) Buscamos *sus libros.* ____________________
(f) Mañana comprará *el coche.* ____________________
(g) He visto *el perro* en el parque. ____________________
(h) Estamos comiendo *las fresas.* ____________________
(i) Compré *el regalo* para Álvaro. ____________________
(j) Maite quiere comprar *las sandalias.* ____________________

11.6 (G) Lee los anuncios y contesta a las preguntas. *Read the advertisements and answer the questions.*

Hola, somos dos chicas jóvenes, responsables y muy educadas. Nos ofrecemos para hacer **tareas domésticas** tanto en casas, como en apartamentos o locales comerciales. Planchar, limpiar, fregar, cocinar, hacemos de todo. Si nos necesita, póngase en contacto con nosotras, gracias. Nuria y Adriana. Tel: 923 18 23 91

Creación páginas web en Burgos. Diseñamos webs de presentación y tiendas virtuales profesionales desde 150 €. Atendemos whatsapp: 629 39 29 19

Ayudante de cocina muy responsable. Busco trabajo como ayudante de cocina. Tengo amplia experiencia, responsabilidad y seriedad. Muy buenas referencias. Zona San Sebastián Centro. Tel: 917 29 73 22

DJ bodas, discotecas, fiestas, eventos. Estilos musicales desde música de los 70, 80, 90, música española, salsa, comercial, pop. Equipo de musica, sonido, iluminación, máquina de humo, servicio de karaoke etc, depende de tus necesidades, muy buenos precios. Llámame y lo hablamos. Pablo

672 93 28 11
Pintura en Palma (Mallorca, Baleares). Pintamos chalets, pisos, oficinas y demás. Somos un equipo eficiente. Nos desplazamos por toda la isla. Para mayor información contactar al 632978602

¿Necesita una furgoneta? Voy por toda España. Transporte de muebles, motos, sofas, camas, colchones, lavadoras. Transportes desde Ikea y Bricomart. Trabajo fines de semana y festivos. Precios muy razonables a partir de 20 €. Whatsapp 629-44-62-12

1 Rellena la tabla. *Fill in the table.*

Service required	Number to call
(a) Painter	
(b) DJ	
(c) Kitchen assistant	
(d) Cleaners	
(e) Van driver	
(f) Web designer	

2 Contesta en español. *Answer in Spanish.*

(a) ¿Cómo se llaman las chicas que ofrecen hacer tareas domésticas?
(b) ¿Cuánto cuesta una página web del diseñador de Burgos?
(c) ¿Dónde quiere trabajar el ayudante de cocina?
(d) Menciona tres tipos de eventos en los que trabaja el DJ.
(e) Menciona dos tipos de edificios que los pintores se ofrecen a pintar.
(f) Menciona cuatro cosas que el conductor de la furgoneta se ofrece a transportar.

11.6 (H) Antonia habla de su jornada laboral. Lee el texto y contesta a las preguntas. *Antonia talks about her working day. Read the text and answer the questions.*

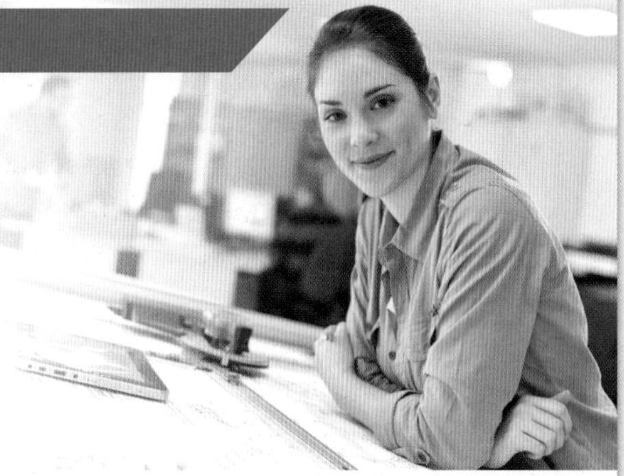

Entre semana me levanto a las siete de la mañana. Me ducho, me visto, desayuno un café y una tostada y cojo el autobús para ir a la oficina. Soy arquitecta. Llego a la oficina a las ocho y media y la primera cosa que hago es revisar mi correo electrónico. Paso la mañana diseñando edificios. He diseñado muchos tipos de edificios, por ejemplo, una fábrica, una iglesia, un almacén y un museo, pero lo que más me gusta es diseñar casas residenciales. A la una como en un bar de cerca de la oficina. Suelo tener mucha hambre a la hora de comer así que normalmente pido un plato combinado con bistec, huevos, patatas y ensalada o algo así. Por la tarde tengo citas con los clientes y a veces salgo a ver como van mis proyectos. Me gusta mi trabajo porque es un trabajo variado y artístico. Siempre me interesaron el arte y el diseño. Cuando era niña mi asignatura favorita en el colegio era el arte. El trabajo de arquitecto no es fácil. Hay que ser bueno en matemáticas para poder calcular todas las medidas de los edificios que diseñes. Mi jornada laboral es bastante larga. Suelo salir de la oficina a las ocho de la tarde. Por la tarde ceno y veo la tele un rato o escucho música. No hago mucho porque frecuentemente estoy muy cansada después del largo día. No me molesta trabajar tanto porque me encanta mi trabajo.

1 Contesta en español. *Answer in Spanish.*

- **(a)** ¿A qué hora se levanta Antonia?
- **(b)** Menciona cuatro tipos de edificios que ha diseñado en el pasado.
- **(c)** ¿Dónde come a la hora de comer?
- **(d)** ¿Cuál era su asignatura favorita cuando era niña?
- **(e)** ¿Qué hace por la tarde después del trabajo?

2 Contesta en inglés. *Answer in English.*

- **(a)** What does Antonia do in the morning before going to the office?
- **(b)** What type of building does she most enjoy designing?
- **(c)** Describe a typical lunch she might have.
- **(d)** Why does she like being an architect?
- **(e)** Why does she think architects have to be good at maths?

11.6 (I) ¿Cómo fue tu primer día en tu trabajo?

El primer día en mi trabajo

Me levanté . . .
a las siete
a las siete y media
a las ocho

Cogí . . .
el autobús
el tren
Fui . . .
a pie
en bicicleta

Llegué . . .
a la oficina a las nueve
al restaurante a las once y media
a la tienda a las diez y cuarto
Empecé a trabajar . . .
a las diez
a las once y cuarto

Pasé el día . . .
ayudando a los clientes
sirviendo las comidas
fregando los platos
contestando al teléfono
barriendo el suelo
haciendo fotocopias

A la hora de comer . . .
compré un bocadillo
comí con mis compañeros

Lo pasé bien porque . . .
aprendí mucho
conocí a gente nueva
gané mi propio dinero

No lo pasé bien porque . . .
fue un día muy largo
el trabajo era difícil
el jefe era muy antipático

Página 122

11.6 (J) Imagina que es tu primer día en un trabajo nuevo a tiempo parcial. En tu diario de aprendizaje escribe un blog sobre tu día. *It is your first day in a new part-time job. Write a blog about your day in your learning diary.*

Unidad 11 ¡Ponte a prueba!

Página 126

Ordena tus conocimientos de la gramática de la Unidad 11 en tu diario de aprendizaje. *Sort your knowledge of the grammar in Unit 11 in your learning diary.*

Página 126

En tu diario de aprendizaje, reflexiona sobre lo que has aprendido en esta unidad. *In your learning diary, write your thoughts on what you have learned in this unit.*

¿Qué he aprendido en la Unidad 11?	🙂	😐	☹️
I can follow conversations about household chores			
I can follow a job interview			
I can understand dialogues about different jobs and careers			
I can read the results of a survey about household chores			
I can understand articles and texts about chores			
I can follow a text about what young people spend money on			
I can understand simple job advertisements			
I can read letters of application for jobs			
I can understand information given in job application forms			
I can pronounce vocabulary for household chores accurately			
I can name different jobs and professions with accurate pronunciation			
I can make a presentation about a Hispanic company			

¿Qué he aprendido en la Unidad 11?	🙂	😐	🙁
I can discuss household chores and give your opinion of them			
I can carry out a class survey about chores			
I can have a conversation about pocket money			
I can express what you would like to be in the future and say why			
I can write negative sentences			
I can create a job advertisement for a newspaper or a website			
I can write an email applying for a part-time job			
I can fill in an application form for a part-time job			
I can write a blog about your working day			
I can use negative expressions such as *nunca, nadie, ninguno, ni*			
I can use direct object pronouns			
I can understand the tradition of the *siesta*			

Revision

Go to **www.edco.ie/quepasa2** for interactive activities and quizzes based on this unit.

A test for Unidad 11 is available in the Teacher's Resource Book.

La práctica hace al maestro – Preparing for Junior Cycle Assessment

This unit gives you information about assessment of modern languages at Junior Cycle; it helps you explore the knowledge you have gained, prepares you for different types of assessment and gives you the strategies to cope with the unfamiliar in exam situations.

12.1 Assessment of Junior Cycle Modern Foreign Languages

The assessment of Junior Cycle Modern Foreign Languages consists of four elements: two Classroom-Based Assessments (the first is an oral communication assessment and the second is the student language portfolio), an Assessment Task linked to the student language portfolio and a final examination. The Assessment Task and the final exam will be assessed by the State Examinations Commission.

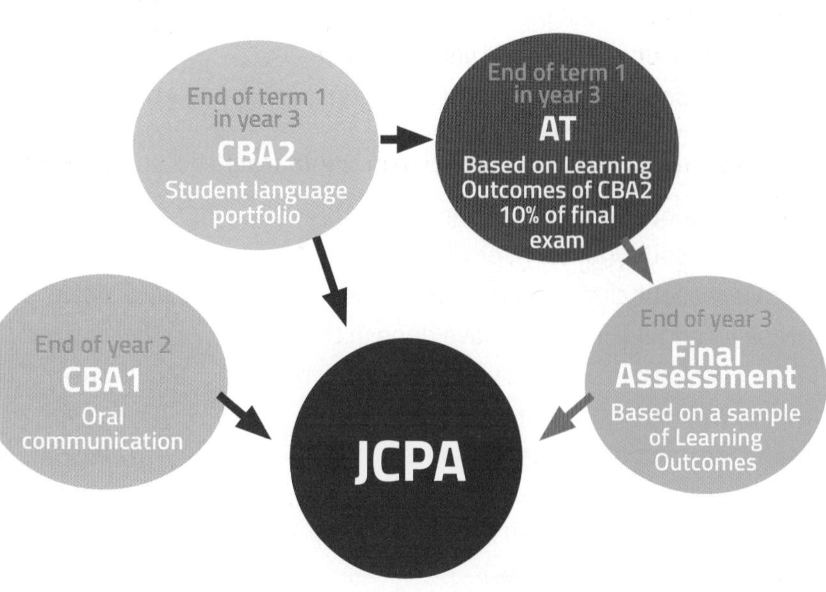

12.2 Preparing for Classroom-Based Assessment 1 – Oral Communication

You will complete **CBA1** during class time at the end of year 2. The purpose of this Classroom-Based Assessment is to demonstrate your skills of spoken production and spoken interaction. The assessment could be in any one of the following formats: an interview, a role-play or a presentation (accompanied by a question-and-answer session). Alternatively, you may have a conversation in response to stimulus material, focussing on an aspect of Spanish-speaking countries or culture; or on a simulation of an experience in a Spanish-speaking country; or on a topic of interest. You may work individually, in pairs or in groups. However, if you are working as part of a group, you must make a meaningful individual contribution.

The following tasks will help in your preparation for Classroom-Based Assessment 1 and give you the strategies to cope with spontaneous language production. Completing the tasks will prepare you for carrying out an interview, a role-play, a presentation and a question-and-answer session in Spanish. It will also prepare you to respond to different stimuli and give your opinion. It is a good idea for you in your own time to practise reading Spanish texts aloud and to listen to Spanish as much as possible, in preparation for Classroom-Based Assessment 1.

12.2.1 PREPARING FOR AN INTERVIEW

Look back over the interviews that you did as you studied *¿Qué pasa? 1* and *¿Qué pasa? 2*. You most likely haven't done all of these interviews, but look back on the ones you did and think about which topics you found most difficult to talk about – they are the most important for you to revise.

Interview about yourself and your family	*¿Qué pasa? 1* page 121
Interview about your school and subjects	*¿Qué pasa? 1 Diario de aprendizaje* page 68
Interview about the food you eat	*¿Qué pasa? 1 Diario de aprendizaje* page 86
Interview about your hobbies	*¿Qué pasa? 1 Diario de aprendizaje* page 99
Interview about your daily routine	*¿Qué pasa? 2 Diario de aprendizaje* page 13
Interview about your town or city	*¿Qué pasa? 2 Diario de aprendizaje* page 25
Interview about clothes and future plans	*¿Qué pasa? 2 Diario de aprendizaje* page 42
Interview about things you have done in the past	*¿Qué pasa? 2 Diario de aprendizaje* page 67
Interview about leisure activities you did in the past	*¿Qué pasa? 2 Diario de aprendizaje* page 76
Interview about what you like to read	*¿Qué pasa? 2 Diario de aprendizaje* page 86
Interview about birthdays and celebrations	*¿Qué pasa? 2 Diario de aprendizaje* page 100
Interview about when you were a child	*¿Qué pasa? 2 Diario de aprendizaje* page 111
Interview about household chores	*¿Qué pasa? 2 Diario de aprendizaje* page 118

12.2.1 (A) Usa los temas de abajo para entrevistar a un compañero / una compañera. *Choose from the topics below and interview a classmate.*

Work in groups of three.

- One person should ask the questions, the second person should answer the questions and the third group member acts as Monitor.
- The Monitor records the interview and fills in the **Interview feedback** page in the *diario de aprendizaje* of the person who answers the questions. Página 127
- After the interview, the person answering the questions should watch the recording and fill in the **Self-assessment** sheet in the *diario de aprendizaje.* Página 127

Yo mismo

1 ¿Cómo te llamas?
2 ¿Cómo se escribe tu nombre?
3 ¿Cuántos años tienes?
4 ¿Cuándo es tu cumpleaños?
5 ¿Cómo eres físicamente?
6 ¿Cómo eres de carácter?
7 ¿De dónde eres?
8 ¿Tienes alguna mascota?
9 Describe a tu mascota.
10 ¿Qué te gusta hacer los fines de semana?

Revise *¿Qué pasa? 1 Diario de aprendizaje* page 31

Mi familia

1 ¿Cuántas personas hay en tu familia?
2 ¿Tienes hermanos?
3 ¿Cómo se llaman?
4 ¿Cuántos años tienen?
5 ¿Cómo son tus hermanos?
6 ¿Te llevas bien con tu familia?
7 ¿Eres el / la mayor o el / la menor de la familia?
8 ¿Cómo se llama tu mejor amigo / amiga?
9 ¿Cómo es él / ella?
10 ¿Cuáles son sus pasatiempos?

Revise *¿Qué pasa? 1* page 121

Donde vivo

1 ¿Vives en un piso o en una casa?
2 ¿Dónde vives?
3 Describe tu casa o piso
4 ¿Está cerca del instituto?
5 ¿Cómo es tu pueblo o ciudad?
6 ¿Cuáles son las atracciones turísticas de tu pueblo o ciudad?
7 ¿Hay un buen sistema de transporte público?
8 ¿Qué hay para los jóvenes?
9 ¿Tus mejores amigos viven cerca?
10 ¿Cómo son tus vecinos?

Revise *¿Qué pasa? 1*, Unit 8 and *¿Qué pasa? 2 Diario de aprendizaje* page 25.

El cole

1. ¿Cómo se llama tu instituto?
2. ¿Cuántos alumnos hay?
3. ¿Cuántos profesores hay?
4. ¿Hay muchas instalaciones en el instituto?
5. ¿Cómo son los profes en tu opinión?
6. ¿Qué actividades extraescolares ofrece el instituto?
7. ¿Te gusta tu instituto? ¿Por qué?
8. ¿Cuántas asignaturas estudias?
9. ¿Qué asignaturas estudias?
10. ¿Cuál es tu asignatura preferida? ¿Por qué?

Revise *¿Qué pasa? 1 Diario de aprendizaje* page 68

La comida

1. ¿A qué hora desayunas?
2. ¿Qué desayunas normalmente?
3. ¿Qué comes al mediodía?
4. ¿Qué tomas de postre?
5. ¿A qué hora cenas?
6. ¿Qué cenas?
7. ¿Cuál es tu plato favorito?
8. ¿Vas muchas veces a comer o a cenar a restaurantes?
9. ¿Comes mucha comida rápida?
10. ¿Cuáles son los ingredientes de una paella?

Revise *¿Qué pasa? 1 Diario de aprendizaje* page 86

La rutina

1. ¿A qué hora te levantas los días de la semana?
2. ¿Qué haces antes de salir de casa?
3. ¿Cómo vas al instituto?
4. ¿A qué hora empiezan las clases?
5. ¿A qué hora es el recreo?
6. ¿Cuánto tiempo duran las clases?
7. ¿Qué haces durante la hora de comer?
8. ¿A qué hora terminan las clases?
9. ¿Qué sueles hacer por la tarde, después de las clases?
10. ¿A qué hora te acuestas?

Revise *¿Qué pasa? 2 Diario de aprendizaje* page 13

Los pasatiempos

1. ¿Qué haces en tu tiempo libre?
2. ¿Practicas algún deporte? ¿Cuándo?
3. ¿Tocas algún instrumento?
4. ¿Te gusta la música? ¿Qué tipo?
5. ¿Tienes un grupo o cantante favorito?
6. ¿Vas a discotecas con frecuencia?
7. ¿Qué tipo de películas te gustan?
8. ¿Te gusta ver la televisión?
9. ¿Cuál es tu programa favorito?
10. ¿Lees mucho? ¿Tienes algún libro preferido?

Revise *¿Qué pasa? 1 Diario de aprendizaje* page 99

12.2.2 PERFORMING A ROLE-PLAY

It is worthwhile looking back over all of the role-plays you practised and performed as you studied *¿Qué pasa? 1* and *¿Qué pasa? 2*. You may not have completed all of these tasks, but for the ones you did, think about which you found most difficult – they are the most important for you to revise.

Introducing yourself	*¿Qué pasa? 1* page 34
Meeting a new friend	*¿Qué pasa? 1 Diario de aprendizaje* page 32
Asking about pets	*¿Qué pasa? 1* page 126
Shopping for food	*¿Qué pasa? 1 Diario de aprendizaje* page 87
Arranging to meet up to go to a match	*¿Qué pasa? 1* page 237
Showing a new student around your school	*¿Qué pasa? 2* page 20
Shopping for school supplies	*¿Qué pasa? 2* page 22
Buying train tickets	*¿Qué pasa? 2 Diario de aprendizaje* page 38
Shopping for clothes in a boutique	*¿Qué pasa? 2 Diario de aprendizaje* page 39
Checking in for a flight	*¿Qué pasa? 2 Diario de aprendizaje* page 50
Asking for directions	*¿Qué pasa? 2 Diario de aprendizaje* page 51
Ordering food at a café-bar	*¿Qué pasa? 2 Diario de aprendizaje* page 58
Sending a package at the post office	*¿Qué pasa? 2 Diario de aprendizaje* page 60
Making a doctor's appointment	*¿Qué pasa? 2 Diario de aprendizaje* page 108
At the doctor's surgery	*¿Qué pasa? 2 Diario de aprendizaje* page 108
Shopping at the pharmacy	*¿Qué pasa? 2 Diario de aprendizaje* page 109
Reporting a lost bag	*¿Qué pasa? 2* page 427

Teacher CD Track 17

12.2.2 (A) Lee la etiqueta de la maleta y la conversación de abajo, después escucha la conversación y al oír el bip rellena la información necesaria. La conversación continuará quince segundos después del bip y podrás verificar tus respuestas. *Read the baggage tag and the dialogue below; then listen to the conversation and, when you hear a beep, fill in the necessary information. The conversation will continue fifteen seconds after the beep and you can check your answers.*

Origen: Dublín
Código: AGP740ECIRL
Destino: Málaga
AGP
Fecha: 20 JUL
Nombre: Eoin Coughlan
Tel: 085 8273013
Vuelo: IB 82740

Eoin has just arrived at Málaga airport with his family. They are at the baggage carousel.

Eoin: We have everyone else's bag except your red suitcase Clare. It must be lost.
Clare: Ah no!
Mr Coughlan: Right Eoin, let's see if we can sort it out. Ask this person over here. They have a badge. Excuse me – Do you speak English?
Empleado: No. No entiendo.
Mr Coughlan: Ok Eoin, tell him we're looking for a suitcase; ask him where do we have to go?
Eoin: Disculpe, (a) ______________________
(b) ______________________
Empleado: Si la maleta no ha llegado tiene que rellenar este formulario con todos los detalles de la maleta y el vuelo. Yo le ayudaré a rellenarlo. ¿Cómo se llama usted?
Eoin: (c)______________________
Empleado: ¿De dónde ha venido su vuelo?
Eoin: (d)______________________
Empleado: ¿Cuál es el número del vuelo?
Eoin: (e)______________________
Empleado: ¿De qué color es la maleta?
Eoin: (f)______________________
Empleado: ¿Tiene un número de contacto?
Eoin: Sí. (g)______________________
Mr Coughlan: So when do they think we'll have the bag?
Eoin: I'll ask if it will arrive tomorrow. (h)______________________
Empleado: Si. Mañana por la mañana. Le llamaré en cuanto la tenga y se la entregaré.
Eoin: Muchas gracias por su ayuda.
Empleado: De nada. Que disfruten de su estancia en Málaga.
Eoin: Gracias. Adiós.

12.2.2 (B) Estás de vacaciones en Alicante y has perdido una mochila en la playa. Vas a la comisaría para denunciar la pérdida. Trabaja con un compañero / una compañera. Haz una dramatización de la conversación con la policía. Utiliza las tarjetas de abajo para ayudarte.
You are on holidays in Alicante and you have lost a bag on the beach. You go to the police station to report the loss. Work with a partner. Perform a role-play of the conversation with the police. Use the cards below to help you.

- ¿En qué puedo ayudarte?
- ¿Cómo es la mochila?
- ¿Qué lleva dentro?
- ¿Cómo te llamas?
- ¿Cómo se escribe tu nombre?
- ¿Dónde te alojas?
- ¿Cuál es tu número de contacto?

- He perdido mi mochila en la playa
- Azul con rayas blancas
- Cartera de cuero con 50€, gafas de sol, móvil de la marca Samsung, crema solar
- Me llamo . . .
- Se escribe . . .
- Hotel Sol y Mar
- 086 39182343

12.2.2 (C) Estás hablando con el dependiente de una tienda de deportes de San Sebastián. Rellena los espacios de la conversación con las preguntas de abajo. *You are talking to the shop assistant in a sports shop in San Sebastián. Fill in the blanks in the conversation with the questions below.*

¿Dónde está la caja? ¿De qué color las quiere? ¿Busca una marca en particular? ¿En qué puedo ayudarle? ¿De qué numéro? ¿Cuánto cuestan?

Dependiente: (a) ____________________
Tú: Quiero unas zapatillas deportivas.
Dependiente: Pues tenemos una selección muy amplia. (b) ____________________
Tú: De color azul marino.
Dependiente: (c) ____________________
Tú: El cuarenta y uno.
Dependiente: (d) ____________________
Tú: No. No me importa la marca. Son para la clase de educación física.
Dependiente: Vale aquí tengo unas bonitas zapatillas de color azul marino a precio reducido.
Tú: (e) ____________________
Dependiente: Cuarenta y ocho euros con cincuenta.
Tú: Perfecto. (f) ____________________
Dependiente: Está ahí, al lado de los probadores.
Tú: Gracias.

Teacher CD Track 18

12.2.2 (D) Escucha y corrige tus respuestas. *Listen and correct your answers.*

Página 132

12.2.2 (E) Elige (al menos) uno de los role-plays de abajo y prepara un diálogo en tu diario de aprendizaje. *Choose (at least) one of the role-plays below and prepare it in your learning diary with the information below.*

In pairs, choose from the following situations. Go back through your book to revise the knowledge you need to perform the role-play or role-plays. For each role-play that you decide to perform, first fill out a **Role-play preparation** sheet in your *diario de aprendizaje*. Página 132

1 EN LA RECEPCION DEL HOTEL. Your brother has lost his mobile phone near the pool at your hotel. You go to the hotel reception to see if they have it. Describe the phone.

2 EN LA ESTACIÓN DE FERROCARRIL. You are at the train station in Seville and you want to travel to Madrid this afternoon with your uncle. Buy two return tickets and find out about times and fares.

3 EN LA PANADERÍA. You are at the bakery and want to buy bread, a chocolate cake and some magdalenas. There are no magdalenas left.

4 PIDIENDO DIRECCIONES. You are with your mother in Bilbao, trying to find the Guggenheim Museum. Ask for directions and for how long it will take to walk there.

5 EN EL RESTAURANTE. You are in a restaurant in Cádiz. Order gazpacho, steak (*bistec*) with chips and cheesecake. You would like a sparkling mineral water to drink.

6 EN LA CONSULTA DEL MÉDICO. You bring your sister to the doctor. She has a sore throat, a high temperature and a headache. The doctor diagnoses the flu and prescribes antibiotics.

7 EN EL MERCADO. You are at the market and want to buy half a kilo of strawberries, six apples and a pineapple. The market trader tries to sell you some delicious cherries.

8 EN LA OFICINA DE CORREOS. You are at the counter at the post office to send a package to the US. You are returning a tracksuit that you bought from an American online store, as it is too small.

9 EN EL AEROPUERTO. You have arrived at Palma airport to check in for your flight to Cork. It is delayed by three hours because of bad weather.

10 EN EL COLEGIO. There is a new student in your school. Invite him / her to come to a party with you and your friends this Saturday night. Arrange where and when to meet.

11 EN LA COMISARÍA. You are on a school tour to Valencia. One of the teachers on the trip has lost her passport but she doesn't speak Spanish. You go to the police station.

12 EN LOS GRANDES ALMACENES. You are in a department store in Las Palmas looking for a pair of jeans. Tell the shop assistant what colour and size you want. Ask about the prices, and find out where the changing rooms and the checkout are.

13 EN LA LIBRERÍA. You are shopping for the new school year and you go to the bookshop to buy a maths book, three copies and a folder.

14 EN EL HOSTAL. You are in Barcelona with two family members. You would like a twin room and a single room for four nights from the 2nd to the 6th of April. Make a phone call enquiring about availability, prices and facilities, and ask what floor the available rooms are on.

12.2.2 (F) Haz una dramatización de (al menos) una de las situaciones de arriba. *Act out (at least) one of the role-plays above.*

Two pairs should work together for the performance of the role-plays. One pair should perform a role-play, while the other pair act as their Monitors. Before performing your role-play, you and your partner should show the Monitors your **Role-play preparation** sheets in your *diarios de aprendizaje.* Página 132

The Monitors listen to your conversation and use your **Role-play preparation** sheets to fill out your **Role-play feedback** sheets Página 132. Each Monitor should evaluate one of the students performing the role-play. The role of the Monitors is to give feedback to you and your partner on the following aspects of your role-play:

- How clearly did the person speak?
- Did they use the correct vocabulary?
- How would you rate their pronunciation?
- Did you notice any mistakes in word order, verbs or grammar?
- Did you understand the conversation?

After each role-play you perform, fill in a **Self-assessment** sheet in your *diario de aprendizaje.* Página 133

For further role-play practice, try the activities in exercise 12.2.4 (D).

12.2.3 MAKING A PRESENTATION

Página 140

12.2.3 (A) Lee los consejos de abajo y prepara una presentación sobre un tema de interés en tu diario de aprendizaje. *Read the tips below and prepare a presentation on a topic of interest in your learning diary.*

1. Choose a topic of interest to you that you would like to make a presentation about. It could be a hobby, a favourite sports star, your family pets, a favourite film, a place you go to on family holidays, a football team you support, a singer or band you like, a club that you are a member of, etc.
2. Brainstorm all the vocabulary you might need to talk about your chosen topic – note the words and phrases in your *diario de aprendizaje.*
3. Use the **Preparing a presentation** sheet in your *diario de aprendizaje* to note down points for your presentation. Think of all the relevant information you would like to say about the topic you've chosen.
4. Think about what questions your teacher or classmates or an oral examiner might ask you about the topic. Note them down in your *diario de aprendizaje.*
5. How might you answer these questions? Prepare answers for all the possible questions you have thought of in your *diario de aprendizaje.*

12.2.3 (B) Haz una presentación sobre un tema de interés. *Make a presentation about a topic of interest.*

Work in groups of three.

- The first group member should make their presentation on their chosen topic (presenting a slideshow, poster or webpage, using the points prepared in their *diario de aprendizaje*).
- The second group member should prompt the speaker by asking some of the questions the presenter prepared in their *diario de aprendizaje*, or any other relevant question on the topic.
- The third member of the group is the Monitor and fills in the **Presentation feedback** sheet in the presenter's *diario de aprendizaje.* Página 141
- After making your presentation and reading your **Presentation feedback** sheet, fill in a **Self-assessment** sheet in your *diario de aprendizaje.*

Página 141

You may decide to make a presentation on a cultural topic. Look back over all the cultural presentations you made for your class as you worked through *¿Qué pasa? 1* and *¿Qué pasa? 2.*

A presentation about a Spanish-speaking country	*¿Qué pasa? 1* page 7
A presentation about a city in Spain	*¿Qué pasa? 1 Diario de aprendizaje* page 12
A presentation about a Spanish festival	*¿Qué pasa? 1 Diario de aprendizaje* page 40
A presentation about your favourite Spanish recipe	*¿Qué pasa? 1* page 209
A presentation about a Hispanic author	*¿Qué pasa? 2* page 46
A presentation about tourist attractions in Mexico	*¿Qué pasa? 2* page 82
A presentation of a weather report	*¿Qué pasa? 2* page 140
A slideshow on a region of Spain	*¿Qué pasa? 2 Diario de aprendizaje* page 78
A presentation about a Spanish business	*¿Qué pasa? 2* page 404

Página 142

12.2.3 (C) Lee los consejos de abajo y prepara una presentación sobre un tema cultural en tu diario de aprendizaje. *Read the tips below and prepare a presentation on a cultural topic in your learning diary.*

1. In your first year as a language learner, most of your cultural presentations may have been done in English. Look back at your presentations. Which ones can you now comfortably present in Spanish?
2. Choose which cultural topic you would most like to make a presentation about. Which topics did you find most interesting as you were learning? Which topics can you say lot about in Spanish?
3. Brainstorm all the vocabulary you might need to talk about your chosen topic – note the words and phrases in your *diario de aprendizaje.*
4. Use the **Preparing a presentation** sheet in your *diario de aprendizaje* to note down points for your presentation (these might be points you made in your original presentation on the topic that you can now make in Spanish instead of in English, or you might find new information to improve on your original presentation).
5. Think about what questions your teacher or classmates or an oral examiner might ask you about the topic. Note them down in your *diario de aprendizaje.*
6. How might you answer these questions? Prepare answers for all the possible questions you have thought of in your *diario de aprendizaje.*

12.2.3 (D) Haz una presentación sobre algo que te interesa del mundo hispánico. *Make a presentation about something that interests you about the culture of the Spanish-speaking world.*

Work in groups of three.

- The first group member should make their presentation (presenting a slideshow, poster or webpage, using the points prepared in their *diario de aprendizaje*).
- The second group member should prompt the speaker by asking some of the questions the presenter prepared in their *diario de aprendizaje*, or any other relevant question on the topic.
- The third member of the group is the Monitor and fills in the **Cultural presentation feedback** sheet in the presenter's *diario de aprendizaje.* Página 143
- After making your presentation and reading your **Cultural presentation feedback** sheet, fill in a **Self-assessment** sheet in your *diario de aprendizaje.* Página 143

Página 144

12.2.3 (E) Prepara una presentación de una imagen que te guste. *Prepare a 'show-and-tell' type presentation of an image that you like.*

Choose an image to show your class. Prepare some notes in your *diario de aprendizaje* on how to describe the image, the story behind the image and the vocabulary you will need to describe it. Think about the kinds of questions your teacher and classmates may ask you and think about how to formulate answers to those questions. Página 144

Ideas of what to show:

- A photograph from a holiday
- An image of you or your team playing a match
- A picture taken on a day out with friends or family
- A photograph from a family celebration (birthday party, Christmas, etc.)
- A printed image of your favourite singer, footballer or actor
- A photo of your pet, your family or your best friends
- An image taken at a concert, a festival or a match you went to
- A still from a movie or TV show that you watch
- A poster you made in Spanish class
- A poster of a celebrity

Possible general questions:

- ¿Qué hay en la imagen?
- ¿Qué hay en primer plano / al fondo?
- ¿Qué hay a la izquierda / a la derecha?
- ¿Qué está pasando en la imagen?
- ¿Dónde es?
- ¿Quienes son las personas de la foto?
- Describe la ropa que llevan.
- ¿Por qué te gusta esta imagen?

Teacher CD Tracks 19–20

12.2.3 (F) Escucha las presentaciones de Orla y Jack. *Listen to Orla's and Jack's presentations.*

12.2.3 (G) Haz una presentación para la clase de español. *Show-and-tell.*

- Present your image to the class, describe the image and talk about the story behind it. Your teacher and classmates may wish to ask you some questions about the image you bring in, so choose wisely!
- After making your presentation, fill in a **Self-assessment** sheet in your *diario de aprendizaje.* Página 145

12.2.4 HAVING A CONVERSATION

Página 146

12.2.4 (A) Conversaciones en lengua extranjera *Conversations in a foreign language*

1 It can sometimes be daunting to have a conversation with a native speaker in a language that is not your mother tongue. Which of the following do you think you might be nervous about? Number them from 1 to 5 (5 = most worried about).

- Starting the conversation ☐
- The language or vocabulary used ☐
- The speed of the conversation ☐
- The length of the conversation ☐
- Ending the conversation ☐

2 What do you find most challenging about having a conversation in Spanish? **En tu diario de aprendizaje, apunta tus ideas en inglés.** *Note your ideas in your learning diary in English.*

3 When you speak or listen to Spanish, what strategies do you use in order to help you understand what is being said? Discuss in small groups. **En tu diario de aprendizaje, apunta tus ideas en inglés.** *Note your ideas in your learning diary in English.*

Teacher CD Track 21

12.2.4 (B) Escucha a Caoimhe y escribe en tu diario de aprendizaje los consejos que da para mantener una conversación. *Listen to Caoimhe and, in your learning diary, write her advice for maintaining a conversation.*

Caoimhe is an Irish student who first arrived in Spain after learning Spanish for two and a half years. In this interview she recalls her first experience speaking to Spanish people. Write a list of tips for having a conversation in Spanish based on Caoimhe's advice. Note them in your *diario de aprendizaje.* Página 146

Teacher CD Track 22

Página 147

12.2.4 (C) La familia McBride acaba de llegar a un camping de Salou. Lee las preguntas de abajo, escucha la conversación y contesta a las preguntas en inglés. *The McBride family have just arrived at a campsite in Salou. Read the questions below, listen to the conversation and answer the questions in English in your learning diary.*

(a) How does the conversation with the receptionist begin and end?

(b) Think of other conversations you might have in Spain or in Spanish class, with your friends or with your teacher. Think of different ways to begin and end a conversation. **En tu diario de aprendizaje, apúnta las ideas.** *Note them in your learning diary.*

(c) What phrases does Rachel use to get a better understanding of what the receptionist is saying?

(d) The phrases Rachel uses are ones that you can use in a conversation to clarify what is being said. When you are talking on the phone, you might need different phrases to clarify meaning. Here is a list of phrases you might need during a telephone or face-to-face conversation. Work with a partner and decide whether the phrases below are useful for a face-to-face conversation, telephone conversation or both types of conversation. **En tu diario de aprendizaje, clasifica las frases.** *Categorise the phrases in your learning diary.*

- Lo siento, no entiendo la pregunta.
- Disculpe
- ¿Puedes repetir la pregunta?
- Adiós
- No puedo escucharte bien.
- ¿Cómo se escribe eso?
- No hay buena recepción.
- ¿Puedes hablar más despacio, por favor?
- ¿Puedes repetir, por favor?
- No entiendo la palabra . . .
- ¿Cómo se dice . . . en inglés?
- No tengo cobertura.
- No sé cómo se dice . . . en español.
- No entiendo.
- ¿Dígame?

12.2.4 (D) Haz una dramatización de (al menos) una de las situaciones en la página siguiente. *Act out (at least) one of the role-plays overleaf.*

You may have already completed some or most of these role-plays when you were working through the *¿Qué pasa?* series. This time, perform these role-plays with a different partner, but you must use at least **two phrases** to **seek clarification** of what is being said, and one phrase **to control the speed** of the conversation.

As you perform these role-plays, work in groups of four so that one pair performs while the other pair uses the **Oral feedback – Seeking clarification and controlling speed** sheet, in your *diario de aprendizaje*, to give feedback.

After performing the role-play and reading your **Oral feedback – Seeking clarification and controlling speed** sheet, fill in a **Self-assessment** sheet in your *diario de aprendizaje*. Página 148 

1 En el hotel. El wifi no funciona.

- Say the wifi is not working (*no funciona*)
- Say you are staying in room 428
- Say your mother has to send an email to her office

- Say there is a problem with the signal (*la señal*) on the 4th floor
- Say the maintenance man is repairing the wifi now
- Say the wifi works (*funciona*) in the bar on the first floor

2 En el cine. Comprando entradas.

- Say you want to buy two tickets (*entradas*) to the horror film at 8:00 pm
- Say you cannot go to the movie at 9:30 pm – it's too late
- Say you will buy tickets to the comedy at 8:10 pm instead

- Say there are no tickets left (*no quedan entradas*) for the horror at 8:00 pm
- Suggest going to the same movie (*la misma película*) at 9:30 pm
- Say adult tickets cost €9 and student / child tickets cost €6

3 En el restaurante. Las patatas están frías.

- Say the hamburger is delicious but the chips are cold
- Say you can't wait – you have an exam this afternoon
- Say you are very disappointed (*muy decepcionado/a*) with the service

- Apologise for the cold chips
- Offer to get fresh chips (*patatas frescas*) – it will take fifteen minutes
- Tell the customer they will not have to pay for the chips

4 En la estación de autobuses. Comprando billetes.

- Ask for three return tickets (*billetes de ida y vuelta*) from Alicante to Valencia
- Ask what time the next bus leaves at
- Find out the price for the three tickets

- Ask the passengers if they have student cards (*tarjetas de estudiante*)
- Explain what time the next bus leaves at and what platform it goes from
- Say how much the tickets cost and ask the passengers if they are going to pay in cash (*en efectivo*) or by credit card (*con tarjeta de crédito*)

5 En la consulta del médico. Te duelen las piernas.

- Tell the doctor you played a tennis match yesterday (*jugué un partido de tenis ayer*) and now your legs are sore
- Explain you are not very sporty
- Say you would like to be fitter (*en mejor forma*) and ask what you should do

- Tell the patient it is nothing serious so you will not give a prescription
- Tell the patient he / she should rest for a couple of days
- Advise the patient to do light exercise (*ejercicio ligero*) in future

Teacher CD Track 23

12.2.4 (E) Escucha la conversación y contesta a las preguntas en inglés. *Listen to the conversation and answer the questions in English.*

Sometimes you need to direct the conversation away from what the person is going to talk about. Listen to the following conversation. While listening, answer the following questions.

(a) What does Ana want to talk about?
(b) What does Diego prefer to talk about?
(c) What phrases in the conversation show how Diego and Ana steer the conversation towards the different subjects they want to talk about? Underline them below.

Ana: Hay una película romántica en la tele esta noche.

Diego: No lo sabía. Preferiría ver el partido de fútbol entre España y Alemania. Es el Mundial. Los perdedores quedarán eliminados del torneo.

Ana: No me interesa demasiado el fútbol. ¿No quieres ver la película conmigo? Es la nueva película de Liam Hemsworth.

Diego: Podríamos ver la película otro día, ¿no? Es más interesante ver un partido de fútbol en directo.

12.2.4 (F) Trabajad en parejas. Escribid frases con las expresiones de abajo. *Work in pairs. Write sentences with the phrases below.*

Here is a short list of other Spanish phrases which will allow you to steer a conversation. Work with a partner. Write sentences with these phrases by putting a statement or question before and / or after each phrase.

(a) Es interesante, pero prefiero . . .	*That's interesting, but I prefer . . .*
(b) No sabía eso	*I didn't know that!*
(c) ¡Qué chulo! Pero . . . es más divertido	*Cool! But . . . is more fun*
(d) No sé	*I don't know*
(e) Quizás, pero . . .	*Perhaps, but . . .*
(f) No me interesa . . . prefiero . . .	*I'm not interested in . . . I prefer . . .*

12.2.4 (G) Mira las imagenes y descríbeselas a un compañero / una compañera de clase. Tu compañero / compañera te preguntará las preguntas que acompañan a la imagen. *Look at the images and describe them to a classmate. Your classmate will ask you the questions next to the image.*

- ¿Qué ves en la foto?
- ¿De qué colores son los vestidos?
- ¿Cuál prefieres? ¿Por qué?
- ¿Te gusta el baile?
- ¿Qué tipo de baile está asociado con estos vestidos?
- ¿Qué bailes son típicos de países hispanohablantes?

- ¿Te gusta la foto? ¿Por qué?
- ¿Qué ves en la foto?
- ¿Qué lleva el hombre de la izquierda?
- ¿Prefieres comprar cosas en mercados o en tiendas? ¿Por qué?
- ¿Cuáles son los productos típicos de un mercado español? ¿y de un mercado mexicano?
- Describe uno de los hombres en la foto.

- ¿Qué ves en la foto?
- ¿Sabes cuáles son los ingredientes de este plato?
- ¿Te gusta este plato?
- ¿Qué otros platos tradicionales españoles conoces?
- ¿Qué tipo de comida prefieres?

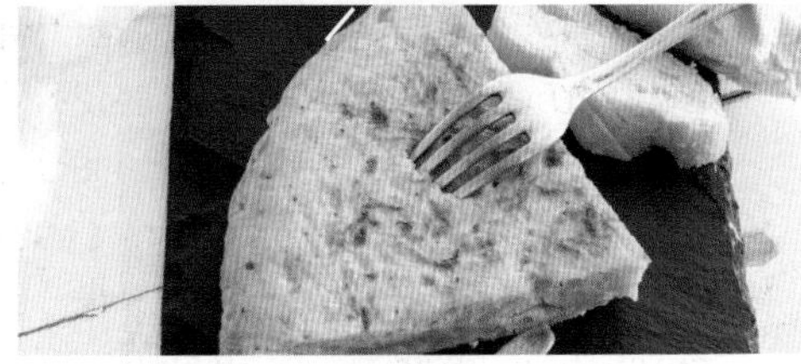

Expresar tu opinión

Me gusta/n . . .
Me encanta/n . . .
Me chifla/n . . .
Me molan/n . . .
¡Qué chulo!
¡Qué guay!

No me gusta/n . . .
Odio . . .
Detesto . . .
¡Qué asco!
¡Qué va!

12.3 Preparing for Classroom-Based Assessment 2 – Student Language Portfolio

You have been using your *diario de aprendizaje* to set personal learning goals, engage and reflect on your language learning, document your awareness of the cultures of the Spanish-speaking world, and collect written work and project work. For **CBA2** you must choose three pieces from those compiled over time and present them for assessment. The three pieces you select must reflect a variety of presentation modes; however, one must be in oral format and one must show awareness of the culture of the Spanish-speaking world. Your portfolio can include written texts, projects, audio-visual materials, reflections or learning goals, and may be presented in different formats.

Página 149

12.3 (A) En tu diario de aprendizaje, haz una lista de tus mejores trabajos. *Make a list of your best pieces of work in your learning diary.*

Look back at the written pieces in your *diario de aprendizaje*: the short videos that you recorded with classmates, your reflections, your projects, presentations, and the posters and slideshows that you created. Choose pieces that best showcase your language ability, your awareness of the culture of Spain and the Spanish-speaking world and your strengths in reflection and goal-setting. Read back over your teacher's comments in the *diario de aprendizaje* to help you choose your best pieces to submit for assessment. Make a list of all those you liked and the reason why you liked each one in your **Portfolio shortlist**. You might like a piece because it reminds you of something special or you liked the topic or it was something very new for you. Remember, you will have to narrow this list down to just three, which you will submit for assessment.

Tips for choosing for your shortlist:

- How varied are my texts in choice of topic?
- Does my collection of texts show how well I can communicate in Spanish?
- Are they visually appealing?
- Could I explain why I like them?
- Do they represent the main areas that I enjoyed learning in Spanish?
- How would I rate these texts in terms of presentation, accuracy, interest and topic?
- Have I included at least one oral piece of work?

12.4 Preparing for the Assessment Task

At the end of the first term in year 3, you will complete a written Assessment Task to be submitted to the State Examinations Commission. The Assessment Task is allocated 10% of the marks used to determine the grade awarded by the State Examinations Commission. The Assessment Task is specified by the NCCA and it is related to the learning outcomes on which your Student Language Portfolio is based. The Assessment Task will be written in the language of instruction of your school (i.e. English or Irish). The Assessment Task can include some or all of the following elements:

(a) A short stimulus in written, audio, audio-visual or multi-modal format to prepare for the written task.

(b) A written task that tests:

- your ability to outline and / or discuss your experience of creating a portfolio of language learning
- your understanding and evaluation of that experience
- your capacity to reflect on the skills you have developed
- your understanding of a cultural aspect of a Spanish-speaking country about which there will be evidence of learning in the your portfolio.

Work through the different exercises in this section to be fully prepared for the Assessment Task.

Página 151

12.4 (A) Mira el vlog 'Preparando un plato español' y contesta a las preguntas en tu diario de aprendizaje. *Watch the vlog 'Preparando un plato español' and answer the questions in your learning diary.*

Teacher CD Track 24

Página 152

12.4 (B) Escucha a Irene y contesta a las preguntas en tu diario de aprendizaje. *Listen to Irene and answer the questions in your learning diary.*

Página 153

12.4 (C) Mira el poster y contesta a las preguntas en tu diario de aprendizaje. *Look at the poster and answer the questions in your learning diary.*

Página 154

12.4 (D) ¿Cómo preparaste tu portafolio? ¿Cómo fue la experiencia? Contesta a las preguntas en tu diario de aprendizaje. *How did you prepare your language portfolio? How did you find the experience? Answer in your learning diary.*

Questions to consider when completing this answer:

- Why did you choose the pieces you chose to submit in your portfolio?
- What did you enjoy about creating a portfolio?
- What did you find most difficult in making a portfolio?
- What did you learn through the experience of creating a portfolio? (Think about language skills, cultural awareness, the language-learning process, ICT skills, collaborative skills, awareness of your own culture and language.)
- If you could give advice to first-year students just beginning to learn Spanish on how to create a portfolio, what would you say is most important?

Página 155

12.4 (E) Mi camino lingüístico. Contesta a las preguntas en tu diario de aprendizaje en inglés. *Answer the questions about your language-learning journey in your learning diary, in English.*

Página 157

12.4 (F) ¿Cómo has evolucionado como estudiante de español? Contesta a las preguntas en tu diario de aprendizaje en inglés. *How have you developed as a Spanish-language learner? Answer the questions in your learning diary, in English.*

12.4 (G) Lee el texto y contesta a las preguntas en inglés. *Read the text and answer the questions in English.*

The following is an extract written by a student about her / his language learning experience.

When I first started to learn Spanish I didn't understand anything. I was afraid I would never understand – it all seemed so different. I quickly realised that Spanish has many words that are similar to English and so I could often figure out the meaning from knowing a few words that are like English, such as *restaurante, aeropuerto, televisión, música, fútbol*. I found the pronunciation a bit difficult to begin with but when I learned to relate the sounds to English sounds I found I could read aloud and speak with more confidence.

So, for example, I learned that *v* in Spanish is pronounced like *b* in English and that *ll* in Spanish is pronounced like *y* in English. Drawing similarities to English in this way really helped me to learn. To remember new words I kept track of them in my learning diary and I tried to look out for similarities in words to help me expand my vocabulary, so, for example, I learned that when a word starts with *come* – it is something to do with food or eating, so *comer* is 'to eat', *comida* is 'lunch', *comedor* is 'dining room'. My classmates and I labelled everything in the classroom in Spanish, for example the clock is labelled *el reloj*, the door is labelled *la puerta*, the board is labelled *la pizarra*, so that helped me to remember those words. I love all the different cultural aspects we learned about – food, Spanish football and Spanish songs. I especially enjoyed learning about the different Spanish fiestas. The one that interested me the most is San Fermines in Pamplona. We watched a short video of the bull running in class and it seems completely crazy, but a lot of fun. It's definitely very different to any celebration in Ireland!

(a) How would you rate this answer? Excellent? Very Good? Good? Why?

(b) What similarities are there in your learning experiences. Compare your answer to 12.4 (F) with the answer above.

Página 158

12.4 (H) Escribe un discurso para intentar convencer a un grupo de estudiantes del primer curso de que deberían elegir Español en el instituto. *Write a speech to convince a group of first-year students to choose Spanish at school.*

Imagine you have been asked to come into a group of first years. They have to make a choice between Spanish and another European language. You have to try to convince them that Spanish should be their choice. Prepare and present your reasons. You can make a slideshow or simply write a speech. Use the answers from the previous tasks in this section to inform your response. Once you have organised your speech, write it in your learning diary.

12.5 Preparing for the Final Exam

At the end of year 3, you will sit an examination paper (up to two hours' long) at common level. You will be required to demonstrate comprehension of Spanish and respond to stimulus material, including aural material. The breakdown of marks for this final exam is as follows:

Assessment Task:	10%
Final Exam:	90% (of which 35% is from the aural exam)

The tasks in this section provide practice in reading comprehension, listening comprehension and writing skills.

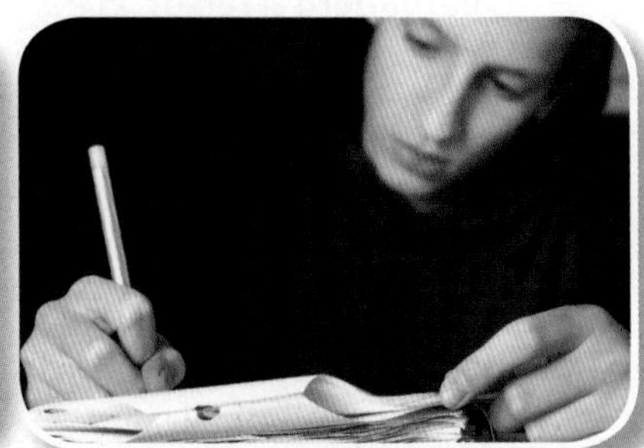

12.5.1 COMPREHENSIÓN – LEER

12.5.1 (A) Lee el texto y contesta a las preguntas. *Read the text and answer the questions.*

¿Verdadero o falso? *True or false?*

(a) El curso dura una semana.
(b) Los materiales de aprendizaje están incluidos en el precio.
(c) Los estudiantes se alojan con las familias en grupos de cuatro.
(d) Una excursión a un zoológico está incluida en el precio.
(e) Hay que hacer un examen antes de empezar el curso.
(f) Se pueden ver elefantes, búfalos y cocodrilos en el Bioparc Valencia.

Página 160
Now fill out the **Self-assessment** sheet in your *diario de aprendizaje*.

12.5.1 (B) Lee el texto y contesta a las preguntas. *Read the text and answer the questions.*

Un seísmo de magnitud 7,1 tuvo lugar el martes 19 de septiembre de 2017. El epicentro se situó en Puebla en el centro de México. Dejó 324 muertos y 1.900 heridos tuvieron que ser atendidos en centros hospitalarios. Los días de después del terremoto, las brigadas de rescatistas trabajaron veinticuatro horas al día para rescatar a los sobrevivientes que quedaron enterrados debajo de los edificios derrumbados. Las regiones más afectadas incluyen Puebla, Morelos y la capital, Ciudad de México. Muchos países, entre ellos España, Israel y Colombia, enviaron equipos de apoyo para ayudar en los trabajos de rescate. Una de las zonas más afectadas fue la colonia Roma. En la calle Álvaro Obregón, en medio del horror y el pánico, las socorristas rescataron a un perro de raza labrador. La gente celebró ese momento de esperanza con gritos y aplausos. Fue un momento de felicidad en un día de mucha tristeza.

In each of the following underlined words from the text, tick the word or phrase which best matches its meaning.

1 Los días de después del terremoto . . .
- **(a)** centro ☐
- **(b)** momento ☐
- **(c)** accidente ☐
- **(d)** seísmo ☐

2 . . . para rescatar a los sobrevivientes que quedaron enterrados debajo de los edificios derrumbados.
- **(a)** construidos ☐
- **(b)** colapsados ☐
- **(c)** equipos ☐
- **(d)** terremotos ☐

3 . . . enviaron equipos de apoyo para ayudar en los trabajos de rescate.
- **(a)** equipo ☐
- **(b)** momento ☐
- **(c)** labores ☐
- **(d)** viaje ☐

4 . . . las socorristas rescataron a un perro . . .
- **(a)** salvaron ☐
- **(b)** jugaron con ☐
- **(c)** dieron de comer ☐
- **(d)** vendieron ☐

5 . . . la gente celebró ese momento de esperanza . . .
- **(a)** tristeza ☐
- **(b)** amor ☐
- **(c)** optimismo ☐
- **(d)** tensión ☐

6 Fue un momento de felicidad . . .
- **(a)** amistad ☐
- **(b)** alegría ☐
- **(c)** soledad ☐
- **(d)** desgracia ☐

Página 160

Now fill out the **Self-assessment** sheet in your *diario de aprendizaje.*

12.5.1 (C) Lee las opiniones de cuatro jóvenes irlandeses que acaban de pasar el mes de julio haciendo un curso de español en Cádiz. *Read the opinions of four young Irish people who have just spent the month of July doing a Spanish course in Cádiz.*

Adam:

Estudiar en el extranjero fue uno de los mejores momentos de mi vida. Mis conocimientos de español han mejorado mucho.

Emma:

Fue una experiencia poco favorable para mí. En mi opinión, es mejor quedarse en casa y relajarse durante las vacaciones que viajar para estudiar.

Mia:

Tuve la suerte de ir a Cádiz durante un mes. Lo que me decepcionó fue tener que estudiar tantas horas. Había poco tiempo para ir a la playa.

Josh:

Nunca me olvidaré de los amigos que hice en España. Qué mala suerte que no vivo más cerca de ellos. Nos reuniremos el año que viene.

(a) Name the students who had a mostly positive experience.

(b) Name the students who had a mostly negative experience.

Página 161

Now fill out the **Self-assessment** sheet in your *diario de aprendizaje.*

12.5.1 (D) Lee el texto. *Read the text.*

Me llamo Pablo. Cuando era niño vivía en un piso de las afueras de la ciudad con mi madre, mi abuelo y mi hermano menor. Cada día iba a la escuela con mi abuelo andando. La escuela estaba en la misma calle del piso. Tenía muchos amigos en la escuela y después de las clases jugábamos al fútbol en la calle. Al volver del trabajo mi madre hacía la cena y cenábamos juntos. No teníamos mucho dinero así que solíamos comer platos sencillos como arroz con carne y verduras. Nunca podíamos comprar pizzas de la pizzería de la esquina y hoy todavía considero un lujo comer pizza.

¿Verdadero o falso? *True or false?*

(a) Pablo used to live in the suburbs of the city.
(b) Pablo grew up in an apartment with his parents, grandfather and younger sister.
(c) Pablo's grandfather used to drive him to school.
(d) Pablo's school was very close to where he lived.
(e) Pablo often played football in the park with his school friends.
(f) Pablo's mother was unemployed so the family didn't have much money.
(g) Pablo's mother cooked dinner for the family.
(h) Pablo's family often bought pizzas from a pizzeria on the corner of his street.

Página 161
Now fill out the **Self-assessment** sheet in your *diario de aprendizaje*.

12.5.1 (E) Lee las descripciones. *Read the descriptions.*
For each of the descriptions, choose which item from the list below is being described.

un reloj, el tiburón, la sandía, el periodista, el estudiante, la pasta de dientes, una bufanda, una cebra, un bombero, un bañador, una magdalena, el avión, un oso, el techo, una pizarra, una falda

1. Mamífero con rayas negras y blancas, algo parecido al asno. Vive en la sabana africana. ______
2. Producto usado para la higiene. Lo uso por la mañana antes de ir al colegio y por la noche antes de acostarme. Tiene sabor a menta. ______
3. Máquina que sirve para saber qué hora es. Hay uno en el aula. También llevo uno más pequeño en la muñeca . ______
4. Prenda generalmente de lana para el cuello. Los muñecos de nieve también las llevan. ______
5. Bollo pequeño redondo hecho con harina, huevos, azúcar y leche que se ha cocido en el horno en un molde individual de papel. ______
6. Lleva uniforme y casco. Su trabajo es apagar fuegos, rescatar a gente atrapada y ayudar a los demás. ______

Página 162
Now fill out the **Self-assessment** sheet in your *diario de aprendizaje*.

12.5.1 (F) Lee la historia y contesta a las preguntas en español. *Read the text and answer the questions in Spanish.*

Mi abuela Lola era dependienta de la panadería de nuestro pueblo, Cartaojal. Los sábados por la tarde, al cerrar la panadería, venía a nuestra casa con todos los pasteles y panes que sobraban. Cuando yo tenía ocho años me enseñó a hacer tarta de queso. La receta era bastante difícil y la primera vez que la hice no salió bien pero poco a poco, aprendí a hacer todos los pasteles de su tienda. En el instituto no me interesaban los estudios porque soñaba con convertirme en pastelero. Hace cinco años mi abuela se jubiló. Fui a París a estudiar arte culinario e hice mis prácticas laborales en una pastelería famosa de París. Quería volver a Cartaojal para abrir mi propia panadería al terminar los estudios. El día antes de coger el vuelo desde París para regresar a mi pueblo, mi madre me llamó y me dijo que mi abuela estaba enferma. Murió el día que volví a Cartaojal. Seis meses después abrí mi panadería. Estoy triste de que mi abuela no tuviera la oportunidad de ver que había seguido su carrera pero la tienda se llama *Panadería Lola* así que nunca la olvidaré.

(a) ¿Te gusta la historia? ¿Por qué o por qué?
(b) Identifica un verbo reflexivo en el pretérito indefinido.
(c) Identifica un verbo irregular en el pretérito indefinido.
(d) Identifica un verbo en el pretérito imperfecto.
(e) Identifica un adjetivo feminino.

Página 162
Now fill out the **Self-assessment** sheet in your *diario de aprendizaje*.

12.5.2 COMPREHENSIÓN – ESCUCHAR

Teacher CD Track 25
12.5.2 (A) Mikel habla de su familia. Escucha y contesta a las preguntas en español. *Listen and answer the questions in Spanish.*

(a) ¿De dónde es Mikel?
(b) ¿Cuántos años tiene?
(c) ¿Cuántas personas hay en su familia?
(d) ¿Cómo es Nora?
(e) ¿Qué idioma se habla en casa?
(f) ¿Qué idioma hablan sus abuelos?
(g) ¿Cuál es la capital de su región?

Teacher CD Track 26

12.5.2 (B) Nuria habla de sus vacaciones. Escucha y elige la respuesta correcta. *Nuria talks about her holidays. Listen and choose the correct answer.*

1 ¿Adónde irá la familia de vacaciones?
- **(a)** Murcia ☐
- **(b)** Francia ☐
- **(c)** Grecia ☐
- **(d)** Andalucía ☐

2 ¿Dónde se alojarán ?
- **(a)** un piso alquilado ☐
- **(b)** un hotel cerca de la playa ☐
- **(c)** un camping en la costa ☐
- **(d)** un hostal en una isla ☐

3 ¿Cómo viajará la familia?
- **(a)** en tren ☐
- **(b)** en avión ☐
- **(c)** en autobús ☐
- **(d)** en coche ☐

4 ¿En qué fecha irá la familia?
- **(a)** el tres de junio ☐
- **(b)** el tres de julio ☐
- **(c)** el trece de junio ☐
- **(d)** el trece de julio ☐

5 ¿Qué van a hacer durante las vacaciones?
- **(a)** visitar a los abuelos ☐
- **(b)** deportes acuáticos ☐
- **(c)** visitar sitios de interés ☐
- **(d)** relajarse ☐

6 ¿Por qué no va Alfonso con la familia?
- **(a)** No le gusta viajar ☐
- **(b)** No tiene mucho dinero ☐
- **(c)** Tiene que hacer un examen ☐
- **(d)** Tiene que trabajar ☐

7 ¿Quién es Paco?
- **(a)** El tío de Nuria ☐
- **(b)** El primo de Nuria ☐
- **(c)** El perro de Nuria ☐
- **(d)** El vecino de Nuria ☐

Teacher CD Track 27

12.5.2 (C) María y Sara hablan por teléfono. Escucha y contesta a las preguntas en inglés. *Listen and answer the questions in English.*

(a) When does María want to go shopping? ____________________

(b) What does she need to buy? Why? ____________________

(c) Why can Sara not go at the suggested time? ____________________

(d) When does Sara suggest they go shopping? ____________________

(e) How will they get to the shopping centre? ____________________

(f) What plans do they make for after the shopping trip? ____________________

(g) Why is María worried? ____________________

12.5.3 ESCRIBIR

12.5.3 (A) Sé consciente de los errores que haces. *Be aware of the mistakes you make.*

When you are writing in Spanish it is easy to make mistakes, but you can easily correct your mistakes and get better marks. It is simply a matter of being on guard and watching out for the common errors you make.

Have a look at the following categories of mistakes. How would you rate yourself from 1 to 12 (12 = I hardly ever make this mistake). Fill out the full checklist in your *diario de aprendizaje*.

Página 163

Type of mistake	Rating	Example	Correct the example
Using *tú* instead of *usted*		Disculpe, ¿Puedes ayudarme?	
Mixing up verb endings		Mis tíos vivís en Inglaterra	
Mixing up *ser* and *estar*		Soy muy contento hoy	
Mixing up the *pretérito* and *imperfecto*		Cuando tuve diez años . . .	
Mixing up articles		Las zapatos son negros	
Incorrect use of the verb *gustar*		Mi padre se gusta el café	
Leaving out accents on words	5	Comi un bocadillo en la estacion	
Incorrect choice of verb		Yo soy quince años	
Adjective agreement with the noun		Mi hermana es alto y trabajador	
Incorrect punctuation	9	Vas a venir a la fiesta?	
Incorrect pronoun with reflexive verbs		Nosotros se levantamos a las ocho	
Incorrect spellings	6	Elena es professora	

12.5.3 (B) Lee el texto escrito por un estudiante de español e identifica los errores. *Read this text written by a student learning Spanish and see if you can spot the errors.*

> Hola! Me llamo Sarah Brennan. Soy irlandes. Vivo en Castleisland en Kerry. Soy quince años. Mi cumpleaños es la once de febrero. Soy el pelo rubio y los ojos azules. Me gustan el deporte. Mi deporte prefferida es el camogie. Ayer jugué una partido de camogie con el equipo del instituto. Ganamos el partido y fue a McDonalds con el equipo para celebrar. Fue una día inolvidable.

Página 163

12.5.3 (C) Examina algo que escribiste recientemente y que tu profesor/a haya corregido y completa las frases en tu diario de aprendizaje. *Examine a piece of written work that you have completed recently and which has been corrected by your teacher. Study the types of mistake you have made. Then complete the statements in **My personal writing checklist** in your learning diary.*

12.5.3 (D) Expresiones para escribir historias

para empezar . . .	*to begin with*	mientras	*while*
al principio . . .	*in the beginning*	sin embargo	*however*
durante	*during*	por una parte	*on one hand*
mientras tanto	*meanwhile*	por otra parte	*on the other hand*
además	*in addition / also*	desafortunadamente	*unfortunately*
luego	*then*	finalmente	*finally*
entonces	*then*	para terminar	*to finish*

12.5.3 (E) Expresiones para escribir cartas o correos electrónicos

Querido Juan: / Querida Julia:	*Dear Juan, / Dear Julia,*
Gracias por tu correo electrónico que recibí ayer	*Thanks for your email that I received yesterday*
Siento no haberte escrito antes pero he estado muy ocupado/a	*Sorry for not writing sooner but I have been very busy*
Muchísimas gracias por la tarjeta de cumpleaños que me mandaste	*Thanks for the birthday card that you sent me*
Lo pasé bomba	*I had a great time*
Me encantan las fotos que colgaste en Instagram	*I love the photos that you posted on Instagram*
Gracias por la invitación a España.	*Thanks for your invitation to Spain*
Me gustaría pasar una semana en tu casa	*I would love to spend a week at your house*
Cuando vaya a España, me gustaría . . . + infinitive	*When I go to Spain I would like to . . .*
Lo siento pero no puedo ir este verano	*Sorry but I can't go this summer*
¿Te gustaría venir a Irlanda?	*Would you like to come to Ireland?*
Te escribo para invitarte a pasar dos semanas conmigo en Irlanda	*I'm writing to invite you to spend two weeks with me in Ireland*
Cuando vengas a Irlanda, podríamos + infinitive	*When you come to Ireland we could . . .*
Cuelga los vídeos en Instagram. Quiero verlos	*Post the videos on Instagram. I want to see them!*
Te mandaré un mensaje más tarde	*I'll send you a message later*
Te mandaré unas fotos por Whatsapp	*I'll send you some pictures on Whatsapp*
Saludos a toda tu familia / Di hola a tu familia	*Give regards to your family / Say hi to your family*
Escríbeme pronto	*Write back soon*

12.5.3 (F) Expresiones para escribir cartas o correos electrónicos formales.

Muy señor mío: / Estimado señor:	*Dear Sir,*
Muy señora mía: / Estimada señora:	*Dear Madam,*
Le escribo para hacer una reserva en su hotel	*I'm writing to you to make a reservation in your hotel*
Quisiera reservar una habitación doble / una habitación individual	*I would like to reserve a double room / a single room*
Desde el lunes 15 de julio hasta el domingo 21 de julio	*From Monday the 15th to Sunday the 21st of July*
Le ruego me envie información sobre las instalaciones del hotel	*Please send me information about the facilities in the hotel*
Le ruego me confirme el precio para una estancia de una semana	*Can you tell me the price for a one-week stay?*
Le ruego me confirme la reserva por email	*Please confirm the reservation by email*
Le saluda atentamente	*Yours sincerely*
Le escribo en respuesta a su anuncio	*I'm writing in response to your advertisement*
Busco un trabajo a tiempo parcial para el verano	*I'm looking for a part-time summer job*
Estaré disponible desde el uno de julio	*I'll be free from the first of July*
Me considero adecuado/a para enfrentarme a las responsabilidades del puesto	*I think I am suited to the duties of the job*
Me gustaría tener la oportunidad de conversar con usted en una entrevista	*I'd love to have the opportunity to talk to you in an interview*
Adjunto un curriculum, una foto reciente y una referencia de mi profesor de español	*I've enclosed my CV, a recent photo and a reference from my Spanish teacher*
Tengo un alto nivel de inglés y me llevo bien con todo el mundo	*I've a good level of Spanish and I get on well with people*
No tengo mucha experiencia pero tengo facilidad para aprender	*I don't have much experience but I have the ability to learn*

12.5.3 (G) Trabajos para practicar tus habilidades de escritura *Tasks to practise your writing skills*

Choose from the following exercises to practise your writing skills. Write in Spanish.

1

You have just received a Christmas card from your friend Carlos in Spain. Send him a Christmas card back and in the card write a short explanation of the differences between Christmas in Ireland and Christmas in Spain.

2

You went to an Ed Sheeran concert in Dublin last weekend. Write a blog about it including the following details: how you got to the concert; who you went with; how you paid for the ticket and how much it cost; why you like Ed Sheeran; describe something you bought at the gig and what you thought of the gig.

3

You would like a part-time job for the summer and you have seen this advertisement in a Mexican restaurant in your town. Write an email to the manager with details of your education, experience and availability.

Restaurante Durango

Se necesita camarero/a responsable con dominio del inglés y español.

Entrevista en español.

4

¿Te gustaría pasar una semana aquí en julio o agosto? Hay mucho que hacer en Alicante y hará muy buen tiempo. Mándame un mensaje por Snapchat para decirme si puedes venir.

Un beso
Elena

Write an email back to your Spanish pen pal Elena. Thank her for the invitation to go to her house in Spain. Explain that you cannot go this summer because your grandmother is ill. Invite her to come and stay with you for a couple of weeks. Suggest some activities you could do while she is in Ireland.

5
Write a review on a travel website about a hotel you stayed in on your family holiday to Torremolinos. Describe the hotel you stayed in, the facilities, the food in the restaurant and the activities available. Say whether you enjoyed the holiday or not.

6
Your best friend, Seán, is turning sixteen this weekend and you are planning a party. Write an email to your Spanish friend Miguel. Tell him about the party, describing the food you will eat, the music you will listen to and what you will do at the party. Describe the gift you bought for Seán. Tell Miguel you will take some photos of the party and post them on Instagram later.

7
Your aunt has a holiday home in Spain but she has decided to sell it. Write the advertisement for her to post online. Describe the house, the number of bedrooms, the rooms on each floor and the facilities around the house (garage, garden, etc.). Describe the surrounding area – say there are shops and a school nearby, a park and a church in the same street. It's 500 metres from the beach.

8
A class from Spain are coming to your area on a school tour. Write a short guide for them about the area. Describe at least two activities they could do here, describe at least two tourist attractions, suggest places they could stay and explain the public transport options in your area.

9
Your parents are going to Valencia for the weekend and are looking for a hotel. They don't speak Spanish. Write an email to a hotel in Valencia to make a reservation for them. Explain how many nights they will stay for, when they will arrive and what kind of room they would like to book. Ask the hotel to email you to confirm the booking and to tell you the price for the room.

10
You are going to stay with your uncle in Barcelona for the summer and you would like to find a summer job to practise your Spanish. Write out your CV in Spanish.

12.5.3 (H) Lee la muestra de escritura. *Read the sample answer.*

You went to an Ed Sheeran concert in Dublin last weekend. Write a blog about it including the following details: how you got to the concert; who you went with; how you paid for the ticket and how much it cost; why you like Ed Sheeran; describe something you bought at the gig and what you thought of the gig.

¡Vaya finde!

El año pasado vi en un sitio web que Ed Sheeran venía a Dublín. El problema para mí era el precio de la entrada – noventa euros 😩. Recibo una paga semanal de mis padres pero me dan solo diez euros a la semana. Tendría que ahorrar durante nueve semanas sin comprar nada ¡Imposible! Tuve suerte porque mis abuelos me regalaron dinero en mi cumpleaños y compré una entrada. El sábado pasado mi prima Erica y yo cogimos el tren desde Maynooth a Dubín y quedamos con dos amigos de Erica. Me encantan todas las canciones de Ed Sheeran. Creo que su voz es increíble y he bajado todos sus discos a mi teléfono. Cantó todos sus éxitos y mi canción favorita 'Shape of You'. Después del concierto compré una camiseta con una foto de Ed Sheeran y el nombre de su nuevo albúm. Fue una noche inolvidable.

¡Lo pasé bomba!

Discuss in groups why this would be considered a good answer.

12.5.3 (I) Lee la muestra de escritura. *Read the sample answer.*

Write a review on a travel website about a hotel you stayed in on your family holiday to Torremolinos. Describe the hotel you stayed in, the facilities, the food in the restaurant and the activities available. Say whether you enjoyed the holiday or not.

En agosto pasé una semana con mi padre en el Hotel Victoria de Torremolinos. No recomiendo el hotel. Reservamos una habitación en la planta baja porque a mi padre le duelen las rodillas y el hotel no tiene ascensor. Al llegar al hotel la recepcionista nos dio una habitación en la cuarta planta. Además, el Hotel Victoria es un hotel de cuatro estrellas pero las instalaciones no son muy buenas. No hay ni piscina, ni pista de tenis, ni gimnasio. La comida del restaurante era bastante rica, servían platos típicos españoles e internacionales, pero no servían platos vegetarianos y yo, soy vegetariano. Disfrutamos de nuestras vacaciones porque hay muchas cosas que hacer en Torremolinos. La playa es muy bonita y fuimos a un parque acuático fantástico. Torremolinos es un pueblo ideal para los turistas pero no recomiendo el Hotel Victoria.

Discuss in groups why this would be considered a good answer.

¿Qué he aprendido?		🙂	😐	☹️
	I can confidently carry out an interview on topics related to me			
	I can perform a role-play on topics I have prepared			
	I can hold my own in a conversation on a topic I am familiar with			
	I can ask for clarification and change the speed of a conversation			
	I can make a presentation on an aspect of the culture of the Spanish-speaking world			
	I can make a presentation on a topic of interest to me			
	I can recognise frequently used words and phrases and understand the general sense of texts on familiar topics			
	I can identify specific information in a range of texts on familiar topics			
	I can identify the general topic of a conversation on familiar topics			
	I can recognise frequently used words and phrases related to areas of immediate relevance and experience			
	I can identify specific information in announcements, conversations and simple news items			
	I can write emails, letters, blogs and cards on everyday topics with accuracy			
	I can create texts about my life and topics of interest to me, such as family, friends, school, holidays, leisure activities, fashion, sport and celebrities			
	I can write short descriptions of present, past and future events, activities and personal experience and imaginative texts			
	I can fill out forms and write my CV			
	I know what will be required of me for CBA1 and I am ready to confidently carry out the task			
	I have put together a portfolio with three pieces of work that I am proud to submit for CBA2			
	I know what will be required of me for the Assessment Task and I am ready to confidently carry out the task			
	I am confident that I am well prepared for the final exam			

Los verbos

Los verbos regulares

LOS VERBOS EN –AR

	Present	Present continuous	Present perfect	Preterite	Imperfect	Future	Conditional
BAILAR (*to dance*)	bailo	estoy bailando	he bailado	bailé	bailaba	bailaré	bailaría
	bailas	estás bailando	has bailado	bailaste	bailabas	bailarás	bailarías
	baila	está bailando	ha bailado	bailó	bailaba	bailará	bailaría
	bailamos	estamos bailando	hemos bailado	bailamos	bailábamos	bailaremos	bailaríamos
	bailáis	estáis bailando	habéis bailado	bailasteis	bailabais	bailaréis	bailaríais
	bailan	están bailando	han bailado	bailaron	bailaban	bailarán	bailarían

LOS VERBOS EN –ER

	Present	Present continuous	Present perfect	Preterite	Imperfect	Future	Conditional
COMER (*to eat*)	como	estoy comiendo	he comido	comí	comía	comeré	comería
	comes	estás comiendo	has comido	comiste	comías	comerás	comerías
	come	está comiendo	ha comido	comió	comía	comerá	comería
	comemos	estamos comiendo	hemos comido	comimos	comíamos	comeremos	comeríamos
	coméis	estáis comiendo	habéis comido	comisteis	comíais	comeréis	comeríais
	comen	están comiendo	han comido	comieron	comían	comerán	comerían

LOS VERBOS EN –IR

	Present	Present continuous	Present perfect	Preterite	Imperfect	Future	Conditional
VIVIR (*to live*)	vivo	estoy viviendo	he vivido	viví	vivía	viviré	viviría
	vives	estás viviendo	has vivido	viviste	vivías	vivirás	vivirías
	vive	está viviendo	ha vivido	vivió	vivía	vivirá	viviría
	vivimos	estamos viviendo	hemos vivido	vivimos	vivíamos	viviremos	viviríamos
	vivís	estáis viviendo	habéis vivido	vivisteis	vivíais	viviréis	viviríais
	viven	están viviendo	han vivido	vivieron	vivían	vivirán	vivirían

Los verbos irregulares

	Present	Present perfect	Preterite	Imperfect	Future	Conditional
DAR (*to give*)	doy	he dado	di	daba	daré	daría
	das	has dado	diste	dabas	darás	darías
	da	ha dado	dio	daba	dará	daría
	damos	hemos dado	dimos	dábamos	daremos	daríamos
	dais	habéis dado	disteis	dabais	daréis	daríais
	dan	han dado	dieron	daban	darán	darían

	Present	Present perfect	Preterite	Imperfect	Future	Conditional
DECIR (*to say / tell*)	digo	he dicho	dije	decía	diré	diría
	dices	has dicho	dijiste	decías	dirás	dirías
	dice	ha dicho	dijo	decía	dirá	diría
	decimos	hemos dicho	dijimos	decíamos	diremos	diríamos
	decís	habéis dicho	dijisteis	decíais	diréis	diríais
	dicen	han dicho	dijeron	decían	dirán	dirían

	Present	Present perfect	Preterite	Imperfect	Future	Conditional
ESTAR (*to be*)	estoy	he estado	estuve	estaba	estaré	estaría
	estás	has estado	estuviste	estabas	estarás	estarías
	está	ha estado	estuvo	estaba	estará	estaría
	estamos	hemos estado	estuvimos	estábamos	estaremos	estaríamos
	estáis	habéis estado	estuvisteis	estabais	estaréis	estaríais
	están	han estado	estuvieron	estaban	estarán	estarían

HACER (*to do / make*)	Present	Present perfect	Preterite	Imperfect	Future	Conditional
	hago	he hecho	hice	hacía	haré	haría
	haces	has hecho	hiciste	hacías	harás	harías
	hace	ha hecho	hizo	hacía	hará	haría
	hacemos	hemos hecho	hicimos	hacíamos	haremos	haríamos
	hacéis	habéis hecho	hicisteis	hacíais	haréis	haríais
	hacen	han hecho	hicieron	hacían	harán	harían

IR (*to go*)	Present	Present perfect	Preterite	Imperfect	Future	Conditional
	voy	he ido	fui	iba	iré	iría
	vas	has ido	fuiste	ibas	irás	irías
	va	ha ido	fue	iba	irá	iría
	vamos	hemos ido	fuimos	íbamos	iremos	iríamos
	vais	habéis ido	fuisteis	ibais	iréis	iríais
	van	han ido	fueron	iban	irán	irían

JUGAR (*to play*)	Present	Present perfect	Preterite	Imperfect	Future	Conditional
	juego	he jugado	jugué	jugaba	jugaré	jugaría
	juegas	has jugado	jugaste	jugabas	jugarás	jugarías
	juega	ha jugado	jugó	jugaba	jugará	jugaría
	jugamos	hemos jugado	jugamos	jugábamos	jugaremos	jugaríamos
	jugáis	habéis jugado	jugasteis	jugabais	jugaréis	jugaríais
	juegan	han jugado	jugaron	jugaban	jugarán	jugarían

	Present	Present perfect	Preterite	Imperfect	Future	Conditional
PODER (*to be able to*)	puedo	he podido	pude	podía	podré	podría
	puedes	has podido	pudiste	podías	podrás	podrías
	puede	ha podido	pudo	podía	podrá	podría
	podemos	hemos podido	pudimos	podíamos	podremos	podríamos
	podéis	habéis podido	pudisteis	podíais	podréis	podríais
	pueden	han podido	pudieron	podían	podrán	podrían

	Present	Present perfect	Preterite	Imperfect	Future	Conditional
PONER (*to put*)	pongo	he puesto	puse	ponía	pondré	pondría
	pones	has puesto	pusiste	ponías	pondrás	pondrías
	pone	ha puesto	puso	ponía	pondrá	pondría
	ponemos	hemos puesto	pusimos	poníamos	pondremos	pondríamos
	ponéis	habéis puesto	pusisteis	poníais	pondréis	pondríais
	ponen	han puesto	pusieron	ponían	pondrán	pondrían

	Present	Present perfect	Preterite	Imperfect	Future	Conditional
QUERER (*to want*)	quiero	he querido	quise	quería	querré	querría
	quieres	has querido	quisiste	querías	querrás	querrías
	quiere	ha querido	quiso	quería	querrá	querría
	queremos	hemos querido	quisimos	queríamos	querremos	querríamos
	queréis	habéis querido	quisisteis	queríais	querréis	querríais
	quieren	han querido	quisieron	querían	querrán	querrían

	Present	Present perfect	Preterite	Imperfect	Future	Conditional
SABER (*to know*)	sé	he sabido	supe	sabía	sabré	sabría
	sabes	has sabido	supiste	sabías	sabrás	sabrías
	sabe	ha sabido	supo	sabía	sabrá	sabría
	sabemos	hemos sabido	supimos	sabíamos	sabremos	sabríamos
	sabéis	habéis sabido	supisteis	sabíais	sabréis	sabríais
	saben	han sabido	supieron	sabían	sabrán	sabrían

	Present	Present perfect	Preterite	Imperfect	Future	Conditional
SALIR (*to go out*)	salgo	he salido	salí	salía	saldré	saldría
	sales	has salido	saliste	salías	saldrás	saldrías
	sale	ha salido	salió	salía	saldrá	saldría
	salimos	hemos salido	salimos	salíamos	saldremos	saldríamos
	salís	habéis salido	salisteis	salíais	saldréis	saldríais
	salen	han salido	salieron	salían	saldrán	saldrían

	Present	Present perfect	Preterite	Imperfect	Future	Conditional
SER (*to be*)	soy	he sido	fui	era	seré	sería
	eres	has sido	fuiste	eras	serás	serías
	es	ha sido	fue	era	será	sería
	somos	hemos sido	fuimos	éramos	seremos	seríamos
	sois	habéis sido	fuisteis	erais	seréis	seríais
	son	han sido	fueron	eran	serán	serían

	Present	Present perfect	Preterite	Imperfect	Future	Conditional
TENER (*to have*)	tengo	he tenido	tuve	tenía	tendré	tendría
	tienes	has tenido	tuviste	tenías	tendrás	tendrías
	tiene	ha tenido	tuvo	tenía	tendrá	tendría
	tenemos	hemos tenido	tuvimos	teníamos	tendremos	tendríamos
	tenéis	habéis tenido	tuvisteis	teníais	tendréis	tendríais
	tienen	han tenido	tuvieron	tenían	tendrán	tendrían

	Present	Present perfect	Preterite	Imperfect	Future	Conditional
VENIR (*to come*)	vengo	he venido	vine	venía	vendré	vendría
	vienes	has venido	viniste	venías	vendrás	vendrías
	viene	ha venido	vino	venía	vendrá	vendría
	venimos	hemos venido	vinimos	veníamos	vendremos	vendríamos
	venís	habéis venido	vinisteis	veníais	vendréis	vendríais
	vienen	han venido	vinieron	venían	vendrán	vendrían

	Present	Present perfect	Preterite	Imperfect	Future	Conditional
VER (*to see*)	veo	he visto	vi	veía	veré	vería
	ves	has visto	viste	veías	verás	verías
	ve	ha visto	vio	veía	verá	vería
	vemos	hemos visto	vimos	veíamos	veremos	veríamos
	veis	habéis visto	visteis	veíais	veréis	veríais
	ven	han visto	vieron	veían	verán	verían

Photograph Acknowledgements

Shutterstock

Cover: Tatiana Popova; Page 1: kavalenkau, mffoto, Kucher Serhii, Iryna Denysova, Alfonso de Tomas, Guenter Albers; Page 2: Evgeniy Zimin, PenWin, Vorobyeva, Dukesn, saravector, Netti Buletti, Netti Buletti; Page 3: Marish, NEGOVURA, UI, Stawek; Page 4: Paul Stringer, kostrez, Photoonlife, Globe Turner, Natursports, Julinzy; Page 5: ace03, Gil C, noche, ananaline, dovla982, N.Vector Design; Page 6: SpeedKingz; Page 9: Kate Aedon; Page 11: WilleeCole Photography, Rigelp, AdrianC, Syda Productions, Vadim Ivanov, Djomas, iodrakon; Page 12: Daboost; Page 13: Yayayoyo, Yayayoyo, koya979; Page 15: Adwo, Ben Jeayes, antoniodiaz, Africa Studio; Page 17: Jaroslav Machacek; Page 20: wavebreakmedia; Page 21: Valery Brozhinsky; Page 22: iMarzi, wanrung stock, Keith Homan, LHF Graphics, Zonda, DenisFilm, Zonda, DenisNata, Artem Shadrin, Pamela D. Maxwell, Marques; Page 24: prochasson Frederic, Adwo; Page 28: fizkes, Olena Yakobchuk, antoniodiaz, Voyagerix, antoniodiaz; Page 29: YU_M; Page 34: et_stock; Page 36: Vector Tradition SM; Page 37: Lotus Images, JIANG HONGYAN, Rtimages, Monticello, spaxiax, Yellow Cat, Kyselova Inna, bajinda, SOMMAI, Nataliia K, Nils Z, Maks Narodenko; Page 38: Mariontxa; Page 42: Kseniia Perminova, Homo Cosmicos; Page 43: wavebreakmedia, chaoss, Monkey Business Images, Jacob Lund, Phase4Studios, sirtravelalot, wavebreakmedia, maximino; Page 44: Vertyr, Lonely, censtar77, stevybluish, antkevyv, kstudija; Page 45: Elnur; Page 48: Dima Moroz; Page 54: Fotokostic, Africa Studio, dotshock, Lopolo, Dmytro Zinkevyc, Seeme, Prostock-studio, Monkey Business Images, Gelpi, Andy Dean Photography; Page 57: emperorcosar, DC_Aperture, andriano.cz, Andrey Shapovalov cit; Page 59: CBCK; Page 61: Brian A Jackson, Mike Flippo; Page 62: Antonio Guillem, Dean Drobot, Lipskiy, Marina Vlasova, kikovic, siam.pukkato, Tumar, Skumer, Evgeniy Kalinovskiy, Izf, Monkey Business Images, leungchopan; Page 63: JStone; Page 64: Ramona Kaulitzki; Page 68: RT Images, Soru Epotok, Thipawan kongkamsri, Vixit, JOSE RAMIRO LAGUNA, JOSE RAMIRO LAGUNA, Mikadun; Page 70: Colin Edwards Wildside, RT Images, Africa Studio, Neil Burton, Matt Gibson, Ruslan Ivantsov, Touch of eyes, Bon Appetit, sit; Page 71: Waehasman Waedarase, Waehasman Waedarase, Valery Bareta, Leonid Andronov, Doin, gorillaimages; Page 72: Fulop Zsolt, Eric Isselee, Sergiy1975; Page 77: Lukasz Janyst; Page 79: Andrey Bondarets; Page 80: Scharfsinn, fotosharks, Pimonpim w, Kuryanovich Tatsiana; Page 81: Madrugada Verde, xabi_kls; Page 89: gg-foto; Page 92: jaroslava V, SiiKA Photo, tristan tan; Page 93: javier gonzalez leyva; Page 94: stifos; Page 96: LDDesign, AF studio, Nadin3d, Zoart Studio, ARTBALANCE, Guilhem Menard, Brothers Good; Page 97: iconcorner, ILYA AKINSHIN, worldaround, sevenke, Hurst Photo, Rob van Esch, Miro Kovacevic, cigdem, Ralf Juergen Kraft, anthonycz, Kamenetskiy Konstantin, Alex Kolokythas Photography, Karen Katrjyan; Page 99: Christian Bertrand; Page 100: Veniamin Kraskov, Cherngchay, onkhuntod, DCornelius, Dreamsquare, arctic ice, Leonid Andronov, Ratikova, Morgan DDL, chaivit chana; Page 101: Roberto Caucino, Ditty_about_summer, Grisha Bruev, Prostock-studio, Diego Cervo, Ljupco Smokovski, Alexander Lukatskiy, Jacek Chabraszewski, hxdbzxy, Veronica Louro, Rido; Page 102: Lukas Gojda; Page 103: gorillaimages, PHILIPIMAGE; Page 105: Kevin George, Featureflash Photo Agency, boscorelli, Ed-Ni Photo, Enrique Palacio Sansegundo, TK Kurikawa; Page 106: Petr Vaclavek; Page 107: Joana Lopes; Page 108: fizkes, sattahipbeach; Page 111: AVIcon, nikolae, 13ree.design, 13ree.design, vectorisland, VectorPainter, Paul Stringer, Blan-k, y, Iryna Liveoak; Page 112: Igor Ostapchuk, Kanyapak Lim, AndrisL; Page 113: Coprid; Page 116: Maylat; Page 117: melis; Page 120: Frederic Legrand – COMEO; Page 122: Senohrabek; Page 123: Wiktoria Matynia, Wiktoria Matynia, Wiktoria Matynia, Wiktoria Matynia, gst, Wiktoria Matynia, Wiktoria Matynia, Wiktoria Matynia, Wiktoria Matynia, nikolae, TukTuk Design, Wiktoria Matynia; Page 124: Horvats; Page 126: Alfonso de Tomas; Page 127: GConner Photo; Page 129: Kathy Hutchins, DFree, Mr Pics, kedrov, Tarzhanova, Matryoha, Magdalena Wielobob, Magdalena Wielobob, MPanchenko, Nataliia K, hideto999; Page 130: cherezoff, demidoff, windu, elenovsky, Artem Avetisyan, Dmitrij Skorobogatov, Stockforlife, Jiri Hera, Borislav Bajkic, Olga Popova, Khvost, Etaphop photo, Nataliia K, Roman Sigaev, BEAUTYofLIFE, Michael Kraus, sagir, Nadiia Korol, fashionall, Elnur; Page 131: s_bukley, DFree, beltsazar, Liam Goodner, Andrea Raffin; Page 133: ESB Basic, Davdeka, Photoman29, StockStudio, Maly Designer, StockStudio, Cineberg, 360b; Page 134: Victoria Chudinova, Luna Vandoorne, Halay Alex, Viorel Sima, michaeljung; Page 136: Supza, Vladvm, defmorph; Page 137: HuHu, RedlineVector; Page 140: Rainer Lesniewski, sagir; Page 141: VectorHot, petite lili; Page 142: Ron Ellis; Page 144: Kathy Hutchins, Kathy Hutchins, Marcos Mesa Sam Wordley, Marco Iacobucci EPP, BAKOUNINE; Page 147: David Herraez Calzada, Art Berry, cobalt88, Mikbiz, Kevin George; Page 148: Vorm in Beeld; Page 149: Horvats; Page 150: DenisMArt, nito, topseller, Oliver Hoffmann; Page 152: Zern Liew; Page 153: imagehub, OZaiachin, Tukaram.Karve, Planner, leisuretime70, vedius, gresei, Alexey Saxarov, Tanya_mtv; Page 155: JayPierstorff, Valentyn Volkov, Tim UR, Andris Tkacenko, Tim UR, S.Dmitry, Photo Melon; Page 157: Thomas Barrat; Page 158: Monkey Business Images, Rob Wilson; Page 159: michaeljung, Graphic design, sebastianosecondi; Page 160: Pressmaster; Page 161: TukTuk Design, naivatcoatinoiJpeg, posteriori, pukach, REDPIXEL.PL, bfk, MTrebbin, Family Business, John Abbate; Page 164: Creation, Thorsten Rust, Creation, Creation, Creation, Creation, Creation, Creation; Page 168: Sergey Novikov, Valery Bareta, travelview, Taiga; Page 170: Cineberg; Page 172: Tom Wang, Kamira, vgstudio, Lisa F. Young, LightField Studios; Page 173: Sasa Prudkov; Page 176: Mikbiz; Page 177: Production Perig, Dmitri Ma; Page 180: etxekar, Matej Kastelic; Page 182: holbox, Olga Nayashkova, Chichen Itza, kawee su, Kobby Dagan; Page 184: Yurlick; Page 185: Robyn Mackenzie, Paul_Brighton, Stepanek Photography, Caron Badkin; Page 186: Patty Orly; Page 187: Rido, etorres, Natalia Mylova, enzo4, etorres, Jarp2, KarSol, etorres, ampFotoStudio; Page 188: Rawpixel.com; Page 189: StockphotoVideo, Valentyn Volkov, science photo, Wire_man, Maks Narodenko, exopixel, koya979, exopixel, nexus 7, Maximus256, exopixel, MIGUEL GARCIA SAAVEDRA, angelo gilardelli, infini, Lipskiy; Page 191: emperorcosar; Page 192: Leonid Andronov, Catarina Belova; Page 193: Valery Bareta, Lukas Gojda, Pabkov, Kletr; Page 194: Helen Filatova, pa3x, saiko3p, Ruslana Iurchenko; Page 197: Kaesler Media; Page 199: Dreamframer; Page 200: margouillat photo, paulista, Bartosz Luczak, bonchan, Anna Mandrikyan, etorres, etorres; Page 201: Foodio; Page 202: Andris Tkacenko; Page 204: Warren Price Photography; Page 206: Fotos593, zkruger, Emiliano Pane, Charlotte Lake, MaraZe, JIANG HONGYAN, SATJA2506, Arisara T, Tsekhmister; Page 208: VectorCorner, Zaur Rahimov, Zaur Rahimov, Maciek A; Page 209: Scharfsinn; Page 210: gst; Page 215: somen, Roman Samokhin; Page 217: Maks Narodenko, Tomasz Pawlus, Maks Narodenko, _LeS_, topseller, topseller, Eivaisla, Kyselova Inna, Kyselova Inna, lithian, Egor Rodynchenko, Iurii, achkovskyi, Ian 2010; Page 218: topseller, akepong srichaichana; Page 219: Debby Wong; Page 221: Kobby Dagan, AGCuesta; Page 223: Egor Rodynchenko, Ryzhkov Photography, Tim UR, Joe Gough; Page 224: Hluboki Dzianis, Alongkorn Sanguansook, Aniwhite, Alex Oakenman, maradaisy, Dmi T, tynyuk; Page 225: Ovidiu Hrubaru, Jan van der Hoeven; Page 227: Volina, Tutti Frutti, y: zeber, Halfpoint, Christian Bertrand; Page 230: MJTH, Katia Fonti, Cheapbooks; Page 231: HUANG Zheng, ESOlex; Page 232: Madhourse, eurobanks; Page 234: michaeljung, somyot pattana, Monkey Business Images, MJTH; Page 235: Avarand; Page 238: Avarand

Dean Drobot, ArtOfPhotos, Mila Supinskaya, Glashchenko, fizkes, travelview, nenetus; Page 239: goodluz; Page 240: Deborah Kolb, Max Topchii, Remizov; Page 242: S.Borisov; Page 243: mezzotint, fizkes, Studio_G, Antonio Guillem; Page 245: Thomas Barrat, crazystocker; Page 247: Olena Tur, go-Foto, Iuliia Sokolova2612; Page 248: pichayasri; Page 249: wavebreakmedia; Page 250: dolomite-summits, Free Wind 2014, Julie Vader, R.M. Nunes, Igor Bulgarin; Page 251: reisegraf.ch; Page 254:

Irin-k, lasha, johnfoto18, DnDavis, Neveshkin Nikolay, niwat chaiyawoot, evasabrekova, Yayayoyo, Michael Cyran, Ljupco Smokovski, ArtFamily, GraphicsRF, Africa Studio, Elnur, Syda Productions, Ljupco Smokovski, Pakhnyushchy, Alias Studiot Oy, dantess, Oleksandr Lysenko, MTrebbin; Page 255: Ljupco Smokovski; Page 256: Monkey Business Images, tanuha2001; Page 259: JStone, Christian Bertrand, yakub88; Page 260: Heiko Kueverling, Yayayoyo; Page 262: Kletr, Gualberto Becerra, Eric Isselee, ArchMan, J. Lekavicius, Eric Isselee, Kotomiti Okuma, apple2499, Valentyna Chukhlyebova, gualtiero boffi, reptiles4all, Christian Musat, Jan Martin Will; Page 264: Balate Dorin, Dudarev Mikhail, View Apart, Iakov Filimonov, Evgeny Karandaev; Page 266: rvlsoft; Page 271: Jacob Lund, valzan, Vanatchanan, Pada smith, Brian A Jackson; Page 274: Andrey_Kuzmin; Page 275: sbw18, John-james Gerber; Page 276: Lorelyn Medina; Page 277: Rob Marmion; Page 278: MJTH; Page 281: march.photo; Page 284: miucci; Page 285: Fine Art; Page 287: edel; Page 288: Alfonso de Tomas; Page 289: Vectomart; Page 293: Zubada; Page 295: Svetlana Prikhnenko, DaryaSuperman, Richard Peterson, Bokeh Blur Background, HitToon, TAW4, iSKYDANCER, studiovin, revers, grmarc, Kletr, MaraZe; Page 297: Elena Schweitzer, Julio Aldana, Rawpixel.com, nito, Duplass; Page 300: Yayayoyo, Lemberg Vector studio, jakkapan, BlueOrange Studio; Page 301: Yganko; Page 302: Stock Vector One, gvictoria, AnggutChandra, Aniwhite, losw; Page 305: Rihardzz; Page 306: pittaya wongsarattanasil; Page 308: Fotokostic, LuckyImages, Andriy Solovyov, Galina Barskaya, stockyimages, REDPIXEL.PL, Riccardo Piccinini, AehNattapol, Syda Productions; Page 309: Millionstock; Page 310: showcake, Macrovector, Roman Samokhin; Page 311: oksana2010, yingtustocker, Inga Nielsen, jocic, Diana Taliun, Bekshon; Page 312: Roman Farberov; Page 316: Galyna_P, Erik Svoboda, Alena Kozlova, pne; Page 317: Ron Dale, Virinaflora, Salim Nasirov, Roman Borodaev, Lemonade Serenade; Page 319: Valeriy Lebedev, hobbit, woverwolf, Jonas Wolff, Macrovector, melis; Page 320: Robcartorres, Jakinnboaz; Page 321: Lara Cold; Page 322: vasanty; Page 325: AS Food studio, Xacir; Page 327: Visivastudio, Samuel Borges Photography, Svry, Maridav; Page 328: Brian A Jackson, James.Pintar; Page 332: Peter Kotoff, arosoft; Page 334: Jiri Hera, Pefkos; Page 337: Branislav Nenin, Free Wind 2014, gorillaimages, Javitouh, IM_photo; Page 339: Evgeny Karandaev; Page 340: Michal Durinik; Page 341: Nomad_Soul, Irina Sen; Page 345: joyfull; Page 346: Artem Twin; Page 350: Fahroni, S-F, Dan Kosmayer, Dalibor Sevaljevic, Aleksandrs Bondars, Business stock, Andrei Shumskiy, ByEmo, GlebSStock, Jr images, PhotoMediaGroup, Aleksandr Markin, nfmlk, bsd, MRAORAOR; Page 351: Sandra_Violla, Jason Winter; Page 353: Antonio Guillem; Page 357: Studio KIWI, Daisy Daisy, Borysevych.com, Jan H Andersen, AnastasiaKopa, Rawpixel.com, loginovworkshop, Aleksandra Suzi, Rocketclips, Inc.; Page 359: Rutsada wongraj; Page 361: Bowrann, Sirichai Puangsuwa, ajt, Gresei, Yuliyan Velchev, Mybona, Africa Studio, Brian Tan, Masa, arinkovic, Yuliyan Velchev, Africa Studio; Page 363: Garsya, 18percentgrey, sweetok; Page 365: Evgeny Karandaev; Page 369: marisc; Page 371: IP Maesstro; Page 372: Nataliia K, April909; Page 374: HuHu; Page 375: Volodymyr Baleha, pryzmat; Page 376: Jeerasak banditram; Page 377: Pepsco Studio, holbox; Page 379: Elnur, MJTH, Jacob Lund, VAKSMAN VOLODYMYR, Syda Productions; Page 381: Monkey Business Images, Foodpictures, Lolostock, Bessarab, Syda Productions, sirtravelalot, alexkich, Africa Studio, melnikof, exopixel, Ben Schonewille, Africa Studio, Pressmaster; Page 385: Yayayoyo, Yayayoyo, Mile Atanasov, Jarp2, Valentin Valkov, Hurst Photo, Javier Brosch ,Banana Power, Pajjai Sapwattanapaisarn, Africa Studio, Ljupco Smokovski; Page 387: Yellow Cat, eurobanks, Mike Flippo, Denisnata, chrisbrignell, Africa Studio, Stockforlife, indigolotos; Page 390: Shannon Toth; Page 391: TrotzOlga; Page 393: Dean Drobot; Page 395: Milkovasa; Page 396: Marek R. Swadzba; Page 397: Thomas M Perkins; Page 398: inspiron.dell.vector; Page 401:Tetiana Yurchenko; Page 402: DFree, Marcos Mesa Sam, Wordley, Tinseltown, Gelpi, Norb_KM, Torgado, WAYHOME studio; Page 403: Igor Klimov, Yayayoyo, Yayayoyo; Page 404: Arsenie Krasnevsky, Vladi333, 360b, Jordi C, TY Lim; Page 406: Africa Studio; Page 408: FreeProd33, Stephen Long, topseller; Page 410: Nadia Snopek, Nuria Santos; Page 411: Aaron Amat; Page 413: Yayayoyo, Yayayoyo; Page 417: goodluz; Page 423: GaudiLab; Page 425: leungchopan, Valua Vitaly; Page 426: valeriya kozoriz; Page 427: Yayayoyo, Iakov Filimonov; Page 430: stockyimages; Page 433: gkrphoto, Maxisport, cougarsan, Altana8, Tatiana Popova; Page 434: Romariolen, Alberto Loyo; Page 437: s_bukley, hareluya; Page 438: jorisvo, Franck Boston, Isaphoto2016, Yayayoyo, Yayayoyo; Page 439: Jane Kelly; Page 440: cheapbooks; Page 441: MuchMania; Page 442: Aquir; Page 443: stockyimages, Dmytro Vietrov, PR Image Factory, littlenySTOCK; Page 444: Dean Drobot; Page 445: schlyx; Page 446: travelview, logoboom, Juergen Faelchle, Tracy Whiteside, kavalenkava; Page 452: Monkey Business Images; Page 453: Iuliia Aseeva; Page 455: koya979

Alamy

Page 15: Right Perspective Images; Page 57: Pictorial Press; Page 78: Pictorial Press; Page 144: Adam Stoltman; Page 157: RPE/ Albert Nieboer/dpa/Alamy Live News, Philip Mugridge, Philip Mugridge; Page 184: Stefano Politi Markovina; Page 227: Dudley Wood; Page 292: Jorge Villegas

Getty Images

Page 133: Michael Loccisano; Page 163: Ricky Vigil M; Page 297: Erin Patrice O'Brien; Page 304: Erin Patrice O'Brien

iStock

Page 15: chelovek; Page 17: aekikuis; Page 337: MarioGuti; Page 379: YinYang; Page 381: Martinedoucet, minemero; Page 386: bamby-bhamby; Page 404: powerofforever

Michael Coleman

Page 310; Page 311; Page 362; Page 363

Rex Features

Page 151: Columbia/Affirm/Ld/Kobal/REX/Shutterstock, Paramount Pictures/Bad Robot/Kobal/REX/Shutterstock, Universal/Gary Sanchez Prods./Kobal/REX/ Shutterstock Plan B/Regency Enterprises/Paramount/Kobal/REX/Shutterstock

Tourista

Page 48

Universidad Nacional Autónoma de México (UNAM)

Page 384